La Grande Europa dei mestieri d'arte

L'artigianato artistico d'eccellenza nei Paesi dell'Unione Europea

Centro di ricerca «Arti e mestieri»

La Grande Europa dei mestieri d'arte

L'artigianato artistico d'eccellenza nei Paesi dell'Unione Europea

a cura di Paolo Colombo

in collaborazione con
Fondazione Cologni dei Mestieri d'Arte

V&P

L'équipe del Centro «Arti e mestieri» che ha realizzato la ricerca qui pubblicata è composta da:
Elena Angeleri, Jacopo Angelini, Emanuela Barbieri, Elisabetta Bocchi, Ronald Car, Ilaria Carra, Alberto Cavalli, Luca Falciola, Ilaria Favretto, Aline Ferrari, Gioacchino Lanotte, Damiano Palano, Giuditta Cristina Villa.

Quest'opera è realizzata con il contributo della Fondazione Cologni dei Mestieri d'Arte, che sostiene le attività del Centro di ricerca «Arti e mestieri» e che ha collaborato alla stesura e alla pubblicazione della presente ricerca.

www.vitaepensiero.it

ISBN 978-88-343-1566-8

INDICE

Prefazione

Il Centro di ricerca «Arti e mestieri» compie, esattamente in questi giorni, il suo primo decennio di vita. Sono stati anni di intensa attività. E, a coronarli, giunge ora alle stampe il presente volume, ulteriore e significativo risultato di quelle ampie e approfondite ricerche che il Centro – come indica il suo Statuto – realizza al fine di «promuovere la conoscenza scientifica delle arti e dei mestieri nei loro aspetti contemporanei e storici, con particolare riguardo al ruolo che le arti e i mestieri ricoprono nei sistemi politico-istituzionali e giuridici, economici, sociali, culturali dell'Italia e delle grandi aree regionali europee».

Ricordare i tre precedenti volumi è allora un modo per festeggiare il decennale e per ringraziare tutti coloro che hanno contribuito all'avvio e al successo del Centro. Con il primo volume, *Genio e materia. Contributi per una definizione del mestiere d'arte*, curato dal responsabile dell'équipe di ricerca del Centro, prof. Paolo Colombo, e pubblicato nel 2000 presso l'editore Vita e Pensiero, è stata proposta una specifica classificazione dei mestieri d'arte, sulla cui base si è riusciti a formulare una definizione la più univoca possibile (o, almeno, non troppo astratta e indistinta) di che cosa si debba intendere con 'mestiere d'arte'. Le conclusioni di quella iniziale ricerca vennero portate alla conoscenza degli addetti ai lavori e di un più ampio pubblico con il Convegno *L'intelligenza della mano. Mestieri d'arte: ieri, oggi, domani*, tenutosi a Milano presso l'Università Cattolica del Sacro Cuore l'8 giugno 2000. Con questo stesso titolo gli Atti del Convegno sono stati pubblicati, sempre da Vita e Pensiero e in contemporanea al volume precedente. Il terzo libro, nuovamente affidato alle cure di Paolo Colombo, è *A regola d'arte. Attualità e prospettive dei mestieri d'arte in Lombardia e Canton Ticino* (Vita e Pensiero, Milano 2005): le acquisizioni teoriche, conseguite con le prime indagini, vengono qui calate su un terreno concreto e ben circoscritto, seppur già caratterizzato da feconde prospettive internazionali.

Per l'appunto a un decennio dalla propria nascita, il Centro di ricerca si impegna, con queste pagine, in una sfida ancora più ardita: quella di fornire un quadro – sempre più necessario, ma tuttora mancante negli studi specialistici – della situazione dei mestieri d'arte europei. È un quadro orientativo, certamente. E non può che esserlo, proprio perché enorme, frammentata e non di rado sommersa o emarginata è la realtà dei mestieri d'arte nelle varie aree nazionali e regionali dell'Europa. Ma è un quadro che, altrettanto certamente, viene qui delineato in termini non solo precisi, ma anche innovativi e assai utili per lo specialista e per chi specialista non è. Gli autori, con un paziente lavoro di scavo, riportano alla luce la storia lunga e nobile di numerosi mestieri d'arte. Nel contempo, ne illuminano il possibile e auspicabile orizzonte futuro.

Il presente volume, dunque, è il modo migliore per celebrare questo decimo compleanno e, nel contempo, per ribadire la presenza attiva del Centro di ricerca «Arti e mestieri» dell'Università Cattolica nel panorama di studi interdisciplinari (così indispensabili nella multiforme società odierna), che la Facoltà di Scienze politiche – madrina del Centro stesso – promuove per tradizione e con convinzione.

L'aver imboccato decisamente la strada delle indagini e delle comparazioni internazionali risulta anche in sintonia con la linea di sviluppo perseguita dall'Ateneo al cui interno il Centro opera. L'attenzione per la crescente dimensione internazionale dei processi di cambiamento, in cui ogni giorno di più siamo avvolti, è indispensabile non solo per educare a una specifica professione le nuove generazioni, ma anche e soprattutto per partecipare alla costruzione del futuro che già incombe sul nostro presente. Di questo futuro, l'Europa – comunque la si voglia immaginare, o la si riesca a consolidare nella sua realtà politico-istituzionale – dovrà essere un soggetto centrale. Un'Europa una e molteplice, come ricorda Paolo Colombo nella *Introduzione* a questo volume. Ed è tale molteplicità nell'unità che, proprio riguardo ai mestieri d'arte, il libro ci aiuta a riscoprire pagina dopo pagina.

Il mio grazie più sentito va ai giovani studiosi che, con le loro accurate indagini, ci aiutano a riprendere confidenza con la bellezza di un prodotto creato dalla mano dell'uomo, con la passione che ancora può legare una persona al proprio mestiere. Questi giovani studiosi davvero hanno trovato in Franco Cologni un loro maestro.

LORENZO ORNAGHI
Rettore dell'Università Cattolica del Sacro Cuore
Direttore del Centro di ricerca «Arti e mestieri»

La mente creativa, la mano intelligente: il ‘codice’ Cellini

Made in... è una denominazione che, a seconda dei casi, può voler dire molto o non significare nulla.

Soggetta alle più disparate interpretazioni e declinazioni, questa etichetta può connotare una semplice origine geografica così come far immaginare un universo di informazioni simboliche, storiche o strutturali relative a un prodotto, tali da cambiarne la percezione e il prestigio.

È il pregio dell'inglese, ma forse anche un suo limite: l'estrema sintesi, a volte, è causa di false interpretazioni.

Così, in tutto il mondo, si parla di *made in Italy* o in generale di *made in*, e l'espressione risulta linguisticamente chiara: ma se si cerca di identificarne un contenuto, ecco che molto spesso non si riesce ad arrivare veramente alla specificità, alla criticità e al valore aggiunto che questa dichiarazione comporta.

Ma passiamo all'italiano.

L'italiano è una lingua straordinaria, ricca di sfumature.

Per questo, quando traduciamo qualcosa in italiano, ci piace sempre aggiungere qualche parola per rendere bene il concetto: anche un concetto complesso e proteiforme come il *made in*.

Traducendo letteralmente, *made in Italy* significa ‘fatto in Italia’.

Questo participio passato diventa quasi un aggettivo qualificativo: ‘fatto in Italia’ qualifica dunque non solo un'origine, ma anche un'ideazione e una realizzazione integrale del prodotto. Un prodotto le cui componenti fondamentali sono due: la mente creativa e la mano intelligente, che operano in uno specifico territorio.

Se assumiamo dunque come elementi probanti del *made in* l'ideazione e la realizzazione, ecco che il verbo ‘fare’ si tramuta in ‘saper fare’: il *made in Italy* diventa non solo un'indicazione di provenienza geografica, ma arriva a rappresentare una testimonianza incontrovertibile del fatto che *quel* prodotto è stato pensato, voluto, realizzato in *quel* luogo e in *quel* modo, con la specificità e l'unicità che la provenienza certifica.

Il *fare* diventa *saper fare*, rendendo dunque desiderabile e prezioso ogni prodotto che ambisca a recare la dicitura *made in Italy*. E che meriti di portarla.

Fra tutte le attività artigianali e post-artigianali (o anche semiindustriali e industriali, come prosecuzione di filiera) della Grande Europa, io ritengo che il 'fatto ad arte' – ovvero, il risultato di un mestiere d'arte eseguito alla perfezione – sia quello che maggiormente renda testimonianza di una civiltà e di un gusto unici, riconoscibili. Il mestiere d'arte non può prescindere dal luogo in cui viene eseguito e realizzato: è l'*héritage*, la tradizione, il luogo dello spirito e della materia che perpetua un saper fare radicato nella terra e nella vita delle genti.

Non può prescindere dalle persone che lo realizzano, e spesso nemmeno dai materiali e dalle componenti che lo costituiscono.

Per questo, in un mondo dominato dai processi di globalizzazione (che spesso si tramutano in banalizzazione e azzeramento delle distanze), il mestiere d'arte ancora prova e testimonia l'identità, l'autenticità, l'originalità e la profonda umanità di coloro che lo praticano. In quel luogo, in quel momento, con quei gesti e quegli strumenti che l'eccellenza rende comprensibili.

Il mestiere d'arte caratterizza un territorio e ne è caratterizzato; ma il *prodotto* del mestiere d'arte, con il suo valore aggiunto e la sua logica interna, con la sua unicità e riconoscibilità, diventa un linguaggio universalmente condiviso ed esportabile. Come il successo del *made in Italy* nel mondo testimonia.

Il mestiere d'arte non fa parte del sistema di *outsourcing*, ma di *insourcing*. Pertanto, quando si parla di PIL, ci si rende conto di quanto un simile coefficiente sia inadatto a entrare nello specifico di questa realtà: occorre un indicatore come il PIQ (Prodotto Interno Qualità).

La Fondazione Cologni dei Mestieri d'Arte, che ho fondato nel 1995 per proteggere e rivendicare il valore intrinseco del *made in Italy* in quanto legato a un saper fare d'eccellenza, si è da subito fatta promotrice e interprete della necessità, da parte degli artigiani-artisti italiani, di riferirsi all'idealtipo impersonato da Benvenuto Cellini: *designer*, orafo, mercante, Cellini radunava in sé tutte le qualità e le specialità del *made in Italy* quando l'Italia era solo un'espressione vagamente geografica.

E come il *made in Italy* (quando associato alle creazioni dell'artigianato artistico di più alto livello) assume lo *status* di una garanzia, di un riconoscimento oggettivo di qualità, così il prestigio del *made in* si applica in generale a tutti mestieri d'arte presentati in questa ricerca.

L'Europa, con i suoi Paesi (diversi per cultura, ma complementari nella profonda bellezza dei rispettivi mestieri d'arte), rappresenta dunque il centro ideale di un cosmo in equilibrio dinamico, i cui satelliti sono costituiti dalle centinaia di realtà locali che, al pari degli Stati membri, definiscono con le loro specificità e caratteristiche l'insieme dei mestieri d'arte eccellenti: come questa ricerca, pur senza alcuna pretesa di esaustività, intende mostrare.

Si tratta di un'indagine ambiziosa, non lo nego, che la Fondazione ha promosso per continuare a tener fede ai propri ideali: tutelare l'artigianato artistico d'eccellenza, e studiare le opportunità di formazione e di occupazione che i giovani troppo spesso tendono a ignorare o scartare, senza percepirne la modernità, l'atemporalità, la bellezza.

Perché, per entrare nel cuore del saper fare, occorre un codice.

Una password, che è la *passione.*

E la Fondazione Cologni è nata per cercarlo, questo codice, e applicarlo non solo alla tradizione ma anche e soprattutto alla contemporaneità.

L'intuizione della mente e l'intelligenza della mano non vivono infatti di soli ricordi, o di lezioni imparate a memoria: hanno bisogno di una forza propulsiva insostituibile.

La passione.

La passione del cuore, che forma un *trivium* ideale con la creatività (la mente) e la tecnica (la mano).

Senza la passione che porta a sperimentare, provare, creare, lavorare incessantemente e con finezza su quelli che Jane Austen definì i suoi «due pollici d'avorio», non è possibile dare alla luce alcun risultato significativo e continuativo in termini di artigianato artistico, per limitarci al nostro campo d'interesse.

Non abbiamo bisogno di automi che riproducano in serie gesti standardizzati, da una parte all'altra del mondo; abbiamo bisogno di esseri umani che vivifichino le tradizioni che hanno reso speciale la loro terra, e che si aprano al futuro con la curiosità e la sapienza dell'artista, così come descritto da Goethe nel *Wilhelm Meister*. Ma anche con la scientificità e la praticità dell'artigiano: si tratti di una ricamatrice, di un *designer*, o di figure che attualmente sfuggono alle definizioni tradizionali, il Benvenuto Cellini che vive nell'Unione Europea del XXI secolo segue e insegue sempre la perfezione dei gesti, la creatività della mente, la passione del cuore.

Tuttavia, risvegliare nei giovani l'amore per i mestieri d'arte (come la Fondazione fa sin dall'inizio con iniziative editoriali, con il Centro di ricerca fondato presso l'Università Cattolica, con un impegno costante nella formazione e nell'informazione) è necessario, ma non sufficiente.

Occorre anche rivitalizzare i committenti: per la produzione di piccole serie di prodotti eccellenti, quali quelle create dagli artigiani-artisti, il committente ha infatti un ruolo essenziale.

Senza il committente, la storia dell'arte e dei mestieri d'arte sarebbe stata molto più labile e incerta, come scritta sulla sabbia o sull'acqua.

Risvegliare il gusto per il prezioso, il fatto a mano, l'esclusivo, significa dare un nuovo slancio alla richiesta di prodotti che soddisfino simili caratteristiche: ovvero, prodotti *made in*, realizzati ad arte nei Paesi e nelle città d'Europa che da secoli perpetuano una tradizione instancabile di inconfondibile artigianato artistico.

La Fondazione Cologni, una volta in più, vuole e deve proseguire nel solco già tracciato dalle due ricerche precedenti e dalle iniziative editoriali sinora portate avanti: creare una consapevolezza scientifica verso tutto quanto c'è di eccellente, appassionante e stimolante nell'intraprendere un mestiere d'arte, anzitutto, ma al tempo stesso cercare anche di aprire delle strade nuove al connubio creativo tra la mente e la passione, tra l'entusiasmo e un gusto per l'unicità cui il cuore... dà la mano.

Loquebantur variis linguis: secondo il racconto di san Luca, il giorno di Pentecoste tutti gli stranieri e i forestieri riuscivano a intendere gli Apostoli, a percepire il senso di quanto dicevano.

Allo stesso modo, se mi posso permettere questo riferimento alla Scrittura, la cultura del mestiere d'arte europeo è trasversale, al di là delle lingue e delle divisioni: anzi, delle divisioni e delle specificità fa un tesoro prezioso, facendone emergere le peculiarità strutturali e annunciando in tutto il mondo che è la passione creativa, ancora e sempre, a determinare la grandezza di un messaggio.

E a fondarne la forza nel tempo.

FRANCO COLOGNI
Presidente Fondazione Cologni dei Mestieri d'Arte

Introduzione

> Il sole della qualità non gira attorno ai soggetti e agli oggetti della nostra esistenza.
> Non si limita a illuminarli passivamente.
> Non è loro subordinato in nessun modo.
> È lui che li ha *creati*. Ed è a *lui* che essi sono subordinati!
>
> (Robert M. Pirsig, *Lo zen e l'arte della manutenzione della bicicletta*)

Il mondo dei mestieri d'arte è sfuggente, per sua stessa natura: affascinante ma sfuggente. Conviene dirlo subito. Il solo fatto di costituire un territorio di confine tra mestiere artigianale e creazione artistica lo condanna a una perenne indefinitezza di contorni. Su questo punto, che meriterebbe pagine e pagine di approfondimento, non è paradossalmente opportuno – nell'introdurre questa ricerca – diffondersi troppo a lungo. Basti dire che, anche a limitarsi al caso italiano, il significato da attribuire alla formula 'mestieri d'arte' non è per nulla chiaro e tanto meno univoco: gli stessi addetti ai lavori si rivelano divisi su cosa esattamente sia un mestiere d'arte. Non per nulla, quando si è cercato di delimitare il perimetro del mondo dell'artigianato artistico, non si è praticamente mai ricorsi a una definizione (che consentisse di chiarire i criteri attraverso i quali includere o escludere questo o quell'elemento dal novero delle attività manuali considerabili 'artistiche': non quali e quante sono, dunque, ma 'cosa' sono), procedendo invece a stilare lunghi e per definizione mai completamente esaustivi elenchi destinati inevitabilmente a diventare obsoleti all'indomani stesso della loro nascita. Un approccio definitorio rovescia invece la prospettiva e consentirebbe con ogni probabilità un rapporto assai più flessibile, lungimirante e costruttivo (oltre che meno concentrato sulla mera 'tutela' di realtà lavorative che si presumono in via di estinzione) con l'artigianato artistico.

Il Centro di ricerca «Arti e mestieri» dell'Università Cattolica del Sacro Cuore ha adottato da subito – fin dall'avvio della sua attività di studio e di collaborazione con la Fondazione Cologni dei Mestieri d'Arte, un decennio fa – questo secondo tipo di approccio, che ha prodotto risultati sostanziosi[1] e che anche nel corso di questa ricerca ha messo a disposizione un punto di osservazione utile e innovativo rispetto a un contesto europeo rivelatosi pressoché integralmente ancorato, in questo senso, a modelli legislativi e organizzativi più che tradizionali. In breve, nessuno sembra essersi preoccupato, anche là dove i mestieri d'arte sono più radicati, visibili ed economicamente rilevanti, di definire cosa essi siano, traendone le possibili conseguenze regolamentative e promozionali.

Va detto che, a monte di tale problema, il quadro lessicale prima e concettuale poi si presenta quantomeno variegato. Non solo non esistono definizioni del mestiere d'arte, ma spesso mancano addirittura nomi specifici per indicarlo. E quando questi nomi esistono, variano: e varia il significato che essi veicolano. Dagli omologhi (ma non perfettamente sovrapponibili) 'mestieri d'arte' italiani e *métiers d'art* francesi all'*oficio y arte* spagnolo, dagli *arts and crafts* britannici ai *taidekäsityö* o *taideteollisuus* finlandesi (solo per fare degli esempi) si registra una serie di variabili semantiche con contenuti diversi, capaci ogni volta di segnalare peculiarità tipiche della storia e dell'evoluzione socio-economica di questo o quel Paese.

Fin superfluo appare poi dire che ci sono Paesi che vantano una grande e nobile tradizione nel campo dell'artigianato artistico ed altri che per le più svariate ragioni l'hanno sviluppata in misura minore. Tra i primi si registrano comunque sostanziali differenze: a fronte di chi si è impegnato per tempo e con determinazione nella tutela e nella promozione dell'opera dei propri maestri d'arte (si pensi alla Francia, alla sua diligenza istituzionale e alla fondamentale esperienza di SEMA), c'è chi (si pensi all'Italia) appare decisamente più 'distratto' e in ritardo nei con-

---

[1] Cfr. P. COLOMBO (a cura di), *Genio e materia. Contributi per una definizione del mestiere d'arte*, Vita e Pensiero, Milano 2000. Rilevanti sono anche i contributi emersi nel corso del Convegno tenuto presso l'Università Cattolica del Sacro Cuore di Milano l'8 giugno 2000 e pubblicati nel volume FONDAZIONE DELLE ARTI E DEI MESTIERI (a cura di), *L'intelligenza della mano. Mestieri d'arte: ieri, oggi, domani*, Vita e Pensiero, Milano 2000.

fronti delle sfide lanciate da un settore che pure è fortemente vincolato a molti dei settori trainanti della sua economia; tra i secondi, allo stesso modo, c'è chi si mostra più sensibile a riconoscere l'attualità di un ambito economico collegabile, ad esempio, in maniera proficua con proposte di riscoperta territoriale o d'eccellenza turistica, e chi non pare propenso (almeno per ora) a investire troppe risorse ed energie in tali direzioni. Ma, al proposito, il discorso si fa veramente troppo complesso e l'unico modo di percepirne le linee di sviluppo è avvicinarsi alle pagine che seguono.

Per introdurre a tali pagine è invece fondamentale precisare che – come risulta agevole comprendere – alcune realtà produttive e culturali nazionali sono state già studiate (seppur assai raramente nell'ottica specifica dei mestieri d'arte) sull'onda dell'interesse soprattutto di storici e sociologi dell'arte per importanti movimenti artistici (dall'Art Nouveau al Bauhaus), mentre altre sono state quasi completamente ignorate. Quindi, all'origine dello studio qui pubblicato ci si è incontrati in alcuni casi con una letteratura assai estesa, quando non sovrabbondante, e in altri con un sostanziale 'deserto bibliografico'.

Si aggiunga ancora che, come la ricerca mostra ampiamente, i mestieri d'arte, ben lungi dall'essere (come spesso invece si sostiene) meri residui di un passato artigianale destinato ad essere in poco tempo definitivamente travolto dalle innovazioni tecnologiche e produttive, sono una realtà in continua evoluzione e rivolta a costruirsi canali di sopravvivenza ed adattamento almeno tanto quanto a non perdere il significato delle proprie radici storiche e culturali. Molti mestieri vengono 'riscoperti' nei loro valori qualitativi d'eccellenza, molti altri si inseriscono all'interno di filiere produttive di grandi dimensioni e maggior visibilità, molti si trasformano assumendo vesti che li rendono irriconoscibili a chi li cerchi nel loro aspetto più consueto. Accade così che i settori più innovativi – e in questo senso, per così dire, 'trainanti' – sono in definitiva quelli a maggior fatica ricomprendibili nella concezione classica e un po' 'polverosa' del mestiere d'arte (incollato a tecniche del passato, chiuso in un ambito locale assai ristretto, appesantito dal legame con materiali ormai in disuso, estromesso dalle logiche di mercato...): occorre in questo senso guardare ai mestieri giovani, innovativi, creativi e vocati a re-interpretare la tradizione. Un solo esempio può bastare, ovvio e naturalmente controverso: si pensi all'enorme fermento che si registra ormai da anni attorno al pianeta del digitale, dell'elettronica, del web. Si può discutere all'infinito sul fatto che casi 'immateriali' come questi escludano a priori la possibilità di collegarsi al mondo dei mestieri d'arte, ma ciò su cui si dovrà concordare è che le innovazioni nelle tecniche e negli strumenti di lavoro, nel corso della storia, sono continuativamente entrate nelle botteghe artigianali a trasformarne i connotati: non si vede ragione perché oggi le cose dovrebbero andare diversamente. Il motto del *design* danese «*Tomorrow's tradition - Everyday innovations*» suggerisce ben più che uno spunto di riflessione al proposito.

Ma chiariamolo immediatamente: chi volesse trovare dati che fotografino in maniera limpida questo aspetto del fenomeno andrà deluso. Per definizione, d'altro canto e restando in metafora, è praticamente impossibile ottenere l'istantanea di un soggetto in rapidissimo movimento o, addirittura, in accelerata trasformazione. Ma anche a considerare il quadro in generale dei mestieri artistici non si ha maggior fortuna: non esistono se non eccezionalmente dati disaggregati e l'immagine dei mestieri d'arte risulta irrimediabilmente diluita nel *mare magno* delle statistiche sull'artigianato, che a propria volta confluisce quasi sempre nell'oceano delle piccole e medie imprese. D'altra parte – ci si consenta di ribadirlo – come pretendere di censire una realtà della quale non si sono definiti i confini?

Di fronte all'aleatorietà, alla sfuggevolezza e alla complessità di tale situazione come si è mosso il Centro di ricerca «Arti e mestieri»? Il compito non era per nulla semplice là dove – sulla spinta di una ricerca condotta due anni fa sull'ambito locale lombardo, ma con una prima (seppur ragionevolmente contenuta) vocazione internazionale[2] – ci si poneva l'obiettivo di analizzare i ventisette attuali Paesi membri dell'Unione Europea, ai quali si è ritenuto indispensabile aggiungere la Confederazione Elvetica, parte del cuore storico dell'Europa e protagonista indiscutibile della vicenda esistenziale di alcuni settori-chiave del mondo dei mestieri d'arte.

---

[2] L'attenzione era in quel caso soprattutto rivolta agli scambi transfrontalieri: cfr. P. Colombo (a cura di), *A regola d'arte. Attualità e prospettive dei mestieri d'arte in Lombardia e Canton Ticino*, Vita e Pensiero, Milano 2005.

Si sono così individuati sei punti essenziali attraverso i quali riassumere – con gradi diversi di articolazione in relazione al loro variabile 'peso specifico' storico, culturale, artistico ed economico – le diverse realtà nazionali. Anzitutto si è svolta una «Premessa storico-ambientale», per offrire le coordinate del passato (a seconda dei casi più remoto o più prossimo) utili a comprendere la situazione attuale dei mestieri d'arte. Si è poi scesi nel campo specifico della ricerca, illustrando un «Quadro dei mestieri d'arte» tipici di ogni area considerata e gettando poi luce particolare su quelli che sono sembrati entrare con maggior evidenza nel novero dei «Mestieri d'eccellenza»: naturalmente, tale doppio grado d'analisi (che offriva qualche consapevole rischio di ridondanza per i Paesi di dimensioni, sviluppo e tradizioni più contenute) si giustificava maggiormente, rendendosi anzi indispensabile, a fronte delle situazioni più sviluppate e corpose. Il quarto punto delinea il «Contesto economico» e cerca di estrapolare soprattutto i dati in grado di additare le linee evolutive del settore dell'artigianato artistico. Con il quinto punto («Profilo istituzionale-normativo») si è voluto abbozzare l'insieme dei principali soggetti istituzionali con cui un artigiano-artista deve interloquire, tracciando al contempo il perimetro regolamentare e legislativo essenziale all'interno del quale tale dialogo dovrebbe svolgersi. Il sesto e ultimo punto è determinante per il futuro dei mestieri d'arte: le politiche di «Formazione», infatti, rappresentano un segnale importante del grado di attenzione riservata al ricambio generazionale in un settore che fa della trasmissione di tecniche e competenze la propria linfa vitale.

Il quadro che è emerso da tale operazione è dunque fatto di coordinate-base che non aspirano a porsi quale mappa esaustiva di un territorio storico, sociale, culturale ed economico immenso: per le parti meno conosciute si sono cominciati a individuare i punti di riferimento primari e non ci si è potuti spingere oltre, per altre ci si trovava di fronte a realtà tanto consolidate e complesse da poterle affrontare solo con la volontà di metterle a confronto con le altre, appunto senza pretese di rappresentarle integralmente. In tutti i casi si è comunque cercato di privilegiare la coerenza interna suggerita dalla storia e dai tratti socio-economici del singolo Paese, concentrandosi maggiormente sui mestieri che meglio e più si agganciavano ad essa. Inutile precisare che centinaia di casi interessantissimi hanno dovuto di necessità essere esclusi dal nostro fuoco prospettico.

Non ci si è voluti però limitare a seguire i percorsi in varia misura già battuti. Il Centro di ricerca «Arti e mestieri» e la Fondazione Cologni dei Mestieri d'Arte sono infatti profondamente convinti che esistano aree di frontiera indispensabili da perlustrare per comprendere in quale direzione si stia espandendo il mondo dei mestieri d'arte. Si tratta di aree ove alcune delle tradizionali e pur valide categorie con le quali si pensano tali mestieri (manualità, trasformazione della materia, durevolezza del risultato...) possono essere discusse e reinterpretate, aprendo le prospettive d'analisi su attività ad alto tasso di innovazione e creatività, nonché – in alcuni casi – con notevole contenuto economico: magari spingendosi a qualche utile, e mai fuori luogo, provocazione[3]. Bisogna naturalmente accettare di fare i conti, anzitutto, con le molte facce dell'accelerazione tecnologica, con quella sorta di paradossale 'immaterialità della materia' che ne deriva, con le produzioni 'effimere'; ma (e proprio il tema dell'effimero spinge decisamente in questa direzione) non si possono neanche trascurare – seppur con estrema cautela – tutti quei settori produttivi ad altissima caratura qualitativa che, legati visceralmente alla tradizione, si mostrano di giorno in giorno i più capaci di proiettarsi verso il futuro. Si pensi a un caso solo, in grado di assumere valore esemplificativo, vale a dire all'articolatissimo insieme di attività connesse al mondo della eno-gastronomia[4]. Nelle pagine che seguono ci si è limitati a pochi cenni puntuali in proposito, ma non sembra esserci dubbio che chi voglia approfondire la conoscenza dell'universo dei mestieri d'arte europei dovrà in futuro riflettere approfonditamente anche su tali sue varianti meno scontate.

Forse risulta a questo punto più chiaro come la ricerca qui pubblicata voglia sinceramente porsi quale punto di partenza da dove prendere le mosse per ulteriori e più minuziose esplorazioni. Ciò che in primo luogo emerge dall'indagine è non per nulla

---

[3] Cfr. E. PIRELLA, *Il copywriter mestiere d'arte*, Il Saggiatore, Milano 2001.

[4] In proposito si veda la 'trilogia' voluta dalla Fondazione Cologni: C. BENPORAT, *Il cuoco mestiere d'arte*, Il Saggiatore, Milano 1999; P. SANVITALE, *Il cioccolataio mestiere d'arte*, Il Saggiatore, Milano 2005, P. MASSOBRIO - A. SINIGAGLIA, *Il vignaiolo mestiere d'arte*, Il Saggiatore, Milano 2006.

una fitta rete di legami dei mestieri d'arte europei con le diverse tradizioni locali: legami declinati secondo le infinite variazioni proposte – e spesso imposte – dai differenti percorsi storici. Solo parzialmente sovrapponibile a tale rete di connessioni è poi la mappa delle saldature territoriali che rendono le manifestazioni più rilevanti dell'artigianato artistico un tutt'uno con i luoghi in cui si sviluppano: luoghi da cui traggono le risorse prime (umane e materiali) per la propria vita e che quasi sempre – in un circolo virtuoso di reciprocità – finiscono per modellare con la propria azione (e, in un certo senso, in molti casi con la propria stessa esistenza), contribuendo a definirne l'identità.

Tradizione e territorio prima di tutto, dunque. Ma poi, non appena si scavi un poco più in profondità, emergono una serie di flussi culturali che producono intersezioni, contaminazioni, reciproche fertilizzazioni. I mestieri d'arte, 'specie' così legata al proprio *habitat* da essere ancor oggi ritenuta per lo più incapace di abbandonarlo o anche solo di sopravvivere al di fuori di esso, 'migrano' invece continuamente nel corso della loro storia: magari con 'bradisismi culturali' tanto lenti e costanti da risultare impercettibili nei tempi brevi ma non per questo con effetti meno significativi e duraturi. I fenomeni di interscambio che ne derivano – uniti a un *background* probabilmente più comune di quanto si pensi e all'innata, profondissima naturalezza dei bisogni primari e dei gesti diretti a soddisfarli che stanno all'origine dell'artigianato (oltre che all'innata ricerca umana di una gratificazione estetica negli oggetti che ci circondano) – disegnano davvero un'Europa 'una e molteplice' al tempo stesso, dove un corpo di elementi comuni si sposa con un'infinità di variabili capaci di esprimere lo spirito di molti popoli. Popoli che – ben lo sappiamo e sono state spese anche troppe parole per ricordarlo con accenti di vuota retorica – stanno cercando una strada da percorrere insieme. Qui viene da pensare che forse tale strada è già additata, almeno in parte, da tempo: da ciò che gli europei producono, con le proprie mani e le proprie intelligenze, per dichiarare di fronte al mondo le proprie identità.

PAOLO COLOMBO
Professore ordinario di Storia delle Istituzioni politiche
Coordinatore del Centro di ricerca «Arti e mestieri»

La Grande Europa dei mestieri d'arte

L'artigianato artistico d'eccellenza nei Paesi dell'Unione Europea

Austria

1. *Premessa storico-ambientale*

Nel contesto dei Paesi di lingua tedesca – e dunque principalmente in Austria e Germania – non esiste un'espressione esattamente equivalente a quella italiana 'mestiere d'arte' o a quella francese 'métier d'art', mentre risultano piuttosto consolidate, anche dal punto di vista storico, le formule *Kunsthandwerk* e *Kunstgewerbe*, con le quali si indicano le diverse varianti dell'artigianato artistico e che mostrano anche una sostanziale prossimità con le arti applicate (*angewandte Kunst* o *Gebrauchkunst*). L'effettivo campo di applicazione di questi termini subisce ovviamente, nel corso dei secoli, significative trasformazioni, legate non solo al mutamento nelle attività produttive e nei metodi di lavorazione, ma anche alla modificazione dei criteri di riconoscimento professionale e tutela corporativa. Se certo l'industrializzazione imprime una netta cesura all'insieme delle tradizioni artigianali europee, si può comunque affermare che il significato attuale dei termini *Kunsthandwerk* e *Kunstgewerbe* si delinei con chiarezza solo nei primi decenni del Novecento, quando il campo dell'artigianato artistico inizia a emergere in seguito a una duplice contrapposizione. Per un verso, le lavorazioni dell'artigianato artistico vengono a differenziarsi da quelle dell'artigianato tradizionale e, soprattutto, si cominciano a individuare i tratti specifici di questi mestieri nella qualità formale e artistica dei loro prodotti. Dall'altro, l'enfasi sul carattere artigianale della produzione richiama la contrapposizione rispetto ai metodi industriali, anche se non viene pregiudizialmente preclusa una destinazione dei prodotti al mercato di massa.

L'immagine del *Kunsthandwerk* che si afferma in Austria e in Germania, a partire dal Novecento, risente in modo piuttosto evidente del modello teorico del movimento inglese *Arts and Crafts* e dell'esperienza dello Studio Crafts, ma subisce anche un'impronta originale dal dibattito, che si sviluppa fino agli anni Trenta, sulla possibilità di una collaborazione fra artisti e artigiani, sempre nel quadro di una produzione di elevata qualità. Una simile collaborazione caratterizza in effetti anche il contesto austriaco, dando avvio ad alcune esperienze estremamente rilevanti, in cui spesso le consolidate abilità tradizionali si confrontano con nuovi materiali e nuove opzioni stilistiche[1]. Recependo i temi del dibattito inglese, l'esperienza austriaca costituisce un caso particolarmente significativo, che vede un momento di svolta nella scissione – e successivamente nella secessione – di un gruppo di artisti, capeggiato da Gustav Klimt, dalla *Künsterhaus*, nel 1896. A partire da questo momento, il movimento – che assume la denominazione di «Secessione» viennese – innesca un ben più vasto processo di rottura con le organizzazioni artistiche ufficiali, destinato a costituire un modello per tutti i Paesi di lingua tedesca. La Secessione viennese esaurisce nel breve arco di alcuni anni la propria esperienza, ma il suo bilancio è senza dubbio positivo, non solo per la critica esercitata nei confronti del mondo artistico e accademico, ma anche per la notevole popolarità che conquista e per il successo che ottiene la sua impronta stilistica.

A Vienna, un ruolo centrale – che non può essere dimenticato, in una ricostruzione pur essenziale dell'esperienza dei mestieri d'arte austriaci – viene svolto dalla *Wiener Kunstgewerbeschule*, una scuola d'arte applicata, presso cui insegnarono Hoffmann e Moser. Proprio questi ultimi fondarono nel 1903 i *Wiener Werkstätte*, con l'obiettivo di rinnovare il concetto di arte grazie alla collaborazione dell'artigianato artistico. L'esperienza dei *Wiener Werkstätte* esercita una profonda influenza nel rinnovamento delle arti decorative austriache, imponendo uno stile di grande semplicità, basato sul quadrato, sul rettangolo, sulla linea retta e sul contrasto bianco-nero[2].

---

[1] Cfr. S. Muthesius, *Handwerk/Kunsthandwerk*, «Journal of Design History», 11 (1998), 1, pp. 85-95, ma anche G.F. Hartlaub, *Das ewige Handwerk im Kunstgewerbe der Gegenwart: Beispiele modernen kunsthandwerklichen Gestaltens*, Reckendorf, Berlin 1931, e M. Stürmer, *Herbst des Alten Handwerks. Zur Sozialgeschichte des 18. Jahrhunderts*, Ulrich, München 1979.

[2] L. Burkhardt (a cura di), *Werkbund. Germania, Austria, Svizzera*, La Biennale di

È proprio in coincidenza con la Secessione e con l'affermazione dello *Jugendstil* che il termine *Kunsthandwerk* inizia ad assumere, nel contesto tedesco, il significato attuale, per effetto del duplice attacco contro il vecchio artigianato e contro la produzione standardizzata di massa. Questi temi sono anche al centro del dibattito successivo, che si sviluppa parallelamente all'esperienza del Bauhaus tedesco, ma che si caratterizza per alcuni motivi specifici e che, soprattutto, tende a differenziarsi in modo estremamente marcato, dall'insieme dell'arte popolare o tradizionale (*Volkskunst*), che pure registra un *revival* significativo a partire dal 1900. In sintesi, come è stato osservato, il quadro che si delinea dagli anni Venti fino ad oggi risulta contrassegnato da alcune tendenze di fondo, in virtù delle quali la definizione del mestiere d'arte, almeno nel contesto austriaco, viene affermandosi con riferimento prevalente alle produzioni dirette all'*interior design* e agli oggetti d'uso quotidiano. All'interno di questo ambito, il settore del *Kunsthandwerk* appare ulteriormente differenziarsi nei confronti di tre realtà produttive: 1) rispetto alla manifattura di massa, per il volume di produzione; 2) rispetto alle piccole manifatture localizzate, denominate *Handwerk*, che producono beni simili a quelli della grande industria; 3) rispetto alle piccole produzioni che adottano l'esempio del folklore[3]. Dopo la guerra, i confini del *Kunsthandwerk* assumono una configurazione stabile, secondo la quale – come hanno scritto Kämpfer e Beyer – l'artigianato artistico non pretende di essere un modello per il *design* industriale e non intende neppure offrire un'alternativa artigianale alla produzione di massa, ma diventa, più semplicemente, un elemento che rafforza uno stile di vita, legato al lusso o comunque all'insieme dei beni voluttuari[4].

Venezia, Venezia 1977. Sul dibattito di questo periodo, cfr. anche J. CAMPBELL, *Il Werkbund tedesco. Una politica di riforma nelle arti applicate e nell'architettura*, Marsilio, Venezia 1987 (ed. or. *The German Werkbund. The Politics of Reform in the Applied Arts*, Princeton University Press, Princeton 1978), D. DE MASI (a cura di), *L'emozione e la regola. I gruppi creativi in Europa dal 1850 al 1950*, Laterza, Roma-Bari 1989, E. LUCIE-SMITH, *Storia dell'artigianato*, Laterza, Roma-Bari 1984 (ed. or. *The Story of Craft. Craftsman's Role in Society*, Phaidon Press, London 1981).

[3] MUTHESIUS, *Handwerk/Kunsthandwerk*, p. 88.

[4] F. KÄMPFER - F.W. BEYER, *Kunsthandwerk in Wandel*, Verlag Der Nation, Berlin 1984, pp. 8-9.

2. *Quadro dei mestieri d'arte*

Ancora oggi, i settori dell'artigianato artistico austriaco di maggior riconoscibilità, e che non rientrano nel pur vasto novero degli *Heimatwerke* (e cioè delle attività riconducibili alle produzioni dell'artigianato tradizionale), sono senza dubbio la ceramica, l'ebanisteria (e la produzione di mobili), i lavori in vetro, la gioielleria e la bigiotteria, il ricamo manuale (utilizzato per la biancheria di lusso con speciali lavorazioni). Ma, oltre a questi mestieri, possono essere aggiunte una serie di ulteriori attività che – pur senza godere di particolare visibilità – arricchiscono il panorama dei mestieri d'arte austriaci: per esempio, la legatoria, la tessitura, la lavorazione di pelli e metalli. Sotto questo profilo, dunque, le lavorazioni maggiormente presenti e significative non sono – in Austria – molto differenti da quelle diffuse nel resto dell'Europa centrale e, in genere, nell'intero Vecchio Continente. Dei forti elementi di originalità hanno però le modalità stilistiche e di lavorazione che caratterizzano la tradizione austriaca del *Kunsthandwerk*.

3. *Mestieri d'eccellenza*

Porcellana

Per quanto concerne la porcellana, la vicenda austriaca si sviluppa in parallelo con quella tedesca, perché la seconda manifattura europea, dopo quella di Meissen, viene fondata proprio a Vienna, nel 1717 da Claudius Innocentius Du Paquier e destinata a conservare il monopolio per il mercato nazionale per molti decenni. Tra la fine del Settecento e l'inizio dell'Ottocento, la manifattura – ormai trasformatasi in Manifattura di Stato – adotta i motivi stilistici del Neoclassicismo, raggiungendo livelli estremamente elevati di qualità decorativa. La produzione di ceramica austro-ungarica, a partire dal XIX secolo, sposta però il proprio baricentro verso la Boemia, e i nuovi centri di Klösterle, Praga, Schlaggenwald, Pirkehammer ed Elobognen mostrano una crescente vivacità, che si manifesta non tanto dal punto di vista stilistico (i motivi del Rococò rimangono costanti), quanto dal punto di vista dell'innovazione imprenditoriale (con la vendita di prodotti come busti di musicisti celebri). Anche in seguito alla concorrenza boema, la manifattura viennese viene chiusa nel 1864 dopo un periodo di crisi, e gran parte dei modelli passano così alle manifatture di Cente, a Wiener-Neustadt, e di Herend, in Ungheria. La produzione più raffinata di porcellana, all'interno dell'Impero, viene in effetti a concentrarsi proprio in Boemia, nella città di Tepliz: esempi estremamente noti, soprattutto sul finire del XIX secolo, sono la *Royal Bohemian* e la *Royal Dux*, che si specializzano in ceramica di gusto Art Nouveau, ma anche la *Alexandra Porcelain*, che, fondata verso il 1880, si dedica esclusivamente alla produzione di oggetti d'arte (come la ceramica «Serapide», con una fitta decorazione ad arabeschi), e la *Amphora-Austria*, sorta nel 1892 e specializzata in forme asimmetriche ispirate al gusto secessionista, che si avvale anche della collaborazione di artisti come Gustav Klimt.

Mobili

Mentre lo spostamento di gran parte delle attività in Boemia, proprio negli ultimi decenni del XIX secolo, riduce l'originalità delle produzioni specificamente austriache, è proprio nei primi decenni del Novecento che l'artigianato artistico vive in Austria il momento di maggiore sviluppo, riuscendo a garantire un'efficace collaborazione di artisti e *designers* con le consolidate tradizioni del mestiere d'arte. L'impulso principale viene da Morris e dall'*Arts and Crafts*, le cui idee vengono accolte però relativamente tardi in Austria, più o meno attorno al 1897, quando un ristretto gruppo di artisti e artigiani fondano a Vienna il gruppo della Secessione viennese. Oltre allo stesso Klimt, gli animatori principali del gruppo sono gli architetti Joseph Maria Olbrich e Josef Hoffmann, mentre l'organo della Secessione è la rivista «Ver Sacrum». Operando soprattutto nel campo delle arti decorative, il gruppo produce la gran parte dei mobili, degli argenti, dei vetri, delle ceramiche e dei lavori in metalli in proprio, affidando le produzioni più complesse a manifatture locali come i *Wiener Werkstätten*. «L'Art Nouveau austriaca trae ispirazione, da una parte, dalle semplici forme dell'*Arts and Crafts* inglese e, dall'altra, dalla linearità della scuola di Glasgow. Lo stile si sviluppò quasi esclusivamente secondo forme lineari e geometriche. La produzione di Hoffmann è caratterizzata dal motivo decorativo del quadrato, ripetuto in modo aritmico su pavimenti, soffitti, tavoli, tappeti, tende e infissi dei suoi interni e nel traforo dei lavori in metallo. Scelse spesso il raffinatissimo accostamento solo del bianco e del nero. I suoi mobili, per i quali utilizzava legni pregiati, seguono forme rettangolari e linee rette e, in alcuni casi, hanno la base ricoperta in ottone battuto. Anche i mobili di Olbrich ricordano forme geometriche, ma dalle linee più morbide e circolari. Realizzò pannelli intarsiati con legni da frutto e madreperla dalla decorazione astratta. Koloman Moser, più noto come pittore e grafico, realizzò oggetti in vetro incisi ad acido e ricoperti da smalti e oggetti in metallo. Caratteristica comune di questa sua produzione è l'uso di piedi a sfera come base dei pezzi»[5].

4. *Contesto economico*

In Austria, il processo di integrazione economica già avviato con l'adesione allo Spazio Economico Europeo (SEE) nel gennaio del 1994, ha ottenuto nuovi impulsi con l'ingresso nell'UE. L'Austria gode in questo senso delle migliori premesse facendo parte dei Paesi più ricchi e stabili dell'UE. Il sistema economico di mercato dell'Austria, con una forte accentuazione dell'elemento sociale a favore dei più deboli, continua a esistere anche all'interno dell'UE. Lo stesso vale per il convalidato strumentario costituito dalla collaborazione delle parti economiche e sociali, che nell'ambito della politica dei salari e dei prezzi svolge tradizionalmente un notevole ruolo nell'appianamento dei conflitti. Dal 1° gennaio 1999 l'Austria è anche membro del terzo livello dell'Unione economica e monetaria, il maggior processo d'integrazione di questo secolo, ossia l'introduzione dell'euro. L'Austria è un Paese altamente industrializzato con un'importante presenza nel settore dei servizi. Il settore terziario produce il 62% circa del PIL (commercio, trasporti e comunicazioni, altri servizi privati, servizi pubblici, servizi bancari, turismo). Tutti i settori dell'industria austriaca sono prevalentemente caratterizzati da strutture di media grandezza che comprendono tutti i rami della lavorazione, dal trattamento delle materie prime alla lavorazione finale, assai più dispendiosa.

---

[5] Cfr. W.J. SCHWEIGER, *Die Wiener Werkstätte. Kunst und Handwerk. 1903-1932*, Brandstätter, Wien-München 1982.

In termini generali, adottando la classificazione statistica austriaca, le imprese artigiane risultano essere più di quarantamila (43.000), in tutto il territorio nazionale, con una percentuale (sostanzialmente stabile) del 17% sul totale delle imprese[6]. Dal punto di vista dimensionale, invece, in Austria le micro imprese risultano fortemente presenti (83,20%), insieme alle piccole (14,20%), mentre le medie e le grandi imprese fanno registrare un valore complessivo piuttosto basso (rispettivamente 2,20% e 0,40%)[7]. Pur presentando una definizione chiara del settore artigiano, i dati statistici non consentono comunque, per l'Austria, di individuare l'ampiezza effettiva e la rilevanza economica del settore dell'artigianato artistico.

Un segnale della relativa vitalità che comunque caratterizza la scena del mestiere d'arte in Austria è offerto dalle manifestazioni fieristiche che interessano le diverse attività coinvolte nel settore. Accanto ad alcuni appuntamenti che interessano in particolare l'artigianato tradizionale (la Fiera dell'Artigianato tradizionale di Seefeld e la Fiera Autunnale di Innsbruck), esistono infatti manifestazioni come *Geschenk & Handwerk*, una fiera annuale che si tiene a Graz nel mese di dicembre[8], *Tischkultur & Küche*, che coinvolge mestieri relativi alla gastronomia e ai prodotti per la cucina e si svolge annualmente a settembre presso la Fiera di Salisburgo[9], e infine, la rassegna *Creative Salzburg*, che si svolge ovviamente nella medesima città, due volte all'anno, e che coinvolge un ampio settore di attività, che presentano un particolare legame con la creatività[10].

5. *Profilo istituzionale-normativo*

Nel contesto austriaco, come in quello tedesco, il principale criterio di definizione dell'attività artigiana consiste nella qualifica professionale del titolare dell'attività. Se in Italia e Francia la defi-

---

[6] A. MICHELSONS (a cura di), *L'artigianato in Europa e in Italia*, Osservatorio Artigianato, Regione Piemonte 2003 (www.regione.piemonte.it/artig/index.htm).

[7] Dati Eurostat.

[8] Cfr. www.messe-graz.at.

[9] Cfr. www.reedexpo.at.

[10] Cfr. www.creativsalzburg.at.

nizione di artigianato viene a dipendere dalla dimensione dell'impresa, e se in Spagna e Regno Unito viene considerato esclusivamente l'artigianato artistico (con attenzione prevalente ai metodi di lavorazione), la strada adottata in Austria punta invece su elementi diversi, che sono, principalmente, l'esistenza della qualifica di «maestro artigiano» e la collocazione all'interno di un ambito ben preciso di attività. Questo modello, che assume la sua configurazione attuale negli anni della ricostruzione post-bellica, non definisce dunque l'artigianato, l'attività artigianale o le imprese artigiane, ma si sofferma invece sulla figura dell'artigiano, assegnando proprio a quest'ultimo il ruolo di soggetto attorno al quale la legislazione e i percorsi formativi ruotano. Un simile assetto, dagli evidenti tratti corporativi, di cui sono chiare le implicazioni sociali e politiche, riesce ovviamente a garantire – tanto in Austria quanto in Germania – una trasmissione piuttosto efficace dei saperi produttivi, pur presentando forti elementi di rigidità. Anche in seguito all'ingresso nell'Unione Europea, l'Austria ha sensibilmente modificato la struttura di organizzazione del settore artigiano, eliminando, a partire dal 2000, quegli elementi di rigidità che legavano l'esercizio del mestiere artigiano al possesso di una certificazione conseguita al termine di uno specifico percorso formativo e di un esame statale.

6. *Formazione*

Il sistema formativo austriaco, strutturato secondo un duplice canale, presenta molte analogie con quello tedesco. Dopo la conclusione della scuola elementare (*Volkschule*), della durata di quattro anni, gli alunni hanno la possibilità di scegliere fra due tipi di scuola, ambedue di durata quadriennale: la scuola secondaria (*Hauptschule*) o il primo ciclo di una scuola di grado superiore di indirizzo generale (*Unterstufe einer allgemeinbildenden höheren Schule*). Mentre queste ultime offrono agli alunni un'istruzione generale, le *Hauptschule*, oltre a fornire delle nozioni culturali di base, forniscono una preparazione professionale e predispongono all'ingresso nel mercato del lavoro. Ovviamente, è proprio questo percorso che tende a preparare gli studenti ad attività artigianali. Al termine della scuola secondaria di indirizzo generale (all'età di quattordici anni), gli alunni si trovano di fronte a differenti possibilità di formazione professionale, strutturate intorno a tre principali opzioni: *a)* formazione in aziende e istituti professionali *part-time*, nell'ambito del sistema di formazione duale (tre anni e mezzo circa); *b)* istituti medi di formazione professionale a tempo pieno che non consentono di accedere all'università (tre-quattro anni); *c)* istituti superiori di formazione professionale a tempo pieno che, oltre alla formazione professionale, permettono anche l'accesso alla formazione professionale (cinque anni).

Anzitutto, dunque, al termine della scuola dell'obbligo, lo studente può anche decidere di frequentare un ultimo anno di studio presso una *Polytechnische Schule*, che prepara al passaggio dalla scuola all'apprendistato (che può durare dai due ai quattro anni). Inoltre, gli studenti possono optare per la formazione professionale in base al sistema duale, oppure, in alternativa, possono continuare la formazione presso una scuola secondaria professionale di grado inferiore o di grado superiore (*berufsbildende mittlere oder höhere Schule*). La formazione professionale, che comprende anche un tirocinio presso un'impresa e delle lezioni presso una scuola professionale (*Berufsschule*), ha l'obiettivo di impartire un'istruzione generale e di approfondire quelle conoscenze tecniche cha hanno maggiore attinenza con lo svolgimento di un lavoro all'interno dell'impresa.

In termini generali, circa il 16% degli studenti conclude la formazione non professionale che conduce all'università, il 13% quella professionale a tempo pieno, l'8% quella che non consente di accedere all'università e, infine, il 41% termina il percorso professionale nell'ambito del sistema duale.

Complessivamente, in Austria, più di quarantamila aziende forniscono una formazione, per circa duecentosettanta professioni esistenti[11]. Le scuole secondarie professionali di grado inferiore (*berufsbildende mittlere Schulen*, Bms) hanno una durata variabile da uno a quattro anni, mentre le scuole secondarie professionali di grado superiore (*berufsbildende höhere Schulen*, Bhs) hanno durata quinquennale e terminano con un esame conclusivo che può anche dare accesso all'università. Tra queste ultime, sono compresi istituti commerciali, industriali, agrari, oltre che scuole per professioni nel campo tecnico, economico e artistico.

---

[11] Cfr. www.bmwa.gv.at.

Belgio

1. *Premessa storico-ambientale*

Parlare di un artigianato artistico 'belga', così come di una cultura belga in generale, può risultare difficile poiché i belgi esprimono la propria cultura soprattutto tramite le proprie comunità di appartenenza (quella fiamminga e quella vallone). Le influenze tedesca e francese sono evidenti e dividono in due il Paese, anche se questa diversità è al tempo stesso segno di grande apertura agli elementi culturali e artistici esterni.

Il passato glorioso delle province belghe è testimoniato da un'inedita ricchezza e varietà del patrimonio artistico, soprattutto in campo architettonico (caratteristiche del Paese sono l'Art Nouveau e l'Art Déco) e di correnti artistiche innovatrici che hanno trovato in Belgio, e a Bruxelles in particolare, la loro maggiore espressione.

Molti prodotti dell'artigianato e dell'artigianato artistico attuali vantano grandi tradizioni, alcuni fin dal periodo medievale, anche se nel tempo sono mutati i motivi e le tecniche. Oggi essi occupano un posto relativamente limitato nell'economia e nella cultura del Paese mentre il folklore è ancora molto importante e vivace: nei carnevali, nelle feste popolari e nelle *kermesse* che si tengono tutto l'anno sono mantenuti intatti usi e tradizioni, e il loro successo di pubblico sollecita l'esposizione e la promozione regolare dei prodotti dei mestieri d'arte.

2. *Quadro dei mestieri d'arte*

È ormai una tradizione radicata, a Liegi e nella sua provincia, l'organizzazione della Biennale Internazionale dell'incisione, che testimonia la ricchezza e la varietà di questo mestiere d'arte in tutta la Vallonia e attira di anno in anno visitatori e artisti belgi e stranieri, che hanno la possibilità di presentare e confrontare tra loro le proprie creazioni. Il mestiere dell'incisore su carta è promosso soprattutto dalla comunità francese che ha istituito il *Centre de la Gravure et de l'Image imprimée*[1] per tutelare l'arte della stampa. Il centro custodisce più di 6.000 stampe di artisti belgi contemporanei e, oltre all'organizzazione di esposizioni tematiche o di tecniche specifiche (litografia, acquaforte, stampa in rilievo, serigrafia), è anche un luogo di incontro e scambio tra linguaggi artistici originali degli artigiani-artisti. Viene infine realizzata un'opera di sensibilizzazione per sollecitare i giovani a intraprendere il mestiere o per stimolarli a continuare le tradizioni famigliari, sempre più di frequente abbandonate.

Nelle Fiandre è anche diffuso il mestiere dell'orefice artigiano che, a partire dalla pietra e dai metalli preziosi o semi-preziosi, concepisce i gioielli e li modella secondo la tecnica preferita (scultura, colatura, pestatura, saldatura) in forme originali. La domanda di pezzi unici da parte di una clientela molto esigente rende l'immaginazione artistica l'elemento principale della creazione, che sempre più spesso vede mescolati metalli e pietre molto preziose (per la selezione delle quali l'artigiano si avvale spesso della consulenza di un gemmologo) con materiali più semplici e spartani come il cuoio, il legno o addirittura la plastica. Ancora presente oggi è la figura dell'incisore d'arte sui prodotti dell'oreficeria o dell'argenteria: i pochi incisori attivi lavorano da indipendenti su commissione per privati o grandi aziende nelle loro piccole botteghe.

La lavorazione dell'ottone si è sviluppata soprattutto nella città di Dinant e nei dintorni dal XII secolo secondo una tradizione tramandata fino ad oggi e conosciuta come *dinanderie* (l'arte di fondere, battere e modellare l'ottone). Oggi l'ottonaio è una figura ancora presente nella valle della Mosa dove, in minuscole botteghe, forgia l'ottone e il rame per realizzare oggetti per la vita quotidiana (piatti, boccali, padelle), ma anche bassorilievi e sculture e, attualmente, fontane, vasche, specchi. Le fasi per la realizzazione di un pezzo sono due, le stesse per ogni artigiano:

[1] Il sito internet di riferimento è www.centredelagravure.be.

prima l'imbottitura per la creazione della forma e poi lo spianamento e la livellazione che permettono all'artista di personalizzare il suo pezzo.

La produzione di arazzi in Belgio vanta un passato glorioso con testimonianze, a partire dal XIV secolo, di creazioni di grandi dimensioni soprattutto intorno al centro di Tournai, mentre a Bruges e Bruxelles hanno acquistato notevole importanza le piccole manifatture. La produzione attuale è caratterizzata da un'alta perfezione tecnica, con opere realizzate in piccoli laboratori, a volte ispirate a capolavori di grandi maestri e dai disegni molto stilizzati. A Tournai esiste un *Centre de la Tapisserie, des Arts du Tissu et des Arts Muraux de la Communauté française de Belgique asbl*[2], creato appunto in omaggio a quest'attività artigiana. Lo scopo è proprio quello di non relegare al passato e al ricordo l'arte degli arazzi: per questo il Centro si propone di essere un organo per la diffusione, l'incontro e la formazione sia attraverso la promozione di grandi esposizioni di arazzi di artigiani-artisti contemporanei e di *ateliers* di produzione e restauro, sia tramite l'organizzazione di un centro di documentazione sulla storia delle arti tessili all'interno della comunità vallone. Il Centro opera anche nel campo della formazione con un'iniziativa originale che permette ai giovani che hanno terminato i loro studi presso le scuole superiori di belle arti di sviluppare un progetto di ricerca in uno dei tre *ateliers* proposti (arazzo tradizionale del liccio, nuovi arazzi, *design* tessile) che fanno capo al centro di ricerca e di sperimentazione nell'arte tessile. Un'intuizione, quella di congiungere tradizione e ricerca di forme e tecniche nuove, particolarmente felice e che dimostra come si possano rendere attuali, interessanti e professionalmente attraenti i mestieri d'arte del passato.

Si hanno, inoltre, tracce della presenza di botteghe di maestri vetrai in Vallonia fin dal XVII secolo, soprattutto nella zona di Charleroi, ove la fabbricazione artigianale del vetro è rimasta pressoché inalterata per secoli secondo la tecnica della soffiatura a lunga gittata nelle forme circolari e cilindriche. Il procedimento si è trasformato e a partire dalla metà del secolo scorso si è imposta la tecnica speciale del *float-glass*[3].

---

[2] www.centre-tapisserie.org.

[3] Per *float glass* si intende la tecnica di produzione patentata nel 1959 e oggi utilizzata

I numerosi maestri vetrai lavorano nei loro *ateliers* secondo tecniche varie, alcune molto antiche, che permettono la realizzazione di vetrate saldate a piombo (nota dal Medioevo, questa tecnica si adatta a ogni tipo di arte grafica, classica o contemporanea) e di vetrate saldate a cemento armato (tecnica più recente che consiste nell'inserimento di pietre spesse di cemento armato idrofugo). Diffusa è anche l'attività di restauro, che di frequente consiste nell'inserimento di nuovi materiali ed elementi decorativi e di supporto su vetrate antiche. Uno degli elementi che maggiormente consentono di declinare gli oggetti di questo tipo di mestiere artigianale nella versione artistica è costituito dalla pittura su vetro, che oggi ha a disposizione una vasta scelta di tinte, e a maggior ragione viene valorizzata dall'abilità e dalla sensibilità individuale del vetraio.

L'attività di costruzione, restauro e decorazione di mobili è diffusa in Belgio dal Medioevo e ha fortemente caratterizzato città come Bruxelles, Liegi e Machelen, dove in passato erano presenti e attivi un gran numero di artigiani-artisti e di botteghe specializzate. Oggi gli artigiani ricercano linguaggi minimali e utilizzi creativi accostando al legno materiali come il metallo o la plastica. La figura dell'ebanista che svolge il suo lavoro in una piccola bottega indipendente è ancora oggi molto diffusa, soprattutto nella regione di *Bruxelles-capitale.* La fabbricazione e il restauro di mobili e accessori d'arredo, generalmente in legno o in pannelli derivati dal legno, vengono realizzati con l'aiuto di macchine e attrezzi vari (seghe, sagomatrici, pialle) dopo una fase di concepimento e progettazione in cui l'artigiano-artista può esprimere la propria creatività. I mobili e i complementi d'arredo più richiesti sono pezzi unici in stile contemporaneo, anche se non manca la realizzazione di prototipi e modelli per una riproduzione in serie, mentre il restauro dei pezzi antichi richiede una buona conoscenza delle tecniche tradizionali e della storia dell'arte e degli stili.

La rilegatura di libri è un mestiere dal passato glorioso che oggi rischia di scomparire (si contano poche decine di artigiani in

maggiormente per la realizzazione di vetri per finestre. Il vetro viene appianato posandolo su lastre di latta, il che permette di ottenere un prodotto particolarmente liscio e sottile. Sull'argomento cfr. http://www.charleroi-museum.org.

tutto il Belgio rispetto alle centinaia che operavano un tempo, dal Medioevo fino all'inizio del secolo scorso)[4]. Dopo la diffusione dei libri prodotti industrialmente e resi disponibili per il pubblico di massa, il rilegatore ha optato per un tipo di lavoro che esalta l'elemento artistico del mestiere per rispondere alle esigenze di una clientela ristretta. L'artigiano specializzato deve possedere un insieme di capacità per la realizzazione delle copertine in cuoio e lino, per la rilegatura dei libri (ma anche di giornali e riviste), per la decorazione degli stessi, e ancora per la fabbricazione di cartelle, di scatole, e così via. L'utilizzo di pochissime macchine, come per esempio la cimatrice, la pressa idraulica, l'apprettatrice, esalta il lavoro manuale dell'artigiano: il modo migliore per imparare il mestiere consiste infatti in un periodo di apprendistato che permette ai giovani di effettuare *stages* in vari *ateliers* per captare le personalissime tecniche e i metodi di lavoro individuali. Questo tipo di formazione sembra comunque oggi richiedere un ulteriore potenziamento e una promozione più massiccia perché manca una generazione che sostituisca i vecchi maestri rilegatori[5].

Il mestiere del tagliatore di pietra e del marmista è riuscito a sopravvivere, benché sempre più spesso i giovani belgi optino per l'offerta formativa maggiormente completa della Francia. Normalmente gli imprenditori commissionano ai tagliatori di pietra la realizzazione di vari lavori utili nel contesto di costruzione e restauro di edifici civili e religiosi, monumenti storici, case antiche. In tutti questi casi, infatti, l'artigiano opera nella propria bottega utilizzando strumenti tradizionali come il maglio, e moderni, come il laser, le smerigliatrici e le levigatrici elettriche che gli permettono di velocizzare il lavoro. Le istruzioni che riceve non gli impediscono generalmente di dare sfoggio della sua creatività e originalità che si esprime nelle forme e nelle decorazioni dei suoi pezzi. La federazione di categoria che rappresenta gli interessi del mestiere è la *Fédération Royale Nationale des Maîtres Marbriers de Belgique.*

---

[4] Una rassegna completa di dati è reperibile nell'*Annual Statistics 2004* (ultimo anno disponibile) pubblicato dall'*Association fabricants des pâtes, papiers et cartons de la Belgique* e disponibile su www.cobelpa.be/pdf/stats2004.pdf.

[5] Dell'aspetto della formazione e della sensibilizzazione al mestiere si sta occupando in modo crescente l'associazione di categoria dei rilegatori, compresa nella più ampia *Association fabricants des pâtes, papiers et cartons de la Belgique.* www.cobelpa.be.

3. *Mestieri d'eccellenza*

Lavorazione dei diamanti

Anversa ha una lunga tradizione come 'città dei diamanti': fin dal XV secolo tagliatori e levigatori hanno lavorato a questo prodotto, riconosciuto d'eccellenza a livello mondiale. Ancora oggi viene garantita la massima qualità grazie soprattutto all'intensa attività di ricerca sulle nuove tecnologie, pur nel rispetto della tradizione. Dopo una fase di appannamento nei secoli XVIII e XIX a favore della produzione nella vicina Amsterdam, l'industria belga dei diamanti si è ripresa dedicandosi al lavoro di precisione sui pezzi di piccola taglia. Risulta utile considerare qualche dato[6] per comprendere l'importanza che ancora oggi riveste per Anversa e per l'intero Paese il settore diamantifero: sono oltre 1.500 le aziende operative, il commercio dei diamanti copre quasi il 10% delle esportazioni belghe, gli impiegati direttamente o indirettamente nel settore sono circa 30.000. Quest'ultima indicazione non deve però trarre in inganno poiché la lavorazione vera e propria è stata dislocata ormai in alcune città orientali, soprattutto indiane, alla ricerca di un costo inferiore della manodopera: dei 15.000 artigiani-artisti presenti solo ad Anversa pochi decenni fa ne restano oggi circa 300. Molti di essi lavorano per grandi compagnie o a *Diamondland*, il famoso *showroom* dove è possibile vedere all'opera i tagliatori, gli incassatori e gli orefici che danno informazioni sulle tecniche, la purezza, la caratura dei pezzi; restano pochi artigiani indipendenti che realizzano gioielli con diamanti lavorando la gemma in tutte le sue fasi, dal taglio, alla levigatura, alla pulitura, alla creazione di montature realizzate con metalli preziosi come l'oro o il platino.

L'organo ufficiale rappresentativo del settore diamantifero, l'*Hoge Raad voor Diamant* (HRD)[7], svolge il compito di coordinamento delle azioni finalizzate all'ulteriore sviluppo di Anversa come centro mondiale del diamante. Nello specifico, l'Istituto tiene contatti a livello governativo con il settore pubblico e privato sia belga sia straniero coinvolto nell'attività di sfruttamento,

---

[6] I dati considerati sono tratti dal sito www.diamondland.be, il negozio *showroom* creato nel 1993 dal Centro dei Diamanti di Anversa.

[7] www.hrd.be.

lavorazione e distribuzione dei diamanti, organizza eventi, promuove azioni di *marketing* a sostegno delle opportunità commerciali di Anversa e finanzia progetti di ricerca nel settore. Il dipartimento educativo dell'HRD è l'Istituto di Gemmologia, dal 2002 riconosciuto dalla Comunità fiamminga, che offre un'ampia scelta di programmi altamente qualificati dedicati alla lavorazione dei diamanti e rivolti sia a giovani neofiti, sia a professionisti del settore nel quadro della formazione continua.

Lavorazione del pizzo e dei merletti

La manifattura del pizzo nelle province belghe risale al XV secolo e nel tempo si sono sviluppate molte tecniche di lavorazione. Oggi sono praticati principalmente due tipi (il pizzo rinascimentale e il pizzo *bobbin*), nelle Fiandre e in particolare a Bruges, la 'signora dei merletti', dove gli artigiani-artisti (o meglio, le artigiane-artiste) hanno reso celebri a livello mondiale i merletti. Anche se non si può paragonare l'attività di oggi a quella del passato (notizie dell'epoca parlano di circa 100.000 merlettaie intorno al 1775)[8], la lavorazione del merletto è ancora presente massicciamente a Bruges, dove ogni anno viene dedicata una settimana alla promozione del merletto e dove nel 1981 si è tenuto un appuntamento a livello mondiale che è stato l'occasione per fondare l'OFIDA (Organizzazione internazionale di amatori dei merletti a fuselli e ad ago)[9]. Quest'ultima propone regolarmente corsi di formazione e di avvicinamento al mestiere a qualsiasi livello. L'arte del pizzo e del merletto è insegnata anche nella città di Binche, dove negli ultimi 30 anni l'attività si è ripresa dopo un lungo periodo buio che durava ormai dalla fine del XIX secolo[10]; il Centro del merletto e dei mestieri d'arte di Binche, in particolare, promuove la tradizione con le artiste merlettaie che si esibiscono per i visitatori spiegando la loro tecnica particolare a fili continui e intrecciati con un filo molto sottile e leggero.

---

[8] www.fioretombolo.net.

[9] Queste due particolari tecniche sono le più diffuse in Belgio: con la prima si realizzano lavori a mano a fili discontinui dai motivi floreali stilizzati molto famosi.

[10] www.binche.com.

Design di arte multimediale

Un mestiere nuovo che si sta diffondendo rapidamente e per cui si prevedono sempre più spesso corsi teorici e pratici[11], è quello del disegnatore d'interfaccia multimediale, una sorta di successore del disegnatore classico di *bandes dessinées* (fumetti), che ha goduto di molta fortuna negli anni Cinquanta e Sessanta. Oggi il *Centre Belge de la Bande Dessinée*[12], che è stato creato a Bruxelles nel 1989 come luogo privilegiato di promozione, esposizione e documentazione dei fumetti del passato e più recenti, cerca di tenere viva e attiva la tradizione. È però nella creazione di un prodotto multimediale (su CD Rom o siti internet, per esempio), che il nuovo tipo di disegnatore, integrando diverse forme di comunicazione (testi, grafici, foto, musica, animazione), si occupa di organizzare la rete di *link* tra le molteplici componenti del contenuto con lo scopo di permettere all'utilizzatore di esplorare l'informazione interattiva. Una variante è il *designer* visivo per prodotti multimediali che lavora alla produzione di componenti proprie di un'arte particolare (come la pittura, il disegno, la fotografia) applicandole ai bisogni specifici del mondo multimediale: il disegnatore visivo deve saper conciliare il lavoro che utilizza il freddo materiale digitalizzato con la propria, personale, visione artistica.

4. *Contesto economico*

Il quadro dell'artigianato a livello istituzionale è strettamente legato a quello delle piccole imprese in generale poiché raramente il settore viene nettamente distinto, anche se non mancano, come si vedrà in seguito, iniziative e riferimenti specifici all'artigianato artistico. Le piccole e medie imprese rivestono un peso notevole all'interno dell'economia belga. Uno dei proble-

---

[11] A livello universitario sono previsti moduli specifici in arte attuale multimediale e arte video-visiva all'interno del programma in Studi Approfonditi in Arte Attuale della Facoltà di Filosofia e Lettere dell'Università *Nôtre Dame de la Paix* di Namur. Cfr. www.fundp.ac.be.

[12] Interessante e ricco di informazioni sulle manifestazioni, i corsi e le altre iniziative dedicate al fumetto in Belgio è il sito della rivista mensile della *bande dessinée*, www.actuabd.com.

mi più urgenti, come viene riconosciuto all'unanimità sia a livello governativo, federale e regionale, sia dalle associazioni professionali, è legato alla mancanza di imprese 'giovani': il quadro è decisamente allarmante se si considera che appena il 4% dei giovani che terminano la scuola secondaria opta per l'attività imprenditoriale[13], in qualunque settore. Le linee politiche da adottare ruotano attorno a esigenze ben chiare, coincidenti con le raccomandazioni della *Fédération des Entreprises Belges* contenute nel documento programmatico «*Stratégie 2010: pour un nouvel élan et un avenir pour nos enfants*»[14]: stimolare lo spirito di impresa, creare le condizioni per una manodopera più motivata e qualificata, disporre di uno spazio per l'impresa che rispetti l'ambiente (incoraggiando l'innovazione tecnologica 'verde' e diminuendo il carico amministrativo, solo per fare due esempi di azioni concrete). Il rapporto del *Global Entrepreneurship Monitor*[15] del 2004 per il Belgio fa ben sperare per il futuro: l'indice TEA (*Total Entrepreneurial Activity*), che segnala la percentuale della forza lavoro attivamente coinvolta nell'inizio di una nuova attività imprenditoriale, ha invertito, anche se modestamente, il *trend* negativo dal 2003 e può potenzialmente evolvere in modo ancora più positivo. Lo stesso discorso vale per un altro indice sviluppato dal rapporto in questione, il *Firm Entrepreneurial Activity* (FEA), che misura quanto le PMI esistenti siano innovative e abbiano un potenziale di crescita.

5. *Profilo istituzionale-normativo*

In Belgio non esiste una legislazione specifica per l'artigianato d'arte, per cui non è mai stata stilata una lista completa e riconosciuta dei mestieri considerati 'artistici', come è invece avvenuto in alcuni altri Paesi europei. Le attività artigianali sono solita-

---

[13] Il dato è ripreso dal servizio statistico del Ministero dell'Economia: http://ecodata.mineco.fgov.be.

[14] Si tratta della sintesi della strategia di rilancio delle piccole e medie imprese elaborata dalla Federazione e dalle associazioni affiliate.

[15] Il programma di ricerca *Global Entrepreneurship Monitor* (GEM), che ormai interessa una quarantina di Paesi, comprende una valutazione annuale del livello nazionale di imprenditoria. www.gem.org.

mente associate a quelle imprenditoriali e commerciali per quanto concerne i vari aspetti regolativi. La *Banque-Carrefour des Entreprises* (BCE) è un registro contenente tutti i dati di identificazione di un'impresa: è incaricata cioè della registrazione, salvaguardia e gestione delle informazioni relative alle piccole e medie imprese. Scopo principale della *Banque*, che fa capo a un servizio di gestione creato appositamente all'interno del Ministero per l'Economia, Piccole e Medie Imprese, Classi Medie ed Energia, è cioè quello di permettere una semplificazione delle procedure amministrative che interessano le imprese e di contribuire così, negli intenti, a un'organizzazione più efficace dei servizi pubblici relativi. L'iscrizione alla BCE è obbligatoria per le piccole e medie imprese operanti in ogni tipo di settore dall'inizio del 1999, anche se è solo dal 2003 che essa ha sostituito del tutto i precedenti registri del commercio e dell'artigianato. Il sistema degli sportelli delle imprese ha rimpiazzato le tre *Chambres des métiers et des négoces* (Camere dei mestieri e dei commerci, una per provincia), organismi parastatali di interesse pubblico creati nel 1928 dall'allora Ministero federale delle Classi Medie e dell'Agricoltura.

Il fondamento della legge d'accesso alle professioni commerciali e artigianali 'regolamentate' si trova nella garanzia che un'impresa sia diretta o gestita, a prescindere dalla sua dimensione, da persona con un bagaglio adeguato di capacità imprenditoriale; la legge, aggiornata nel 1998[16], risaliva al 1958 ed è applicabile alle piccole e medie imprese, debitamente definite. Esistono diverse modalità per fornire la prova di possedere 'capacità imprenditoriale', intesa come insieme di conoscenze di gestione di base e di capacità professionali: disporre di un diploma valido di formazione professionale secondaria tecnica o professionale, avere una sufficiente pratica professionale, superare un esame presso il Servizio Pubblico Federale Economia, Piccole e Medie Imprese, Classi Medie ed Energia[17]. L'ultima definizione di piccola e media impresa risale al 2003 e comprende i seguenti

---

[16] *Loi-programme du 10 février 1998 concernant la promotion de l'entreprise indépendante.*

[17] Questo Ministero è, come dice la denominazione stessa, l'organo federale di riferimento per la piccola impresa, anche artigianale e dell'artigianato artistico. http://mineco.fgov.be.

criteri: impiegare meno di 50 dipendenti, avere un giro d'affari inferiore a 7 milioni di euro e un bilancio che non oltrepassi la soglia dei 5 milioni di euro, evitare che più del 25% delle azioni dell'azienda siano detenute da imprese altre che PMI. Con riferimento specifico all'accesso alle professioni, è importante rilevare che si considerano 42 professioni 'regolamentate', divise in 5 gruppi (costruzioni e attività connesse, meccanica, commercio e servizi, alimentazione, tessile). Nella lista delle professioni, valida da gennaio 2006, compaiono anche alcuni mestieri artigianali collegati all'ambito 'artistico', come, per esempio, i tagliatori di pietra, i marmisti, i vetrai.

A livello istituzionale federale, oltre al Ministero competente già citato, opera anche il Consiglio Superiore degli Indipendenti e delle Piccole e Medie Imprese[18], organo federale consultivo che fa capo al Ministero stesso e che ha il duplice incarico di consiglio (elaborando opinioni indirizzate ai ministeri competenti) e di rappresentanza delle circa 150 organizzazioni professionali aggregate per le quali costituisce una sorta di *forum* di concertazione delle diverse istanze socio-economiche. Nei propri organi interni siedono rappresentanti delle federazioni interprofessionali e delle organizzazioni federali rappresentative delle professioni artigiane e del commercio. Un'ampia banca dati indica, mestiere per mestiere, la legislazione specifica regolativa di riferimento.

L'artigianato artistico è promosso nella regione vallone grazie a cinque Uffici dei Mestieri d'Arte nelle Province di Namur, del Brabant Wallon, dell'Hainaut, di Liegi e del Lussemburgo, più un ufficio di coordinamento, noto come *Entente interprovinciale des Bureaux des Art et des Métiers*. Questi organi hanno la missione di rafforzare la visibilità dell'artigianato artistico, che in Vallonia gode di una tradizione secolare prestigiosa, ma allo stesso tempo si evolve perpetuamente verso forme nuove e inedite. Consapevoli che l'artigianato artistico rischia di essere messo in secondo piano se non addirittura occultato completamente dalla produzione di massa, gli Uffici puntano a una rivalorizzazione dei mestieri d'arte che li renda in grado di conciliare la creazione artistica e la

---

[18] La legge che ha costituito il Consiglio è del 1999. *Arrêté royal du 22 octobre 1999 portant approbation du règlement d'ordre intérieur du Conseil Supérieur des Indépendants et des Petites et Moyennes Entreprises.*

dimensione utilitaristica, tramite, per esempio, la pubblicazione di cataloghi informativi o l'organizzazione di mostre sia in Belgio, sia all'estero. L'Associazione interprovinciale, nata nel 1996 da un accordo tra i singoli uffici, ha già svolto nei pochi anni di vita una notevole attività di coordinamento dei suoi affiliati, conferendo maggiore impulso alla promozione dell'artigianato artistico: a cadenza annuale sono proposte sia le *expositions d'ensemble*, con formula itinerante, sia il salone vallone dei Mestieri d'Arte, dedicato ogni anno a un tema differente su cui gli artigiani-artisti elaborano i differenti oggetti. Sono inoltre organizzate missioni durante le mostre e le fiere del settore dell'artigianato artistico all'estero e *weekend* 'porte aperte' in cui gli artigiani-artisti valloni accolgono il pubblico direttamente nei loro *ateliers* mostrando i prodotti e spiegando le tecniche di lavorazione e la composizione dei materiali[19].

Una delle iniziative più apprezzate e conosciute è *ArtisanArt*[20], appuntamento fisso che raccoglie da 10 anni più di 200 artigiani-artisti valloni e fiamminghi e un numero progressivamente crescente di stranieri che espongono le proprie creazioni. L'obiettivo è anzitutto la creazione di uno spazio di incontro tra gli artigiani, o più semplicemente tra gli amatori, e il grande pubblico. Si mira inoltre a informare i giovani sulle prospettive professionali che offre l'artigianato artistico, attraverso la presenza di istituti professionali e centri di formazione specializzati. Sotto il primo aspetto, la formula vincente sta nell''esposizione-animazione', con gli artigiani-artisti che lavorano in diretta sui loro oggetti permettendo ai visitatori di apprezzare il loro talento e commentando i gesti e le tecniche utilizzate. L'altra idea-chiave di *ArtisanArt* è quella di sollecitare i giovani a familiarizzare con mestieri di cui poco si conosce o che addirittura si credono scomparsi, con l'auspicio di orientarli professionalmente in questo senso. Nelle ultime edizioni si è dato particolare rilievo a un'iniziativa denominata *Métiers d'Art à Toucher*. Alcuni artigiani testimoniano attraverso le loro creazioni l'importanza della dimensione tattile nell'artigianato artistico, al di là dell'aspetto visivo. Gli oggetti esposti sono realiz-

---

[19] Dati aggiornati e completi si trovano sul sito ufficiale delle statistiche in Vallonia http://statistiques.wallonie.be.

[20] www.artisanart.be.

zati con materiali volutamente vari per fare apprezzare l'abilità manuale artigiana che, entrando a contatto con le materie grezze, trasforma queste ultime in piatti, libri, utensili ecc.

Il Governo fiammingo si è concentrato nell'attività di promozione dell'innovazione per le piccole e medie imprese, sostituendo di recente alcuni programmi che registravano una bassa adesione con un sostanzioso finanziamento ai progetti più innovativi, soprattutto nel settore artigiano; anche il Governo vallone ha creato una serie di esperienze focalizzate sulle nuove tecnologie, realizzate tramite bandi e inviti a presentare proposte. Una delle iniziative più frequentate è la Fiera internazionale dell'artigianato contemporaneo (*Artifact*)[21], a cadenza annuale a Bruges, che permette ad artigiani e artigiani-artisti selezionati di incontrarsi e incontrare il pubblico. La Fiera è dedicata anche alla scoperta e allo studio delle forme e tecniche più innovative, in particolare nei settori della lavorazione del legno, del cuoio, della carta, del tessile, del vetro, del cristallo.

Per quanto concerne la rappresentanza del settore dell'artigianato, oltre alle associazioni specifiche di categoria, operano le associazioni federali e delle singole comunità che sostengono gli interessi in generale della piccola impresa. La *Fédération des Entreprises Belges* è l'associazione rappresentativa a livello federale di tutto il contesto imprenditoriale e comprende come suoi membri le federazioni professionali nei singoli settori d'impresa. L'*Union des Classes Moyennes*[22] è invece la principale organizzazione francofona di rappresentanza e difesa delle rivendicazioni dei lavoratori indipendenti, tra cui piccoli e medi imprenditori, artigiani, commercianti, liberi professionisti. Creata nel 1928, l'UCM è particolarmente attiva nell'assistenza alle piccole imprese per la creazione, lo sviluppo e la trasmissione dell'impresa. Sempre in Vallonia, l'*Union Wallone des Entreprises* è un'organizzazione rappresentativa delle imprese regionali, di qualsiasi dimensione e impegnate nei settori più vari, tra cui l'artigianato; un impegno specifico è dedicato dal 2004 all'assistenza ai giovani imprenditori durante i primi anni della loro attività. Il programma, denominato *Wallonie Entreprendre*, è realizzato attraverso un

---

[21] www.artifact.be.

[22] www.ucm.be.

sistema di patrocinio in cui i 'padrini' sono capi di imprese di successo che consigliano i giovani all'inizio della loro esperienza imprenditoriale.

L'organizzazione corrispettiva all'UCM nelle Fiandre è il *Vlaams Economisch Verbond.* Molto attivo è anche l'UNIZO[23], organizzazione fiamminga per i professionisti indipendenti e per le piccole e medie imprese che opera dalla fine dell'Ottocento e raccoglie circa 70 organizzazioni professionali (con cui istituisce accordi congiunti operativi) e migliaia di membri autonomi attivi in vari settori, tra cui la piccola impresa manifatturiera e artigianale. Con i suoi uffici sparsi capillarmente nella regione, l'UNIZO dà voce agli interessi dei suoi membri sia nei *city governments,* sia a livello regionale e federale e fornisce consiglio individuale o collettivo (tramite corsi, seminari specifici e opportunità di incontri per i nuovi imprenditori con chi già ha esperienza nei vari settori professionali)[24].

6. *Formazione*

La proposta formativa nell'ambito dell'artigianato in Belgio può essere considerata nel complesso soddisfacente se si tengono in considerazione anche le iniziative dedicate allo sviluppo della piccola imprenditorialità, necessarie per rispettare le tappe previste dal piano di realizzazione dei principi contenuti nella Carta Europea delle Piccole e Medie Imprese. Le iniziative sono estremamente varie, in termini di organizzatori (pubblici, privati, in *partnership*), di modalità (corsi annuali o pluriennali, corsi brevi *ad hoc*), di destinatari (giovani e giovanissimi, imprenditori nell'ottica della formazione continua) e, ovviamente, di contenuto. Qui di seguito si offre un panorama esemplificativo delle proposte degli istituti nel settore della piccola impresa artigiana.

Il *Service d'information sur les études et les professions* non è una scuola, ma un servizio riconosciuto dalla comunità vallona e dalla regione di *Bruxelles-capitale* che mette a disposizione studi e guide

---

[23] www.unizo.be.

[24] Il sito internet è solo in lingua fiamminga: www.kmonet.be.

dettagliate sulle professioni e i mestieri più disparati, senza tralasciare quelli legati all'artigianato tradizionale e artistico. Viene qui ricordato per l'estrema ricchezza di informazioni che è possibile reperire anche *online*[25].

L'*Institut wallon de formation en alternance et des indépendants et petites et moyennes entreprises* (IFAPME)[26], creato per decreto governativo nel 2003, è l'istituto vallone di formazione per gli indipendenti e le piccole e medie imprese che combina corsi teorici e generali presso uno dei Centri di formazione con moduli pratici. I destinatari sono giovani neofiti (che desiderano imparare uno tra gli oltre 200 mestieri elencati) o piccoli imprenditori già attivi: per i primi è prevista la formula dell'apprendistato, per i secondi vengono proposti corsi di formazione per capo di impresa o di formazione continua.

L'Accademia delle Belle Arti «Alphonse Darville» di Charleroi organizza da più di mezzo secolo corsi serali (o nel *weekend*) dedicati a un pubblico già impegnato nella vita professionale e corsi per bambini e giovani. Il punto di forza della scuola sta nella importanza che viene data al lavoro pratico negli *ateliers* di ceramica, incisione, restauro di mobili, serigrafia, comunque alternato a moduli di carattere maggiormente teorico. L'approccio dei professori, per la quasi totalità artigiani-artisti, è molto rigoroso, tanto che esistono sbocchi professionali concreti sia nel mestiere, sia nell'insegnamento stesso.

A Namur, l'Istituto d'insegnamento cristiano delle arti tecniche, scientifiche e dell'artigianato (IATA)[27], per la formazione secondaria, mira ad offrire una formazione in cui la dimensione artistica dei mestieri legati alla comunicazione grafica vuole essere l'elemento prevalente. Dopo aver appreso le varie tecniche e le tappe della catena di produzione grafica, lo studente può ottenere una qualificazione professionale di incisore o proseguire gli studi scegliendo un ramo specifico, tra cui (opzione particolarmente apprezzata negli ultimi anni) il settore audiovisivo e multimediale.

---

[25] www.metiers.be.

[26] www.ifapme.be.

[27] www.iata.be.

Anche l'Istituto superiore per lo studio del linguaggio plastico dedica alcuni dei suoi corsi alle espressioni artistiche contemporanee legate all'utilizzo dei prodotti multimediali in forme 'artigianali'. Oltre all'attività nel settore della formazione, l'Istituto organizza conferenze e incontri con gli artisti ed esposizioni tematiche collettive e individuali. Ancora, la Scuola di ricerca grafica dell'Istituto superiore libero di arti plastiche propone corsi d'arte e di artigianato conferendo alla fine del ciclo di studi un diploma di tipo universitario riconosciuto dalla Comunità francese in Belgio. Tutti i percorsi formativi proposti (incisione, fumetto, videografia, comunicazione visiva) comprendono una nutrita parte teorica generale e sulle tecniche completata da un periodo di apprendistato o *stages.*

Molti dei corsi o *stages* pratici proposti nel settore dell'artigianato artistico sono di carattere temporaneo: spesso si tratta di *weekend* dedicati alla sensibilizzazione verso un mestiere d'arte, come, per esempio, gli *stages* di lavorazione a mosaico a Blaton (con borse di studio messe a disposizione dalla Fondazione Re Baldovino), i corsi per la creazione di gioielli e la lavorazione della ceramica a Braasschaat[28] (comprendenti *stages*), o ancora gli *ateliers* aperti dedicati a mestieri nuovi e del futuro: installazioni interattive, *performances* suono/immagine, progetti sul web di 'arte del *sofware*', tenuti a Bruxelles dall'IMAL (*Interactive Media Art Lab*)[29].

[28] www.ateliercirkel.be.

[29] www.imal.org.

Bulgaria

1. *Premessa storico-ambientale*

La genesi della comunità etnica bulgara ebbe avvio nella prima metà del VII secolo e, secondo le più accreditate opinioni, in essa confluirono elementi della tradizione culturale dei traci, dei cosiddetti proto-bulgari (tribù nomadica di derivazione mongola) e degli slavi. Sulla base delle ricostruzioni archeologiche della cultura materiale dell'epoca si può raffigurare un processo di ricezione e di trasfigurazione degli usi derivanti dall'antichità da parte delle nuove popolazioni. Il ruolo-chiave per l'adesione ai riti e alle tradizioni religiose cristiane fu svolto dalle comunità monastiche presenti sul territorio dal IV-V secolo.

Il monastero esercitò fin da subito, dunque, una funzione centrale per la coesione della struttura etnica bulgara: dopo che il cristianesimo fu adottato come religione ufficiale nell'anno 865, l'edificazione di monasteri fu avviata dal cosiddetto «primo regno bulgaro» nelle regioni circostanti le due capitali Pliska e Preslav[1]. Oltre alle funzioni rituali, i monasteri si occupavano anche della vita culturale, educativa ed economica: avviarono laboratori per la produzione di icone in ceramica e statue in pietra o legno, officine per la realizzazione del vetro e *scriptoria* per la traduzione dei testi liturgici in lingua slava. L'idea stessa dell'ascetismo monastico si vide sconvolta dall'opera dei costruttori e degli ornatori: i monasteri si adornarono di vari colori, le loro linee architettoniche si resero più complesse; da custodi della tradizione divennero esempi di sincretismo fra le usanze pagane e la cultura cristiana.

---

[1] Lo sviluppo culturale e artistico dei monasteri bulgari è presentato sul sito internet www.orienttravel-bg.com/culture.php.

Se fra il IX ed il X secolo furono i monasteri di Preslav la culla della produzione di icone in ceramica dipinta, con la costituzione del «secondo regno bulgaro» (dal XII al XIV secolo), il primato passò ai monasteri della città regia di Veliko Turnovo. La presenza della Corte, del Patriarca e dell'aristocrazia temporale e sacrale ne incoraggiò l'imprenditoria culturale e artistica: laboratori di scrittura, di decorazione di libri, di realizzazione di dipinti murali e di icone si diffusero nei monasteri dei Quaranta santi martiri, della Trinità, di Kilifarevo e di Preobrazhenie.

Le abilità tecniche sviluppate nei monasteri corrispondevano al gusto estetico generale: i maestri fabbri, quelli nell'arte dell'intarsio o della ceramica adornavano le regge e le dimore della nobiltà e le principali città si distinsero come centri di produzione artigianale. La narrativa popolare medievale poneva spesso il maestro artigiano al centro dell'interesse: canti e leggende narrano del maestro che si tormenta per ottenere la perfezione o di artigiani che competono con la propria bravura per conquistare l'amore della donna contesa[2]. Ma dopo che il Paese fu conquistato dai turchi ottomani nel XV secolo, lo sviluppo delle arti e dei mestieri subì un duro colpo a causa della perdita dei vecchi committenti e di un generale impoverimento sociale. Solo con il progressivo stabilizzarsi dei rapporti fra la popolazione bulgara e i conquistatori, la produzione artigianale si riprese; per di più, i manufatti locali trovarono nuovi mercati, il più importante dei quali fu Istanbul, ma anche le città marittime dell'Egeo e del Mar Nero. Oltre al costituirsi di una vasta area commerciale, la stessa gamma dei mestieri finì per arricchirsi: alle attività che continuarono ad essere praticate nei monasteri (fabbricazione di icone, pittura muraria o incisione di arredo ligneo) o diffusamente dalla popolazione (quelli che successivamente sarebbero stati denominati i 'mestieri popolari': realizzazione di manufatti in lana, tessitura di tappeti), si aggiunsero nuove specializzazioni. È dal XVI secolo, infatti, che l'arte orafa iniziò a diffondersi nelle città; se i nuovi compratori appartenevano a un ceto dominante straniero, la diffusione di gilde di artigiani costituì il nucleo principale della comunità autoctona.

---

2 L'impatto della figura del maestro artigiano sull'immaginario della narrativa popolare è descritto nel materiale didattico offerto dal sito www.art.bg/cont.htm.

Nel periodo del «Risveglio nazionale» che culminò con l'ottenimento dell'indipendenza nel 1878, la tradizione artistico-artigianale locale fu un veicolo per la ricostruzione dell'identità locale dopo cinque secoli di dominio straniero. Se per la rivalutazione della lingua e della cultura bulgara fu determinante l'opera di preservazione svolta dai monasteri, per la cultura popolare il riferimento principale furono le tradizioni artigianali. Si potrebbe sostenere che il settore dei mestieri d'arte subì in questo periodo una scissione fra le arti sacre – la realizzazione delle icone – e quelle mondane – lavoro a maglia, tessitura, fabbricazione di oggetti in metallo, ceramica, legno e oreficeria. Mentre le prime rimasero confinate ai monasteri e si limitarono a riprodurre o restaurare le opere del passato, le seconde furono glorificate dal movimento nazionale come espressioni di vitalità dell'anima popolare del nuovo Stato.

Le difficoltà politiche non aiutarono però lo sviluppo delle arti nella Bulgaria indipendente né nel periodo precedente alla Seconda guerra mondiale, contrassegnato da una forte instabilità politica, né in quello successivo. Con l'instaurarsi del dominio del Partito comunista e del monolitico Governo (quasi quarantennale) di Todor Živkov, la società bulgara si abituò a un tenore di vita che offriva poco spazio per una produzione che mirasse alla qualità e all'espressione di una creatività individuale[3]. L'unico settore che poteva vantare il sostegno da parte dello Stato era, non a caso, quello dell'arte popolare: rassegne del folklore nazionale come quella organizzata ogni cinque anni nella città di Koprishtitsa si proponevano di dimostrare come la 'democrazia popolare' tutelasse le proprie radici, per l'appunto, 'popolari'.

Dalla svolta democratica del 1990, la società bulgara sta affrontando il difficile compito della ricrescita economica: in primo luogo, essa dovrebbe coincidere con il rianimarsi dello spirito imprenditoriale legato al mondo delle piccole e medie imprese. Data la mancanza sia di capitali, sia di esperienza imprenditoriale, i risultati non sono ancora del tutto soddisfacenti, nonostante si possano trovare non pochi esempi incoraggianti. Nel complesso,

---

[3] Sui problemi e i malfunzionamenti del sistema economico nella Bulgaria comunista, cfr. B. GÖKAY, *Eastern Europe since 1970*, Longmann, Harlow 2001 (trad. it. *L'Europa orientale dal 1970 a oggi*, Il Mulino, Bologna 2005, in particolare pp. 97-98 e 106-107).

però, è tuttora difficile parlare di un settore di mestieri d'arte che non sia in qualche modo legato al mondo dell'arte popolare.

2. *Quadro dei mestieri d'arte*

I mestieri d'arte hanno dunque svolto un'importante funzione socio-politica nel periodo del «Risveglio nazionale», il che si è riflesso nella qualità delle opere e nel livello della loro popolarità. Le attività esercitate oggi corrispondono in gran parte a quelle sviluppatesi allora e trovano in esse il modello ideale. Si tratta spesso di una tensione socialmente diffusa verso il 'riappropriarsi' di una sorta di 'tesoro nazionale'. Come esempio, valgano le recriminazioni rivolte dall'opinione pubblica bulgara nei confronti della Comunità monastica di Monte Athos, dello Stato serbo e di quello rumeno, rei di aver sottratto alla nazione bulgara i capolavori dei suoi orefici.

Il fardello del «passato che non passa» riguarda anche la produzione attuale, giacché gli ornamenti e i colori che vengono applicati a tali opere corrispondono a un severo canone di tradizione nazionale. Che si tratti di soluzioni ricercate per un tessuto, un tappeto o un oggetto in legno o in metallo, le linee, le curvature o l'accostamento dei colori (fra i quali domina il rosso) veicolano un messaggio di attaccamento al costume etnico e non di rado l'apprezzamento dei compratori dipende proprio da questo atteggiamento restio all'innovazione. Questa ortodossia può però apparire, agli occhi di un estimatore occidentale, anche alquanto attraente: l'estetica bucolica (il motivo che domina fra gli ornamenti è la natura, che si cerca di riprodurre in modi che ne esprimano l'armonia con l'uomo), il richiamo etnico, finanche l'esotismo di tale produzione sono oggi forse le armi più efficaci per la conquista dei mercati internazionali.

3. *Mestieri d'eccellenza*

Lavorazione della lana

Il lavoro a maglia corrisponde alla secolare prassi di ornamento degli abiti tradizionali; i principi estetici si differenziano da una regione all'altra: cambiano le forme tracciate con la lana, la loro composizione, i colori, ma anche le tecniche di esecuzione. L'effetto estetico si ottiene principalmente con la successione ritmica di colori secondo una scala che si estende dai più spenti ai più accesi.

Un'azienda di recente fondazione impegnata nella promozione commerciale internazionale di quest'arte come la *Aristo Co* può a ragione sostenere di offrire alle donne bulgare l'opportunità di tramutare il loro *hobby* in professione. Sarebbe quasi impossibile, si sostiene, trovare una famiglia bulgara nella quale non si fosse tramandata per discendenza femminile l'arte della maglia e l'insieme del bagaglio estetico dell'abbinamento dei colori e delle forme. Tradizionalmente, l'utilizzo di queste tecniche era finalizzato alla realizzazione degli abiti folkloristici; tuttavia, questa eredità viene oggi rivolta anche alla creazione di modelli innovativi. A tale scopo però, le artigiane che vengono assunte dalla *Aristo Co,* dopo aver superato una serie di esami, devono completare la propria competenza con un apprendistato presso il *Design studio* della ditta diretto dalla *designer* Galina Dacheva[4]. Per ottenere delle soluzioni estetiche non convenzionali, devono sperimentare, ossia ripercorrere diverse volte, il complicato intreccio dei nodi della maglia, finché non appaia la combinazione migliore di forme e colori. Il risultato si pone, dunque, al di fuori del mondo del folklore, il quale non rappresenta che lo stimolo iniziale per un percorso creativo.

Realizzazione di tappeti e arazzi

La predilezione per certi colori e per determinate combinazioni cromatiche regna anche nel campo dei tappeti; tale attività è conosciuta in Bulgaria almeno dal IX secolo, ma il passaggio dalla produzione domestica a una manifatturiera su più larga scala è avvenuto solo durante i secoli del «Risveglio nazionale». I centri di produzione costituitisi in quell'epoca – Kotev, Chiprovtsi, Samokov e Panagyurishte – fornivano le case dei bulgari di elementi di arredo che testimoniavano al contempo l'attaccamento ai simboli nazionali. Anche le differenze regionali sono espresse nei colorati ornamenti dei tappeti: quelli prodotti nei laboratori di Kotev si caratterizzano per i loro tratti larghi e ordinati, mentre il vanto dei

[4] Le informazioni sono tratte dal sito internet www.aristofashion.com/artsandcraftsinfashion.htm.

tappeti *chiprovo* (ossia prodotti a Chiprovtsi) consiste nella delicatezza ottenuta grazie al combinarsi di minuscole applicazioni.

Simili ai tappeti, gli arazzi ornano le mura delle case bulgare; la lavorazione della lana procede in maniera leggermente diversa. Quelli realizzati nella regione montana dei Rodopi si compongono di larghe strisce colorate di bianco, marrone e giallo le cui lunghe frange pendono dai lati. Quelli, invece, dalle frange corte sono conosciuti nella parte balcanica del Paese con il nome di *yambolii* (dal nome della città di Yambol dove si producono). Cromaticamente, essi si caratterizzano per il contrasto fra le coloratissime applicazioni e lo sfondo bianco e nero.

Oreficeria

Benché gli orefici bulgari producano anche oggetti d'uso quotidiano, questi si valorizzano primariamente per le loro qualità artistico-decorative. L'esempio più noto di simili oggetti è indubbiamente costituito dai servizi per il caffè realizzati con l'impiego dell'oro; il rito del caffè si arricchisce di una componente estetica visiva: le caffettiere dorate e ornate di filigrane sono abbinate a tazzine realizzate con modalità complementari formando un unico effetto visivo combinato. Resti di attività orafe rinvenuti sul territorio bulgaro testimoniano di una tradizione risalente all'antica cultura dei traci; non c'è dubbio, però, che l'odierna produzione rifletta prevalentemente i canoni estetici stabilitisi durante la plurisecolare dominazione dell'Impero turco-ottomano. Anche nell'ambito artistico-artigianale, in altre parole, sembra confermarsi il giudizio dell'orientalista Marija Todorova, secondo la quale la cultura 'balcanica' può essere compiutamente intesa solo tenendo in massima considerazione la componente ottomana[5].

4. *Contesto economico*

Secondo le analisi raccolte dalla filiale bulgara dell'*Economic and Social Council* (ESC) nell'anno 2006, l'economia di questo Paese

[5] Questo tema che ripercorre quasi tutta l'opera della Todorova è sviluppato in particolare in *Imagining the Balkans*, Oxford, New York 1997 (trad. it. *Immaginando i Balcani*, Argo, Lecce 2002).

non ha ancora raggiunto un livello di competitività soddisfacente. A giudicare dai dati forniti dall'Eurostat (agenzia statistica dell'Unione Europea), il prodotto interno (GDP) realizzato da un lavoratore bulgaro corrisponde al 30% del valore medio europeo; per migliorare tale situazione appare indispensabile accelerare l'introduzione dell'alta tecnologia ed effettuare degli investimenti significativi nel campo dell'educazione professionale. Infatti, a detta degli analisti, alla Bulgaria mancano i fondamenti per lo sviluppo della cosiddetta *knowledge-based economy*. Nel quadro attuale prevalgono le attività a basso potenziale tecnologico: solo lo 0,48% della manodopera lavora nel settore dell'alta tecnologia e solo il 2,69% è attualmente impegnato in servizi di alta tecnologia orientati alla soluzione di compiti complessi (la media europea in questi campi è invece, rispettivamente, dell'1,17% e del 3,19%)[6].

Il divario rispetto alla media europea è molto accentuato anche per quanto riguarda il settore delle piccole e medie imprese: rispetto all'importantissimo ruolo svolto nella quasi totalità dei vecchi Paesi membri, il settore delle piccole e medie imprese contribuisce al GDP bulgaro con solo l'11% e impiega un modesto 27,3% della manodopera. Tuttavia, lo sviluppo degli ultimi anni autorizza un certo ottimismo: il tasso di crescita reale del settore è del 13,4% e, conseguentemente, anche il tasso reale del numero di persone impiegate è incoraggiante: 7,1%[7].

5. *Profilo istituzionale-normativo*

La gestione del settore dell'artigianato e della piccola e media impresa è stata oggetto di una recente riforma strutturale: al posto delle preesistenti BTPA (Agenzia Bulgara per la Promozione del Commercio) e ASME (Agenzia per le Piccole e Medie Imprese), con la legge sulle PMI del 2004 è stato istituito un ente unico – BSMEPA (Agenzia Bulgara per la Promozione

---

[6] I dati economici a riguardo sono tratti dallo studio pubblicato sul sito internet www.eurofound.europa.eu/eiro/2006/05/articles/bg0605029i.html.

[7] I dati economici riguardanti le piccole e medie imprese sono presentati dal Governo bulgaro sul sito internet www.sme.government.bg.

delle Piccole e Medie Imprese) alle dipendenze del Ministero dell'Economia e dell'Energia. Tale atto illustra bene quale sia la strategia adottata per rilanciare la competitività del sistema economico: il settore delle PMI è stato giudicato come il reparto che potrebbe con più agilità acquisire le modalità di produzione accostabili allo *standard* europeo. In un momento successivo, come si auspica nel programma delle priorità stilato dal Governo, le PMI potrebbero fungere da traino anche per il riassesto della grande industria: l'intento sarebbe di creare una rete di *partnership* pubblico-privato fra le nuove PMI ed i colossi industriali ereditati dall'epoca socialista.

Il BSMEPA è stato pensato, infatti, come un ente che possa offrire agli imprenditori bulgari un vasto spettro di servizi per supplire alla carente conoscenza della normativa legale, dei regolamenti concernenti l'esportazione e il commercio estero, dello scambio monetario, delle possibilità di reperire capitali, dei programmi di supporto per le imprese e del processo di privatizzazione. Gli interessati possono acquisire la competenza necessaria per l'avvio di piccole e medie imprese frequentando i *workshops* organizzati dall'agenzia con lo scopo di illustrare i vari aspetti del mercato europeo. Per i potenziali esportatori è stato istituito anche il programma che dovrebbe facilitare la partecipazione alle fiere estere grazie alla copertura dei costi logistici (dello spazio espositivo e dell'allestimento di base).

Sul piano dell'auto-organizzazione, gli interessi degli artigiani bulgari sono rappresentati dalla Camera Nazionale dell'Artigianato fondata il 14 dicembre 2002 a Sofia in base all'articolo 6, punto 3 e articolo 28 delle misure conclusive e temporanee della legge sull'artigianato pubblicata sulla «Gazzetta Ufficiale» n. 42/2001. La Camera riunisce 42 sezioni regionali di artigiani e quattro categorie nazionali e con la sua istituzione ha assunto i compiti di rappresentanza e servizio precedentemente curati dalla disciolta Camera degli Artigiani della Bulgaria[8].

[8] Le informazioni riguardanti la Camera Nazionale dell'Artigianato sono presentate sul sito internet www.euroinfopmi.org.

6. *Formazione*

L'educazione professionale in Bulgaria è stata giudicata alquanto carente da uno studio promosso nel 2005 dal Consiglio Economico e Sociale (ESC). Nonostante alcuni fattori parzialmente positivi, l'atteggiamento complessivo dello Stato, dei datori di lavoro e dei lavoratori nei riguardi della formazione professionale risulta poco consono a un rilancio dell'economia del Paese[9].

In base ai dati raccolti dall'Istituto Nazionale di Statistica (NSI), anche a causa del basso tasso di natalità, nei cinque anni successivi al 1999 il numero degli allievi è diminuito di quasi 150 mila unità, il che potrebbe determinare una grave mancanza di forza lavoro in termini sia quantitativi, sia qualitativi. Inoltre, il modesto tenore di vita ha accresciuto l'emigrazione fra i giovani, rendendo più acuto il problema della manodopera specializzata.

I problemi del sistema di educazione professionale sono, in primo luogo, di natura finanziaria: secondo i dati forniti nel 2003 dall'Agenzia Nazionale per l'Educazione Professionale e il Praticantato (NAVET), solo l'1,4% della spesa pubblica è devoluto per i bisogni del sistema formativo professionale, mentre gli altri settori dell'educazione beneficiano del 9,6%. I finanziamenti dipendono, inoltre, quasi esclusivamente dallo Stato: quelli pubblici ammontano a una cifra quasi 211 volte maggiore di quella costituita dai finanziamenti privati (se si escludono i rari casi in cui i fondi vengono concessi dalle autorità locali).

Inoltre, i metodi di insegnamento sono stati giudicati datati. I programmi di educazione professionale sono, infatti, incentrati sul versante teorico: la preminenza viene concessa all'assimilazione di nozioni, mentre è tralasciata l'acquisizione di capacità e di esperienza. Per di più, il programma d'insegnamento risulta insufficiente, per cui i diplomati necessitano di un apprendistato ulteriore per potersi poi inserire con successo nel mercato del lavoro. I rapporti fra gli istituti di educazione tecnica e le imprese non sono molto sviluppati, ragione per cui anche la cosiddetta preparazione *hands-on* (ossia, direttamente sul posto di lavoro) spesso viene a mancare.

---

[9] La problematica legata all'educazione professionale in Bulgaria è ricostruita nel rapporto redatto da Zlatka Gospodinova per il *Balkan Institute for Labour and Social Policy* (BILSP), pubblicato sul sito internet www.eurofound.europa.eu/eiro/2006/05/articles/bg0605029i.html.

Particolarmente preoccupante risulta ancora il fatto che la mancanza di ricerche sistematiche riguardanti gli effettivi bisogni del mercato del lavoro stia conducendo i giovani verso specializzazioni che non corrispondono alle opportunità di impiego. Si teme, pertanto, che le istituzioni professionali del Paese stiano formando dei futuri disoccupati.

Sul piano della formazione continuativa della manodopera già impiegata, si può notare una forte richiesta da parte delle aziende di servizi di corsi che permettano l'acquisizione delle competenze mancanti. Tuttavia, le aziende non sono in grado di investire nei fondi per l'istituzione di simili corsi poiché le loro scarse risorse sono nella maggior parte dei casi orientate alla mera sopravvivenza; di conseguenza, gli investimenti nel settore delle risorse umane sono necessariamente trascurati. Secondo i dati raccolti da Eurostat nel 2002, solo il 34,5% delle imprese bulgare avevano organizzato dei corsi di formazione per i propri impiegati, per lo più in forma di apprendistato a breve termine, di *self-training* e di *workshop* (nella maggior parte dei Paesi dell'Europa occidentale, invece, la percentuale delle aziende che offrono agli impiegati un'educazione continuativa si colloca fra il 70 e il 96%). Allo stesso tempo, la maggior parte dei lavoratori bulgari non dispone di un reddito sufficiente per pagarsi autonomamente un corso di formazione ulteriore, il che costituisce la ragione principale per cui (secondo i dati per il 2003) solo l'1,4% dei cittadini nell'età fra i 25 e i 64 anni hanno partecipato a qualche forma di educazione tecnica ulteriore (rispetto alla media europea del 9%).

In generale, la difficile situazione economica non sembra permettere, per ora, un maggiore sviluppo di attività legate al mondo dei mestieri d'arte: purtroppo, le famiglie bulgare non sono mediamente in grado di devolvere per l'educazione, la cultura e il tempo libero più del 3,7% del proprio *budget*. Come esempi di scuole che, nonostante tali difficoltà, riescono a offrire un valido programma di formazione nei campi riconducibili ai mestieri d'arte, a parere degli esperti dell'UNESCO, andrebbero menzionate le seguenti[10]:

---

[10] Questa selezione degli istituti scolastici bulgari è pubblicata sul sito internet portal.unesco.org/culture.

Scuola Secondaria
di Arti Applicate di Sofia
Blv. Dragan Tsankov 21/A, 1113 – Sofia
Tel.: 00359/2/720705
Fax: 00359/2/720705

Scuola Vocazionale Nazionale
di Tipografia e Fotografia
Zlatishki Prohod 5, 1408 – Sofia
Tel.: 00359/2/582180
Fax: 00359/2/582180

Scuola Secondaria di Arti Applicate
«Prof. Venko Konev»
Rakovski 15, 5600 – Troyan
Tel.: 00359/670/23411
Fax: 00359/670/24661

Cipro

1. *Premessa storico-ambientale*

La civiltà dell'isola di Cipro – terza in ordine di grandezza fra le isole del Mediterraneo – vanta origini risalenti a 9000 anni fa: già durante il Neolitico e l'età del Bronzo, infatti, Cipro era sede di progredite culture capaci di lavorare i metalli e, in particolare, il rame di cui il territorio abbonda[1]. Sin dall'antichità, inoltre, quest'isola divenne un importante crocevia dei traffici e degli scambi tra Oriente e Occidente e, proprio per questa sua collocazione geopolitica strategica all'interno del Mediterraneo oltre che per la ricchezza dei suoi giacimenti minerari, fu sempre ambita preda dei popoli circostanti, primi fra tutti i greci, che portarono sull'isola la loro lingua e le loro tradizioni[2]. Cipro divenne infatti colonia micenea tra il XV e il XIII secolo a.C. e, nei secoli successivi, passò sotto la dominazione di molti popoli evoluti (egiziani, assiri, persiani, romani), per poi essere inglobata nell'Impero bizantino di cui fece parte fino al 1191.

L'incontro tra civiltà e culture diverse – dovuto alle numerose conquiste subite – è testimoniato dalla compresenza sull'isola di città e tombe costruite nell'era neolitica, di templi greci e romani, di cattedrali gotiche e di chiese bizantine. Così come l'architettura e l'arte, anche l'artigianato ha, del resto, un'origine antica identificabile, appunto, nell'era neolitica: è ormai comprovato,

---

[1] Sulla storia di Cipro si veda Ente Nazionale per il Turismo di Cipro (a cura di), *Cipro. 10000 anni di storia e civiltà*, pubblicato dallo stesso ente.

[2] Una testimonianza dei contatti degli abitanti di Cipro con la civiltà greca si trova già nell'*Iliade* di Omero là dove si racconta della corazza che l'isola di Cipro donò al re Agamennone. Inoltre la tradizione racconta che la spada di Alessandro Magno fu forgiata a Cipro.

infatti, che Cipro fu uno dei primi luoghi dove si iniziò a estrarre e a lavorare il rame e successivamente a esportarlo in altri Paesi (si ritiene che il nome stesso dell'isola derivi proprio dal termine 'rame', il cui colore giallo oggi fa da sfondo alla bandiera ufficiale di Cipro). Le attività artigianali si diffusero, dunque, precocemente su quest'isola e si svilupparono sempre di più, come espressione del confronto tra tradizioni eterogenee fra loro.

Alla fine del XV secolo, Cipro cadde sotto il dominio della potente repubblica marinara di Venezia che, per quasi un secolo[3], non solo mantenne il controllo della vita politica ed economica della città, ma esercitò anche una notevole influenza sulle espressioni artistiche e culturali e sui mestieri d'arte tipici dell'isola.

Nonostante i disordini politici vissuti da Cipro a partire dal secondo dopoguerra, che di certo non hanno favorito la crescita economica del Paese[4], la partecipazione fortemente attiva da parte della Repubblica cipriota alle iniziative incluse nella cooperazione euromediterranea e il recente ingresso nell'Unione Europea[5] hanno permesso al mondo dell'artigianato cipriota, anche grazie a incentivi di natura finanziaria, di svilupparsi e di rafforzarsi come uno dei potenziali settori trainanti l'economia dell'intero Paese.

2. *Quadro dei mestieri d'arte*

L'artigianato artistico è una delle espressioni esemplari della vita contemporanea di Cipro, tanto che in ogni villaggio dell'isola si

---

[3] Nel 1571, infatti, Cipro passò sotto la sovranità dei turchi che occuparono l'isola per tre secoli.

[4] Solo nel 1960 Cipro ottenne lo *status* di repubblica indipendente nell'ambito del Commonwealth e fu ammessa alle Nazioni Unite. Nel dicembre del 1963 iniziarono però i primi scontri tra i rappresentanti della comunità greco-cipriota e di quella turco-cipriota: ebbe così inizio una guerra civile su tutto il territorio che si concluse con la secessione della zona settentrionale a maggioranza turca (che corrisponde al territorio della Repubblica turca di Cipro del Nord, uno Stato indipendente occupato militarmente dalla Turchia e non riconosciuto dalla comunità internazionale) dal resto dell'isola a maggioranza greca.

[5] La repubblica di Cipro è diventata a tutti gli effetti membro dell'Unione Europea il 1° maggio del 2004, ma la cooperazione euromediterranea, in cui Cipro ha svolto un ruolo da protagonista, si è sviluppata a partire dal 1994 attraverso il Programma MEDA. Dall'anno successivo, infatti, l'Unione Europea ha iniziato a sottoscrivere accordi associativi con Paesi partner del Mediterraneo (definiti PMP).

possono ancora trovare artigiani che lavorano la ceramica, intagliano il legno, producono manufatti in rame e in tessuto e sono anche frequenti gli argentieri che, fuori dalle loro botteghe, lavorano secondo la tradizione l'oro e l'argento.

La maggior parte dei mestieri d'arte dell'isola, quindi, è legata alle tradizioni locali[6]: il villaggio di Lefkara è particolarmente conosciuto per i suoi manufatti realizzati in argento (specialmente con la lavorazione in filigrana) e soprattutto per i prodotti dell'arte del ricamo chiamati, appunto, *Lefkaritika*; il distretto di Paphos si è specializzato nella lavorazione del *Foitiotika*, tessuto ricamato con disegni geometrici. In molti villaggi e distretti, i prodotti dell'artigianato artistico sono ancora realizzati dagli stessi abitanti non solo con metodi tradizionali, ma anche con le materie prime originarie dell'isola (legno, argilla, rame, lana, cotone, lino e seta). I villaggi più noti in cui è sopravvissuta la pratica dei mestieri d'arte tra la popolazione locale sono Foini (sulle pendici meridionali delle montagne di Troodos, conosciuto per la produzione di pizzi, sedie tradizionali e soprattutto di oggetti in ceramica), Omodos (sempre sulle pendici meridionali delle montagne di Troodos, famoso per i suoi ricami), Lefkara (molto vicino a Larnaca, noto – come detto – per i suoi ricami e per le sue argenterie), Moutoullas (nella valle di Marathassa, conosciuto per i suoi oggetti intagliati nel legno), Liopetri-Sorira (nell'area di Famagusta, noto per la sua produzione di oggetti di vimini), Kornos (vicino a Limassol, specializzato nella produzione di ceramiche), Geroskipou (nei pressi della città di Paphos, noto anch'esso per la lavorazione di oggetti in vimini), Fyti (non lontano da Paphos, famoso soprattutto per i suoi arazzi), Mesoni (a nord di Paphos, noto per la lavorazione di cesti).

Emerge dunque un quadro ricco e variegato dei mestieri d'arte tipici di Cipro di cui i principali sono:

– l'arte del ricamo per la produzione di pizzi e merletti;

– la lavorazione dell'argento e del rame (in cui si cerca di riprodurre lo stile dell'arte antica);

---

[6] Una descrizione delle attività artigianali che si svolgono nei diversi villaggi dell'isola è contenuta nella pubblicazione *Cyprus Travellers Handbook*, a cura dell'Ente Nazionale per il Turismo di Cipro alla voce *Handicrafts*.

– la lavorazione della ceramica (per la produzione di vasi in tutte le forme e dimensioni) e di opere di terracotta con decorazioni solitamente bianche, spesso diretta alla realizzazione di copie di pezzi autentici esposti nei musei;

– la lavorazione del legno (pino o *sendoukia*, noce e cipresso) per la realizzazione di scatole, di scaffali (conosciuti come *souvantzes*) e di credenze, decorate con motivi geometrici o simboli religiosi o naturali. Questi oggetti – che spesso sono realizzati per arredare e decorare le abitazioni di Cipro – rappresentano un'importante espressione di questo tradizionale mestiere d'arte che è riuscito a sopravvivere al passare dei secoli;

– la lavorazione del vetro soffiato;

– la lavorazione di oggetti composti da spighe piegate (nella parte settentrionale dell'isola, il *plaiting*, l'arte di piegare spighe di frumento e grano per formare disegni o figure è molto diffusa). In particolare l'arte del realizzare oggetti con canne piegate e modellate è famosa soprattutto nel villaggio di Serdarli. I disegni proposti mostrano la sensibilità, ma anche l'abilità e il talento di chi pratica ancora quest'arte.

3. *Mestieri d'eccellenza*

Il pizzo

La tradizione racconta che Leonardo da Vinci, durante la sua visita all'isola, comprò un pizzo di Lefkara per ornare l'altare della cattedrale di Milano[7]. Questo aneddoto dimostra come la lavorazione del pizzo di Lefkara fosse un mestiere d'arte storicamente conosciuto e apprezzato non solo dagli abitanti di Cipro, ma anche in tutta Europa. In particolare i contatti che gli artigiani ciprioti ebbero con i mercanti veneziani influenzarono questo mestiere d'arte, arricchendolo di una nuova sensibilità (i pizzi ciprioti ancor oggi presentano alcune caratteristiche simili a quelle dei pizzi italiani risalenti al XVI secolo).

---

[7] In seguito a questo episodio il tipo di pizzo scelto da Leonardo da Vinci viene designato con il nome dell'illustre artista.

Alla fine del XIX secolo, il villaggio di Lefkara diventò un centro molto attivo non solo nella vendita locale, ma anche nell'esportazione dei pizzi nel continente europeo. Anche in passato, la lavorazione dei pizzi, pur essendo finalizzata prevalentemente a un uso personale (i pizzi facevano parte della dote della promessa sposa), era considerata un'attività di valore artistico in quanto metteva in luce le abilità tecniche e la creatività delle ricamatrici. Questo antico mestiere d'arte[8], che è stato tramandato nella totale fedeltà alle tecniche tradizionali di lavorazione, ha ricevuto un ulteriore impulso attraverso il sostegno governativo, oltre che grazie a una crescente domanda proveniente dai sempre più numerosi turisti che visitano l'isola. Il *Cyprus Handicraft Service* si è, infatti, particolarmente impegnato a promuoverne lo studio, la tutela e la valorizzazione, creando opportunità lavorative per un numero significativo di ricamatrici, molte delle quali 'rifugiate' (provenienti cioè dalla parte dell'isola occupata dal Governo turco). Inoltre, questo ente ha aperto a Nicosia un centro adibito all'esposizione e all'erogazione di servizi di formazione e ha fornito incentivi alle comunità di alcuni piccoli villaggi per avviare imprese artigianali.

La realizzazione di pizzi è comunque solo uno dei mestieri appartenenti alla complessa e sfaccettata tradizione dell'artigianato artistico locale che include la produzione di sedie rivestite di paglia, la realizzazione di prodotti all'uncinetto e, in particolare, di costumi tradizionali come la *Yemeni* (il tradizionale copricapo realizzato dalle donne turco-cipriote come simbolo di ricchezza), di pregiate coperte e di tappeti chiamati *kilim*.

4. *Contesto economico*

L'artigianato artistico di Cipro è legato indissolubilmente al mondo delle piccole imprese, che sono gli attori principali del sistema economico cipriota. Quasi tutte le imprese, infatti (pari

---

[8] Ulteriori informazioni sono contenute nella pubblicazione dal titolo *La Cipro segreta*, a cura dell'ENTE NAZIONALE PER IL TURISMO DI CIPRO, nell'ambito di un programma di promozione del turismo su Cipro, con il sostegno dell'Unione Europea, DG XXIII, Divisione Turismo.

al 99,9% del numero totale di imprese), impiegano meno di 250 persone e la maggior parte di esse (pari al 95%) ne impiega meno di 10. Il numero totale delle piccole e medie imprese a Cipro è ad oggi di 61.041[9].

Le PMI di Cipro, che hanno operato soprattutto nel contesto locale, sono oggi chiamate ad affrontare una duplice sfida, connessa all'ingresso nel mercato comune europeo e alla globalizzazione. Grazie alla politica di sostegni e incentivi promossa dal Governo nazionale, le PMI hanno oggi la possibilità di ristrutturarsi e innovarsi per sostenere una concorrenza divenuta ormai globale.

Il Governo di Cipro si è, infatti, sforzato di elaborare forme di regolamentazione che favoriscano le scelte di investimento nell'innovazione delle piccole e medie imprese. Uno degli obiettivi prioritari della politica di sviluppo del Governo consiste proprio nella promozione della competitività del sistema imprenditoriale cipriota attraverso la ristrutturazione e la modernizzazione dei diversi settori produttivi dell'economia nazionale e l'elaborazione di strumenti di sostegno alle piccole e medie imprese. Gli interventi in questa direzione a favore delle PMI – elaborati in coerenza con i principi e le indicazioni contenuti nella *European Charter for Small Enterprises* – riguardano l'introduzione di un quadro legale e procedurale semplificato per le attività produttive delle piccole e medie imprese, il miglioramento dell'ambiente monetario e finanziario, la promozione delle iniziative di internazionalizzazione, il sostegno all'accesso alla ricerca, all'innovazione tecnologica e alla formazione specializzata. Il Ministero del Commercio, dell'Industria e del Turismo di Cipro[10], che ha il compito di formulare la politica governativa per lo sviluppo delle PMI, ha in tal senso introdotto schemi di supporto alle piccole e medie imprese[11].

---

[9] Questi dati sono verificabili sul sito del Ministero del Commercio, dell'Industria e del Turismo di Cipro: www.mcit.gov.cy.

[10] Si veda il sito del Ministero: www.mcit.gov.cy.

[11] Il Ministero ha elaborato un programma per il trasferimento delle piccole imprese alle aree autorizzate dal titolo *Programme for the Relocation of Small Enterprises to Authorized Areas*, finalizzato ad incentivare le piccole imprese già esistenti sul territorio di Cipro a spostarsi da aree residenziali o inadeguate per le loro attività alle aree autorizzate, dove cioè un'impresa è legalmente autorizzata a stabilire la sua sede locale. Tra le aree autorizzate sono indicate le *Industrial Areas*, le *Industrial Zones* e le *Handicraft Zones*.

5. *Profilo istituzionale-normativo*

Il Dipartimento dell'Artigianato di Cipro, che fa parte del Ministero del Commercio, dell'Industria e del Turismo, si occupa di implementare le politiche a sostegno e promozione delle attività artigianali e dei mestieri d'arte. Il Dipartimento – istituito dopo l'occupazione turca per dare lavoro ai profughi che già svolgevano un'attività nei diversi settori dell'artigianato cipriota – ha come obiettivo la rinascita dell'arte tradizionale attraverso la valorizzazione dell'artigianato contemporaneo.

Il *Cyprus Handicraft Service*[12], istituito nel 1975 dal Governo di Cipro all'interno del Dipartimento dell'Artigianato, è responsabile per l'attivazione della politica governativa finalizzata alla tutela, alla promozione e allo sviluppo dell'artigianato di Cipro. Le sue funzioni principali sono: studio e ricerca sull'artigianato e sull'arte popolare tradizionale, promozione del miglioramento qualitativo ed estetico dei mestieri d'arte tradizionali svolti da artigiani privati e loro evoluzione rispetto alle esigenze produttive moderne, guida e assistenza tecnica agli artigiani, organizzazione e controllo della produzione in laboratori sperimentali di singoli artigiani o di piccoli gruppi privati, organizzazione di mostre per la promozione dell'artigianato di Cipro nel mercato locale e all'estero, cooperazione con altre strutture governative operanti nel settore culturale e turistico, formazione individuale o collettiva per chi intende migliorare gli *standards* della propria attività artigianale o per chi vuole imparare un mestiere d'arte[13].

A Cipro è attiva anche la *Cyprus Folk Association*[14] che si occupa di promuovere le attività artigianali legate alla lavorazione della ceramica, del vetro, della stoffa, del metallo (anche prezioso), della carta, della pietra e del legno e alla fotografia.

Uno strumento efficace nel rivitalizzare e promuovere le attività artigianali legate alle tradizioni culturali e artistiche dell'isola

---

[12] *Cyprus Handicraft Service*, 186, Athalassa Avenue, Nicosia.

[13] Una descrizione delle funzioni del *Cyprus Handicraft Service* è riportata sul sito del Ministero del Commercio, dell'Industria e del Turismo alla pagina www.mcit.gov.cy.

[14] *Cyprus Folk Association*, Dimonaktos 2, Lefkosia.

è il turismo[15], e in particolare quel turismo più attento al patrimonio culturale (ed eno-gastronomico), all'agriturismo e alle attività sportive. Durante tutto il secolo scorso la crescita del settore turistico rimase costante, ma si interruppe nell'estate del 1974 a causa dell'occupazione turca di una parte dell'isola. Di fronte a un quadro economico così grave, il Governo cipriota decise di assumere misure radicali affidate all'Ente Nazionale per il Turismo di Cipro (CTO - *Cyprus Tourism Organisation*)[16], un'organizzazione semi-governativa che è sottoposta al Ministro del Commercio e che è responsabile della programmazione, promozione e del *marketing* del turismo oltre che della regolamentazione e della supervisione di tutte le imprese turistiche di Cipro[17].

Oltre all'Ente Nazionale del Turismo di Cipro, all'*Association of Cyprus Travel Agents*[18], alla *Cyprus Tourist Guides Association*[19], alla Camera di Commercio di Cipro (*Cyprus Chamber of Commerce and Industry*)[20] e alle Camere di Commercio locali, che svolgono una preziosa opera di promozione del settore turistico e di quello commerciale come attività funzionali alla valorizzazione dell'artigianato artistico cipriota, anche le strutture turistiche private concorrono al rilancio dei mestieri d'arte locali. Sono infatti presenti

[15] L'apporto del turismo all'economia del Paese è di vitale importanza. Nel 2003 il totale delle entrate dal turismo ha raggiunto una cifra pari a 1,74 miliardi di euro, che costituisce il 15,5% del GDP e il 30% dei guadagni degli scambi con l'estero derivanti dall'esportazione di beni e servizi. Il turismo è anche un'attività significativa per quanto riguarda la creazione di nuovi posti di lavoro. Nel 2003, circa 43.500 persone sono state direttamente impiegate nell'industria turistica (hotel, ristoranti, bar, agenzie di viaggio, guide turistiche) pari a circa il 13% dell'intera popolazione lavorativa.

[16] CTO, Leofouros Lemesou 19, CY 1390 Lefkosia, P.O. Box 24535 (www.visitcyprus.org.cy). Gli uffici della direzione sono collocati in Lefkosia, mentre in tutte le città di Cipro si trovano uffici di informazione che svolgono il ruolo di *marketing* e di promozione del turismo di Cipro; quelli di ispettorato sono invece incaricati della supervisione delle attività e dei servizi che le imprese turistiche offrono. Ci sono 18 uffici sparsi nel mondo e quello italiano ha sede a Milano.

[17] La programmazione delle linee di intervento nel settore del turismo è contenuta nel *Piano Strategico per il Turismo 2010,* preparato dalla CTO dopo un'intensa consultazione con gli investitori nell'industria turistica di Cipro e approvato dal Governo. Il Piano mira ad introdurre la sostenibilità nello sviluppo turistico, intorno a due pilastri essenziali, la cultura e l'ambiente.

[18] *Association of Cyprus Travel Agents,* P.O. Box 22369, CY 1521 Lefkosia.

[19] *Cyprus Tourist Guides Association,* P.O. 24942, CY 1355 Lefkosia.

[20] Si veda il sito www.ccci.org.cy.

sull'isola molte case-fattorie che offrono vitto e alloggio ai turisti che vogliono vivere l'esperienza della tipica vita di villaggio. Alcuni hotel contengono significativamente centri espositivi sui mestieri d'arte locali. Anche le agenzie di viaggio e i *tour operators* hanno investito su una forma di turismo orientato alla riscoperta delle tradizioni che nel contempo sfrutta le potenzialità dell'isola per offrire una varietà di attività sportive e culturali.

I principali musei dedicati all'artigianato artistico antico, moderno e contemporaneo sono il *Cyprus Jewellers Museum*[21] (che propone una mostra permanente sui tradizionali lavori realizzati in argento nel XIX e XX secolo), il *Geroskipou Folk Art Museum*[22], il *Cyprus Folk Art Museum* di Nicosia[23] e il *Museum of Traditional Embroidery and Silver Smithing* di Lefkara[24]. Nella regione di Paphos si possono inoltre visitare l'*Inia Village Folk Art Museum*, il *Droushia Village Weaving Museum* e il *Fiti Village Weaving Museum*; a Troodos si trova l'*Arsos Village Folk Art Museum*.

Il museo più significativo dal punto di vista dell'artigianato artistico cipriota è senza dubbio il *Municipal Folk Art Museum* di Limassol[25]. Inaugurato nel giugno del 1985, questo museo contiene oltre cinquecento manufatti, tutti risalenti ai secoli precedenti il XIX e in grado di descrivere la storia dell'artigianato di Cipro. Gli oggetti esposti (abiti e gioielli tipici[26], ceste e piatti dipinti a mano, tovaglie e lenzuola ricamate secondo le tecniche tradizionali, sedie di vimini) sono, infatti, espressioni dei principali mestieri d'arte che si sono affermati sull'isola. Il museo ospita anche gli strumenti e gli attrezzi tradizionali usati per la lavorazione di questi oggetti: in una sala chiamata «stanza del lavoro», in particolare, si può ammirare il tradizionale telaio di legno che veniva tramandato di madre in figlia per tessere gli abiti.

Infine, la vita sociale ed economica sull'isola di Cipro è animata

---

[21] *Cyprus Jewellers Museum*, Praxippou 7-9, Laïki Yitonia, Nicosia.

[22] *Geroskipou Folk Art Museum*, Geroskipou.

[23] *Cyprus Folk Art Museum*, Plateia Archiepiskopou Kyprianou.

[24] *Museum of Traditional Embroidery and Silver Smithing*, Patsalos Residence, Lefkara.

[25] *Municipal Folk Art Museum*, Ayiou Andreou 253, Limassol.

[26] L'abito più significativo del costume cipriota è senza dubbio il *vrakha*, un indumento prettamente maschile, tradizionalmente nero, simbolo della virilità (ragion per cui gli uomini avevano il diritto di portarlo solo dopo i 14 anni).

da una varietà di festival, manifestazioni culturali e fiere, tra cui la più importante è la *Kataklysmos Fair*[27] (che si tiene presso Paralimni nel mese di giugno) dove si possono visitare numerose esposizioni di opere artistiche e artigianali cipriote, inserite in un contesto caratterizzato da eventi musicali e danzanti e da sfilate di moda.

6. *Formazione*

Il Ministero del Commercio, dell'Industria e del Turismo di Cipro ha anche istituito i cosiddetti *Cyprus Handicraft Centres*[28], centri didattici in cui scultori, intagliatori, ricamatrici, pittori, tessitrici, ceramisti insegnano le numerose forme dell'artigianato artistico locale. Si tratta di veri e propri laboratori sperimentali in cui si svolgono tirocini finalizzati alla creazione di prodotti artigianali sotto la guida di personale specializzato. All'interno di ciascun centro si trovano uffici di informazione per i turisti, *showrooms* che presentano una selezione dei prodotti realizzati dagli artigiani di Cipro acquistabili dai turisti, laboratori – ciascuno dedicato a uno specifico mestiere d'arte[29] – in cui artigiani e addetti specializzati svolgono una pluralità di attività (ricerca e studio di oggetti dell'arte popolare e dell'artigianato tradizionale; sperimentazione di nuovi soggetti o materiali e di tecniche innovative, formazione di nuovi artigiani, realizzazione di oggetti che riproducono fedelmente gli oggetti antichi esposti nei musei archeologici dell'isola). La finalità di questi centri è di far conoscere e promuovere la tradizione artigianale e artistica di Cipro attraverso la valorizzazione e l'insegnamento dei mestieri d'arte contemporanei ad essa legati: la produzione dell'artigianato artistico di Cipro si configura, dunque, come espressione dell'arte tradizionale di Cipro reinterpretata e rielaborata alla luce delle esigenze moderne, anche di tipo commerciale.

---

[27] Si veda in tal senso il sito www.visitcyprus.org.cy alla sezione dedicata agli eventi di Cipro.

[28] Questi centri sono situati nelle principali città dell'isola: Nicosia (186, Athalassa Avenue), Limassol (25, Themidos Street), Larnaca (6, Kosma Lysioti Street), Paphos (64, Apostol Pavlou III Avenue).

[29] Nel centro di Nicosia sono aperti laboratori che si occupano del ricamo, della tessitura, della realizzazione di arazzi, della lavorazione del legno, della ceramica, del metallo, della produzione di ceste.

La *Human Resource Development Authority*[30] è l'autorità governativa che si cura di finanziare tutti i programmi di formazione e di specializzazione professionale.

Infine, a Nicosia, l'*Institute of Folk Arts* ha aperto un centro dove sono predisposti spazi per svolgere i mestieri d'arte secondo i metodi tradizionali e dove c'è l'opportunità di entrare in contatto direttamente con gli artigiani locali allo scopo di introdurre gli studenti all'apprendimento delle qualità tipiche del lavoro artigianale. L'istituto ha provveduto anche all'apertura di uno *showroom* che espone i manufatti realizzati, poi messi in vendita al pubblico.

[30] Si veda il sito www.hrdauth.org.cy/hrdav1en/index.htm. Inoltre una descrizione delle attività dell'Autorità è disponibile alla pagina www.cyprus.angloinfo.com/countries/cyprus/cywork7.asp.

Danimarca

1. *Premessa storico-ambientale*

Nella ricerca delle radici dei mestieri d'arte in Danimarca si è fortemente tentati di volgere lo sguardo fino all'epoca dei vichinghi, alla loro maestria nel costruire navi, intagliare gioielli in ambra o plasmare vasellame in terracotta. Per quanto possa essere intenso il fascino della loro cultura, è però doveroso ammettere che questa tradizione non risulta particolarmente visibile nella produzione artigianale dei secoli successivi e che, in generale, quell'epoca non rappresenta che la preistoria pagana di una società che sarà segnata nei secoli successivi da ben altre influenze[1]. La principale fra queste, il protestantesimo, imprimerà il proprio marchio sulla cultura materiale danese parallelamente all'affermarsi delle arti applicate nel corso del XVI secolo, nell'epoca descrivibile come «rinascimento nordico»[2]. Dalla fine di quel secolo prende avvio la realizzazione di arazzi per la casa reale e per le dimore dell'aristocrazia, così come la produzione di oggetti in oro e argento fra i quali spicca la corona creata per il re Cristiano IV. Anche la carpenteria conosce in questo periodo i suoi primi momenti di eccellenza, con cassapanche realizzate da maestri come Hans Gudewerth, contraddistinte da ricchi ornamenti tridimensionali che riproducevano motivi biblici o visioni grottesche.

Con lo sviluppo dell'assolutismo e dell'economia mercantilistica inizia la produzione di articoli più sofisticati anche nella fascia dei beni di consumo quotidiani: le manifatture avviate con il sostegno dell'amministrazione regia accolgono maestri dall'este-

---

[1] Sull'evoluzione della società vichinga verso quella danese cfr. R. KLAVS, *The Viking age in Denmark: the formation of a state*, Duckworth, London 1980.

[2] L'evoluzione dell'artigianato artistico danese è presentata sul sito www.denmark.dk.

ro e preparano generazioni di artigiani danesi realizzando prodotti sull'esempio di quelli importati dai Paesi vicini – le Fiandre e la Renania. La prima manifattura di maiolica viene fondata a Copenaghen nel 1722 e, ispirandosi al vasellame di Delft, caratterizza i propri prodotti con decorazioni dipinte di blu; dopo alcuni decenni, a questa si aggiungono altri produttori di vasellame che introducono motivi decorativi floreali policromi riprendendo la produzione francese, tedesca e più tardi quella inglese.

Nel 1775 apre la prima manifattura danese di porcellana, la *Royal Copenhagen* (esistente tutt'oggi sotto il nome di *Royal Scandinavia*) e la produzione di maiolica viene gradualmente abbandonata. Nonostante la produzione fosse inizialmente soggetta ai canoni definitisi in altri Paesi, uno stile autonomo si delinea progressivamente fino alla consacrazione del cosiddetto *flora danica*, ossia stile danese floreale. Nel 1754 viene inoltre fondata l'Accademia Regia Danese delle Belle Arti, i cui insegnanti offrono lezioni di disegno agli apprendisti artigiani per elevare lo *standard* dei loro prodotti. Anche la produzione di mobili conosce un salto di qualità: si afferma, infatti, l'abitudine di affiancare all'esperienza manuale dei falegnami le conoscenze teoriche degli architetti; il precoce connubio fra le due categorie assegna alle manifatture di mobili danesi una forte specificità avvicinandoli quasi alle modalità produttive del *design* dell'epoca industriale.

Infatti, già nel classicismo ottocentesco è possibile riconoscere le prime avvisaglie di un'evoluzione dall'artigianato verso il *design*: le realizzazioni di Thorvald Bindesbøll vanno indubbiamente considerate come artigianato, viste le modalità di produzione. Ciò nondimeno, gli ornamenti non-figurativi da lui ideati e la ricerca di nuove forme espressive riconoscibili nei suoi lavori in ceramica o in argento hanno indotto i teorici dell'arte applicata a riconoscere in Bindesbøll piuttosto un antesignano del *designer* nel senso odierno del termine.

L'appello per la riscoperta dei mestieri d'arte lanciato dal movimento inglese di *Arts and Crafts* viene raccolto nella società danese di inizio Novecento in primo luogo nella cerchia di architetti, come Martin Nyrop o Anton Rosen, i quali si impegnano nella promozione dell'artigianato nazionale. Grazie alla loro attività vengono fondati, fra il 1907 e il 1913, società e *workshops* finalizzati alla rivalutazione dell'artigianato domestico come la tappezzeria o la merlettatura.

Nel 1924 l'Accademia di Belle Arti dà vita alla scuola per il *design* del mobile e dal 1927 l'associazione dei falegnami avvia esposizioni annuali del mobilio danese incoraggiando gli architetti a disegnare soluzioni innovative che poi saranno realizzate in collaborazione con gli artigiani[3]. L'associazione fra il mondo dell'artigianato e quello dell'industria agli inizi del Novecento può apparire come un'eccezione nel più vasto panorama europeo ove le due categorie tendono piuttosto a delimitare i rispettivi campi di attività; tuttavia, esso permetterà agli impiegati nel settore artigianale un notevole incremento del guadagno: negli anni fra le due guerre mondiali, tra il 27 ed il 28% della popolazione danese riesce a garantirsi il sostegno economico in virtù di quest'alleanza[4]. Tale alleanza è patrocinata dal Ministero del Commercio e dell'Industria, il quale delega a un Consiglio per la Formazione il controllo sulle scuole tecniche che preparano le nuove generazioni sia per l'artigianato, sia per l'industria. Si potrebbe sostenere che il patrocinio statale sul settore all'inizio del Novecento riveli una forte nota di continuità con la politica mercantilistica dell'assolutismo settecentesco.

2. *Quadro dei mestieri d'arte*

I campi in cui l'artigianato danese può esibire una notevole tradizione variano da quelli della ceramica, del vetro, del tessile, della gioielleria, della carpenteria, del mobilio, dell'argenteria e di altri metalli preziosi e non, fino alla produzione di carta e di oggetti in carta. La produzione è tradizionalmente più concentrata in alcune determinate zone del Paese, come l'isola di Bornholm (che vanta la maggior concentrazione di artigiani di tutta la Danimarca), o nel quartiere Rørholmsgade di Copenaghen, lungo le cui vie si susseguono botteghe di artigiani che coltivano nel tempo la propria identità e contemporaneamente contribuiscono allo scambio di idee e tecniche. Come in diversi altri Paesi, negli ultimi decen-

[3] Per la storia del mobilio danese cfr. N. ODA, *Danish chairs*, Chronicle Books, San Francisco 1999.

[4] I dati sul quadro economico e formativo dell'epoca sono tratti dal sito www.uiah.fi/esittely/istoria/art_hist/hist442.htm.

ni si è registrato un crescente numero di *workshops* nel campo dell'artigianato artistico, in particolare per ciò che riguarda la ceramica. Nei *workshops* dedicati alla gioielleria si può specialmente notare la tendenza verso la ricerca di forme innovative, verso la sperimentazione con materiali finora considerati inappropriati per questo settore, mentre nel campo del vetro si presta maggior attenzione alla solidità e alla commerciabilità del prodotto. Anche i mobili realizzati nei *workshops* artigianali propongono sovente soluzioni inusuali, benché siano i prodotti tradizionali quelli che più spesso incontrano il favore degli acquirenti.

Complessivamente, si assiste a una commistione (o sovrapposizione) fra tre settori: quello dell'artigianato, quello dell'arte applicata e, infine, quello del *design*. La produzione artigianale vera e propria (*handicraft*) appare direttamente collegata con la sfera della libera creazione artistica, ragione per cui l'arte applicata non riesce più a rivendicare una propria identità, separata dal mondo dell'artigianato. Analogamente, anche il *design* non può più essere ricondotto solo al mondo industriale, poiché anch'esso ha finito per conquistarsi un proprio ruolo nella produzione e nel mercato dell'arte applicata. I rapporti fra questi tre settori sono oggetto di un vivo dibattito fra gli addetti ai lavori, i quali non di rado stentano a trovare la propria collocazione nelle categorie di artigiano, artista o *designer*[5]. Tale questione appare al centro dell'attenzione della rivista «Focus», organo ufficiale dell'associazione *Danish Crafts* preposta alla promozione del settore. Sin dal primo numero, sulla rivista è stato dibattuto il problema della convivenza fra arte, artigianato e industria: l'affermato *designer* danese Eric Magnussen dichiarerà nell'intervista – intitolata non a caso *Dopotutto, io sono un ceramista* – apparsa sul numero 1 del 2003, che:

> se dietro un prodotto industriale si cela un artista-artigiano, il consumatore ne è favorito. Esistono anche molti brillanti teorici del design. Il design italiano, per esempio, è altamente intellettuale, incentrato su questo o quel raggio geometrico. Ma, quasi tutti i designer scandinavi

---

[5] Sulla situazione attuale riguardante l'artigianato artistico e il *design* in Danimarca cfr. S. Kindt - E. Messerschmidt, *The Danish wave*, The Danish centre for architecture, Copenhagen 1998.

sono degli artisti-artigiani. Essi procedono nel lavoro seguendo la direzione che 'sentono' giusta. Questo metodo di lavoro può anche discostarsi dal raggio esatto indicato dalla bussola essendo più istintivo che intellettuale[6].

Senza l'artigianato artistico danese, afferma Magnussen, il *design* danese

diventerebbe probabilmente design italiano. Il procedimento lavorativo diventerebbe intellettuale. Un'altra questione è, poi, in che misura il design danese abbia una propria riconoscibilità. Oggi il design scandinavo è di moda, quindi, ovviamente, gli italiani fanno design scandinavo. Se il suo lavoro si basa sull'estetica, chiunque al mondo può ripetere lo stesso trucco. Lei può lavorare basandosi solo sull'intelletto – carpire tutte le idee e fare il prodotto.

Nello stesso numero della rivista «Focus» appariva anche l'intervista con il critico delle opere di artigianato artistico Christian Bundegaard[7]. Secondo lui, gli artisti-artigiani hanno dovuto ripensare il proprio ruolo:

Essi hanno apparentemente trovato due opzioni: una è di diventare designer industriali – una soluzione ovvia per un artista-artigiano. Un grande numero di designer tessili hanno imboccato questa strada. Ma, la competizione è agguerrita. Chiunque può disegnare un vassoio fintanto che non deve poi realizzarlo da solo. L'altra opzione è di spostarsi verso l'arte. L'artigianato artistico si trasforma in belle arti. Non esiste più il riferimento assoluto all'utilizzabilità del prodotto. Spesso, gli artisti-artigiani creano i loro pezzi nei loro *workshops* e in questo senso restano degli artisti vecchio stile, giacché gli artisti di tipo nuovo lasciano la realizzazione ad altri. Gli artisti-artigiani fanno delle istallazioni, dei rivestimenti che non sono più tappezzeria, bensì pretendono di essere arte concettuale e ceramiche dalle quali non potete bere poiché pendono dal muro.

---

[6] L'intervista con Erik Magnussen intitolata *Ultimately, I'm a ceramist* è pubblicata sulla rivista «Focus», 2003, 1, ed è disponibile sul sito dell'associazione *Danish Craft* all'indirizzo www.danishcrafts.org/visEmneside.uk.asp?artikelID=1871.

[7] Le opinioni di Christian Bundegaard esposte nell'intervista *Trouble-shooters wanted* sono pubblicate sul sito www.danishcrafts.org/visEmneside.uk.asp?artikelID=1871.

A detta del critico, i mestieri d'arte intesi «alla vecchia maniera» – come opera creata a mano da una singola persona nel suo *workshop* – diventeranno nel futuro un fenomeno di lusso: «Saranno un fenomeno anacronistico, qualcosa di un po' curioso, elitistico, distintivo... quasi giapponese. Fra venticinque anni sarà molto costoso acquistare qualcosa che non è un prodotto di fabbrica».

Per Hella Jongerius, invece, la cui attività si svolge nell'area di intersezione fra *design*, artigianato e arte, l'artigianato sta vivendo in Danimarca un momento di risveglio:

> Lo noto dappertutto, in tutti i settori, non solo nel design. Anzi, è molto più visibile in ambiti come la cucina, nel senso che i ristoranti offrono cucine molto più tradizionali che negli anni passati. Tutto il movimento di *slow food* riguarda l'artigianato. Prenda per esempio questo interesse generale per la qualità: questo è artigianato. Amiamo le tradizioni locali che ci circondano; vogliamo più gusti e non solo uno globale[8].

L'artigianato può sopravvivere solo se lo portate realmente nel mondo nuovo, spiega la Jongerius; gli artigiani possono contribuire al mondo odierno producendo oggetti che attribuiscono identità: «Si possono già oggi comprare orologi fatti su misura, ma sono molto costosi. Se, invece, un artigiano o un designer creasse una serie di orologi nei quali ogni pezzo è un po' diverso, lei avrebbe un prodotto speciale».

Infine, secondo il capo dell'Istituto per il *product design* della Scuola Danese di Arte e Design, Scorre Læssøe Stephensen, il *design* sta diventando sempre più stereotipato e i mestieri d'arte ci possono salvare dall'uniformità:

> Alla Scuola Danese di Arte e Design usiamo l'espressione *hardcore designer* per coloro che procedono seguendo il manuale. Un artista-artigiano aggiunge qualità al processo creativo introducendo la sua conoscenza dei materiali in uno stadio iniziale della sua opera; ciò gli permette di ottenere dei risultati aperti a soluzioni estetiche più impron-

---

[8] L'articolo *? for Hella Jongerius*, pubblicato sulla rivista «Focus», 2005, 2, è riproposto sul sito www.danishcrafts.org/visEmneside.uk.asp?artikelID=1871.

tate all'irrazionalità, soluzioni irraggiungibili in un processo strettamente legato alle regole del design. In questo modo, i mestieri d'arte possono diventare l'avanguardia del design industriale[9].

3. *Mestieri d'eccellenza*

Ceramica

Come già detto, alla monarchia assoluta del Settecento, o per la precisione, ai consiglieri di Corte di orientamento mercantilista di quel tempo va riconosciuto il merito di aver promosso e sovvenzionato lo sviluppo delle manifatture dedite alla produzione di oggetti in ceramica, vetro e successivamente porcellana. Grazie al patronato regio, la produzione degli oggetti in ceramica aveva compiuto il passaggio dal livello della bottega per il fabbisogno locale del vasellame a quello di stabilimenti che impiegavano maestri altamente qualificati e artisti educati all'Accademia Reale delle Belle Arti.

Oltre allo stile floreale che si sarebbe imposto come «lo stile danese» (la *flora danica*), coltivato negli ambiti legati all'Accademia e alle manifatture regie come la *Royal Copenhagen*, nel corso dell'Ottocento si sviluppano anche delle nuove tendenze. Il movimento dell'*Arts and Crafts* ha indubbiamente incoraggiato la ricerca di forme stilistiche slegate dalla tradizione accademica e ha spinto l'acquirente dell'epoca a riconoscere la bellezza di prodotti ceramici modellati con maggior libertà. Tale favore del pubblico ha reso possibile il successo commerciale di manifatture come la Bing & Grøndahl che sotto la direzione artistica di Pietro Krohn ha proposto una linea di prodotti ispirata alla porcellana giapponese. Grazie al successo ottenuto all'esposizione mondiale del 1900, il «giapponismo» di Krohn si sarebbe affermato come una corrente stilistica riconosciuta al pari della più classica *flora danica*[10].

Durante la prima metà del Novecento la produzione non cono-

[9] L'intervista con Scorre Læssøe Stephensen intitolata *Hand sized avant-garde*, pubblicata sul n. 1 della rivista «Focus» del 2003, è consultabile sul sito www.danishcrafts.org/visEmneside.uk.asp?artikelID=1871.

[10] L'evoluzione storica della ceramica danese è presentata sul sito www.denmark.dk.

sce fasi di stagnazione: generazioni di artisti diplomati rinnovano lo stile dei prodotti secondo le tendenze del momento: Art Nouveau, arte astratta ecc. Dopo la Seconda guerra mondiale, tuttavia, la produzione si trasferisce progressivamente dai grandi stabilimenti verso piccoli *workshops* gestiti da singoli artigiani, i quali non offrono più oggetti pensati per l'uso quotidiano (che vengono forniti dalla grande industria a prezzi molto più bassi), ma si specializzano in oggetti decorativi. Negli anni Settanta diventa evidente che – dal punto di vista economico – il settore è in crisi. Produttori dalla tradizione secolare come la *Royal Copenhagen* (divenuta nel frattempo *Royal Scandinavia*) godono di un prestigio internazionale, ma la loro quota di mercato comprende ormai solo gli estimatori della porcellana tradizionale disposti a sborsare somme ragguardevoli. La ricerca verso soluzioni nuove – sia per quanto riguarda i materiali, sia per l'estetica – viene lasciata alle micro-imprese, i *workshops*, che si orientano verso un mercato più giovane; negli ultimi decenni, infine, si assiste a un rinnovato interesse per la tradizionale ceramica rurale, come, per esempio, quella degli artigiani della piccola isola di Bornholm nel mare Baltico[11]. Il patrimonio della tradizione ceramista danese è custodito inoltre dal Museo della Ceramica *Grimmerhaus*.

Grimmerhaus
Kongebrovej 42
5500 Middelfart
Tel.: 0045 64414798
museet@grimmerhaus.dk

Royal Scandinavia
Smallegade 45
DK – 2000 Frederiksberg
Tel.: 0045 38144848
royal@royalscandinavia.dk

[11] La produzione tradizionale dell'isola di Bornholm è descritta sul sito www.ceramicstoday.com/articles/danish_ceramics.htm.

4. *Contesto economico*

La concentrazione delle imprese artigianali in alcune regioni è fortemente caratteristica per il settore artigianale in Danimarca: quasi l'80% delle aziende ha la propria sede in soli sette distretti del Paese. Meno del 4% di queste aziende non rientrano nella categoria delle piccole e medie imprese, ossia hanno più di 100 impiegati a tempo pieno. Di regola si tratta invece di microimprese con meno di cinque impiegati.

Tra il 1990 ed il 1999, la produzione nel settore manifatturiero ha goduto di un periodo di costante crescita stimata alla fine del millennio attorno al 22% rispetto alla decade precedente[12]. Contemporaneamente, però, l'impiego della manodopera è diminuito di circa 32 mila unità, corrispondente al 7% del totale. Il calo generale dell'occupazione ha colpito in particolare il settore del tessile e dell'abbigliamento, che si è ridotto di circa 13 mila addetti nell'ultimo decennio del secolo scorso. I dati successivi all'anno 2000 hanno confermato tale tendenza: nonostante un leggero calo del numero di impiegati, la crescita reale ha raggiunto il 6,3% confermando la capacità del settore ad incrementare la produttività. Questo andamento rivela gli effetti delle modifiche strutturali realizzatesi nei decenni precedenti e resesi necessarie a causa della sempre più agguerrita concorrenza dei produttori asiatici, e negli ultimi anni di quelli provenienti dai Paesi dell'Europa centrale e orientale[13]. Le aziende artigianali danesi sono costrette a porre particolare attenzione alle trasformazioni del mercato globale, giacché anch'esse individuano nell'esportazione un'importante fonte di reddito: all'estero viene venduto il 45% della loro produzione, corrispondente al 75% delle esportazioni totali danesi.

---

[12] I dati economici riguardanti il settore manifatturiero sono ripresi dal sito www.um.dk.

[13] La stagnazione economica degli anni Settanta del Novecento e le politiche strutturali applicate per risolvere la crisi sono analizzate in P. NANNESTAD, *Danish design or british disease? Danish economic crisis policy 1974-1979 in comparative perspective*, Aarhus University Press, Aarhus 1991.

5. *Profilo istituzionale-normativo*

Il settore dei mestieri d'arte (inteso come ramo dell'artigianato) è curato sin dagli inizi del Novecento dal Ministero del Commercio e dell'Industria, il quale delega a una serie di organizzazioni autonome, benché sostenute finanziariamente dal Governo, la cura delle singole questioni. La promozione del settore è affidata all'ente autonomo *Danish Crafts* fondato sotto il patronato del Ministero della Cultura nel 1999: inteso come un organo di informazione, l'ente cura sia gli aspetti legati alla valorizzazione culturale del settore, sia la sua promozione commerciale[14].

Indipendentemente dal Governo, il settore è guidato dall'Associazione danese di arti e mestieri: si tratta di un'organizzazione professionale fondata nel 1976 per riunire artigiani e *designers* nella cura dei loro interessi[15]. L'associazione promuove l'opera dei propri associati tramite l'istituzione di mostre (come la Biennale dell'artigianato e del design) e di esposizioni dei lavori in spazi espositivi (come la galleria *Officinet* o la fiera di Copenaghen *Frue Plads*). I già menzionati artigiani dell'isola di Bornholm possono invece usufruire dell'appoggio della loro associazione professionale, che pone attenzione alle particolari esigenze di questa piccola comunità insulare[16].

6. *Formazione*

La preparazione professionale delle nuove generazioni di artigiani è compito del Consiglio per l'educazione per le scuole tecniche e dell'Ufficio statale di controllo per l'industria manifatturiera. Si tratta di enti autonomi fondati dal Ministero per il Commercio e l'Industria, il quale delega ai membri di questi organismi il con-

---

[14] La *Danish Crafts* espone le opere degli artisti-artigiani ad essa associati sul proprio sito: www.danishcrafts.dk.

[15] L'associazione professionale delle arti e mestieri dispone di un proprio sito: www.danskekunsthaandvaerkere.dk.

[16] La comunità degli artigiani dell'isola di Bornholm è presentata sul sito: www.craftsbornholm.dk.

trollo sulla qualità dell'offerta formativa. Il presidente dell'Ufficio di controllo è a capo anche del Consiglio per l'educazione, che oltre a lui comprende rappresentanti del Ministero, delle associazioni dei produttori del settore artigianale, delle scuole vocazionali e tecniche e dei sindacati[17].

Una volta terminato l'*iter* scolastico, sia che questo sia limitato al conseguimento del diploma nelle scuole vocazionali, sia che comprenda anche la preparazione accademica, l'inserimento dei giovani dediti ai mestieri d'arte viene facilitato dagli enti come il *Danish Crafts*. Quest'ultimo offre la possibilità ai giovani di presentarsi al pubblico tramite la piattaforma comunicativa costituita dall'ente. Oltre 350 artisti-artigiani espongono le proprie opere sulle pagine del suo sito web che funge da banca dati: gli artigiani sono divisi per settori e l'ipotetico acquirente può immediatamente entrare in contatto con l'artista-artigiano dalle cui creazioni è stato maggiormente attratto.

Danish Crafts organizza anche mostre curate da esperti indipendenti grazie alle quali gli esordienti possono presentarsi direttamente sia al pubblico danese, sia all'estero, come testimoniano le iniziative svoltesi a New York nella primavera del 2006 nei due *design shops* gestiti dal MoMA (*Museum of Modern Art*), o a Toronto nell'autunno del 2004 presso il *Harbourfront Centre*, o infine a Parigi nel 2002 presso la *Fondation Danoise*. Proprio quest'ultima iniziativa, intitolata *Tomorrow's tradition - Everyday Innovations*, permette di comprendere le aspettative dei maestri d'arte danesi rispetto agli sviluppi futuri del loro settore. La mostra curata da Jobim Jochimsen aveva, infatti, il compito di proporre l'artigianato quale 'apripista culturale'; mentre nel recente passato l'artigianato era percepito come l'opposto della modernità, dell'urbanizzazione e dell'industrializzazione, nel futuro esso si prospetta come un portatore di innovazione grazie al fatto che, secondo i curatori, non deve più sopportare il peso

---

[17] In particolare sull'educazione tecnica in Danimarca e sul suo impatto sull'occupazione, cfr. DANISH TECHNOLOGICAL INSTITUTE, *The impact on vocational training of studies analysing and forecasting trends in occupations: case studies in Germany, the Netherlands and Denmark*, CEDEFOP Luxembourg: Office for official publications of the European Communities, Thessaloniki 1998.

di «un'identità fissa». Ricco del proprio bagaglio tradizionale locale e aperto alle tendenze internazionali veicolate dalle nuove tecnologie, questo settore ha l'opportunità di innovare il nostro stile di vita proponendo «interscambi tra forme, immagini e qualità tattili»[18].

[18] La presentazione della mostra *Tomorrow's tradition - Everyday Innovations* è disponibile sul sito www.danishcrafts.org/visEmneside.uk.asp?artikelID=1871.

Estonia

1. *Premessa storico-ambientale*

L'Estonia è il più piccolo fra i Paesi baltici, con una superficie di soli 45.227 kmq: confina con la Russia a est e con la Lettonia a sud. La sua capitale, Tallinn, si trova circa alla stessa latitudine di Stoccolma e San Pietroburgo ed è affacciata sul golfo di Finlandia che la separa da Helsinki, verso nord.

I primi antenati degli attuali abitanti furono cacciatori ugrofinnici suddivisi in numerosi gruppi tribali, che continuarono a praticare primitive religioni pagane fino alla fine del XII secolo, quando alcuni missionari tedeschi avviarono un processo di colonizzazione e conversione progressiva verso est occupando anche quei luoghi. Le popolazioni locali furono ridotte a una condizione di servaggio ed ebbe inizio così un lungo periodo di lotte per difendere la propria identità culturale e conquistare l'indipendenza dai diversi dominatori. In più di sette secoli, il territorio è stato soggetto sia al dominio della Svezia, sia a quello della Russia, e per qualche periodo si è trovato sotto la sfera d'influenza della Danimarca e della Germania.

Alla conclusione della Prima guerra mondiale, l'Estonia riuscì a raggiungere l'indipendenza dall'Unione Sovietica. Purtroppo, però, l'esperienza democratica del popolo estone fu di breve durata. Infatti, nel 1934 il Governo di Tallinn passò sotto il regime dittatoriale del suo primo ministro Konstantin Päts[1]. La Seconda guerra mondiale significò per l'Estonia un nuovo vorticoso avvicendamento di invasioni straniere. Nel 1940 il Paese fu occupato dall'Unione Sovietica, l'anno successivo venne invaso militarmente dalla Germania nazista e poi nel 1944 di nuovo dall'Armata

---

[1] Cfr. P.U. Dini, *L'anello baltico. Profilo delle nazioni baltiche*, Marietti, Genova 1991.

rossa. Il lungo periodo di dominio sovietico si è protratto fino alla dissoluzione del sistema sovietico.

L'Estonia ha dichiarato la propria indipendenza nell'agosto del 1991 e il mese successivo è entrata a far parte dell'Organizzazione delle Nazioni Unite. Grazie al Trattato di adesione siglato ad Atene il 19 aprile 2003, questo Paese è ufficialmente membro dell'Unione Europea (dal 1° maggio 2004), dopo che lo stesso trattato è stato ratificato attraverso un referendum popolare.

2. *Quadro dei mestieri d'arte*

La posizione di confine dell'Estonia, situata lungo le storiche rotte commerciali tra Est e Ovest, si riflette anche nei lineamenti della sua cultura popolare. A dispetto delle ridotte dimensioni del Paese, il folklore, le produzioni artistiche e artigianali legate alle tradizioni e lo stesso mondo spirituale (che vede la compresenza di caratteri pagani e cristiani), includono un gran numero di differenti sfaccettature, ma anche peculiarità comuni all'intera nazione.

Molti manufatti dell'artigianato artistico estone presentano decorazioni dai segni e significati legati al mondo contadino, spesso coniugato a quello religioso[2]. Gli esempi più comuni sono la foglia di vite, un simbolo di fertilità che spesso si ritrova intagliato nelle produzioni tipiche dell'artigianato ligneo, ma compaiono anche foglie di fragola o di altre piante locali. Un'altra immagine emblematica largamente usata come tema nelle decorazioni era la stella a otto punte denominata *Auseklis* (Stella del Mattino), una raffigurazione grafica dal significato simbolico che risale alla tradizione pagana e che è diffusa anche in altre regioni dell'area baltica. Questi motivi ornamentali compaiono anche su manufatti d'arte tessile come tappeti, scialli, coperte e merletti (a Setu, nel cuore di Setumaa nell'Estonia sud-orientale, si tiene ogni anno a marzo una Festa dei Merletti), tradizionali indumenti lavorati a maglia (cappelli, guanti, calze e maglioni),

---

[2] Cfr. N. WILLIAMS - D. HERRMANN - C. KEMP, *Estonia, Lettonia, Lituania*, Edizioni Edt, Torino 2003.

ceramiche e porcellane, manufatti in pelle (rilegature di libri, scrigni e cofanetti ecc.)[3].

Una panoramica esaustiva sullo stato del mestiere d'arte in Estonia è offerta dalle collezioni esposte al Museo Estone delle Arti Applicate e del Design di Tallinn (*Eesti tarbekunsti ja disainimuuseum*). Questa esposizione permanente, situata nel cuore della Città Vecchia, sorge sulle ceneri di un granaio del XVII secolo restaurato nel 1970 su progetto degli architetti Aala Buldas e Mait Summatavet[4]. La collezione, con i suoi 13.000 manufatti, include lavori di arte tessile, ceramica, porcellana, pelle, vetro, gioielleria, arte del metallo, arredamento e prodotti del *design*.

Estonian Museum of Applied Art and Design
17 Lai Street
10133 Tallinn
Tel.: +372 627 4600
Fax: +372 6274601
info@etdm.ee

In aggiunta agli 'ambienti tradizionali' (quello fisico e spirituale), il ruolo di un terzo spazio costituito dalla realtà virtuale sta diventando via via più importante nella vita culturale estone. Nel settore delle arti visive si segnalano, fra gli altri, i contributi offerti da Jaan Toomik ed Ene-Liis Semper (che hanno rappresentato l'Estonia alla Biennale di Venezia), Mare Tralla, Liina Siib e Mark Kalev Kostabi[5].

---

[3] DINI, *L'anello baltico. Profilo delle nazioni baltiche*, p. 140.

[4] L'idea di istituire un museo specifico iniziò a prendere piede insieme al progressivo sviluppo delle arti applicate che, dalla seconda metà degli anni Cinquanta, cominciarono a diventare un marchio di fabbrica della cultura estone. L'istituzione fu fondata il 24 novembre del 1971, ma il museo aprì i battenti (come ramo del Museo Nazionale dell'Arte Estone) il 18 luglio 1980. Solo il 1° febbraio 2004 il Museo Estone delle Arti Applicate e del Design (ETDM) divenne operativo come museo di Stato indipendente sotto l'amministrazione del Ministero della Cultura della Repubblica Estone.

[5] Cfr. la voce *Estonian modern culture* nella sezione *Traditions and values* del sito ufficiale a cura del Governo estone: www.vm.ee/estonia.

3. *Mestieri d'eccellenza*

Lavorazione del legno

Nella Repubblica Estone, la superficie totale coperta da foreste equivale a 2.016.600 ettari, che significa circa il 47% del territorio complessivo. Non stupisce, perciò, che la popolazione abbia trovato molti usi funzionali per la sua più grande risorsa, gli alberi. Il legno, principalmente nelle varietà del pino, abete e betulla, veniva usato dai contadini per la costruzione di oggetti di uso domestico: utensili da cucina, suppellettili e vari attrezzi in legno. Molti di questi manufatti in legno venivano prodotti in aree specifiche che, nel corso del tempo, erano andate specializzandosi in una particolare produzione. Per esempio le slitte da neve venivano prodotte, con esiti di particolare eccellenza, dagli artigiani di Valtu vicino a Rapla, i setacci a Välgi presso il Lago Peipsi, le pipe intarsiate ad Haanja, una regione particolarmente arida situata nella parte meridionale dell'Estonia, le sedie 'Muhu' nell'isola omonima, mentre i fusti e i barili (soprattutto per la birra) venivano realizzati prevalentemente ad Avinurme (nel cuore delle foreste di Alutaguse nel nord-est del Paese), a Kõpu in Hiiumaa, a Laiksaare nell'area del Saarde (soprannominata 'la parrocchia del barile') e nell'area di Küütkann, nella parte nord-occidentale del Paese.

Fra i diversi contenitori e recipienti, spiccano le caraffe per la birra. Per gli estoni, la birra è sempre stata la bevanda favorita per le feste e celebrazioni e veniva offerta in senso propiziatorio agli spiriti benevoli e agli antenati. Questa potrebbe essere una delle ragioni delle ricche decorazioni trovate sulle antiche pinte per birra decorate da complicati intarsi. Spesso questi boccali erano prodotti in occasione di matrimoni e presentavano due ricettacoli attaccati a un unico corpo. Gli sposi dovevano bere insieme in questa complicata caraffa senza rovesciare una sola goccia.

Sempre in circostanza di matrimoni venivano prodotte le già citate sedie nuziali 'Muhu', sulle quali la sposa rimaneva seduta durante il rituale della vestizione (*tanutamine*) e graziosi cofanetti finemente intagliati che venivano regalati alla futura coniuge.

Peculiari sono, inoltre, le graziose case di legno che colorano la Città Vecchia nel cuore della capitale. I più antichi edifici in legno di Tallinn sono la chiesa di Jaani Seegi (1724) e la chiesa di

Kazan (1721), quest'ultima una combinazione bizzarra e affascinante degli stili ortodosso e barocco luterano. Una caratteristica tipica di quest'architettura romantica è la raffigurazione del sole sopra i telai delle finestre.

Lavorazione della pelle

L'origine di questa espressività artigianale, piuttosto che in una tradizione prettamente contadina, è da ricercarsi decisamente nell'ambito urbano e nei traffici commerciali (intrattenuti soprattutto con i mercanti germanici) che avvenivano nel tardo Medioevo. Infatti, sebbene la lavorazione della pelle sia stata senza dubbio una delle occupazioni più comuni in ambito agricolo, non si è mai sviluppato, fra i contadini estoni, un artigianato vero e proprio in questa direzione. Nella tradizione contadina non si trova molto più che qualche esemplare di fodero decorato per coltelli e qualche contenitore di uso domestico. Viceversa, bravi artigiani specializzati nella produzione di preziose rilegature di libri, portafogli, cofanetti, borsette portatabacco finemente profilate, scatole per giocattoli e decorazioni da muro sono già menzionati nei documenti cittadini dalla prima Età moderna come membri della Corporazione dei sellai e cuoiai. Anzi, gli artigiani e commercianti estoni, in quanto concorrenti dei più navigati professionisti tedeschi, divennero ben presto una seccatura per questi ultimi e furono ostacolati in ogni modo dalle potenti autorità delle Corporazioni germaniche. Così, bisogna aspettare il XIX secolo per assistere al riemergere in Estonia di questa forma di artigianato artistico.

Oggi gli articoli in pelle sono caratteristici *souvenirs* reperibili in questo Paese e non è raro imbattersi in qualche artigiano intento a ricalcare gli antichi gesti di quest'arte nelle numerose botteghe nella Città Vecchia di Tallinn.

4. *Contesto economico*

Soltanto 15 anni fa, quando questa repubblica baltica di appena 1 milione 344 mila abitanti divenne finalmente un Paese libero, la produzione economica scendeva ogni anno del 30%. La disoccupazione viaggiava tra il 30 e il 40%, latte e pane erano razionati, i prezzi della benzina erano saliti nella percentuale impressionante del 10 mila% e l'inflazione aveva toccato il 1000%[6]. Nel 1992 prese avvio la difficile transizione post comunista guidata da Mart Laar, un ex insegnante di storia *leader* di *Fatherland Alliance*, che a soli 32 anni divenne primo ministro dell'Estonia. Oggi, grazie alle riforme politiche ed economiche di stampo liberista applicate da Laar (vigoroso svecchiamento della classe dirigente, privatizzazioni, abolizione delle barriere commerciali, apertura all'ingresso di capitali esteri, *flat tax*, cioè tassa uguale per individui e imprese), il Paese sta conoscendo un miracolo senza precedenti. Questi i dati, così come sono stati fotografati dall'ultimo rapporto della *Eesti Pank* (la banca centrale estone): crescita del PIL del 7-8% dal 2000 a tutto il 2005, del 10,5% nel 2005 e addirittura più dell'11% previsto per la fine del 2006[7].

Il settore che ha trainato lo sviluppo estone verso una graduale stabilizzazione dell'economia è sicuramente quello dell'alta tecnologia[8]. In Estonia, Paese interamente cablato e predisposto per le connessioni a internet, l'accesso alla rete è considerato uno strumento essenziale della democrazia e un diritto fondamentale dell'uomo sancito dal Parlamento Estone che, già nel febbraio del 2000, ha approvato una proposta che garantisce l'accesso a internet per ognuno dei suoi cittadini, alla stregua di ogni altro diritto costituzionale (Atto sulle Telecomunicazioni del 9 febbraio 2000)[9].

5. *Profilo istituzionale-normativo*

Il recente impianto legislativo estone rivela, con l'Atto sulle «Associazioni artistiche e persone creative» (deliberato il 18

[6] P. BUONGIORNO, *Estonia: la Cina più vicina*, «Panorama», 23 novembre 2006.

[7] Si veda il rapporto *Eesti Pank* (Banca d'Estonia) - ottobre 2006 nel sito web: www.eestipank.info/pub/en/dokumendid/publikatsioonid/seeriad.

[8] Alcuni tra i *software* più richiesti al mondo sono stati progettati da un terzetto di giovani programmatori estoni (Ahti Heinla, Prit Kasesalu e Jaan Tallinn): per esempio *Skype*, che permette di telefonare via internet abbattendo notevolmente i tradizionali costi, e *Kazaa*, che consente lo scambio di *files* in rete.

[9] Sulla Legislazione della Repubblica Estone, si vedano i siti www.legaltext.ee e www.esis.ee/ist2004/112.html.

novembre 2004 ed entrato in vigore il 1° gennaio 2005), una chiara volontà dello Stato di promuovere la creatività (e quindi l'artigianato artistico in tutte le sue declinazioni) e sostenerla con l'assegnazione di aiuti, previsti sotto forma di sussidio.

Lo scopo dell'Atto, così come è esplicitato nell'art. 1.1 consiste nel «supportare la creatività culturale, tutelare e sviluppare le Belle Arti svolte a livello professionale nonché potenziare le condizioni necessarie agli individui per lo svolgimento di attività creative mediante le associazioni artistiche». Dopo aver definito all'interno dello stesso Atto che, come «persona creativa» si intende «[...] colui che agisce nei campi dell'arte grafica o plastica, visiva o applicata, design, audiovisiva, *stage art*, letteratura, musica o architettura» (art. 2.1) e come «associazione artistica» ogni «associazione *non-profit* la quale, in conformità alle norme stabilite dall'Atto, ha il proposito di promuovere il corrispondente campo artistico e sostenere le attività creative dei suoi membri» (art. 4), la normativa delinea il profilo del sostegno alle attività creative dal punto di vista economico.

Le modalità e l'entità degli stanziamenti vengono stabilite nell'art. 12.1; i suddetti finanziamenti vengono corrisposti, purché, come precisato nel punto 2 dello stesso articolo, «l'associazione abbia sottoposto al Ministero della Cultura una richiesta scritta con la lista dei suoi membri entro il 1° maggio dell'anno di bilancio precedente alla ricezione del supporto». Successivamente, nei rispettivi artt. 14, 15 e 16, la normativa stabilisce diritti, doveri delle associazioni artistiche e prerogative necessarie per la richiesta di fondi.

Diverse sono le strutture e le organizzazioni che, a vario titolo, sono operative nel mondo dell'artigianato artistico estone. In particolar modo, si segnala l'azione delle seguenti istituzioni:

Unione dell'Artigianato Artistico
e Popolare Estone
(Eesti Rahvakunsti ja Käsitöö Liit)
Pikk 22, 10133 Tallinn
Tel.: +372 6604772, +372 5187812
Fax: +372 6314075
info@folkart.ee
www.folkart.ee

Associazione delle Piccole
e Medie Imprese Estoni (Evea)
Liivalaia 9
EE 10118 Tallinn
Tel.: +372 6 403 935
Fax: +372 6 312 451
sme@evea.ee

Camera di Commercio,
Industria e Artigianato dell'Estonia
Toom-Kooli, 17 - 10130 Tallinn
Tel.: +372 6 46 02 44
Fax: +372 6 46 02 45
www.koda.ee
koda@koda.ee

Camera di Commercio Italo-Estone
Valli 4, EE 10148 Tallinn
Tel.: +372 6207825
Fax: +372 6207825
www.italiaestonia.it
info@italiaestonia.it

Federazione Estone Lavoratori del Legno
(Eesti Puutööliit)
Kiriku 6, EE 10130 Tallinn
www.furnitureindustry.ee
Tel.: +372 6489 002
Fax: +372 6489 002
info@furnitureindustry.ee

6. *Formazione*

Il sistema formativo estone comprende l'educazione pre-scolastica (scuola materna), che dura dai 3 ai 6 anni, l'educazione primaria o di base (ciclo di nove anni), la scuola secondaria con due differenti direzioni (liceo o formazione professionale) e, infine, la formazione di tipo universitario e la formazione per adulti (istituzionale o tempo libero).

I percorsi direttamente afferenti all'artigianato artistico sono quelli che si possono intraprendere nelle scuole di formazione professionale. In questi istituti l'accento viene posto principalmente sullo sviluppo delle abilità artigianali e sull'acquisizione di un'esperienza pratica in grado di avviare i giovani studenti alla loro vita professionale. Le scuole di formazione professionale, per la maggioranza, sono finanziate dallo Stato. Tuttavia, sebbene la maggioranza di questi istituti sia statale o gestita dalle amministrazioni locali, non mancano scuole finanziate da capitali privati: infatti delle 67 scuole di formazione professionale attive in Estonia, ben 18 sono private.

Una recente disposizione amministrativa ha riguardato la regolamentazione della rete scolastica; a questo proposito un numero di piccole scuole professionali sono state accorpate diventando un unico centro regionale di formazione. Seguendo questo esempio si è venuto a creare un contenuto numero di forti centri di formazione professionale che coprono, però, tutto il territorio del Paese.

In definitiva, vi sono sei importanti scuole di mestiere presso le quali ci si può specializzare in diverse materie artigianali (ceramica, tessuti folkloristici, legno, lavorazione della pelle ecc.), due scuole di alta educazione (cicli che si intraprendono dopo la scuola superiore o il liceo, ma attraverso i quali non si consegue una laurea scientifica come nel caso dell'Università) e, infine, due università (Università di Tallinn per diventare insegnante di artigianato nelle scuole e Accademia di Belle Arti per formarsi come artista vero e proprio).

Questi gli indirizzi delle principali scuole di formazione professionale:

Tallinna Kopli Ametikool
(Scuola di Formazione Professionale di Tallinn)
Kopli 98, Tallinn 11711
Tel.: +372 6 618 039
Fax: +372 6 618 037
kopliak@kopliak.tln.edu.ee
http://kopliamk.haridus.ee/?l=en

Kuressaare Ametikool
(Scuola di Formazione Professionale di Kuressaare)
Kohtu 22, Kuressaare 93812
Tel.: +372 45 24 600
Fax: +372 45 24 616
kak@ametikool.ee
www.ametikool.ee

Tartu Kutsehariduskeskus
Heade Tegude Kool
(Scuola di Formazione Professionale di Tartu)
Vanemuise 35, 51014 Tartu
Tel.: + 372 7 361 866
Fax: + 372 7 361 867
info@khk.tartu.ee
www.khk.tartu.ee

Tartu Kunstikool (Scuola d'Arte di Tartu)
Tähe 38 B, 50103 Tartu
Tel./Fax: + 372 7 343 377
art@art.tartu.ee

Tartu Ulikooli Viljandi Kultuuriakadeemia
(Accademia culturale di Viljandi)
Posti 1, 71004 Viljandi
Tel.: + 372 35 5232 / + 372 435 5250
Fax: +372 435 5231
kool@kultuur.edu.ee
www.kultuur.edu.ee

Finlandia

1. *Premessa storico-ambientale*

Lo sviluppo dei mestieri d'arte e la loro funzione nella Finlandia odierna sono comprensibilmente ben riflessi nell'evoluzione della terminologia connessa. Le espressioni composite quali *taidekäsityö* (artigianato artistico) e *taideteollisuus* (mestieri d'arte) sono infatti relativamente recenti: l'aggiunta della componente iniziale *taide* (arte) ha segnato la conquista di un prestigio sociale raggiunto da prodotti di carattere utilitaristico arricchiti dall'apporto artistico[1]. Per di più, il termine *käyttötaide* (arte applicata) è spesso inteso come sinonimo del termine 'mestieri d'arte', ricalcando in ciò la convinzione generale per cui tali prodotti non hanno una funzione meramente decorativa, non sono un 'in più' aggiunto per abbellire l'ambiente quotidiano, ma lo costituiscono. In un'epoca votata alla produzione industriale, ciò denota anche una minore conflittualità fra il mondo dell'artigianato e quello della produzione seriale, giacché le due modalità di produzione appaiono associate nel perseguimento del medesimo obiettivo: quello di apportare allo spazio abitato la bellezza della creatività artistica. Non dovrebbe apparire sconveniente, pertanto, sostenere che in Finlandia il *teollinen muotoilu*, ossia il *design* industriale inteso come creazione di articoli di natura tecnologica, costituisce uno dei punti cardine dei mestieri d'arte d'oggi.

Le premesse per una simile evoluzione erano ben magre in un Paese periferico e incatenato dal gelo come la Finlandia; la mancanza di una tradizione di prodotti ornamentali e di lusso testimo-

---

[1] Per la terminologia riguardante i mestieri d'arte e il loro utilizzo nel linguaggio corrente, oltre che per i principali riferimenti storici, si veda il sito http://www.uiah.fi/esittely/historia/art_hist/hist211.htm.

nia di un passato assai più povero di quello del resto d'Europa. Sia la scelta dei materiali, limitata dall'asprezza della natura circostante, sia l'apprendimento delle tecniche di lavorazione, ostacolato dalle difficoltà di spostamento, mantennero quasi fino al XVIII secolo il livello di vita dei finlandesi paragonabile a quello che, per esempio, era stato il tenore di vita nella Francia o nell'Olanda del Medioevo. Oltre agli articoli in legno, le dimore del ceto nobiliare locale (ben più modeste di quelle dell'aristocrazia dei Paesi circostanti) erano abbellite con oggetti in ceramica importati dalla Renania o in metallo acquistati nelle città anseatiche come Lubecca. La percentuale della popolazione urbana era, ancora secondo il censimento del 1721, del tutto trascurabile: su un totale di 390.000 abitanti, solo il 3% era classificato come popolazione urbana, per quanto tale categoria indicasse solo due centri con più di mille abitanti – Turku e Viipuri – e alcuni altri con un numero di abitanti che si aggirava fra 200 e 500. Comprensibilmente, lo sviluppo dei mestieri d'arte era impedito dalla mancanza sia di capitali, sia di conoscenze tecniche (anche per la deficienza della rete stradale che ne limitava la diffusione).

Lo sviluppo delle manifatture, inoltre, si scontrava con l'abitudine della popolazione di provvedere da sola al soddisfacimento dei bisogni. Per esempio, benché le finestre a vetro fossero indispensabili per una vita domestica più agiata nel rigido clima scandinavo, la prima fabbrica di vetro venne fondata solo nel 1681 a Uusikaupunki, ma chiuse dopo soli quattro anni di attività, dopodiché non si registra la presenza di altre fabbriche di vetro fino al 1743, anno di fondazione della ditta Åvik di Somero[2]. Sempre nel corso del XVIII secolo, si iniziarono a formare le prime gilde di artigiani: nel principale centro urbano, Turku, si potevano contare più di cinquanta gilde sottoposte a uno stretto controllo da parte dell'amministrazione cittadina per quanto riguardava l'ottenimento del titolo di maestro artigiano, la qualità della lavorazione e la prevenzione della produzione non autorizzata. Al di fuori delle principali città, però, l'influenza delle gilde era trascurabile a causa del basso numero di artigiani; città minori erano pertanto costrette a tollerare le attività di artigiani non appartenenti alle gilde.

---

[2] Cfr. sempre http://www.uiah.fi/esittely/historia/art_hist/hist211.htm.

In questo periodo, l'influenza della cultura svedese, alla quale la Finlandia era legata sul piano politico, si iniziò a sentire con la diffusione di manifatture dedicate alla produzione di oggetti in argento, in ceramica e in vetro. I primi vetrai giunsero quindi dalla Svezia, ma verso la fine del Settecento, la già menzionata ditta Åvik era in grado di produrre non più solo vetro per finestre, ma anche bicchieri, bottiglie e prime creazioni decorative in vetro.

Con il passaggio dalla dominazione svedese a quella russa, la situazione economica non migliorò molto; la vecchia metropoli Turku venne però abbandonata in favore di Helsinki, più vicina a San Pietroburgo e all'influenza russa. Il ceto borghese della nuova capitale iniziò a trasformare l'interno delle proprie abitazioni: la semplicità delle dimore rurali venne abbandonata per inseguire l'esempio delle case borghesi russe, più ricche di mobilio e di articoli decorativi. Alla crescente richiesta di oggetti d'arredo si tentò di provvedere con l'ideazione di un primo programma di educazione professionale da parte della Società economica finlandese fondata agli inizi dell'Ottocento. Uno dei fondatori della società era il professore di chimica all'Accademia di Turku, Johan Gadolin (1760-1852), il quale si impegnò per la fondazione di scuole professionali nelle zone rurali ideando un piano per il loro finanziamento che si basava in larga parte sulla vendita di articoli prodotti nelle scuole stesse[3]. Tuttavia, la decisiva svolta strutturale, quella che avrebbe preparato le basi per l'evoluzione dell'artigianato artistico finlandese verso la fama raggiunta nel Novecento, arrivò negli anni Sessanta dell'Ottocento, sulla spinta della gravissima crisi economica ricordata come «gli anni dell'orrore».

A detta degli storici dell'economia, «gli anni dell'orrore» erano assimilabili alle carestie che si ripetevano ciclicamente in un Paese prevalentemente agricolo e votato all'autarchia come la Finlandia. Questa, che sarebbe stata ricordata come l'ultima e la più grave delle carestie, spinse il governo del Granducato a elaborare una nuova visione dello sviluppo economico orientata all'educazione tecnica della popolazione (sovvenzionata e gestita attivamente dallo Stato), affinché fosse possibile nel futuro supplire a una eventuale nuova crisi agricola con la vendita di artico-

---

[3] *Ibidem.*

li artigianali. Nel 1875 venne pertanto fondata la «Società finlandese di arti e mestieri» e le scuole di artigianato già esistenti cominciarono a beneficiare di finanziamenti pubblici. Con un passaggio successivo, infine, le varie scuole professionali, divise per mestieri, furono unificate nella Scuola centrale di arti e mestieri. Un simile approccio testimoniava indubbiamente di influenze non solo svedesi, distinguibili nella preferenza verso la centralizzazione dell'educazione professionale, ma anche tedesche e austriache, riconoscibili nell'interpretazione elaborata per i problemi di economia nazionale.

Gli artisti-artigiani formatisi sotto la direzione della Società finlandese di arti e mestieri avevano sviluppato un proprio stile, legato a una identità scandinava spiccatamente distinta dal resto dell'Europa (descritta a volte anche come 'segregazionista')[4]. Il pioniere di questa nuova estetica era Alvar Aalto, le cui creazioni avrebbero attirato l'attenzione degli europei, come avvenne per il suo tavolo a tre piedi del 1933 o per il vaso Aalto, presentato nel 1936. Il suo marchio Artek, depositato nel 1935, divenne il sinonimo della 'moderna' decorazione d'interni che intendeva rinnovare l'aspetto delle case borghesi avvicinandole all'estetica funzionalista che ormai dominava fuori dalle mura domestiche[5].

Negli anni Cinquanta, l'artigianato artistico finlandese riuscì ad aprirsi maggiormente alle influenze internazionali, pur non abbandonando quel timbro scandinavo che gli garantiva l'immediata riconoscibilità. Concretamente, la vicinanza alla vita quotidiana che contraddistingueva le creazioni e l'uso sobrio dei materiali che rimandava alle spartane abitudini del passato si combinavano con soluzioni estetiche innovative; erano queste le chiavi di successo del cosiddetto *Scandinavian Design*, nome del *brand* costruito in modo pianificato in quegli anni. Infatti, fu merito della Società finlandese dell'artigianato e del design se questo *brand* riuscì a conquistare fama internazionale: in una serie di mostre itineranti organizzate unendo le forze con quelle delle organizzazioni dello stesso settore svedesi e danesi, essa

---

4 http://virtual.finland.fi/netcomm/news/showarticle.asp?intNWSAID=26968&LAN=ENG.

5 Per una ricostruzione dello sviluppo dei mestieri d'arte dagli anni Trenta del Novecento, si consiglia M. Aav - N. Stritzler-Levine, *Finnish modern design: utopian ideals and everyday realities, 1930-1997*, New Haven, London 1998.

introdusse i prodotti dei maestri finlandesi sui mercati più ambiti – basti pensare alla *tournée* negli Stati Uniti protrattasi dal 1954 al 1957 e che accolse più di un milione di visitatori.

2. *Quadro dei mestieri d'arte*

Nella Finlandia odierna, l'artigianato rappresenta una professione per i 20 mila impiegati nel settore, ma anche una passione per circa due milioni e mezzo di persone. Il settore specifico dei mestieri d'arte è curato dall'associazione *Taito Group* (filiazione dell'Organizzazione finlandese dell'artigianato fondata nel 1913), che ne promuove la valorizzazione, cura la preservazione delle abilità tecniche, incentiva la produzione di opere innovative e la loro unicità in modo da assicurare un reddito agli artigiani. A tal fine, *Taito* organizza corsi di apprendimento e *workshops*, scuole di artigianato per bambini e istruzione artistica di base, *business service*, mostre e fiere commerciali oltre a contatti con il settore del turismo[6]. L'impegno dell'organizzazione non è, però, orientato solo verso coloro per i quali l'artigianato artistico rappresenta la principale fonte di reddito: come sottolineano i responsabili del gruppo, la promozione delle capacità artigianali è rivolta a tutti, in quanto riflette in sé una componente essenziale della cultura del Paese. A tale scopo sono orientate le attività di informazione condotte per tramite del *Taito Magazine* e del suo sito web[7].

Uno studio condotto dal Fondo Nazionale Finlandese per la Ricerca e lo Sviluppo (SITRA) intitolato *Un futuro fatto a mano* (*Käsin tehty tulevaisuus*) indica che l'attività degli artisti-artigiani avrà un'importanza crescente sia per l'occupazione dei giovani, sia per quanto riguarda la redditività. Secondo tale studio, infatti, i consumatori si orientano sempre più frequentemente verso prodotti fatti a mano ritrovando in loro la dimensione individuale e l'unicità garantita da un determinato retroterra stilistico o geografico. A detta dei responsabili del settore, inoltre, il successo dell'industria finlandese degli ultimi anni è stato possibile anche grazie ai suoi stretti legami con il mondo dell'artigianato: si cita,

---

[6] Per le informazioni su *Taito Group* cfr. www.taitogroup.fi.

[7] L'indirizzo del sito web divulgativo è www.craftnet.fi.

a tale proposito, l'esempio dei telefonini *Nokia*, le cui mascherine sostituibili permettono agli utenti (che vengono in genere identificati come giovani) di personalizzare un prodotto di massa[8].

Nonostante il mondo dell'artigianato e quello dell'industria abbiano dimostrato di saper unire le loro forze, i mestieri tradizionali godono del patrocinio di un'apposita organizzazione, la *Käsityön Ystävät Oy* (Amici dell'artigianato finlandese)[9]. La lista dei mestieri d'arte di una certa tradizione include produttori di oggetti in cera, rilegatori di libri e creatori di oggetti di carta, vetrai, carpentieri, gioiellieri, ceramisti, creatori di oggetti per le saune...[10], ma, senz'ombra di dubbio, il posto d'eccellenza spetta agli artigiani del settore tessile e in particolare ai tessitori dei tradizionali tappeti, i cosiddetti *ryijy*.

3. *Mestieri d'eccellenza*

Tessitori di tappeti 'ryijy'

Benché l'uso tradizionale di tessuti quali elementi di arredo d'interni includa una vasta gamma di prodotti, il tappeto *ryijy* occupa un posto di primo piano ed è assurto a oggetto da collezione sia in Finlandia, sia all'estero (a giudicare dall'offerta di tappeti *ryijy* sui siti internet specializzati, l'interesse è molto vivo in particolare negli Stati Uniti). La valorizzazione di quest'ornamento tradizionale delle dimore rurali, avviata al finire dell'Ottocento, ha contribuito al risveglio dell'interesse per i prodotti tessili d'arredo in generale, come i rivestimenti per il mobilio, le tende, le tovaglie o le salviette per le tipiche saune finlandesi.

A trainare l'intero settore, come detto, furono però i tappeti: nel 1879, l'artista Fanny Churberg lanciò una petizione alle donne finlandesi affinché raccogliessero i tessuti tradizionali al fine di promuovere il folklore locale. L'associazione che ne nac-

[8] Per un'analisi del particolare rapporto fra il *design* industriale e il mondo dell'artigianato cfr. A. PANSERA (a cura di), *Design finlandese: collezione Mangano*, Silvana Editoriale, Cinisello Balsamo 2006.

[9] L'organizzazione ha attivato anche un negozio *on-line* dei prodotti artigianali sul proprio sito, www.kasitionystavat.fi/en/corporation.html.

[10] Immagini dei prodotti dell'artigianato tradizionale finlandese sono disponibili sul sito www.craftmuseum.fi/eng/research.htm.

que si impegnò nella promozione dei *ryijy* che, da oggetto dimenticato dell'arte popolare, divennero il trampolino di lancio per l'espansione dell'artigianato tradizionale. Dagli anni Venti diverse manifatture iniziarono a riprodurre gli antichi tappeti e nei decenni successivi si iniziò a sperimentare anche l'utilizzo di fibre diverse dalla lana, come cotone o misti di lana con altre fibre. Negli anni Cinquanta, la produzione di tappeti si aprì all'influenza dei *designers* e all'estetica tradizionale si venne ad accostare quella ispirata al 'modernismo' dominante; alla Triennale milanese del design del 1951, il *ryijy* venne presentato come esempio del noto *Scandinavian Design* e diversi modelli ottennero premi proprio in virtù del loro aspetto innovativo.

Quest'apertura al *design* e all'industria tessile sancì anche una scissione fra i produttori di *ryijy*: mentre alcuni artisti del tessile entrarono negli organici di grandi ditte dedite all'arredamento degli interni, altri decisero di rimanerne fuori per continuare a produrre pezzi unici. Da allora, i *ryijy* prodotti singolarmente cominciarono ad apparire nelle gallerie d'arte e i loro disegni divennero veicoli di espressione artistica. Le peculiarità del tappeto sembrarono particolarmente adatte per esprimere le illusioni tridimensionali della *optical art*; negli anni Settanta, infine, la tridimensionalità divenne reale: apparvero i primi *ryijy* che si estendevano anche in altezza tramutandosi da tappeti in vere e proprie sculture. Oggi, sia i grandi produttori, sia quelli rimasti fedeli ai ritmi di produzione artistico-artigianale, offrono modelli del tutto liberi dalle regole tradizionali circa la loro lunghezza e ampiezza; al cliente si offre, infine, la possibilità di acquistare anche diversi tappeti di piccole dimensioni per assemblarli in combinazioni inedite.

4. *Contesto economico*

Secondo i dati della Commissione Europea, il numero stimato di aziende artigianali si aggira in Finlandia fra 9.000 e 10.000; l'incertezza sulle cifre è dovuta al fatto che la legislazione finlandese non conosce una definizione ufficiale di artigianato[11]. Nella cifra

---

[11] I dati sono tratti da www.euromeda.com/infos/fiches_pays/en-i-part108-fi.htm.

indicata, tuttavia, sono incluse solo ditte di artigianato artistico contraddistinte da una produzione manuale di piccole quantità di oggetti (sono esclusi, inoltre, tipi di artigianato specializzati in prestazioni di servizi). Tali aziende subentrano, poi, sotto la definizione di micro-impresa (meno di 10 impiegati), o di piccola e media impresa (da 10 a 50 impiegati). La definizione dei programmi di politica industriale e tecnologica adatti alle piccole e medie imprese è responsabilità del Ministero del Commercio e dell'Industria che ha istituito a tal scopo il Comitato Consultivo per le Piccole e Medie Imprese. La promozione dei saperi e il loro ammodernamento sono alla base del programma sulla «Competitività sostenibile, crescita e *know-how*» indirizzato nel 2005 alle piccole e medie imprese e cofinanziato dall'Unione Europea. Sulla base dei criteri previsti nel programma, è stato accordato il finanziamento a 5.000 progetti d'impresa che non si sarebbero potuti avviare senza l'aiuto di risorse pubbliche; più del 60% delle imprese coinvolte appartiene al settore delle micro-imprese, ossia, con meno di 10 impiegati.

5. *Profilo istituzionale-normativo*

Le piccole e medie imprese sono riunite nella Federazione Centrale della Piccola Industria (*Penteollisuuden Keskusliitto*) che include 44 organizzazioni fondate su base regionale e altre 24 fondate su base settoriale. Il suo compito principale consiste nella prestazione di consulenza e di informazione, organizzazione di corsi di apprendimento, avvio di studi sul settore e istituzione di fiere. Specificamente per l'artigianato artistico, tali compiti sono invece delegati all'Organizzazione finlandese di arte e artigianato (*Kasija Taideteollisuusliitto*), il cui impegno è orientato in particolare alla preservazione e modernizzazione del *know-how*. L'associazione riunisce 22 organizzazioni settoriali e opera tramite 10 centri d'arte e artigianato sparsi sul territorio.

Il rapporto del Ministero del Commercio e dell'Industria sul settore relativo al 2005 dimostra che il numero delle aziende artigianali, dei loro dipendenti e il relativo *turnover* sono in lento aumento dal 1995. Tali aziende raramente crescono di misura; più usualmente, esse si limitano ad essere un nome commerciale registrato dietro il quale si nasconde il singolo artigiano. Tuttavia, esistono notevoli differenze a seconda dei settori: quelli in cui le aziende si sono dimostrate più capaci di incrementare le vendite e il personale impiegato sono la produzione di strumenti musicali, la costruzione di piccole imbarcazioni e di barche a vela e quelli legati all'ambito sportivo.

6. *Formazione*

Il sistema scolastico finlandese si divide in due branche dal momento in cui gli scolari arrivano all'età di 13 anni: quella mirante all'educazione professionale e quella che permette il prosieguo dell'istruzione generale. All'età di 16 anni, gli studenti possono avviarsi verso un ciclo di studi di 3 anni che conduce a un diploma di scuola tecnica superiore o continuare i loro studi nelle scuole superiori generali che permettono l'accesso all'istruzione universitaria. Attualmente, l'80% dei giovani fra i 25 e i 29 anni è in possesso di un diploma di scuola superiore o della laurea universitaria, mentre nella fascia d'età fra i 45 e i 49 anni, tale percentuale scende al 50%[12].

A 16 anni, l'educazione tecnica può essere arricchita con l'apprendistato, che può variare da 1 a 3 anni; il numero dei giovani che si avviano annualmente all'apprendistato si aggira in media attorno a 10.000. Dal 1993, però, la possibilità di accedere all'apprendistato nei rami dell'artigianato artistico è stata aperta anche agli adulti, o a tempo pieno per la durata da 1 a 4 anni, o come aggiornamento che si protrae da 4 a 12 mesi. Tale misura è stata ritenuta necessaria dopo che gli studi sulla preparazione tecnica degli adulti avevano dimostrato che ben 35.000 di questi avevano bisogno di completare la loro preparazione o di aggiornarla.

La già menzionata associazione *Taito Group* ha avviato un programma formativo per il periodo 2000-2006 denominato *Taito Innovaatiot Project* come parte del più ampio progetto di rafforzamento dell'imprenditoria artigianale promosso dal Ministero per il Commercio e l'Industria e dal Fondo Sociale Europeo[13].

---

[12] I dati sul sistema formativo finlandese e in particolare quelli riguardanti i mestieri d'arte sono tratti da www.ktm.fi/index.phtml?80723_m=80753&i=en&printer=1&s=678.

[13] Sul progetto volto all'innovazione promosso dalla *Taito Group* cfr. http://ertr.tamu.edu/conferenceabstracts.cfm?abstractid=1120.

L'accento del programma è posto sulla necessità di indirizzare la formazione degli artigiani verso prospettive innovative. L'innovazione viene presentata come un'occasione da sfruttare in stadi diversi del processo produttivo: essa può riguardare non solo il prodotto stesso, ma anche i materiali utilizzati, le tecniche di manifattura, i servizi connessi, le modalità operative, il *network* cooperativo o il *marketing*. Queste ricette innovative sono state sperimentate con l'avvio di cinque imprese-pilota guidate da una squadra di artisti-artigiani selezionata dall'Organizzazione finlandese di arte e artigianato. I risultati dell'attività di queste imprese-pilota costituiranno una banca dati sulle possibilità offerte dalle innovazioni sperimentate.

Un altro soggetto molto attivo nella promozione dei saperi legati ai mestieri d'arte è il Museo Finlandese dell'Artigianato[14]. Quest'attività del museo si svolge tramite l'organizzazione dei cosiddetti *Handicraft meetings* nel corso dei quali i visitatori del museo possono familiarizzare direttamente partecipando a vari *workshops* e utilizzando gli attrezzi messi a disposizione dal museo. I *workshops* sono di tre tipi: tradizionali, *studio workshops* e i cosiddetti *Tutka club* dedicati ai bambini. Quelli tradizionali si svolgono una volta al mese e comprendono una parte teorica sui vecchi metodi di lavoro e una parte pratica in cui si può sperimentare l'utilizzo delle tradizionali tecniche artigianali. Anche lo *studio workshop* si svolge una volta al mese, ma il suo obiettivo è la ricerca di nuovi metodi di produzione e l'utilizzo di materiali inediti ispirati dalle mostre di artigianato contemporaneo organizzate dal museo. Il *Tutka club* è indirizzato ai bambini di circa 10 anni d'età ed è inteso come un modo di avvicinare le giovani generazioni al mondo dell'artigianato. Una volta al mese, infine, il museo organizza visite presso studi di artigianato artistico nel corso delle quali si può osservare i maestri d'arte nel loro lavoro.

Un progetto simile, denominato *Arts Quarter*, è promosso dal Museo Finlandese dell'Artigianato, dal Museo dell'Arte di Jyväskylä, dal Museo Cittadino di Jyväskylä e dall'Orchestra

---

[14] Il museo ha pubblicato anche un'opera manualistica dedicata allo sviluppo dell'artigianato e del *design* nel Paese, *Finnisches Design der Moderne 1930-1999*, Taideteollisuusmuseo, Helsinki 1999.

Sinfonica di Jyväskylä[15]. Sempre grazie all'impegno del Museo dell'Artigianato, questa volta in partnership con l'Associazione per l'Artigianato della Finlandia Centrale, è stato avviato anche il progetto di studio allargato sull'artigianato: l'intenzione è di sviluppare un'educazione sperimentale nel campo dell'artigianato sotto forma di progetti-pilota.

Infine, l'istruzione di livello universitario nel campo dell'artigianato artistico è gestita dall'Università di Arte e Design di Helsinki, dall'Università Politecnica di Helsinki, dai Politecnici di Häme e di Kymenlaakso, dall'Istituto di Design del Politecnico di Lahti e dalla Facoltà di Arte e Design dell'Università della Lapponia.

Altre istituzioni legate al mondo dell'artigianato artistico sono il Museo Finlandese dell'Arte e del Design, l'Associazione dei Grafici Designer Professionali *Grafia ry*, l'Associazione Finlandese dei Designer ORNAMO, l'Associazione Finlandese dei Fashion Designer MTO, l'Associazione Finlandese degli Architetti SIO, l'Associazione Finlandese degli Artisti Tessili TEXO, l'Associazione Finlandese di Artisti e Designer TAIKO, l'Associazione Finlandese dei Designer Industriali TKO e il *Media Center* LUME.

Museo Finlandese dell'Artigianato
Tel.: 00358 (0) 14 624 946
Fax: 00358 (0) 14 624 947
craftmuseum@jkl.fi

Design Forum Finland
Erottajankatu 7
00 130 Helsinki
info@designforum.fi
www.designforum.fi

Grafia ry
Uudenmaankatu 11
00120 Helsinki
grafia@grafia.fi
www.grafia.fi

15 Informazioni più dettagliate sul progetto si possono trovare sul sito www.jyvaskyla.fi/taiteidenkortteli.

Organizzazione Finlandese
dell'Artigianato – *Taito Group*
Kalevankatu 61
00 180 Helsinki
ktl@taitogroup.fi
www.taitogroup.fi

Università dell'Arte
e del Design di Helsinki
Hämeentie 135 C
00 560 Helsinki
info@uiah.fi
www.uiah.fi

Museo Finlandese dell'Arte
e del Design
Korkeavuorenkatu 23
00130 Helsinki
info@designmuseum.fi
www.designmuseum.fi

Associazione Finlandese
dei Designer ORNAMO
Unionikatu 26
00130 Helsinki
info@ornamo.fi
www.ornamo.fi

Francia

1. *Premessa storico-ambientale*

Se fino al termine del XIX secolo la distinzione tra artista e artigiano è ruotata intorno alla concezione rinascimentale di arte come frutto di genio innato e di abilità artigianale legata a conoscenze tramandabili, è proprio in Francia che nasce l'impulso al superamento della divisione tra arte pura e arti applicate, grazie all'affermarsi dell'Art Nouveau[1] prima e, in un secondo momento, dell'Art Déco[2]. La componente ornamentale, propria degli oggetti dell'artigianato artistico, diviene così il principio fonda-

[1] Il movimento dell'Art Nouveau ebbe inizio nel 1880 e raggiunse il suo acme tra il 1892 e il 1902. Il nome ha un'origine non a caso umile giacché deriva da un negozio-galleria, «Maison de l'Art Nouveau», aperto a Parigi nel 1896 e nelle cui vetrine il mercante Siegfried Bing iniziò a sfoggiare oggetti d'arredamento dal *design* nuovo e innovativo. Con l'espressione Art Nouveau ci si riferisce a una vasta corrente artistica che ha coinvolto molti Paesi europei e gli Stati Uniti tra fine Ottocento e primo Novecento. Comune è la reazione all'arte accademica classica, contro la quale si afferma la forza vitale di uno spirito artistico che trae la propria ispirazione direttamente dalla natura. Da qui deriva l'estetica naturalistica, il linearismo raffinato e la ricerca decorativa di questa corrente artistica. Per maggiori approfondimenti in merito si veda P. GREENHALGH (éd.), *Art Nouveau en Europe 1890-1914*, La renaissance du livre, Paris 2002.

[2] L'Art Déco è una manifestazione artistica affermatasi nell'Esposizione delle arti decorative di Parigi del 1925 (viene, infatti, anche chiamata Stile 1925). Deriva dall'Art Nouveau, di cui però rifiuta le sinuosità e le formule lineari naturalistiche, prediligendo il geometrismo e l'essenzialità delle forme e delle composizioni. Un gusto che si afferma nel primo dopoguerra, soprattutto in Francia e in Austria, per poi spegnersi con la crisi del 1929. Nella prima fase dell'Art Déco si colloca, per esempio, la produzione de *La Compagnie des arts français Suë et Mare*, società fondata nel 1919 da Louis Suë e André Mare che fino al 1929, anno del suo scioglimento, si distinse per la produzione di circa 2.000 modelli e una cinquantina di opere decorative destinate all'allestimento di ambasciate, alberghi lussuosi e altri importanti edifici dell'epoca. Per approfondimenti si consulti F. CAMARD, *Suë et Mare: la Compagnie des arts français*, Édition de l'Amateur, Paris 1996.

mentale dello spirito artistico del tempo, conquistando una posizione centrale: si assiste, in tal senso, a una sorta di affermazione delle arti minori su quelle maggiori. In particolar modo furono soprattutto settori quali la lavorazione del vetro – famosi i lavori di Émile Gallé e dei fratelli Daum a Nancy[3] – e la gioielleria – nel cui ambito emerge la figura del disegnatore René Lalique[4] – a rappresentare nell'area francese la massima espressione della nuova concezione artistica del tempo.

Mentre si assiste, quindi, a un rilancio dell'elemento ornamentale come principio artistico, il patrimonio dei mestieri artigianali-artistici francesi del periodo nasce e si sviluppa intorno alle risorse tipiche dell'area territoriale. Il legame inscindibile tra le peculiarità di una regione e i mestieri che proprio da queste sono incoraggiati è confermato da un panorama di mestieri ricco e variegato, sebbene molti di essi siano oggigiorno per lo più scomparsi – come altrove – sull'onda dello sviluppo industriale e tecnologico.

A testimonianza dello stretto rapporto tra territorio e tipologia di attività che vi si svolge, vale la pena ricordare alcuni casi specifici. Per esempio, la correlazione tra la ricchezza di foreste, in regioni come il Limousin, e la conseguente presenza di botteghe di falegnami e fabbri; oppure l'elevato numero di vigneti, in zone come Cognac, Alsace e Bourgogne che già nel lontano XVI secolo incoraggiò addirittura la nascita del mestiere del distillatore ambulante[5], figura artigianale oggi scomparsa dal paesaggio delle campagne francesi. Infine, la fitta trama di vie navigabili (più di 8.000 chilometri) che caratterizzava la Francia favorì lo sviluppo del mestiere di costruttore di battelli, ciascuno diverso secondo la regione in questione[6]. Oggi solo il 3% dei trasporti fluviali è effet-

---

[3] Émile Gallé e i fratelli Daum furono i fondatori della «École de Nancy», che, come centro propulsore delle idee-chiave dell'Art Nouveau, mirava all'espansione dell'artigianato francese locale.

[4] Conosciuto per il repertorio panteistico delle sue creazioni, Lalique è ricordato come il principale creatore di gioielli di tutto l'Ottocento: cfr. P. BAYER - M. WELLER, *The Art of René Lalique*, Wellfleet Press, Edison 1988.

[5] Erede di una tradizione centenaria, l'artigiano viaggiava di villaggio in villaggio dedicandosi alla produzione di una bevanda molto apprezzata che prendeva il nome di *eau-de-vie*.

[6] Tra le imbarcazioni più caratteristiche si ricordano il *radeau*, la *gabare*, la *bateau-anguille* e il battello classico del trasporto fluviale francese del XX secolo, la *péniche*

tuato dai battelli, segnale, questo, della decadenza presumibilmente irreversibile di tale mestiere.

2. *Quadro dei mestieri d'arte*

I mestieri d'arte costituiscono uno dei capisaldi del patrimonio culturale francese. Tuttavia, inserirli all'interno di una forma giuridica precisa è molto difficile. In prima analisi, essi sono inclusi in tre famiglie generali: l'artigianato strettamente inteso, da cui si differenziano per il carattere artistico e straordinario della produzione; la piccola industria, nel cui ambito parecchie piccole (da 20 a 50 dipendenti) e medie (da 50 a 250) imprese, per esempio legate alla produzione di pelli, ceramiche o gioielli, possono considerarsi come imprese di mestieri d'arte; le attività artistiche propriamente dette, ossia i mestieri di produzione e di creazione di opere d'arte, come quelli svolti da molti *designers*, grafici o fotografi d'arte: mestieri che possono essere considerati alla frontiera dei mestieri d'arte[7].

Oggigiorno resistono alcune attività dalle origini molto antiche, che preservano il *savoir-faire* ancestrale coniugando tradizione e originalità. È il caso delle ceramiche di Vallarius (la cui reputazione è essenzialmente da legarsi al passaggio di Picasso per questo piccolo villaggio nel 1947), della Faïence di Moustiers (che deve la qualità dei propri prodotti alla finezza dell'argilla utilizzata), delle Ceramiche di Salernes e dei *Santons de Provence* (ovvero rappresentazioni di personaggi biblici fatti d'argilla secca e dipinti a mano)[8]. Un ulteriore esempio di come l'artigianato sia legato strettamente al territorio è riconducibile alla fabbricazione del sapone di Marsiglia, sebbene oggi il mestiere dei

---

flammante, solitamente dimora di un marinaio che viveva tutta la vita sul proprio battello. Ciascuna imbarcazione veniva modellata in base alle condizioni delle acque e dei canali locali e richiedeva perciò specifiche ed elevatissime abilità costruttive.

[7] Per un ritratto delle imprese francesi dei mestieri d'arte si veda *Entreprises en bref. Études et statistiques*, Paris, Ministère de l'Économie, des Finances et de l'Industrie, n. 7, aprile 2002.

[8] I *Santons* (in provenzale 'piccoli santi') nacquero durante la Rivoluzione francese per rimpiazzare i presepi delle chiese chiuse nel corso di quel periodo. La città di Aubagne è divenuta la capitale dei *Santonniers*.

'Savonniers' sia ormai in fase declinante ed esistano solo quattro imprese artigiane di vecchio stampo dedite alla produzione del famoso sapone.

La storia ha lasciato naturalmente la sua impronta nelle abitudini artigianali d'oltralpe. Degna di nota è, ad esempio, la decorazione delle vecchie sedie in stile (*Luigi XIII, Directoire, Napoleon III...*): i maestri della *Tapisserie de France* di Parigi rientrano poi di diritto nel novero degli artigiani più conosciuti dediti a tale attività.

In conclusione di questa breve e necessariamente parziale rassegna, merita di essere menzionata la produzione francese di merletti, attività che risale a molti secoli fa ma che, a differenza della maggioranza dei mestieri d'arte tradizionali, ha conosciuto negli ultimi anni una fase di rinnovamento, specialmente in città come Alençon e Caen, tanto che stanno nascendo alcune scuole dove l'arte del merletto è insegnata alle giovani apprendiste. Tra questi istituti il più importante è l'*Atelier National du Point* di Alençon, un organismo statale, legato al Ministero della Cultura francese, votato al mantenimento della tradizionale produzione del merletto[9].

3. *Mestieri d'eccellenza*

Gioielleria

La costante ricerca della perfezione formale, inseguita sia dai grandi Maestri del passato, sia da famosi artisti contemporanei (come Pascal Thomasset nel campo della lavorazione di pietre preziose, per esempio, o Christian Bonnet, eccellente restauratore di gioielli e oggetti antichi tramite l'impiego di materiali esclusivi: sua specialità è l'utilizzo della tartaruga), fa sì che la Francia si distingua in particolare nel campo della gioielleria. In linea generale, nella terminologia corrente, ancora si opera una distinzione tra *bijoutier* e gioielliere: il primo è colui che crea o costruisce,

[9] Ad Alençon sorge anche il *Musée de la dentelle au Point*, erede dell'antica scuola di merletti locale, che trova le proprie origini nel 1640 grazie all'opera delle 'dames de Providence'.

ripara, trasforma e vende gioielli; il secondo, invece, interviene nel processo di creazione o montatura delle parti costituite da pietre e metalli preziosi e concepisce il gioiello, quindi, come un elemento d'espressione artistica in relazione con il corpo, un'opera unica.

Ci sono numerose possibilità formative per intraprendere questa carriera. Si ottiene il livello più basso, il V[10], in seguito al conseguimento di un Cap in arte del gioiello (della durata di due anni) o di una Menzione Complementare (Mc, di un anno). Il livello IV è ottenibile, invece, attraverso un Bac in arte del gioiello della durata complessiva di due anni, mentre il terzo stadio corrisponde a un diploma in arte del gioiello (Dma di due anni). I livelli più avanzati corrispondono al diploma superiore di arti decorative («Diplôme supérieur des arts décoratifs de Strasbourg option objet»), della durata complessiva di cinque anni.

Secondo un'inchiesta condotta nel marzo 2006 dal *Comité Professionnel de Développement de l'Horlogerie, de la Bijouterie, de la Joaillerie et de l'Orfèvrerie* (CPDHBJO), il giro d'affari della produzione proveniente dai settori gioielleria-oreficeria francesi si aggirava intorno a 2 miliardi di euro per quanto riguarda l'esportazione e la produzione, quest'ultima particolarmente concentrata nelle regioni della Île-de-France e Rhône-Alpes. Saint-Amand-Montrond è il terzo polo francese della bigiotteria, dopo Parigi e Lione. Lì si trovano almeno una decina di *ateliers*[11]. Numerosi sono gli organismi professionali di riferimento per gli addetti al settore. I più importanti sono la *Chambre Syndicale Nationale de la Bijouterie fantaisie, bijouterie métaux précieux, orfèvrerie, cadeaux et le groupe des Industries Appliquées aux métiers d'art* (Boci), la *Fédération Nationale des Horlogers, Bijoutiers, Joailliers, Orfèvres Détaillants* e la *Fédération*

---

[10] Si ricorda che il sistema formativo francese è caratterizzato da cinque livelli differenti secondo i percorsi effettuati. Il livello V equivale a un brevetto di studi professionale (Bep) o a un certificato d'attitudine professionale (Cap); il livello IV coincide con un Bac, un Bac tecnologico o un brevetto tecnico (Bt), mentre il livello III corrisponde a un Bac sommato a due brevetti tecnici superiori (Bts) o un diploma in mestieri d'arte (Dma).

[11] Si veda il dossier dal titolo *Les Métiers de l'horlogerie, bijouterie-joaillerie et orfèvrerie*, Centre de ressources Sema, Parigi, marzo 2004, consultabile sul sito web www.metiersdart-artisanat.com.

Nationale des Métiers d'Art de Création du Bijou et de l'Horlogerie (Fnamac)[12].

Lavorazione del tessile e moda

Nell'analisi dei mestieri d'arte d'eccellenza non si può non prendere in considerazione il mondo legato al tessile e alla moda, vivace e variegato grazie in particolare al lavoro di stilisti e modellisti. Se i primi si occupano, come noto, della creazione dell'abito o dell'accessorio, è solo grazie all'opera dei secondi che il bozzetto prende vita.

I grandi *couturiers*, artefici di una moda dal prestigio indiscutibile e dalle influenze tuttora profondissime in tutte le declinazioni dello stile, iniziarono ad avvicinarsi al mondo del *prêt-à-porter* in maniera piuttosto sistematica solo a partire dagli anni Sessanta; senza, per questo, rinunciare alla creazione di pezzi unici o di collezioni preziosissime, spesso composte da capi realizzati su misura con impareggiabile tecnica artigianale. Questa distinzione è ancora presente, e si esprime nel binomio *prêt-à-porter / haute couture*; proprio nell'alveo della *haute couture* e della produzione tessile d'eccellenza, peraltro, sono tuttora attivi laboratori prestigiosissimi quali Lemarié (per i ricami con piume e fiori artificiali) e Lesage (per il ricamo a mano e i tessuti)[13].

A poco a poco, si iniziò ad alternare la parola 'stilista' con l'espressione 'creatore di moda', in riferimento alle sfilate che (con il tempo) stavano diventando dei veri e propri spettacoli.

Gli stilisti e i creatori di moda lavorano il più delle volte per conto di marchi appartenenti al campo della piccola e media distribuzione. Per un giovane aspirante esistono numerose vie per specializzarsi in questo settore. Nella pratica, il livello V di formazione è ottenibile attraverso l'acquisizione di un Cap «couture flou» o di un Bep in mestieri della moda e delle industrie ad essa connesse; il livello IV, invece, tramite un Bt (brevetto in mestieri d'arte e abbigliamento della moda), un Bma (o Bac professionale), un Bac «pro

[12] Per ulteriori approfondimenti in merito ai mestieri legati al mondo della gioielleria, orologeria e bigiotteria si consulti il sito del *Comité Professionnel de Développement de l'Horlogerie, de la Bijouterie, de la Joaillerie et de l'Orfèvrerie* www.cpdhbjo.com.

[13] www.jeanfrancoislesage.com.

artigianato e mestieri d'arte con l'opzione accessori» e un Bp in vestiti su misura. Il III livello prevede il conseguimento di un Bts in stilismo e moda, mentre il II e il I livello il conseguimento di un Dsaa, sempre in moda. Le principali istituzioni di riferimento per il settore del tessile e della moda corrispondono alla *Fédération française de la couture, du prêt-à-porter des couturiers et des créateurs de mode*; la *Fédération française des industries du vêtement masculin* (Ffivm) e la *Fédération française du prêt-à-porter féminin* (Ffppf).

Sempre nell'ambito della produzione tessile, già a partire dal Rinascimento, Lione è stato il centro più attivo nella produzione di seta di alta qualità, destinata alla realizzazione di elementi decorativi indirizzati non solo ai maestosi castelli francesi ma anche alle residenze principesche di tutta Europa. Dopo aver raggiunto il proprio apogeo nel XVIII secolo, oggigiorno il mestiere d'arte legato alla produzione e lavorazione della seta è affidato principalmente a Tassinari-Chatel e Prelle[14], le due case che hanno più di tutte ereditato questo passato prestigioso.

Oggi a Lione opera un'associazione creata nel 1993 al fine di salvaguardare e valorizzare il patrimonio dei mestieri legati alla seta, principalmente a la Croix-Rousse, quartiere *lyonnais* che nel XIX secolo era il centro di tale produzione e che oggi è Patrimonio mondiale dell'Unesco. La *Soierie vivante* si propone di creare non solo una sorta di museo, ma un vero e proprio viaggio guidato attraverso gli *ateliers* a conduzione famigliare che ancora popolano il quartiere[15]. Per quanto riguarda la formazione, a Lione esiste una scuola, la Itech, che è l'unica a preparare speci-

---

[14] Nell'*atelier* Tassinari Chatel, fondato nel 1680 e conosciuto ovunque nel mondo, sono impiegati maestri d'arte che lavorano 'a braccio' e sono in grado di realizzare importanti lavori su commissione, come, ad esempio, il restauro dei tessuti del piccolo biliardo di Maria Antonietta o di altre opere presenti sia in musei, sia in castelli privati, come quello di Chenonceau. Fondata a Lione nel 1752, Prelle è subito divenuta la fornitrice ufficiale di seta della Corona francese. Per maggiori informazioni in merito si consulti www.prelle.com. A testimonianza di questo passato importante, Lione ospita oggi il *Musée des tissus* (34, rue de la Charité), creato nel 1946 e la *Maison des Canuts* (10-12, rue d'Ivry), depositari dei più importanti segreti relativi all'arte della seta. Va ricordato che a Parigi, invece, ha sede il *Musée de la Mode et du Textile* (107, rue de Rivoli 75001), dove si trovano circa 80.000 opere che tracciano l'evoluzione della storia del tessile e della moda francese.

[15] Per ulteriori approfondimenti in merito alle iniziative della *Soierie vivante* si consulti www.soierie-vivante.asso.fr.

ficamente gli allievi nel settore dell'ingegneria tessile, attraverso un percorso di studi multidisciplinare[16].

Arti grafiche

Con l'obiettivo di fornire un quadro completo dell'artigianato artistico d'oltralpe, non ci si può poi esimere dall'approfondire l'eccellenza che accompagna il settore delle arti grafiche, attività legate alla produzione e lavorazione di stampe. Oggigiorno, le tecniche grafiche si perpetuano principalmente attraverso la realizzazione di stampe originali. Una realizzazione che si effettua solitamente in due tappe: in primo luogo, la produzione di una matrice e, successivamente, l'impressione, entrambe ad opera dell'artista. Per la prima fase esistono quattro diversi tipi di procedimenti: rispettivamente in taglio doppio, in rilievo, al piatto e numerico[17]. Secondo l'*Observatoire des qualifications et des formations dans l'artisanat*, nel 2000 in tutta la Francia si contavano circa 60 *ateliers* (circa una quarantina solo nella zona di Parigi e dintorni): 25 *ateliers* di stampatori in taglio doppio, 15 in litografia, 10 in serigrafia, 6 in rilievo e uno specializzato nel processo numerico[18]. Circa il 50% del loro giro d'affari proveniva da lavori commissionati da Paesi stranieri. La scuola più importante per la formazione in questo settore è l'*École supérieure des arts appliquées Duperré* di Parigi, che offre una completa gamma di brevetti e diplomi: da un Bts di III livello in *Communication visuelle, Design d'espace et Design de mode* (opzione moda oppure tessile), a un Dma (*Diplôme métiers d'art*) sempre di III livello.

Liuteria

Rimanendo nel quadro dell'eccellenza dei mestieri d'arte, la Lorraine è famosa, nello specifico, per la presenza di numerosi artigiani liutai, i quali svolgono la propria attività manualmente e attingendo alle tecniche acquisite nella capitale della *lutherie* fran-

---

[16] Per approfondire la gamma di studi proposti dalla Itech di Lione si consulti il sito ufficiale www.itech.fr.

[17] Ciascuno di questi procedimenti richiede delle competenze e dei materiali particolari, perciò ogni *atelier* di *imprimeurs d'art* è espressamente specializzato in una di queste tecniche.

[18] L'intero studio, effettuato nel 2000, è consultabile sui siti www.senat.fr e eurosema.com.

cese, Mirecourt, dove si trova l'*École Nationale de Lutherie*[19], il principale istituto di avviamento alle professioni legate al mondo della fabbricazione di strumenti musicali[20].

Lavorazione del vetro e della porcellana

Già dal XV secolo, la stessa Lorraine era stata teatro dello sviluppo del fiorente settore incentrato sulla produzione e lavorazione del vetro. Ma è alla seconda metà del XVIII secolo che risalgono Baccarat e la Cristalleria reale di Saint Louis, in risposta alle crescenti importazioni da Venezia e dalla Boemia. Il XIX secolo segna l'età d'oro della cristalleria della Lorraine che, attualmente, raccoglie i più grandi nomi della cristalleria d'oltralpe: Daum, Baccarat, Lalique, Portieux, Royales de Champagne e La Rochère. La più rinomata resta però Saint Louis, la vetreria più antica (fondata, infatti, nel 1782), famosa, per esempio, per la creazione dei grandi vasi Versailles[21]. Per quanto riguarda la formazione al mestiere, il Cerfav (*Centre Européen de Recherche et de Formation aux Arts Verriers*) propone una gamma di corsi sia di breve (da 8 a 1.250 ore circa), sia di lungo termine (nella maggior parte dei casi, tra l'altro, a tempo pieno tutti i giorni)[22].

Nel panorama dei mestieri d'arte legato alla produzione delle porcellane, da un'analisi del territorio emerge come vi sia un'uni-

[19] Creato nel 1970, l'istituto è inserito nel complesso scolastico del Lycée Jean Baptiste-Vuillaume e dal 1990 offre la possibilità di ottenere un *Diplôme métiers d'art* (Dma) *option Lutherie*, titolo di I livello della durata di tre anni. La scuola accoglie allievi, francesi e stranieri, che abbiano conseguito in precedenza almeno un livello Bac (*Baccalauréat*) e che abbiano avuto esperienze in campo musicale. Per maggiori informazioni sulla scuola si consulti il sito ufficiale www.ecole-lutherie.org.

[20] Per maggiori approfondimenti in merito a questo settore si consultino anche i seguenti siti: *Institut Technologique Européen des métiers de la musique* (Itemm) ww.itemm.fr e *Groupement des luthiers et archetiers d'art de France* (Glaaf) www.glaaf.com.

[21] I Versailles sono dei vasi a cristallo doppio colorato dal peso di circa 30 chilogrammi. Se la cristalleria Saint Louis è famosa anche per gli oggetti in filigrana, le *Boules* millefiori e il servizio Harcourt, modello esemplare di produzione vetraria, Baccarat fa invece appello ad artisti contemporanei per creare oggetti più innovativi. Per maggiori approfondimenti in merito si veda il dossier *Maîtrise Histoire de l'art*, realizzato nel 2004-2005 dall'Università Sorbona di Parigi e consultabile all'indirizzo web www.idverre.net/veille/dostec/cristallerie-saint-louis/cristallerie-saint-louis.pdf.

[22] Per conoscere l'intero panorama di offerte formative del Cerfav si consulti www.idverre.net/form/profil.php.

ca città che oggigiorno continua a produrre manualmente: Sèvres, le cui manifatture, fondate da Luigi XV e ormai di proprietà statale, assicurano continuità con il prestigioso passato[23]. L'artigianato d'arte francese eccelle anche in attività apparentemente più desuete, come la complessa lavorazione dell'avorio: è il caso specifico di Pierre Meyer, che, autodidatta, nel proprio lavoro impiega tecniche che non venivano più utilizzate dal XVIII secolo[24].

Restauro

L'innovazione è una parte integrante dei mestieri d'arte francesi di eccellenza. L'impulso alla sperimentazione e alla ricerca riguarda sia le attività più tradizionali, sia quelle con un maggiore potenziale innovativo. Si pensi, per esempio, alla *Manufacture Georges Morand*, impresa artigianale di Saint Junien nella regione Limousin, specializzata nella fabbricazione manuale di guanti in pelle. Sebbene sia una delle ultime rappresentanti d'oltralpe di una produzione unica e di lunga tradizione, negli anni è stata in grado di stare al passo con i tempi, producendo, per esempio, guanti speciali per i piloti dell'aeronautica, i 'Rafale'[25]. Sul restauro di vetrate di monumenti storici è fondata, invece, l'attività di artisti come Emmanuel Barrois. Utilizzando materiali e tecniche

---

[23] Il Museo nazionale della ceramica di Sèvres (Place de la Manufacture), creato da Alexandre Brongniart, raccoglie 50.000 ceramiche di tutte le epoche e provenienze, tra cui 5.000 sono porcellane originali della città della Île-de-France.

[24] Ebanista di formazione (un mestiere che nella sua famiglia si tramanda da generazioni), Pierre Meyer ha iniziato la propria carriera come restauratore di mobili antichi. In un secondo momento si è specializzato nell'incisione di tavole di avorio, il materiale che predilige per colore, fine composizione granulare e grande duttilità. Con più di quaranta macchinari nel proprio *atelier* di Romainville, da parecchi anni Pierre Meyer, nominato *Maître d'art* nel 2005, lavora per i grandi nomi della gioielleria e bigiotteria francese, come Cartier e Van Cleef & Arpels. Alle difficoltà tecniche di un mestiere complicato e sempre a rischio di estinzione, negli ultimi anni si sono aggiunte anche problematiche di carattere amministrativo che si ripercuotono negativamente su quest'attività. Dopo l'adesione della Francia nel 1978 alla Convenzione di Washington sul commercio e la tutela delle specie animali in via d'estinzione (Cites), gli artigiani hanno a disposizione solo l'avorio importato nel Paese prima di quel periodo, un tipo di materiale secco e difficile da lavorare. Il vero problema attuale è legato, quindi, all'approvvigionamento di materia prima. Per ulteriori approfondimenti in merito alla Cites si consulti il sito ufficiale www.cites.org/fra/disc/text.shtml.

[25] Per approfondimenti si veda www.georges-morand.fr.

innovative, come fibre ottiche e pellicole di policarbonato, questo artista ricrea l'illuminazione in edifici che non godono di un flusso di luce naturale[26]. Nel restauro delle sculture metalliche si è specializzato Antoine Armager. Nel lavoro effettuato al *Bourgeois du Calais du Musée Rodin* ha utilizzato, oltre a particolari cere protettive, anche alcuni microscopi in grado di analizzare il livello di corrosione di un monumento, importante tecnica per individuare la profondità cui apportare l'intervento. Sempre nell'ambito della conservazione del patrimonio e del restauro, che rappresenta oggi uno dei settori più importanti e vitali dei mestieri d'arte in Francia, operano anche gli *ateliers* dell'impresa *Chevalier Conservation*, consacrata da quattro generazioni al restauro e alla conservazione di tappezzerie, tappeti e tessuti, antichi e moderni. Gli *ateliers* Chevalier lavorano per le più importanti collezioni private e pubbliche del mondo, all'insegna del connubio fra alta tecnologia e *savoir-faire* tradizionale[27].

4. *Contesto economico*

I mestieri d'arte rivestono un ruolo molto importante nel quadro dell'economia francese. Occorre precisare che la maggior parte delle imprese all'interno delle quali si praticano i mestieri d'arte ha naturalmente uno statuto artigianale[28]: appartiene, dunque, al

---

[26] I lavori di Barrois spesso sono sostenuti dall'*Agence française de la Valorisation de la Recherche* (Anvar), un ente che si preoccupa del finanziamento in sostegno a progetti innovativi o altamente tecnologici attuati dalle Pme.

[27] Pierre Chevalier, che dirige con il fratello Dominique l'impresa familiare, dal 1986 presiede il *Salon International du Patrimoine* ed è presidente fondatore del *Comité du Tapis et de la Tapisserie d'Aubusson.* Membro del *Conseil des Métiers d'Art* presso il *Ministère de la Culture et de la Communication*, è presidente della *Societé d'Encouragement aux Métiers d'Art* dal 1997.

[28] Un'impresa artigianale sottostà a una definizione giuridica precisa: «Doivent être immatriculées au répertoire des métiers ou au registre des entreprises les personnes physiques et les personnes morales qui n'emploient pas plus de dix salariés et qui exercent à titre principal ou secondaire une activité professionnelle indépendante de production, de transformation, de réparation ou de prestation de service relevant de l'artisanat et figurant sur une liste établie par décret en Conseil d'Etat après consultation de l'assemblée permanente des chambres de métiers, de l'assemblée des chambres françaises de commerce et d'industrie et des organisations professionnelles représentatives». Si veda l'art. 21 della legge n. 96-603 del 5 luglio 1996.

settore economico detto 'dei mestieri', composto da piccole imprese la cui vocazione è, da un lato, la creazione di oggetti e manufatti nuovi e, dall'altro, il restauro di oggetti del passato (facendo appello a tecniche antiche e tradizionali).

In totale, al 1° gennaio 2004, si contavano nella Francia metropolitana 819 mila persone fisiche o morali iscritte, a titolo principale o secondario, al repertorio delle imprese legate ai mestieri artigianali. Quasi il 40% di tali addetti operava nel settore delle costruzioni, che viene così a pesare per più di un terzo sull'insieme delle attività artigianali. Secondo per importanza è il campo dei trasporti, riparazioni e altri servizi (30,4%), la cui crescita è comunque la più significativa nel corso degli ultimi anni, soprattutto per quanto concerne i servizi alle imprese e alle persone. Seguono i settori dell'alimentazione (12,1%), la lavorazione dei metalli (5,3%), i mestieri della pelle e dell'arredamento (3,5%) e i settori del tessile, abbigliamento e cuoio (1,9%). Quattro regioni dominano nettamente in termini di densità artigianale: Île-de-France (129.180 addetti, il 15,8%), Rhône-Alpes (93.634, l'11,4%), Provence-Alpes-Côte d'Azur (82.532, il 10,1%) e Aquitaine (48.357, il 5,9%)[29].

All'interno del più ampio fenomeno artigianale francese, se si esclude il campo delle costruzioni, il nucleo centrale delle attività del settore dei mestieri d'arte è costituito da 18 mila piccole imprese: circa l'80% vi rientra a titolo di attività principale[30], mentre il restante 20% è impiegato nel settore con un'attività secondaria. Tra queste, il gruppo più numeroso (il 21,6%) opera nel vasto campo della gioielleria, oreficeria, bigiotteria e orologeria. Al secondo e al terzo posto si posizionano i settori della pelle e delle arti grafiche (che occupano, rispettivamente, il 20,1% e il 12,7% del totale delle imprese), mentre la lavorazione del vetro e dei metalli ricopre un peso decisamente minore (2,3% e 0,3% delle imprese dei mestieri d'arte)[31]. È interessante

---

[29] Sul tasso di densità artigianale nella Francia metropolitana ripartito per regioni si veda www.pme.gouv.fr/economie/artisanat/2A5.pdf.

[30] I dati statistici sono forniti dal Centro di ricerca del *Ministère des Petites et Moyennes Entreprises, du Commerce, de l'Artisanat, des Professions libérales.*

[31] I dati, forniti dal Repertorio Sirène, lista ufficiale d'immatricolazione delle imprese e delle istituzioni francesi, sono poi stati trattati dalla *Direction du commerce, de*

sottolineare che il 70% dei professionisti impiegati nei settori legati ai mestieri d'arte è costituito da giovani, in particolare appartenenti a una fascia d'età compresa tra i 25 e i 44 anni, prevalentemente uomini (la proporzione è circa 1 donna ogni 4 uomini).

Nel complesso, il settore dei mestieri d'arte rappresenta, dunque, un polo importante per l'economia d'oltralpe, implicando un giro d'affari che si aggira intorno ai 3,5 miliardi di euro. I tre settori principali, ovvero gioielleria-oreficeria-bigiotteria-orologeria, la pelle e le arti grafiche concentrano rispettivamente il 30,3% (1,1 miliardi di euro), 13,5% (450 milioni) e 13% (390 milioni) del totale.

I problemi di natura economica che si riscontrano all'interno del settore dei mestieri non sono sostanzialmente differenti da quelli che caratterizzano le altre piccole imprese nazionali. L'elevato costo della manodopera che influisce sui prezzi di produzione, la scarsa rendita dei piccoli *ateliers*, l'eccessiva atomizzazione del ramo e la difficoltà di allontanare l'immagine obsoleta di un settore spesso troppo legato al passato si sommano alla necessità di estendere la commercializzazione dei prodotti, specialmente al di fuori dei confini nazionali[32]. Sono problematiche, queste, che negli ultimi anni il Governo francese sta affrontando, consapevole del valore aggiunto legato all'ambito dei mestieri[33]. Ciò vale, in primo luogo, da un punto vista economico, poiché i

l'artisanat, des services et des professions libérales (Dcaspl), sezione che si occupa di valutare l'insieme delle politiche statali in materia commerciale sulla base dell'analisi della domanda collettiva. Per approfondimenti in merito all'attività del Dcaspl si consulti il sito www.pme.gouv.fr.

[32] I dati relativi alle esportazioni confermano, in ogni modo, la forte vitalità del settore. Nel 2000 le imprese dei mestieri d'arte francesi hanno esportato prodotti per un valore di 321 milioni di euro, pari al 10% del loro giro d'affari: di questi, il 34% delle esportazioni è relativo ai 'mestieri della tradizione' (72 milioni di euro), mentre il 18% ha riguardato principalmente il vetro (11,5 milioni di euro). Ancora una volta, per la grande famiglia della bigiotteria e gioielleria le esportazioni hanno riguardato cifre molto elevate, stimate intorno ai 109 milioni di euro. Seguono il cuoio (41 milioni) e il settore tessile (24 milioni di euro). I dati sono forniti dalla *Confédération Française des Métiers d'Art* e dal *Ministère de l'Économie, des Finances et de l'Industrie* al sito www.finances.gouv.fr.

[33] Il *Ministère des Petites et Moyennes Entreprises, du Commerce, de l'Artisanat, des Professions libérales* ha in questo senso portato avanti una serie di programmi a sostegno dei mestieri d'arte: per maggiori informazioni si consulti il sito www.pme-commerce-artisanat.gouv.fr.

mestieri d'arte creano occupazione che concorre a stabilizzare l'equilibrio territoriale del Paese. Secondariamente, da un punto di vista patrimoniale, contribuiscono alla salvaguardia e alla perpetuazione del patrimonio artistico; infine, da un punto di vista culturale, segnalano la necessità di perenne innovazione.

In quest'ottica, nel tentativo di dare un forte impulso al panorama degli *ateliers* di artigiani-artisti presenti sul territorio, in Francia operano attualmente alcune organizzazioni economiche, spesso in linea con un criterio specificamente territoriale. A tal riguardo, un esempio particolarmente interessante è rappresentato da Simag[34] (*Syndicat Intercommunal des Métiers d'Art en Gâtinais*), nato nel territorio della Vallée du Loing[35], il cui obiettivo consiste nella progressiva creazione di una *Route des Métiers d'Art*. Il progetto prevede anche la costruzione di una *Maison des Métiers d'Art*, che comprenda un museo permanente con le opere principali degli artisti più significativi aderenti al Simag.

Altre associazioni, invece, si pongono l'obiettivo di promuovere settori specifici del variegato mosaico dei mestieri d'arte. Un caso emblematico di tale tendenza è offerto da *Manifestampe*, una federazione di artisti (incisori, autori di litografie e serigrafie...) e di associazioni che raggruppano professionisti (editori, galleristi, distributori e fabbricanti di materiali legati al mondo della stampa) e amanti dell'arte della stampa (collezionisti di professione ma anche appassionati a livello amatoriale), attiva particolarmente nella capitale francese ma anche più in generale sul territorio nazionale[36]. La principale ambizione di questo ente consiste nella promozione della stampa come forma di espressione artistica e nella sensibilizzazione dell'opinione pubblica in tal senso, attraverso lo sviluppo di azioni a sostegno della creazione di stampe e l'organizzazione di eventi che permettano, tra l'altro, di stabilire

---

[34] Per maggiori informazioni in merito all'attività del Simag si consulti il sito ufficiale www.metiers-art-gatinais.com.

[35] La Vallée du Loing è situata nel dipartimento di Loiret, a circa 100 chilometri a sud di Parigi e comprende i comuni di Ferrières en Gâtinais, Chateau de Souppes-sur-Loing e Chateau de Dordives. Per approfondimenti in merito all'attività dell'associazione si consulti il sito ufficiale www.metiers-art-gatinais.com.

[36] Per approfondimenti riguardanti il ruolo di *Manifestampe* nel panorama dei mestieri d'arte francesi si veda www.manifestampe.org.

rapporti permanenti con autorità pubbliche, organi istituzionali, fondazioni e sindacati associati all'ambiente editoriale.

Sempre a livello settoriale opera la Capeb (*Confédération de l'Artisanat et des Petites Entreprises du Bâtiment*), che raggruppa singoli individui e imprese artigiane attive nell'ampio campo delle costruzioni. La Capeb opera sia a livello nazionale, rappresentando 105 sindacati dipartimentali, sia a nome della specifica realtà della Loira[37].

Una visione generale del panorama artistico-artigianale francese permette, in definitiva, di notare come il Paese non ruoti univocamente intorno alla capitale, ma, in virtù anche della presenza delle associazioni appena descritte, presenti una realtà più complessa, policentrica e in forte evoluzione.

Un segnale di questo clima di fermento economico e culturale è dato dallo sviluppo di percorsi e itinerari di mestieri d'arte, aventi l'obiettivo di produrre una sinergia tra due dinamiche: se cioè le attività dei mestieri d'arte devono fungere da traino alla valorizzazione e diversificazione dell'offerta turistica, il turismo deve da parte propria esercitare un impatto forte in termini economici e promozionali sull'attività delle imprese legate ai mestieri d'arte caratteristici di un dato territorio. Uno studio effettuato dalla Afit – *Agence Française d'Ingénierie Touristique* – mette in luce le principali vie dei mestieri d'arte attualmente esistenti in Francia, veri circuiti turistici alla scoperta delle produzioni artistiche di zone caratterizzate da forti identità storico-culturali.

RÉGION	ROUTE
Alsace	La Route du Bois du massif des Vosges
Aquitaine	La Route des Métiers d'Art en Aquitaine
	La Route des Métiers en Périgord
Auvergne	La Ronde des Métiers-Cantal
	La Route des curiosités des gorges de l'Allier
	La Route des Métiers-Parc naturel du Livraidois-Forez
Basse-Normandie	La Route des traditions-Pays du Prè Bocage
Bourgogne	Le circuit des Faïenciers à Nevers
	La Route de la Bresse bourguignonne

[37] Per ulteriori informazioni in merito all'attività della Capeb si rinvia al sito www.capeb.fr.

Bretagne	La Cour des métiers d'art à Pont-Scorff
Île-de-France/Centre	La Route des arts et des métiers en Gâtinais
Centre	La Route de la porcelaine du Berry
Champagne-Ardenne	La Route de la Vannerie et de l'Osier en Haute-Marne
Corse	La Route des Artisans de Balagne
Franche-Comté	La Route des artisans créateurs jurassiens
	Le chemin des sens à Besançon
Languedoc-Roussillon	L'archipel des métiers d'art
	Le chemin des verriers en pays d'Orthus
Lorraine	Circuit de la faïence de Sarreguemines
Midi-Pyrénées	Circuit et découverte du Ségala
	La Route des métiers d'art du Lot
	La Route des potiers en Aveyron (Teranga)
	Les Savoir-faire tarnais
	Artistes et artisans dans Cordes-sur-ciel
PACA	L'art du verre à Biot
Poitou-Charentes	Les Chemins du métiers d'art de Niort
	Les potiers du Poitou-Chartentes
Rhône-Alpes	La Route des Savoir-faire - La Grande Chartreuse
	La Route de la Bresse, couleurs et saveurs[38]

Anche se molto diverse tra loro, tali iniziative nascono e si sviluppano intorno a dinamiche comuni: una logica di crescita delle imprese impiegate nei mestieri d'arte – che si manifesta, per esempio, attraverso l'apertura di nuovi *ateliers* – si fonde con la valorizzazione del territorio in cui i mestieri d'arte sono dislocati. Successive indagini hanno dimostrato che il 71% degli artigiani interpellati si è detto soddisfatto di appartenere a una rete e di beneficiare delle *Routes des métiers d'art* in termini di immagine e notorietà (70%), oltre che di parternariato con le istituzioni locali (58%).

5. *Profilo istituzionale-normativo*

La Francia ha sviluppato nel corso degli ultimi anni un modello di regolamentazione dell'artigianato artistico non molto dissimi-

[38] L'elenco è redatto da *Cabinet Ithaque*, un gruppo di studio che fa parte del *Ministère de l'Économie, des Finances et de l'Industrie* francese che ha condotto l'analisi sugli effetti delle *Routes des métiers d'art* sul territorio. Per approfondimenti si veda il sito ufficiale www.finances.gouv.fr.

le da quello italiano, individuato coniugando la rilevanza basilare della dimensione di impresa con l'esistenza di una normativa che definisce e regola il settore. La determinazione di una soglia di addetti (mutevole nel tempo e variabile a seconda dell'attività in questione) costituisce il vincolo di base per la definizione dell'impresa artigiana[39].

Il panorama dell'artigianato artistico francese risulta essere in tal senso una realtà estremamente rilevante, sotto il profilo tanto economico quanto sociale, grazie al florido panorama artistico ma anche al fatto che tale settore gode di un certo riconoscimento giuridico e di una rappresentanza organizzata. In particolare, nella normativa francese, la qualificazione «artigianale» è regolamentata in primo luogo dall'art. 21-I della legge n. 96-603 del 5 luglio 1996 relativa allo sviluppo e alla promozione del commercio e dell'artigianato e, in secondo luogo, dai decreti n. 98-247 del 2 aprile 1998 e del 12 dicembre 2003[40], che fissano i requisiti, rispettivamente, per l'attribuzione della qualificazione artigianale e per l'ammissione all'interno della schiera dei mestieri dell'artigianato d'arte. Nella fattispecie, la qualificazione artigianale è riconosciuta di diritto alle persone fisiche che dispongano di un certificato di attitudine professionale o di un brevetto di studi inerenti all'attività che sono intenzionate a svolgere. In mancanza di questi titoli è necessario aver conseguito almeno sei anni di pratica[41].

---

[39] La definizione giuridica di impresa artigiana è fissata per legge in conformità a criteri relativi sia ai contenuti dell'attività, sia alla dimensione e all'indipendenza dell'azienda stessa. Attualmente viene considerato «artigiano» ogni persona fisica o morale iscritta al *Régistre des Métiers* (l'iscrizione è obbligatoria); la soglia degli addetti è stata più volte innalzata e attualmente è pari a 19.

[40] Per la versione integrale dei decreti citati, come per ogni legge emanata dal Governo francese, si rinvia alla consultazione del sito www.legifrance.gouv.fr.

[41] «La qualification artisanale est reconnue de droit par le président de la Chambre de métiers et de l'artisanat de Paris aux personnes physiques, aux dirigeants sociaux des personnes morales qui justifient d'un certificat d'aptitude professionnelle, d'un brevet d'études professionnelles ou d'un titre homologué dans le métier exercé ou, à défaut, au bout de six années d'immatriculation dans le métier. La qualité d'artisan est attribuée dans les mêmes conditions de diplôme ou de titre, et selon les mêmes modalités, aux conjoints collaborateurs, aux conjoints associés et aux associés prenant part personnellement et habituellement à l'activité de l'entreprise». Si veda l'art. 21 parte I della legge n. 96-603 del 5 luglio 1996.
L'art. 2 del decreto n. 98-247 del 2 aprile 1998 si sofferma sulla denominazione di

La legislazione d'oltralpe, con il decreto del 12 dicembre 2003, fornisce una lista ufficiale dei «mestieri dell'artigianato d'arte» francese, stilata su indicazione della *Societé d'Encouragement aux Métiers d'Art* (Sema), della cui fondamentale azione di tutela e promozione si parlerà diffusamente. Tale nomenclatura riconduce le professioni artigiane a tre principali famiglie: mestieri legati alla creazione; mestieri legati al restauro del patrimonio; mestieri della tradizione. Vengono individuate diciannove categorie generali, che rinviano a 217 professioni artistiche specifiche: le arti floreali; le arti dello spettacolo; le arti e tradizioni popolari; le arti grafiche; le arti meccaniche/giochi-giocattoli; la bigiotteria, gioielleria, oreficeria, orologeria; il legno; il cuoio; la decorazione (su ogni tipo di materiale); la creazione di strumenti musicali; l'illuminazione; i metalli; i mestieri legati all'architettura; la moda; la pietra; la *tabletterie* (creazione di piccoli oggetti di pregio in materiali diversi, dall'avorio alla madreperla alla tartaruga al corno...); la terra; il tessile; il vetro.

L'organismo che in Francia e in tutta Europa vanta un primato indiscusso nella tutela e valorizzazione dei mestieri d'arte è la citata *Societé d'Encouragement aux Métiers d'Art*, associazione nata nel 1901 e tuttora attiva allo scopo di promuovere il settore dell'artigianato d'arte in Francia e a livello internazionale. Posta sotto la tutela del *Ministère des Petites et Moyennes Entreprises, du Commerce, de l'Artisanat, des Professions libérales* e riconosciuta come associazione di pubblica utilità dal Governo francese, Sema si pone come obiettivo primario l'informazione e il fattivo sostegno a tutti coloro che intendano avvicinarsi al mondo dei mestieri d'arte.

Secondo Sema, i mestieri d'arte, *trait d'union* fra il passato e il futuro, fra lo spirito e la mano, l'estetica e la funzione, costituiscono l'eredità di molteplici *savoir-faire* perfezionatisi nel corso del

---

«artigianato d'arte», la quale «est reconnue de droit par le président de la Chambre de métiers compétente du département aux personnes physiques, y compris les dirigeants sociaux des personnes morales, qui exercent les métiers de l'artisanat d'art dont la liste est fixée par arrêté du ministre chargé de l'artisanat et sont titulaires d'un certificat d'aptitude professionnelle ou d'un diplôme ou d'un titre de niveau équivalent ou supérieur délivré pour le métier considéré. La qualité d'artisan d'art peut également être reconnue dans les mêmes conditions aux personnes physiques, y compris les dirigeants sociaux de personnes morales, qui justifient d'une durée d'immatriculation au répertoire des métiers de six ans dans le métier d'artisanat d'art considéré».

tempo sposando le correnti estetiche delle varie epoche storiche. Fusione di creazione e tradizione, i mestieri d'arte preservano, anche attraverso il ricorso a nuove tecnologie, l'abilità del gesto manuale e, conciliando estetica e funzionalità, trasformano l'oggetto del quotidiano in un'opera d'arte[42].

L'attività dell'associazione si rivolge in modo particolare ai giovani, cercando di sensibilizzarli rispetto ai mestieri d'arte e alle prospettive occupazionali che essi offrono in Francia e in Europa; risponde alla richiesta del territorio nel suo insieme, del mondo professionale, degli attori istituzionali e delle collettività locali. Con i suoi partner istituzionali e in stretto collegamento con il mondo professionale, promuove un ricco programma di azioni in favore del settore, articolato attorno a tre direttrici principali: azioni educative, formazione e informazione; comunicazione e promozione; azioni territoriali e sviluppo locale. Svolge il suo ruolo di informazione soprattutto attraverso il «Centre de Ressources», specializzato nell'attualità dei mestieri d'arte, che offre al pubblico uno spazio di documentazione multimediale permanente destinato a sostenere l'orientamento, la formazione, l'attività professionale, l'inserimento nel mondo del lavoro. La sua videoteca raccoglie, inoltre, un'ampia produzione audiovisuale sui mestieri d'arte e si propone di assicurarne la conservazione e la diffusione presso un pubblico il più possibile diversificato (scuole, musei, associazioni, uffici del turismo...).

Nell'ambito della promozione, Sema è attiva attraverso diversi canali: il proprio sito internet, la rivista «Métiers d'Art Magazine» e soprattutto la «Galerie d'actualité», luogo di incontro, esposizione e scoperta dei mestieri d'arte, che con una media di sei esposizioni annuali monotematiche o trasversali, di impostazione didattica, avvicina e sensibilizza all'attualità e ricchezza di questo mondo un vasto pubblico.

Nel quadro della sensibilizzazione ai mestieri d'arte dei giovani in età scolare, Sema finanzia progetti d'*ateliers* promossi da docenti e professionisti. Organizza annualmente i «Prix Sema Jeunes», destinati agli allievi delle scuole specializzate e agli apprendisti al di sotto dei 26 anni. Per facilitare l'accesso dei gio-

---

[42] Per ulteriori approfondimenti in merito alla definizione di mestiere d'arte offerta da Sema, si consulti www.metiersdart-artisanat.com.

vani al mondo del lavoro, Sema si fa inoltre promotrice di *stages* formativi presso le imprese artigiane. I «Prix Sema» sono, invece, riservati annualmente a professionisti che abbiano già acquisito una certa esperienza. Le selezioni vengono organizzate a livello dipartimentale, regionale e nazionale, in differenti categorie: tradizione, conservazione, restauro del patrimonio e creazione contemporanea. I vincitori dei «Grand Prix Sema» ricevono premi in danaro e possono beneficiare di una vasta promozione.

Annualmente Sema coordina le «Journées des Métiers d'Art», che dal 2002 rappresentano un momento fondamentale di incontro fra il mondo professionale e il grande pubblico, attraverso tre giorni di continui eventi, mostre, *ateliers*, aperture al pubblico di scuole e botteghe in tutto il Paese grazie all'implicazione di diversi Ministeri e soprattutto delle Camere dei mestieri e degli organismi associativi sparsi su tutto il territorio francese, che collaborano strettamente all'organizzazione di questa manifestazione.

Nel 2007, Sema è stata incaricata dal Governo francese di realizzare l'Annuario Ufficiale dei Mestieri d'Arte in Francia, allo scopo di permettere una migliore visibilità del mondo professionale legato ai mestieri d'arte sul mercato francese ed internazionale.

A livello europeo l'associazione sviluppa da alcuni anni, in parternariato con varie istituzioni locali, diversi strumenti di informazione sugli organismi attivi nell'ambito dei mestieri d'arte: banche dati sui centri di formazione, studi sulle organizzazioni incaricate della conservazione e trasmissione del sapere in Europa. Fra le molte iniziative intraprese, si consideri in particolare la creazione, nel 2003, del sito moveart.org, realizzato con il sostegno della Commissione Europea nel quadro del programma Leonardo[43] con la finalità di favorire la mobilità europea nel settore dei mestieri d'arte.

---

[43] Moveart.org è il risultato di un progetto-pilota europeo, «Smart», che offre un servizio globale di informazione multilingue (inglese, francese, italiano e portoghese), facilitando la ricerca di opportunità di mobilità per la formazione e l'inserimento professionale di persone o enti nell'artigianato artistico. Le informazioni sull'artigianato artistico in Europa dovrebbero, in futuro, allargarsi a una cinquantina di attività. Il *database* sulla formazione in Europa riguarda 160 attività o tecniche in tutto il continente. L'assistenza alla mobilità fornisce a persone, enti e aziende strumenti di metodologia e d'appoggio all'ideazione di percorsi europei. Il progetto risponde alle esigenze espresse dagli enti di formazione,

Nel 1994 è stato creato in Francia un *Conseil des Métiers d'Art* che sotto l'egida del *Ministère de la Culture et de la Communication*, mira al sostegno e alla preservazione di quei mestieri che rappresentano il patrimonio culturale della nazione francese. Organismo con funzioni consultive, il *Conseil des Métiers d'Art* è un luogo di concertazione tra i rappresentanti dei principali mestieri d'arte e le delegazioni del *Ministère de la Culture et de la Communication*. Suoi obiettivi sono la preservazione, la promozione e lo sviluppo dei mestieri d'arte. Il Consiglio è stato promotore e partner di numerosi progetti, messi in atto dalle delegazioni del Ministero e dalle direzioni regionali per gli affari culturali. In questo senso, un esempio concreto è rappresentato dalle «Journées du Patrimoine», inaugurate nel settembre 1998 e consacrate ai mestieri d'arte e al *savoir-faire*, e «Le monument et ses artisans», in parternariato con la *Caisse nationale des monuments historiques et des sites*[44].

Al *Conseil des Métiers d'Art* spetta il riconoscimento formale dei vari mestieri e la selezione degli artigiani d'arte idonei a trasmettere in *atelier* agli allievi la loro maestria, garantendo che questa si perpetui nel tempo. La remunerazione del maestro d'arte è gestita dal *Ministère de la Culture et de la Communication*[45]. *Maître d'art*[46]

---

dalle aziende, dai partner sociali, dalle camere del lavoro e dai singoli in formazione che desiderano avere a disposizione le informazioni e il supporto necessario alla realizzazione di un progetto di mobilità transnazionale per la formazione o l'impiego, nel settore dell'artigianato artistico.

[44] Per maggiori approfondimenti in merito al ruolo-chiave svolto dal Consiglio dei mestieri d'arte francesi, si consulti il sito del *Ministère de la Culture et de la Communication* www.métiers-art.culture.fr.

[45] Il titolo di *Maître d'art* è stato creato dal *Ministère de la Culture et de la Communication* attraverso il decreto ministeriale del 16 marzo 1994 (poi modificato il 3 ottobre dello stesso anno). L'attribuzione di tale qualifica è stata ispirata dall'esempio dei «tesori nazionali viventi» in Giappone: come essi, i maestri d'arte francesi sono preoccupati sia della trasmissione del proprio sapere d'eccellenza, sia, allo stesso tempo, delle innovazioni che loro stessi possono apportare alle proprie tecniche. La convenzione tra i maestri d'arte e il *Ministère de la Culture et de la Communication* prevede che essi percepiscano una somma pari a 16.000 euro per l'attività di trasmissione di *savoir-faire* nei confronti dei praticanti. Per maggiori approfondimenti in merito al ruolo svolto dai maestri d'arte francesi si consulti il sito del *Ministère de la Culture et de la Communication* nella sezione dedicata all'impegno istituzionale nel campo dei mestieri d'arte: www.metiers-art.culture.fr.

[46] I neo maestri d'arte appartengono ai settori dei mestieri d'arte legati alla stampa e al libro (Camille Berthaux, Alain Buyse, François Da Ros, Pierre Lallier, Jean Remer,

è il titolo ufficiale di cui vengono insigniti i professionisti d'eccellenza, coloro che esercitano un mestiere raro e possiedono una tecnica e un *savoir-faire* eccezionali. Il *Conseil des Métiers d'Art*, in associazione con la *Mission des Métiers d'Art*[47], ha nominato nel 2004 sette novelli *Maîtres d'art*[48]. Attualmente in Francia si contano 63 maestri d'arte: si tratta di figure che delineano un panorama chiaro di quali siano le principali tendenze della situazione attuale dell'artigianato d'arte francese.

Ma Sema e *Conseil des Métiers d'Art* non sono le uniche istituzioni a rappresentare gli interessi degli artigiani in Francia e in Europa. Nello specifico, si devono anche ricordare:

Bernard Steff, Renaud Vernier); al teatro e allo spettacolo (Ehrard Stiefel); alla fattura strumentale (Bernard Aubertin, Johannes Carda, Pierre Charial, Olivier Cottier, Reinhard von Nagel, Philippe Rault, Patrick Robin, Stéphane Thomachot); alla lavorazione dei metalli (Luigi Bergamo, Jean-Claude Duplessis, Pierre Gaucher, Georges Gay, Jan Louis Hurlin, Pierre Reverdy, Bernard Tisserant, Bernard Werner); alla terra e al fuoco (Jean-Dominique Fleury, Pierre Fouquet, Jean Girel, Antoine Leperlier, Michel Petit); al tessile e alla moda (Jacques Beaujoin, Gisèle Brivet, Danièle Boutard, Philip Cécile, Pierre Debard, Jacques Gencel, Bernard Gomol, Daniel Gontard, Jean-Max Guérin, Marcelle Guillet, Anne Hoguet, André Lemarié, Susanne Maillot, Raymond Massaro, Didier Morissonnaud, Mylène Salvador, François Verzier); alla decorazione d'interni e arredamento (Lison de Caunes, Henri Desgrippes, Gérard Le Flouch, Jean Renouvel, Éric Sanson); alla bigiotteria e oreficeria (Christian Bonnet, Roland Daraspe, Claude Delhief, Goudji, Gilles Joneman, Claude Kern, Pierre Meyer, Francis Migeon, Pascal Thomasset); alle costruzioni (Michel Lorenzi, René Morel) e arti meccaniche (Renato Boaretto).

[47] La *Mission des Métiers d'Art* è una commissione che coordina le azioni relative ai mestieri d'arte condotte da cinque direzioni e delegazioni nazionali (direzione dei Musei della Francia, dell'architettura e del patrimonio, delegazione per le arti plastiche, direzione del libro e della lettura, della musica, della danza, del teatro e dello spettacolo e, infine, direzione degli archivi francesi).

[48] La condizione dei maestri artigiani è regolata dall'art. 3 del decreto n. 98-247 del 2 aprile 1998: «Le titre de maître artisan est attribué par le président de la chambre de métiers compétente du département aux personnes physiques, y compris les dirigeants sociaux des personnes morales, immatriculées au répertoire des métiers, titulaires du brevet de maîtrise dans le métier exercé ou un métier connexe, après deux ans de pratique professionnelle. Les personnes physiques, y compris les dirigeants sociaux des personnes morales, immatriculées au répertoire des métiers, titulaires d'un diplôme de niveau de formation au moins équivalent au brevet de maîtrise dans le métier exercé ou un métier connexe peuvent, après deux ans de pratique professionnelle, se faire attribuer le titre de maître artisan par la commission régionale des qualifications prévue à l'article 4 s'ils justifient de connaissances en gestion et en psychopédagogie équivalentes à celles des unités de valeur correspondantes du brevet de maîtrise».

– *Assemblée Permanente des Chambres des Métiers et de l'Artisanat* (Apcma): è un ente pubblico nazionale, abbraccia 22 camere di mestieri e dell'artigianato regionali e 106 camere dipartimentali. Incorporando 4.000 professionisti eletti a suffragio universale dall'insieme degli artigiani, la Apcma svolge la funzione di portavoce ufficiale degli interessi degli artigiani francesi, contribuendo alla messa in opera di un'ambiziosa politica di valorizzazione dei mestieri artigianali.

– *Chambres des Métiers et de l'Artisanat* (Cmap): rappresentano gli interessi generali degli artigiani nelle diverse circoscrizioni territoriali. Nello specifico si occupano della redazione di registri di immatricolazione delle imprese artigiane e del repertorio dei vari mestieri, forniscono consulenze sulla regolamentazione legislativa francese in materia, gestiscono l'apprendistato attraverso il *Centre d'Aide à la decision* e il *Centre de Formation des apprentis*. In ultimo, si incaricano anche della progettazione di corsi di formazione continua propedeutici all'attività artigianale.

– *Comité Colbert*: è un'associazione che comprende 75 marchi specializzati nella produzione di beni legati al lusso, i cui membri sono uniti da una visione comune dell'importanza del *savoir-faire* e dell'etica professionale. Con un giro d'affari di circa 14 milioni di euro, di cui l'82% derivante dall'esportazione, il *Comité Colbert* racchiude nello specifico dieci dei più importanti mestieri d'arte del patrimonio culturale francese: quelli legati alla moda; al cristallo; al cuoio; alla ceramica e porcellana; alla gastronomia e *hôtellerie* (ossia le attività lavorative, organizzative e creative relative al servizio alberghiero); all'argento, al bronzo e all'oro e, in generale, ai metalli preziosi; ai profumi; alla viticoltura; all'editoria e alle decorazioni. Mestieri, come si vede, ambasciatori del genio francese nel mondo intero.

– *Commission Nationale de Concertation des Professions Libérales* (Cncpl): è stata creata nel gennaio 2003 per dare un nuovo impulso alle politiche statali indirizzate alle libere professioni.

– *Confédération Nationale de l'Artisanat des Métiers et des Services* (Cnams): confederazione interprofessionale tesa a favorire la concertazione tra le organizzazioni professionali nazionali aderenti, lo sviluppo della politica sindacale all'interno di quest'ultime e la promozione del proprio settore di attività.

– *Direction du Commerce, de l'Artisanat, des Services et des Professions*

Libérales (Dcaspl): organismo che si occupa di valutare le politiche statali in materia di commercio e artigianato e contribuisce, inoltre, all'elaborazione della legislazione fiscale e in materia di concorrenza riguardante le imprese artigianali, commerciali e le libere professioni in generale. Partecipa, infine, alla creazione, trasmissione e sviluppo di finanziamenti statali alle suddette imprese. Dipende dal *Ministère des Petites et Moyennes Entreprises, du Commerce, de l'Artisanat, des Professions libérales et de la Consommation,* a sua volta subordinato al *Ministère de l'Économie, des Finances et de l'Industrie.* La sua attività è disciplinata dal decreto 2005-53 del 26 gennaio 2005 (che ha modificato il decreto 976 del 2 novembre 1998).

– *Fédération Nationale des Ateliérs d'art* (Fnaa): creata nel 1979, è un'associazione basata sulla vecchia legge del 1° luglio 1901, che ha reso possibile ad associazioni e gruppi di professionisti nei mestieri d'arte di federarsi in tale organismo allo scopo di favorire il riconoscimento della specificità del settore dei mestieri d'arte.

– *Fond National de Promotion et de Communication de l'Artisanat* (Fnpca): sottoposto alla tutela del *Secrétariat d'État aux Pme, au Commerce et à l'Artisanat,* è finanziato dai contributi di tutti gli artigiani francesi allo scopo di promuovere l'immagine dell'artigianato francese.

– *Institut Supérieur des Métiers* (Ism): creato nel 1990 da *Ministère du Commerce et de l'Artisanat,* Apcm e Upa, questo ente partecipa allo sviluppo tecnologico del settore artigianale, effettuando periodici studi e ricerche in tale campo.

– *Office nationale des Métiers d'Art* (Onma): si tratta dell'ufficio preposto alla verifica di carenze di personale all'interno delle imprese di mestieri d'arte, iniziando ad assicurare in tal modo il soddisfacimento delle esigenze di personale, qualitative e quantitative.

– *Secrétariat d'État aux Pme, au Commerce et à l'Artisanat:* il Segretariato di Stato dipende dal *Ministère de l'Économie, des Finances et de l'Industrie.* Si occupa delle questioni relative alle piccole-medie imprese, al commercio, all'artigianato e ai suoi servizi e svolge una funzione di tutela degli interessi degli artigiani.

– *Syndicat Professionnel des Métiers d'Art* (Spma): creato il 21 marzo 2001 a Maçon in presenza di una sessantina di professionisti di mestieri d'arte provenienti da 17 regioni diverse della

Francia, rappresenta dinanzi alle istituzioni pubbliche gli interessi delle Tpe (*Très Petites Entreprises,* ossia quelle che contano meno di 10 dipendenti).

– *Union Européenne de l'Artisanat et des Petites Moyennes Entreprises* (Ueapme): portavoce ufficiale delle Pme e degli artigiani francesi a livello europeo, annovera tra le sua fila 62 organizzazioni, tra cui l'*Union Professionnelle Artisanale* (Upa) e l'*Assemblée Permanente des Chambres des Métiers et de l'Artisanat* (Apcma).

– *Union Professionnelle Artisanale* (Upa): creata nel 1975 dalle tre principali confederazioni artigianali francesi (la Capeb per le costruzioni, la Cnams per la produzione e i servizi e la Cgad per l'alimentazione), Upa federa tutti i mestieri artigianali francesi attraverso una capillare rete di 5.000 organizzazioni professionali nazionali e regionali. Ufficialmente è l'organizzazione professionale legittimata a rappresentare l'artigianato francese.

6. *Formazione*

Il panorama della formazione nei mestieri d'arte assomiglia a un complesso mosaico costituito da una grande varietà di insegnamenti garantiti da enti pubblici e privati. Nel primo caso, l'insegnamento è gestito dai Ministeri di *Éducation Nationale*; *des Petites et Moyennes Entreprises, du Commerce, de l'Artisanat, des Professions libérales*; *de la Fonction publique* e *de la Culture et de la Communication.* Nel secondo, invece, dalle scuole private e, in alcuni casi, anche e alle stesse imprese. Importante è in questo senso il contributo fornito dai Consigli regionali, che intervengono a livello della formazione iniziale e di quella permanente[49].

La via più tradizionale per avvicinarsi a un mestiere d'arte, anche in Francia, resta l'apprendistato. I *Centres de Formation des Apprentis* (Cfa)[50] aiutano i giovani a entrare in contatto con un

[49] I Consigli regionali hanno stabilito dei piani d'azione a livello internazionale. Distribuiti tra le varie regioni francesi, esistono 16 piani ai quali i professionisti dei mestieri d'arte possono accedere. Cinque di questi programmi, coadiuvati da Ubi France (*Agence français pour le développement*), sono destinati ai mestieri d'arte: «Art de vivre» in Île-de-France e Limousin; «Métiers d'art» in Poitou-Charentes; «Ameublement et Lutherie» in Lorraine; «Métiers d'art et Patrimoine» in Picardie.

[50] Il *Centre de Formation des Apprentis* (Cfa) è un luogo di insegnamento dove è

Maître, grazie alla formula dei *contrats d'apprentissage*[51]: una forma di apprendimento che consente di coniugare la formazione generale e tecnica, garantita dal Caf, con l'attività pratica in un'azienda e che, assieme all'apprendimento del mestiere, al proprio termine consente di conseguire un diploma, importante chiave d'ingresso nel mondo dell'artigianato.

I diplomi possono essere, quindi, ottenuti sia come risultato del proprio apprendistato, sia al termine di un percorso di studi effettuato 'a tempo pieno'. Sono circa 600 le modalità formative per accedere all'esercizio dei 250 mestieri contemplati nel panorama artigianale francese. In generale, esistono cinque livelli di formazione che un artigiano d'arte francese può raggiungere[52]. Il più basso, il livello V, equivale al *Certificat d'aptitude professionnelle* (Cap) e al *Brevet d'études professionnels* (Bep), diplomi che rappresentano il primo gradino nel percorso scolastico di un artigiano d'arte. Il Cap garantisce l'apprendimento di un bagaglio di conoscenze di base, permette di gettare le 'fondamenta' del mestiere e richiede una frequenza variabile dalle 8 alle 16 settimane. Il Bep offre, invece, una formazione più ampia del Cap, conferendo una qualificazione che risponde a una logica per 'campi professionali', più che di tecnica del mestiere.

Una volta conseguito il titolo Cap o Bep, si può accedere allo stadio immediatamente superiore nella scala della formazione, il livello IV, costituito da *Brevet de métiers d'art* (Bma)[53], *Baccalauréat professionnel artisanat et métiers d'art* (Bac pro), *Bac tecnologique* o da *Brevet de techniciens* (Bt) e *Brevet techniciens supérieur* (Bts). Cap, Bac

---

dispensata una formazione generale associata a una preparazione tecnologica e pratica in laboratori atti all'acquisizione delle tecniche proprie del mestiere. Ogni corso non richiede particolari qualifiche precedenti, né esami di ammissione e consta all'incirca di 400 ore annuali. La buona riuscita dell'apprendistato dipende in sostanza dalla complementarità tra la formazione in azienda e quella fornita dalla Cfa.

[51] Si tratta di un contratto a tempo determinato (di una durata variabile da uno a due anni), applicabile a tutti i giovani di età compresa tra i 16 e i 26 anni che hanno terminato la scuola dell'obbligo: permette all'apprendista di beneficiare di una remunerazione. L'apprendistato è finanziato dalla tassa che ogni anno ciascuna azienda per legge deve versare a un centro di formazione di sua scelta. L'azienda, nel periodo di durata dell'apprendistato, potrà ricevere aiuti e agevolazioni finanziarie da parte dello Stato.

[52] Si ricorda che per accedere a qualsiasi percorso di formazione è ovviamente necessario aver terminato la scuola dell'obbligo.

[53] Alcuni esempi di Bma: arte e tecnica del vetro, gioielli, *armurerie*, ceramica, ebanisteria, *broderie*, arti di *reliure* e *dorure*.

pro, Bep, Bt e Bts sono più votati all'approfondimento e alla specializzazione nell'aspetto tecnico di ogni singolo mestiere d'arte (senza però trascurare una formazione più generalista ma comprensiva di competenza messa in atto dai vari maestri d'arte: è il caso della formazione Cap da ebanista o da tappezziere-arredatore); il *Diplôme métier d'art* (Dma)[54], di livello III, ha invece una vocazione più pluridisciplinare.

I livelli II e I, invece, corrispondono alla licenza e al *Diplôme supérieur d'arts appliquées* (Dsaa), diplomi che si ottengono in due anni, solitamente dopo un *Brevet de techniciens* (Bt), più di rado dopo un Dma.

La formazione iniziale dura, quindi, dai due ai quattro anni ed è principalmente focalizzata sull'attività pratica. Le grandi scuole offrono cicli completi di formazione, a partire dal Cap o da un Bac fino a un Dsaa (*Diplôme supérieur d'arts appliquées*). A Parigi, per esempio, questo accade alle scuole Boulle, Estienne, Olivier de Serres e Duperré. In provincia, lo stesso avviene nei licei e nelle scuole specializzate, come a Nevers, Roubaix e Lyon. La formazione continua, invece, permette di acquisire una qualificazione professionale o di perfezionarsi. È il caso di un *Brevet de Maîtrise* (Bm) o anche di un *Brevet technique de métiers supérieur* (Btms).

Le scuole francesi si dividono in base all'ente che le gestisce. Sotto la tutela del *Ministère de la Culture et de la Communication* esistono numerosi istituti pubblici nazionali. Tra i principali, l'*École Boulle*, istituzione pubblica che propone un'ampia gamma di percorsi formativi in ambito di *design*, progettazione e pianificazione dello spazio, decorazione di mobili e oggetti. Nel campo dei mestieri d'arte, gli alunni hanno la possibilità di scegliere tra dodici specialità: sei concernenti l'arredamento e sei propedeutiche alla pratica di oreficeria e gioielleria.

Tra le altre principali scuole d'arte francesi meritano di essere ricordate l'*École Supérieure des Arts et Industries Graphiques Estienne*, l'*École Supérieure des Arts Appliquées et des Métiers d'Art* (Ensaama) *Olivier-de-Serres*, l'*École Nationale Supérieure des Arts Décoratifs*

---

[54] I principali Dma frequentati: ceramica artigianale, *habitat*, decorazione di muri, decorazioni di metalli, di materiali sintetici, liuteria, arti tessili, realizzazione di costumi, orologeria, grafica (incisione, legatura e illustrazione), regia della luce, arte del *bijou* e del gioiello, cinema d'animazione e marionette.

(Ensad) e l'*École Nationale Supérieure des Beaux Arts* (Ensba) – specializzata nella formazione artistica rivolta alla produzione di oggetti di alto livello – a Parigi; l'*École d'Art d'Avignon* e l'*École Nationale Supérieure d'Art* di Bourges. Nel campo della formazione industriale, si distingue l'*École Nationale de Création Industrielle* di Parigi. Infine, non si possono non menzionare almeno l'*École Nationale Supérieure d'Arts* di Cergy Pontoise; l'*École Nationale des Beaux Arts* di Dijon; le *Écoles Nationales d'Art decoratif de Limoges et d'Aubusson, Pôle tapisserie Aubusson* e *Pôle céramique Limoges.*

L'*École des Arts céramiques de Tarbes-Jardin Massey Place Henri-Bordes,* l'*École Municipale d'Architecture intérieure d'Angers* e l'*École Municipale* di Strasbourg rivestono un ruolo importante nella formazione degli artigiani specializzati in arti decorative. La formazione nel campo del restauro[55] è, invece, affidata principalmente all'*École Municipale* di Avignon per la pittura e all'*École Régionale de Beaux Arts Jardin François* di Tours per la scultura.

L'azione del *Ministère de l'Éducation Nationale*, per parte propria, si svolge soprattutto nei licei professionali e nelle scuole superiori d'arte applicata e dei mestieri d'arte. È soprattutto negli anni Ottanta che il Ministero ha preso coscienza dell'importanza del settore delle arti applicate: per questo sono stati creati nuovi diplomi, tra cui *il Baccalauréat N3 option A3 Arts Appliqués* e *Baccalauréat de technicien* (F12). Parallelamente sono state rafforzate le sovvenzioni a un sempre maggior numero di scuole, tra cui le già citate *École Supérieure des Arts Appliquées aux Industries de l'Ameublement et de l'Architecture Intérieure Boulle,* l'*École Nationale Supérieure des Arts Appliqués Duperré,* l'*École Supérieure des Arts et Industries Graphiques Estienne* e l'*École Nationale Supérieure des Arts Appliquées et des Métiers d'Art*[56].

Nel caso della Francia è opportuno svolgere alcune specifiche considerazioni circa i possibili sviluppi futuri dei mestieri d'arte. Tra le funzioni del Segretariato di Stato rientra la promozione del settore relativo a innovazione, ricerca e diffusione di tecnolo-

[55] La formazione al mestiere di restauratore dura 4 anni ed è rivolta a giovani con una laurea o con un diploma equivalente e di età compresa tra i 20 e i 30 anni. Il diploma conferito è equiparabile al livello di una *maîtrise.*

[56] Sotto la tutela del *Ministère de l'Éducation Nationale* si trovano anche le Università, in particolare la Facoltà di *Conservation et Restauration du patrimoine Université du Paris I - UER d'art et d'archéologie.*

gie legate alle Pme, a commercio e ad artigianato, attraverso la creazione di poli d'innovazione animati dall'*Institut Supérieur des Métiers*. Tali poli lavorano in simbiosi con le strutture competenti ai livelli nazionali e regionali, con le università e con i centri regionali d'innovazione e di trasferimento di tecnologia (Crit). Attualmente esistono quattro poli d'innovazione dei mestieri d'arte, ognuno specializzato in un determinato settore: il *Centre Européen de Recherches et de Formation aux Arts Verriers* (Cerfav) a Vannés-le-Châtel (Franche-Comté) per il vetro[57]; l'*Institut Supérieur de Recherche et de Formation aux Métiers de la Pierre* (Isrfmp) a Rodez (Midi-Pyrénées) per la pietra[58]; l'*Institut Technologique Européen des Métiers de la Musique* (Itemm) a Mans (Pays-de-la-Loire) per la musica[59]; e il *Pôle National d'Innovation de l'Artisanat des Métaux* (Ifram) a Gruchet-le-Valasse (Haute-Normandie) per i metalli[60].

«Métiers d'art, métiers d'avenir» è stato il titolo dell'edizione 2006 de *Les rencontres nationales des métiers d'art*[61], che hanno dato

---

[57] La Cerfav a Vannés-le-Châtel, paese erede di una forte tradizione vetraria, è stata creata nel 1991 con il sostegno delle collettività locali e dello Stato. Struttura unica in Europa, rappresenta un anello di congiunzione importante tra i professionisti del vetro e il mondo della ricerca (www.idverre.net).

[58] L'Isrfmp è stato creato a Rodez nel 1992 su iniziativa del consiglio regionale Midi-Pyrénées e delle associazioni d'opera locali e si propone come luogo di formazione, incontro e ricerca (www.institut-de-la-pierre.com).

[59] L'Itemm è un centro d'avviamento professionale alle tecniche proprie delle varie professioni musicali, in relazione sia alla fattura dei vari strumenti, sia alla commercializzazione dei prodotti musicali (www.itemm.fr).

[60] L'Ifram si pone come obiettivo fondamentale lo sviluppo dei tradizionali mestieri artistici legati alla metallurgia (specialmente bronzisti e fondisti), da un punto di vista editoriale, grazie alla pubblicazione di un periodico d'approfondimento del settore intitolato «Le Fevre», e pubblicitario-commerciale, occupandosi dell'organizzazione di numerosi eventi promozionali, tra cui il *Salon Européen des Métiers d'Art des Metaux Les Fevres* (www.ifram.fr).

[61] L'ultima edizione della manifestazione, promossa dalla *Societé d'Encouragement aux Métiers d'Art*, si è svolta al Palais du Luxembourg l'11 dicembre 2006. L'evento si pone come appuntamento annuale che raccoglie i diversi attori del settore dei mestieri d'arte (organismi professionali, professionisti qualificati, ministeri e istituzioni nazionali e regionali). L'edizione 2006 ha sviluppato tre tematiche principali e precisamente: lo sviluppo economico e la comunicazione per i mestieri d'arte; la creazione e l'innovazione nei mestieri d'arte; la trasmissione del *savoir-faire* e delle imprese. Per informazioni approfondite sulle tematiche e gli interventi si rimanda al sito della Sema www.metiersdart-artisanat.com.

ampio spazio al ruolo delle nuove tecnologie, al rapporto fra artigianato e *design* e alla funzione fondamentale del *design* nella valorizzazione dei mestieri d'arte tradizionali.

Association Ouvrière des Compagnons
du Devoir du Tour de France
www.compagnons-du-devoir.com

Association Ville et métiers d'art
www.vma.asso.fr

Les Ateliers d'Art de France
www.ateliersdart.com

Centre de formation professionnelle
Atelier École métiers d'Arts décoratifs
4, rue des escaliers St Anne, 84000 Avignon
Tel.: (33)4 90 85 75 25

École Boulle
9, rue Pierre-Bourdan, 75012 Paris
Tel.: (33)1 43 46 67 34
www.ecole-boulle.org

École d'art d'Avignon
Hôtel de Montfaucon, 7 rue Violette, 84000 Avignon
Tel.: (33)4 90 27 04 23
www.ecole-art-avignon.org

École Duperré
11, rue du Petit-Thouars, 75003 Paris
Tel.: (33)1 42 78 59 09
http://esaa-duperre.scola.ac-paris.fr

École Estienne
18, bd Auguste-Blanqui, 75013 Paris
Tel.: (33)1 55 43 47 47
www.ecole-estienne.org

École nationale supérieure d'art de Bourges
7, rue Édouard-Branly, 18006 Bourges cedex
Tel.: (33)2 48 69 78 78
www.ensa-bourges.fr

École nationale supérieure d'arts de Dijon
3, rue Michelet, 21000 Dijon
Tel.: (33)3 80 30 21 27
www.ensa-dijon.fr

École nationale supérieure d'arts
de Cergy-Pontoise (Ensapc)
2, rue des Italiens, 95000 Cergy-Pontoise
Tel.: (33)1 30 30 54 44
www.ensapc.fr

École nationale supérieure d'art de Limoges-Aubusson
19, avenue Martin Luther King, 87038 Limoges
Tel.: (33)5 55 43 14 00
www.ensa-limoges-aubusson.fr

École nationale supérieure des Arts Décoratifs (Ensad)
31, rue d'Ulm, 75420 Paris
Tel.: (33)1 42 34 97 00
www.ensad.fr

École nationale supérieure des beaux-arts (Ensba)
14, rue Bonaparte, 75006 Paris
Tel.: (33)1 47 03 50 00
www.ensba.fr

École nationale supérieure des Arts Appliqués
et des Métiers d'Art Olivier-de-Serres (Ensaama)
63, rue Olivier-de-Serres, 75015 Paris
Tel.: (33)1 53 68 16 90
www.ensaama.net

École supérieure des beaux-arts d'Angers
Hôtel d'Ollone, 72 rue de Bressigny, 49100 Angers
Tel.: (33)2 41 24 13 50

École nationale supérieure de création industrielle
48, rue Saint-Sabin, 75011 Paris
Tel.: (33)1 49 23 12 12
www.ensci.com

École supérieure des beaux-arts de Tours
Jardin François 1er, BP 31152, 37011 Tours
Tel.: (33)2 47 05 72 88
www.esbatours.org

École supérieure des arts décoratifs de Strasbourg
1, rue de l'Académie, 67000 Strasbourg
Tel.: (33)3 88 35 38 58
www.esad-stg.org

École supérieure d'art et céramique de Tarbes
Jardin Massey, Place Henri Borde, 65000 Tarbes
Tel.: (33)5 62 93 10 31
www.esac-tarbes.com

École de lutherie
5, Avenue Graillet, BP 109, 88503 Mirecourt

Fédération Nationale des Ateliers d'Art
45, rue des Petites Écuries, 75010 Paris
Tel.: (33)2 97 65 35 36
www.webfnaa.org

Fédération Nationale Compagnonnique
des Métiers du Bâtiment
7, rue Petit, 75019 Paris
Tel.: (33)1 42 02 06 23

Société des Meilleurs Ouvriers de France
1, rue Descartes, 75231 Paris
Tel.: (33)1 46 34 48 49

Union Compagnonnique des Devoirs Unis
15, rue Champs-Lagarde, 78000 Versailles
Tel.: (33)1 39 50 85 01

Union nationale de l'Artisanat
des Métiers de l'Ameublement
www.unama.org

Union Professionnelle Artisanale
79, avenue de Villiers, 75017 Paris
Tel.: (33)1 47 63 31 31
www.upa.fr

Germania

1. *Premessa storico-ambientale*

I grandi mestieri d'arte presenti in Germania non sono sensibilmente differenti da quelli consolidati nel resto d'Europa, perché anche in questi territori riscontriamo, nel corso degli ultimi cinque secoli, la presenza di lavorazioni artistiche del vetro, del legno, di ceramiche e porcellane, di bigiotteria e oreficeria, di ricamo, dell'incisione e dell'insieme delle arti decorative, dell'arte libraria e dell'orologeria. Queste forme di lavorazione vengono però reinterpretate in modo originale nel contesto tedesco, avviando così una specifica tradizione nazionale o, in alcuni casi, tradizioni locali e regionali caratterizzate da una forte riconoscibilità all'estero. Nei primi decenni del Novecento – per il convergere del dibattito artistico e dell'assetto politico-istituzionale – questi caratteri vengono ulteriormente ridefiniti, e, se alcuni mestieri d'arte tradizionali finiscono col tramontare, una serie di altre abilità artigiane trovano invece una nuova coniugazione con le esigenze della produzione industriale.

Rispetto al contemporaneo scenario europeo, in Germania le idee dell'Art Nouveau giungono in effetti con un certo ritardo, anche se sono destinate a incidere in profondità non solo sulle tradizioni del mestiere d'arte, ma anche sul dibattito artistico e teorico. L'Art Nouveau viene recepita dalle due riviste «Jugend» – che dà il nome alla variante nazionale del movimento – e «Pan», che, fondata da Julius Maier-Graefe nel 1896, raccoglie e diffonde i dibattiti sull'arte decorativa. La vicenda dello *Jugendstil* tedesco viene di solito suddivisa in due differenti stagioni: la prima legata da vicino all'arte floreale inglese e belga, e la seconda caratterizzata dall'utilizzo di forme meno figurative e più astratte e segnata dall'influenza di Henry Van de Velde.

Nei primi decenni del XX secolo si può, dunque, collocare la fase di maggiore vitalità della collaborazione fra mestieri d'arte tradizionali e scena artistica. Il principale centro della fase floreale è senza dubbio Monaco ed è probabilmente qui che si può individuare la fase di maggiore vitalità delle arti decorative, che vengono in questo caso ad affiancarsi alla tradizione già affermata della produzione di ceramica. La lavorazione del legno, che aveva un passato già molto consolidato, assume una nuova configurazione nel campo dell'arredamento e della produzione del mobile, con innovazioni stilistiche che consistono principalmente nel risalto assegnato agli elementi costruttivi, alle giunzioni, alla curvatura della base o della sommità della struttura. Celebri mobili in stile floreale sono senza dubbio quelli dovuti all'estro creativo di Hermann Olbrist che trasferì il proprio laboratorio a Monaco nel 1894 e progettò anche una serie di ricami, in cui sono evidenti le influenze orientali e soprattutto giapponesi, i motivi floreali e vegetali. Richiami stilistici simili caratterizzano anche l'opera di altri artigiani-artisti che, secondo i principi dello *Jugendstil*, trovavano proprio nelle vecchie abilità di mestiere lo strumento di espressione creativa, come, per esempio, nei mobili, nelle lampade e negli oggetti progettati da Otto Eckmann, o nell'opera di August Endell, che si dedicò invece principalmente alla decorazione d'interni. La fase successiva dell'esperienza dello *Jugendstil* trova invece espressione nei mobili di Richard Riemerschmid (senza più riferimenti figurativi), di Peter Behrens (che si dedicò a mobili, a tappeti ma anche all'architettura, con l'utilizzo consistente di piastrelle da rivestimento decorate), di Karl Koepping (l'unico artista del vetro che, pur operando in Germania, riuscì a ottenere un riconoscimento e una visibilità anche all'estero).

Il problema di fondo che gli artisti-artigiani tedeschi tentano di risolvere è, per molti versi, lo stesso che già era stato alla base dell'*Arts and Crafts* inglese e dell'Art Nouveau, ossia le modalità di una collaborazione – economicamente competitiva – fra artigianato di qualità e arte. Questo tema viene affrontato esplicitamente, e a un elevato livello di elaborazione anche teorica, dalle esperienze del *Deutscher Werkbund* e del Bauhaus. Il *Deutscher Werkbund*, che nasce per rispondere al disorientamento innescato dalla rapida industrializzazione[1], non punta a una difesa incondizionata dei sistemi produttivi preindustriali, e non mira neppure alla nostalgica esaltazione del lavoro artigianale, ma tenta, piuttosto, di migliorare il livello della produzione industriale, soprattutto per quanto riguarda i prodotti di maggiore diffusione, attraverso la cooperazione di artisti e industrie[2]. Nella convinzione che per modificare la situazione esistente sia necessaria una nuova educazione del pubblico e un'azione nei confronti delle imprese, l'iniziativa del *Werkbund* si muove lungo un duplice canale, consistente, per un verso, nell'educazione del consumatore e, dall'altro, nella riforma del *design* dei prodotti di consumo. Benché il *Werkbund* conferisca un notevole valore alla figura dell'artigiano-artista, è bene precisare, però, che il suo ruolo si limita, pressoché esclusivamente, alla fase ideativa del processo produttivo[3].

L'artigianato è invece l'elemento centrale del Bauhaus, fondato nel 1919 a Weimar da Walter Gropius, ma è opportuno ricordare come questo richiamo costituisca un motivo presente nelle principali proposte di riforma del sistema educativo artistico formulate nell'immediato primo dopoguerra[4], anche in virtù del peso dell'artigianato, tanto dal punto di vista economico quanto da quello della tradizione culturale[5]. Ciò che invece caratterizza, in modo originale, il Bauhaus, è piuttosto l'obiettivo di ricomporre la frattura tra l'arte, l'artigianato e l'industria, per mezzo di un percorso formativo diretto alla preparazione di 'artefici' in possesso degli strumenti della teoria e nel contempo in grado di padroneggiare le tecniche tipiche di ciascuno di questi mondi[6].

---

[1] J. Campbell, *Il Werkbund tedesco. Una politica di riforma nelle arti applicate e nell'architettura*, Marsilio, Venezia 1987 (ed. or. *The German Werkbund. The Politics of Reform in the Applied Arts*, Princeton University Press, Princeton 1978), p. 9.

[2] F. Bologna, *Dalle arti minori all'industrial design*, Feltrinelli, Milano 1972, p. 275.

[3] D. De Masi, *La creatività razionale del Bauhaus*, in Id. (a cura di), *L'emozione e la regola. I gruppi creativi in Europa dal 1850 al 1950*, Laterza, Roma-Bari 1989, pp. 207-235 e in particolare p. 208.

[4] Cfr. S. Volkov, *The Rise of Popular Antimodernism in Germany. The Urban Masters Artisans. 1873-1896*, Princeton University Press, Princeton 1978.

[5] Bologna, *Dalle arti minori all'industrial design*, p. 284.

[6] G. Dorfles, *Introduzione al disegno industriale. Linguaggio e storia della produzione in serie*, Einaudi, Torino 1972, p. 25.

Al principio, il laboratorio del Bauhaus presenta una struttura ancora artigianale, ma in seguito l'attività viene orientata verso la produzione seriale. Per quanto l'impatto commerciale del Bauhaus non sia rilevante, e nonostante l'esperienza si concluda piuttosto rapidamente, essa riesce effettivamente a influenzare il gusto del pubblico, indirizzando le produzioni artigianali e artistiche anche dopo la fine della Seconda guerra mondiale.

2. *Quadro dei mestieri d'arte*

Un indicatore importante per comprendere lo stato odierno dei mestieri d'arte è offerto dagli appuntamenti fieristici in cui essi trovano spazio o che sono specificamente dedicati all'artigianato artistico. Alle tradizioni di quest'ultimo è dedicata, per esempio, la fiera annuale *Feines Kunsthandwerk*, che si tiene a Sinsheim ogni novembre[7]. Esistono inoltre appuntamenti specificamente dedicati alla gioielleria d'arte, come il padiglione di Inhorgenta presso la Fiera di Monaco, in cui si svolge anche la mostra-concorso a invito *Schmuck*, che assegna premi ai migliori autori di opere di oreficeria d'arte contemporanea. Dedicata più in generale al *design*, ma con spazi anche per il mestiere d'arte, è la fiera biennale *Formschau*, che si svolge a Dresda nel periodo di novembre[8]. *Cadeaux Leipzig*, che si tiene due volte all'anno (marzo e settembre) a Lipsia, si concentra sulle tendenze dell'immagine e degli stili di vita[9], come d'altronde l'importante *Tendence*, che si tiene ogni anno a Francoforte[10]. In questi spazi espositivi trovano una collocazione le attività produttive più differenti, dall'*interior design* (*design* delle luci, dei tessuti, degli specchi, degli accessori) agli accessori per la cucina (vetri moderni, porcellane, ceramiche, equipaggiamento per la cucina, accessori per la degustazione di vini, tessuti ecc.).

Ancora più significativa, per comprendere le tendenze future del mestiere d'arte, è probabilmente la rassegna *Denkmal*, il salo-

---

[7] Cfr. www.messe-sinsheim.de.

[8] www.messe-dresden.de.

[9] www.leipziger-messe.de.

[10] www.tendence-lifestyle.messefrankfurt.com.

ne europeo per la cura del patrimonio culturale e il rinnovo urbano, che si tiene alla fiera di Lipsia nel mese di ottobre. *Denkmal* «è il salone *leader* in Europa di restauro, conservazione degli edifici e rinnovo urbano, oltre che l'unica manifestazione al mondo in grado di riunire l'intero settore sotto lo stesso tetto: una esposizione rappresentativa unita a un ampio programma congressuale a caratura internazionale (seminari, congressi, *workshops*, centri di informazione, escursioni professionali e manifestazioni collaterali) che diviene il punto d'incontro degli esperti europei del settore». Inoltre, «i visitatori del Salone sono: artigiani, restauratori, architetti, progettisti, sovrintendenti, amministratori locali, esperti di storia dell'arte, archeologi, associazioni, scuole professionali, investitori, costruttori edili e tutti gli interessati alla protezione dei monumenti»[11]. Per quanto non centrato in modo specifico sui mestieri d'arte, un simile appuntamento coinvolge evidentemente artigiani-artisti operanti in vari settori[12].

3. *Mestieri d'eccellenza*

Ceramica e porcellana

Dal punto di vista storico, il mestiere d'arte probabilmente più noto e riconosciuto è costituito dalla lavorazione artistica della ceramica e, soprattutto, della porcellana. Per quanto concerne la lavorazione della maiolica, le prime officine tedesche – ad Amburgo e a Hanau – risalgono alla metà del Seicento, ma in

---

[11] www.denkmal-leipzig.de.

[12] Molti sono, in effetti, i settori coinvolti: Tecniche per la conservazione del patrimonio storico; Materiali per edilizia e restauro; Attrezzature e macchinari edili; Conservazione e restauro di opere d'arte; Materiali per la conservazione e il restauro; Strumentazioni e apparecchiature per il restauro; Manutenzione e restauro del patrimonio artistico; Conservazione di monumenti, siti e resti archeologici; Ambiente e paesaggio: Tutela, recupero e conservazione; Rinnovo urbano e paesaggistico; Tecnologie per la sicurezza, accessori e tecnologia edilizia per edifici pubblici e privati, chiese, musei, archivi e biblioteche; Sistemi informatici e software, gestione documentazione e inventario, ricerca scientifica; Autorità pubbliche, istituzioni, camere di commercio, ministeri, chiese, fondazioni, associazioni professionali; Editoria specializzata, letteratura; Istituti ed enti di formazione professionale; Turismo e conservazione del patrimonio storico; Servizi; Argilla (www.denkmal-leipzig.de).

questo periodo non si caratterizzano ancora per una particolare originalità (i modelli rimangono ancora, in prevalenza, quelli portoghesi e il Delft). Nel corso del secolo successivo, però, l'elevato frazionamento politico favorì la costituzione di manifatture di maiolica, in cui ciascun signore locale individuava motivi soprattutto di prestigio personale. Nella prima metà del Settecento, insieme ai laboratori di Norimberga (1712), Ansbach (1708-10), Bayreuth (1714), vide la luce anche la manifattura di Meissen, destinata a imporsi per l'originalità dello stile. Proprio il passaggio ad Ansbach di Adam Friedrich von Löwenfinck, proveniente da Meissen, determinò l'introduzione nella produzione locale della decorazione a 'fiori indiani'. Manifatture di maiolica, in questo periodo, si consolidarono però anche in altre aree, come in Baviera (la manifattura Crailsheim), a Memmingen, a Durlach (nota per le figure cinesi verde *celadon* e policrome)[13].

A Dresda, in Sassonia, nel primo decennio del Settecento venne però scoperta da Eherenfried Walther von Tschirnhaus e Johan Friedrich Böttger la porcellana a pasta dura, che a differenza dei precedenti materiali conservava durante la cottura il colore bianco, e che poteva essere ricoperta all'esterno da un rivestimento di caolino. A stimolare questa scoperta era stato soprattutto il costante sostegno finanziario di Federico Augusto di Sassonia, e proprio in seguito alla scoperta di von Tschirnhaus venne concessa a Böttger la prima manifattura, collocata nel castello di Meissen, in prossimità di Dresda. A partire dal 1713, quando si concluse la fase sperimentale, si definirono i primi caratteri stilistici della porcellana Meissen, noti col nome di *Laub und Bandelwerk* e consistenti in varianti di cineserie. Per tutta la prima metà del Settecento, la porcellana di Meissen si adeguò al gusto esotico, ma anche al modello delle maioliche di Delft, mentre in seguito sviluppò una propria originalità, soprattutto grazie alla creatività di Johann Joachim Kändler, con il quale diventò un vero modello per l'artigianato europeo. Dopo la metà del Settecento, la produzione di porcellana in Germania fece registrare un notevole incremento e il numero delle manifatture superò la ventina, estendendo e diffondendo il metodo di mani-

[13] Cfr. G. Gherardi, *La ceramica europea nei secoli XVII e XVIII*, in C. Fiocco et al., *Storia dell'arte ceramica*, Zanichelli, Bologna 2001, pp. 205-226.

polazione del nuovo materiale. In questo periodo, una rilevanza particolare venne ad assumere la manifattura di Nymphenburg, sorta in Baviera per volontà dell'Elettore Massimiliano III, grazie soprattutto all'estro e all'abilità di un maestro di origine ticinese, Franz Anton Bustelli.

La grande stagione delle manifatture termina nei primi anni dell'Ottocento, quando, per esempio, l'officina di Nymphenburg viene ceduta a privati. La perizia tecnica consolidata in circa un secolo non riesce a compensare, infatti, la perdita di originalità e, dunque, l'incapacità di registrare il mutamento del gusto con nuove soluzioni stilistiche. Anche per far fronte a una simile crisi, lo stabilimento di Meissen tenta di riprodurre le ceramiche di Wedgwood o di replicare i vecchi modelli rococò che ne avevano reso celebre il nome alcuni decenni prima. A dispetto del parziale declino, è però da ricordare che viene introdotta proprio in questo periodo la tecnica delle litofanie (consistente in sottili lastre di ceramica sovrapposte che, in controluce, danno l'illusione della tridimensionalità), che ancora oggi viene utilizzata per fabbricare paralumi e lampade da notte.

Sfugge invece alla crisi la Manifattura Reale di Berlino, che – come è stato osservato – «asseconda i gusti della solida borghesia tedesca impegnandosi in una produzione eclettica caratterizzata dalla profusione degli ori e da una decorazione pittorica a base di vedute topografiche, nature morte e copie di dipinti famosi, realizzata con meticolosa precisione»[14]. È peraltro in questa manifattura che viene scoperto il nuovo tipo di porcellana, la *Seger Porzellan*, dal nome del direttore Hermann Seger, un materiale che consente, grazie alla bassa temperatura di cottura, una coperta monocroma blu, verde, viola o gialla. Più o meno contemporaneamente, la fabbrica berlinese avvia anche una svolta nella direzione dell'Art Nouveau, che dura fino ai primi decenni del Novecento e trova uno stimolo anche nel diffuso utilizzo di piastrelle da rivestimento a decorazione essenzialmente floreale.

Ovviamente, anche la produzione di porcellana – che rimane probabilmente uno dei settori dell'artigianato artistico più consolidati ed economicamente vivaci, anche sotto il profilo economi-

---

[14] M.G. Morganti, *La ceramica europea nell'età dello Storicismo (1800-1880 ca)*, in Fiocco et al., *Storia dell'arte ceramica*, p. 287.

co – risente del dibattito artistico e dell'impatto dell'Art Nouveau, imboccando una svolta verso il funzionalismo. Proprio Behrens, pioniere dell'*industrial design* e tra gli artisti interessati a promuovere un rilancio dell'artigianato di qualità, è tra gli animatori dell'officina ceramica di Darmstadt, promossa dal granduca d'Assia al principio del Novecento. A dispetto dell'insuccesso commerciale, il modello di Darmstadt indica una strada che, dopo pochi anni, viene seguita da Meissen, che inizia a produrre ceramiche dalle linee molto più semplificate e irrigidite rispetto ai canoni dell'Art Nouveau, e dalla Rosenthal, una fabbrica fondata a Selb, in Baviera, nel 1879, che propone, già nei primi anni del nuovo secolo, delle linee estremamente sobrie e prive di decorazioni.

Orologeria

L'orologeria tedesca trova il suo capostipite nella figura di Ferdinand Adolph Lange, che apre nel 1845 un piccolo *atelier* a Glashütte, in Sassonia. Più tardi, Lange fonda la *Lange & Söhne* (1868), ma, nello stesso periodo, in Sassonia la produzione di orologi da tasca è rafforzata dai laboratori di Julius Assmann (1852), mentre nel 1878 Moritz Grossmann dà vita alla *Deutsche Uhrmacherschule*, una scuola di formazione specifica per maestri orologiai. La prima fase di sviluppo della produzione orologiaia tedesca si arresta con la Prima guerra mondiale, che provoca la riorganizzazione delle officine sorte a Glashütte e la loro riduzione numerica. La fase di declino continua anche nei decenni seguenti e, dopo il '45, l'inclusione della regione nella Repubblica Democratica Tedesca determina di fatto l'orientamento della produzione verso modelli di bassa qualità, mentre nell'area dello Schwarzwald, a Pforzheim, continuano ad essere prodotti orologi a pendolo (*Kuckuck*). Al principio degli anni Novanta, viene recuperata la tradizione dell'orologeria sassone, grazie alla fondazione di una nuova azienda che si richiama alla vecchia *Lange & Söhne* e che, dopo una complessa fase di avvio, ottiene un significativo riconoscimento internazionale. Anche le altre aziende locali – sotto la denominazione *Glashütter Uhrenbetrieb Gmbh* – ridefiniscono i criteri della loro produzione, recuperando la vecchia esperienza e i vecchi modelli, avviando così una significativa ripresa di vitalità.

4. *Contesto economico*

La classificazione statistica adottata in Germania non consente di effettuare comparazioni significative con Paesi che adottano il criterio dimensionale, come l'Italia, o il criterio prevalente del tipo di lavorazione artistica, come la Spagna. In Germania, poi, sono fatti rientrare nel novero delle attività artigiane anche quei settori di imprese non artigiane che producono merci e servizi in forma artigianale e che risultano così iscritte all'*Handwerksrolle*. Utilizzando questi criteri di classificazione, l'artigianato – nel suo complesso – risulta comunque il secondo settore economico subito dopo l'industria, con un peso complessivo attorno al 10%. Per quanto concerne il numero complessivo delle aziende che rientrano a pieno titolo fra le imprese artigiane, esso si attesta su un livello che supera le seicentocinquantamila unità (674.000 nel 2001), cui sono peraltro da aggiungere circa centomila imprese rientranti nelle cosiddette *Nebentriebe*. In termini complessivi, il settore artigiano coinvolge dunque cinque milioni e mezzo di addetti, di cui circa trecentomila occupati nelle attività assimilate.

Per quanto concerne la distribuzione delle imprese artigiane fra i sette grandi settori individuati dal Codice dell'Artigianato, emerge una chiara prevalenza dei due settori costituiti da Costruzioni e da Metalmeccanico, in cui risulta presumibilmente meno significativa la presenza di componenti artistiche di lavorazione. Più complesso è invece il discorso per quanto riguarda il terzo settore in termini di numero di aziende, ossia il settore delle professioni che operano nel campo dei servizi sanitari, dei servizi alla persona e della pulizia, nell'ambito delle quali si possono anche individuare professioni almeno potenzialmente in grado di esprimere nuovi mestieri d'arte (come, per esempio, i parrucchieri). Numericamente più esigua risulta – per numero di imprese – la rilevanza proprio di quei settori, come la lavorazione del legno, del vetro, della ceramica e della carta, oltre che dell'abbigliamento e dell'alimentare, in cui vanno individuati i mestieri d'arte più consolidati (tab. 1). Si può però precisare che tali imprese e attività artigiane debbono essere individuate all'interno del numero delle imprese che operano nel settore del legno (circa cinquantamila), dell'abbigliamento e tessile (circa ventiduemila) e della lavorazione del vetro, della ceramica, della carta e delle altre attività (circa ventimila).

Tabella 1 - *Suddivisione del settore artigianale*

Settore	*Distribuzione percentuale delle aziende artigiane*
Costruzioni	24,7%
Elettro-metalmeccanico	40,4%
Legno	7,4%
Abbigliamento, tessile e cuoio	3,3%
Alimentare	7,0%
Servizi sanitari e alla persona, pulizia	14,3%
Vetro, carta, ceramica e altre attività	2,9%

Fonte: ZHD (2002).

Il complesso dei programmi e delle fonti di finanziamento del settore artigiano in Germania è piuttosto articolato e vede un ruolo significativo sia per il *Bund*, sia per i singoli *Länder*. A livello federale, l'istituzione responsabile è il Ministero federale per l'economia e la tecnologia, in particolare il Dipartimento I («Politiche per il ceto medio, l'artigianato, i servizi e le libere professioni»), il Referat II B 1 (Analisi dell'Artigianato, e dei riflessi dei provvedimenti economici e legislativi sull'artigianato), il Referat II B 2 (Normativa sull'artigianato) e il Referat II B 3 (Programmi di sostegno all'artigianato). A livello dei singoli *Länder*, si occupano di artigianato i Ministeri regionali dell'economia, le Camere dell'artigianato locali, regionali e federali. In linea di massima, la regolamentazione generale del settore è affidata al *Bund*, ma alcuni *Länder* adottano legislazioni che tengono conto delle specifiche esigenze del territorio e della sua vocazione produttiva.

5. *Profilo istituzionale-normativo*

La legislazione tedesca adotta, come criterio principale per la definizione delle attività, la collocazione economica. In questo modo, possono essere definiti come artigiani soltanto quei mestieri e quelle imprese che operano all'interno di uno dei settori specificamente individuati dalla *Handwerksordnung*. L'allegato

A di questo codice considera, infatti, sette grandi settori (costruzioni, lavorazione dei metalli, lavorazione del legno, tessile e abbigliamento, alimentare, igiene e salute, lavorazione di vetro, carta e ceramica), in ciascuno dei quali si collocano poco meno di un centinaio di mestieri, non tutti ovviamente riconducibili al mestiere d'arte, pur nelle sue molteplici configurazioni storiche e geografiche (tab. 2). Per esercitare un mestiere in forma 'artigiana' è però necessario che il titolare dell'attività abbia ottenuto il titolo di «maestro artigiano» (*Handwerkmeister*), al termine di un complesso *iter* formativo della durata complessiva di circa sette anni.

Tabella 2 - *Ambiti delle attività artigiane individuati dalla Handwerksordnung*

Ambiti di attività	*Professioni artigiane (esempi)*
1. Costruzioni	Muratori, decoratori, verniciatori,
2. Elettro-metalmeccanico	Riparazione autoveicoli, idraulici, tecnici elettronici
3. Legno	Falegnami
4. Abbigliamento	Sartoria, arredatori d'interno
5. Alimentare	Panettieri, macellai, mugnai
6. Servizi sanitari e alla persona	Ottico, parrucchieri, ditte di pulizia
7. Vetro, carta, ceramica e altre attività	Vetrai, tipografi, costruzione di strumenti musicali

La definizione di «artigianato» (*Handwerk*) adottata in Germania associa, dunque, i due criteri del settore di attività e del *curriculum* formativo. Tale duplice criterio è stato introdotto nel 1953 dall'*Handwerksordung*, il codice che disciplina il settore, ma ha radici profonde nella precedente legislazione tedesca e, in particolare, nella regolamentazione del settore artigiano avviata dal regime nazionalsocialista.

Proprio nei primi anni del regime, il nazismo operò una significativa riorganizzazione del settore artigiano, che favorì il rilancio e la vitalità del settore dopo la fine della guerra. Nel 1934-35, il regime introdusse infatti il *Größer Befähigungsnachweis* (Grande Certificato di Competenza) che fissava come criterio per l'esercizio di un'attività artigiana – all'interno di uno dei circa cento mestieri definiti legalmente come *Handwerk* – l'effettuazione di un periodo di apprendistato e il superamento di un esame volto a certificare la competenza specifica[15]. Secondo un criterio sostanzialmente corporativo, la determinazione degli *standards* di competenza tecnica nei singoli mestieri, oltre che l'effettuazione e il controllo delle prove, erano demandate alle organizzazioni professionali[16]. Una simile richiesta costituiva una caratteristica del movimento artigiano tedesco già dal 1848 e andava nella direzione di una limitazione della concorrenza[17], ma la regolamentazione introdotta a metà degli anni Trenta ebbe effetti anche differenti. Anzitutto, «il raggruppamento di tutti gli artigiani in un'unica struttura organizzativa diretta dal centro (alla quale erano obbligati a iscriversi) si poneva in sintonia con la politica generale del nazismo volta a "coordinare" tutti gli aspetti della vita istituzionale sotto il controllo centralizzato del regime (*Gleichshaltung*)», mentre, in secondo luogo, «il controllo degli standard per l'accesso ai vari mestieri operò congiuntamente ad altre politiche e a programmi volti a incoraggiare la modernizzazione»[18].

In un primo tempo l'enfasi posta sull'elemento dell'efficienza produttiva – condivisa tanto dal regime, quanto dagli stessi vertici delle organizzazioni artigiane – richiese la modernizzazione del settore, anche a scapito delle piccole botteghe, nel senso di un maggiore coordinamento fra imprese artigiane e attività industriali. In una seconda fase, però, a partire più o meno dal principio degli anni Quaranta, la politica del regime fece registrare un mutamento di direzione, nel senso del riconoscimento non solo degli elevati livelli di produttività raggiunti da molte botteghe artigiane, ma anche delle potenzialità superiori che queste ultime avevano – in determinate specializzazioni produttive – rispetto all'industria, in termini di flessibilità, professionalità, precisione e

[15] Si veda in proposito la ricostruzione di F. McKitrik, *Modernizzazione e identità sociale: artigiani tedeschi e capitalismo a metà del Novecento*, «Passato e Presente», 18 (2000), 49, pp. 37-67.

[16] Cfr. V. Chesi, *Struktur und Funktionen der Handwerksorganisation in Deutschland seit 1933*, Duncker & Humblot, Berlin 1966, e B. Keller, *Da Handwerk im faschistischen Deutschland*, Pahl-Rugenstein Verlag, Cologne 1980.

[17] T. Hamerow, *The German Artisan Movement. 1848-49*, «Journal of Central European Affairs», 21 (1961), pp. 135-152.

[18] McKitrik, *Modernizzazione e identità sociale: artigiani tedeschi e capitalismo a metà del Novecento*, p. 45.

prossimità alle esigenze sociali. Anche in virtù delle pressanti esigenze dell'economia di guerra, venne favorito un rapporto di collaborazione fra artigianato e industria, consistente in un rafforzamento dei legami di subappalto e fornitura. Per un verso, queste trasformazioni favorirono la modernizzazione dell'artigianato tedesco, che sarebbe emersa soprattutto dopo la fine della guerra. Per un altro, esse conferirono alle organizzazioni degli artigiani – cui era assegnato il monopolio della rappresentanza per l'intero settore – un assetto destinato ad essere conservato anche dopo il '45.

Dopo la Seconda guerra mondiale, al termine di un vivace dibattito politico, venne infatti conservata sostanzialmente l'impostazione corporativa della legislazione nazionalsocialista e furono così confermati lo *status* di enti di diritto pubblico delle Camere dell'Artigianato e il ruolo delle organizzazioni artigiane stabilito a metà degli anni Trenta[19]. Anche in virtù dell'affinità ideologica fra le organizzazioni artigiane e la Cdu – contrassegnata da un rifiuto tanto di misure liberiste estreme, quanto dalla netta salvaguardia del principio della proprietà privata – il tentativo di eliminare la regolamentazione del mestiere artigiano, portato avanti dal governo militare statunitense in alcuni *Länder*, venne di fatto contrastato. Furono così conservate e ribadite le severe modalità di attribuzione del *Große Befähigungsnachweis*, il Certificato di competenza del maestro artigiano. Con il *Große Befähigungsnachweis* si stabiliva che chiunque volesse aprire una propria bottega (diventando 'indipendente') doveva prima affrontare un periodo di apprendistato e di lavoro subordinato, comprendente la frequenza a corsi, che si concludeva con la presentazione di un lavoro e con un esame da sostenere di fronte a una commissione di maestri qualificati[20]. Il risultato del Codice

---

[19] Cfr. D. PERNER, *Die «Reorganisation» der Handwerkskammern in der britischen Besatzungzone nach 1945*, in D. PETZINA - W. EUCHNER (hrsg.), *Wirtschaftspolitik im britischen Besatzungsgebiet 1945-1949*, Scwann, Düsseldorf 1984.

[20] MCKITRIK, *Modernizzazione e identità sociale: artigiani tedeschi e capitalismo a metà del Novecento*, p. 57. Inoltre, «le caratteristiche del curriculum, la lunghezza degli studi e gli argomenti di esame dovevano essere stabiliti e controllati da quegli organismi non statali che erano le Camere dell'Artigianato», mentre «chiunque non avesse studiato con un maestro artigiano e superato l'esame, non poteva (e tuttora non può) condurre una bottega in Germania, né era possibile per chi non fosse maestro, quali

varato nel '53 fu che «sia i singoli artigiani che le loro organizzazioni hanno conservato alcuni importanti elementi del loro atteggiamento tradizionale e dell'identità di categoria, e ciò è avvenuto in modo consapevole», mentre «le organizzazioni artigiane hanno avuto un tale successo con i loro aderenti perché esse, mediante un'abile e deliberata reinvenzione della loro stessa tradizione, hanno reso le venerande identità e virtù artigiane perfettamente compatibili con il moderno capitalismo democratico, anche se pur sempre distinte da esso»[21].

Nonostante il testo abbia subito numerose modifiche negli ultimi decenni, il criterio di fondo è rimasto sostanzialmente invariato. È però da ricordare che, a partire dal momento in cui vennero riconosciute per la prima volta, nel 1965, sono sensibilmente aumentate le attività «assimilate all'artigianato» (*Nebentriebe*), attività che, pur non richiedendo il conseguimento del titolo di «maestro artigiano», e pur facendo capo a imprese non artigiane, producono merci o servizi in forma artigianale e risultano pertanto iscritte all'*Handswerkrolle*, l'Albo degli Artigiani (attualmente le *Nebentriebe* risultano essere poco meno di sessanta). Sono state col tempo leggermente sfoltite le professioni artigiane (dalle iniziali 125 alle attuali 94). Infine, un'ultima modifica ha riguardato le modalità di effettuazione dell'esame per il conseguimento del titolo di «maestro artigiano», rese omogenee a livello nazionale da una riforma del 2001.

L'impianto della regolamentazione tedesca si è trovato fatalmente messo in discussione negli ultimi anni, non soltanto in considerazione di critiche che hanno puntato sul fattore di rigidità e protezione corporativa dell'artigianato tedesco, ma anche in virtù delle implicazioni del processo di integrazione europea. La libera circolazione dei lavoratori all'interno dell'Unione si trova, in effetti, a confliggere con il principio di fondo del sistema di regolamentazione dell'artigianato e, a tal fine, è stato varato dalla Commissione Bund-Länder un percorso finalizzato a facilitare l'avvio di attività produttive autonome sul territorio tedesco, pur senza intaccare il sistema di certificazione e di esami. Tali pro-

---

che fossero le sue qualifiche, praticare il proprio mestiere se non alle dipendenze di un maestro provvisto del titolo necessario».

[21] *Ibi*, p. 66.

cedure (*Leipziger Beschlüsse* del 21.11.2000) rimandano in ogni modo ai casi eccezionali individuati dalla *Handwerksordnung* (art. 8) e prevedono comunque procedure minime di verifica delle competenze professionali del singolo.

Le Camere dell'Artigianato (*Handwerkskammer*) rappresentano, insieme alle Associazioni di categoria dell'artigianato (*Facherbände des Handwerkes*), il principale canale istituzionale di rappresentanza per l'intero settore. Quali enti di diritto pubblico, godono di una elevata autonomia amministrativa e di un significativo potere di controllo sull'attività degli associati. L'iscrizione presso la Camera del territorio di appartenenza è obbligatoria per ogni azienda artigiana. Alle imprese associate vengono naturalmente offerti servizi di consulenza su questioni tecniche, economiche e giuridiche, mentre proprio alle Camere è affidata la gestione degli esami che disciplinano la concessione del titolo di «maestro artigiano». Compiti analoghi sono svolti, a livello di *Land*, dalla regionale *Handwerkskammertage* e dalle *Landeshandwerksvertretungen*, e, a livello federale, dall'Associazione delle Camere dell'Artigianato (*Deutschen Handwerkskammertag*). Le *Facherbände* svolgono, invece, la funzione di associazioni di categoria e rappresentano così gli interessi dei diversi ambiti dell'artigianato tedesco, assumendo anche il ruolo di controparte nelle vertenze contrattuali con i sindacati.

6. *Formazione*

Anche se in altri Paesi l'elemento della formazione è particolarmente importante per la definizione del mestiere d'arte, in Germania ciò è particolarmente evidente proprio per la peculiare regolamentazione del settore, che affida a un esame, da effettuarsi al termine del lungo percorso formativo, il riconoscimento del titolo di «maestro artigiano». La definizione dei contenuti del percorso formativo e dell'esame conclusivo (*Meisterprüfung*) è affidata al *Bund* e alle parti sociali, mentre la gestione viene assegnata alle Camere dell'Artigianato. Il requisito per accedere alla scuola per maestri artigiani è il possesso del diploma di lavoro artigiano (*Gesellenbrief*), con l'integrazione di due anni di esperienza professionale. La scuola per maestri artigiani è a pagamento e può essere organizzata sia in corsi diurni, sia in corsi serali.

Solo chi abbia conseguito il titolo di «maestro artigiano», oltre a poter effettivamente condurre un'impresa artigiana, può formare a sua volta apprendisti. Ovviamente, dati i caratteri del sistema artigianale tedesco, esistono specifici percorsi formativi per tutti i mestieri individuati dall'*Handwerksordnung*.

Grecia

1. *Premessa storico-ambientale*

L'evoluzione subita dall'arte e dall'artigianato nel corso dei secoli in Grecia riflette il percorso storico, politico e culturale vissuto da questo Paese che viene giustamente considerato la culla della civiltà occidentale. In realtà, durante i primi secoli in cui si affermò e si diffuse la civiltà greca, non è possibile operare una distinzione netta tra opere d'arte e prodotti artigianali in quanto, fino alla fine del IV secolo a.C. circa, le tecniche dell'arte decorativa erano applicate anche alla produzione di oggetti di uso comune. Nel caso della Grecia antica si può dunque parlare a pieno titolo di artigianato artistico, le cui prime espressioni risalgono infatti al primo millennio a.C., quando i popoli insediati in queste regioni dimostravano già una grande abilità tecnica e una notevole sensibilità artistica nella lavorazione e nella decorazione di oggetti in avorio, in oro, in bronzo, in argilla e soprattutto in ceramica[1].

Politicamente frammentata in numerose città-stato, la Grecia riconosceva la propria identità sul comune terreno della cultura, della lingua, dell'arte e della religione che trovavano espressione nelle straordinarie rappresentazioni teatrali e nei giochi olimpici, istmici, pitici e nemei. La nascita e il successivo sviluppo, ad Atene ma anche nelle altre principali città greche, di numerose scuole di scultura e di architettura in cui vennero codificati dei veri e propri canoni di stile, di bellezza e di perfezione – che poi divennero modelli imitati anche dagli artisti e dagli artigiani di altri

---

[1] La decorazione a figure prima nere e poi rosse dei vasi in ceramica e quella in stile geometrico secondo il motivo 'a meandro' sono tutte 'invenzioni' tipicamente greche e tuttora riprese nei manufatti di produzione locale.

popoli e di epoche successive (basti pensare all'elaborazione dei tre ordini architettonici, il dorico, lo ionico e il corinzio) – offrono un'ulteriore conferma dell'elevato livello culturale raggiunto in quel periodo da questa straordinaria civiltà.

Alla ricca eredità classica, fonte inesauribile di ispirazione, si sono aggiunti, nel corso dei secoli successivi, gli influssi di altre tradizioni e culture che il popolo greco ha conosciuto e in parte assimilato: dalla dominazione romana all'influenza del cristianesimo, in particolare ortodosso, fino ai contatti con il mondo arabo (dovuti alla lunga sottomissione all'Impero turco). Tuttavia, a causa delle numerose dominazioni straniere che si sono succedute nel corso dei secoli e della grave crisi[2] che in epoca contemporanea ha coinvolto la Grecia – provocandone l'instabilità politica e sociale e l'arretratezza economica –, la cultura, l'arte e l'artigianato non hanno più potuto vantare quel primato detenuto dalla Grecia in epoca classica. Le attività artigianali e, in particolare, i mestieri d'arte attualmente praticati in Grecia sono comunque il frutto di un armonioso intreccio di una molteplicità di sensibilità culturali e artistiche diverse tra loro.

2. *Quadro dei mestieri d'arte*

In Grecia i mestieri d'arte, pur presentandosi soprattutto nella forma di 'micro' attività legate alle tradizioni dell'artigianato artistico locale, sono accomunati dalla tendenza a recuperare gli aspetti che hanno segnato la storia, la cultura, l'arte e l'artigianato del passato greco e a reinterpretarli secondo il gusto e la sensibilità contemporanei. I mestieri che aspirano a diventare attività capaci di coniugare tradizione e innovazione possono essere considerati come un potenziale motore di sviluppo del Paese.

Si possono considerare mestieri d'arte tipici della Grecia:

– la realizzazione di icone con motivi religiosi o secolari;

---

[2] Nell'aprile del 1967, con un colpo di Stato, un gruppo di ufficiali delle forze armate assunse il potere. La cosiddetta «dittatura dei colonnelli» durò fino al 1973, quando il Governo abolì la monarchia e proclamò la Repubblica, con Papadopulos alla presidenza sino al 1981.

– la riproduzione di opere d'arte dell'antichità secondo tradizionali tecniche di lavorazione e decorazione;

– la produzione del *komboloi*, scacciapensieri un tempo simbolo della grecità, ma oggi legato a tradizioni piuttosto superate;

– la lavorazione di manufatti in ceramica e in particolare dei vasi chiamati *pithara* nei villaggi di Thrapsano e Margarites;

– le attività di conservazione e di restauro dei beni culturali e artistici;

– la lavorazione a mano di oggetti in rame e bronzo e in metalli preziosi come l'oro e l'argento, che riproducono il classico stile bizantino o quello geometrico tipico delle decorazioni greche risalenti alla storia antica;

– la creazione con il legno di olivo di originali strumenti di scrittura da parte dei cosiddetti *penmakers* di Poros.

3. *Mestieri d'eccellenza*

La lavorazione di icone

Nonostante il duro colpo inferto all'iconografia tradizionale all'inizio del Novecento con la comparsa delle prime icone stampate su carta, a partire dal secondo dopoguerra si assiste (non solo in Grecia ma in tutti i Paesi di confessione ortodossa) alla rinascita delle antiche tradizioni iconografiche.

Ai giorni nostri, la lavorazione di icone[3] si è fortemente sviluppata anche per rispondere a una crescente domanda proveniente dal mercato straniero. Inoltre, alla riscoperta del valore dell'icona originale oggi contribuisce anche l'arte del restauro delle icone di origine bizantina, esposte nei principali musei greci.

Del resto la rinascita di questo mestiere d'arte è indissolubilmente legata ai nomi di alcuni tra i più famosi maestri dell'iconografia greca contemporanea come Fotios Kan, Ioannis Vranos, Spiros Karzamakis, Ioannis Karusos, Petros Vambulis che ebbero

---

[3] Sull'iconografia greca contemporanea si possono consultare i seguenti testi: I. Jazykova, *Io faccio nuova ogni cosa. L'icona nel XX secolo*, Edizioni La Casa di Matriona, Milano 2002, traduzione di Giovanna Parravicini; AA.VV., *Le icone*, Mondadori, Milano 1981; O. Popova - E. Smirnova - P. Cortesi, *Icone*, Mondadori, Milano 1995.

l'importante merito di distaccarsi nettamente dall'impostazione della scuola realista dominante nella seconda metà del secolo scorso, pur non abbandonando lo stile post-bizantino affermatosi nell'iconografia greca dopo la caduta di Bisanzio tra il XV e il XVII secolo. Fino agli anni Ottanta, infatti, la scuola greca si orientava quasi esclusivamente verso lo stile post-bizantino; solo a partire dal decennio successivo, gli iconografi incominciarono a rifarsi a modelli del periodo Paleologo (in cui Bisanzio conobbe il momento finale del suo splendore), tornando, di conseguenza, al canone bizantino che viene considerato lo stile autentico della produzione iconografica greca.

La produzione iconografica contemporanea in Grecia si caratterizza da una parte per una fedeltà nell'utilizzo del materiale e delle tecniche tradizionalmente impiegati per lo svolgimento di questo mestiere e, dall'altra, per una capacità di reinterpretazione dei modelli e dei soggetti antichi, secondo la sensibilità contemporanea che tende a esprimere una visione più semplificata e stilizzata delle immagini.

Solo nella città di Atene e nella regione dell'Attica sono registrate quasi 60 imprese artigianali che svolgono quest'attività, di cui 45 sono specializzate nell'esecuzione di icone e 11 in quella di statue[4].

In ogni caso, il Monte Athos (che ospita numerosi centri iconografici negli eremi di San Nicola, di Danileia e di Klimeia) rappresenta ancora il cuore della produzione iconografica ellenica.

4. *Contesto economico*

In Grecia il mondo dell'artigianato artistico è profondamente legato a quello delle piccole e medie imprese che sono i soggetti protagonisti dell'attuale sistema economico greco e quindi anche il potenziale motore dello sviluppo futuro della penisola ellenica. Il numero di imprese greche che impiegano meno di 50 persone costituisce, infatti, il 99,55% di quello totale. Inoltre, le piccole e medie imprese (PMI) impiegano il 74% della forza

---

[4] Questo dato è disponibile sul sito www.around-athens.com nella categoria *Arts and Crafts*, sottocategoria *Icons*.

lavoro del settore privato e soprattutto forniscono il 70% di nuovi posti di lavoro[5].

Secondo una definizione di piccola e media impresa che ingloba realtà produttive che impiegano fino a 100 lavoratori stipendiati in media negli ultimi tre anni e che realizza un fatturato medio fino a 2,4 milioni di euro[6], il numero di PMI in Grecia supera le 733.000 unità[7], di cui più della metà, circa 349.000 (pari al 53,7% del numero totale di imprese), non impiega lavoratori stipendiati e conta in media 11 lavoratori (sono tipiche imprese di lavoratori autonomi o a conduzione familiare). Le imprese che impiegano fino a 9 lavoratori stipendiati sono 321.000 (pari al 43,8% del totale), mentre quelle che impiegano da 10 a 49 lavoratori stipendiati sono 16.100 (pari al 2,2%). Le imprese di media dimensione che impiegano da 50 a 249 lavoratori sono 2.200 (pari allo 0,3%).

Infine, secondo il rapporto del 2003 dell'Osservatorio sulle PMI europee *SMEs in Europe 2003. 2003/7* a cura della Commissione Europea-Pubblicazioni DG Imprese[8], il numero di imprese in Grecia nel 2003 era pari a 770 su un totale di mille imprese (di cui 752 di dimensione micro, 16 piccole e 2 medie). Nelle micro-imprese la media delle persone impiegate è pari a 1, nelle piccole a 19, nelle medie a 99 e la media totale è pari a 2 per cui la dimensione dominante risulta quella micro.

Questi dati confermano, dunque, che il modello su cui si basa ancora l'economia greca è quello delle micro-imprese che impiegano meno di 10 lavoratori[9]. Oggi il mondo delle PMI sta vivendo,

---

[5] Questi dati sono consultabili sul sito di EOMMEX alla pagina www.eommex.gr/english/SME_in_Ellas/sme_sector.htm.

[6] Questa definizione è stata adottata da EOMMEX per elaborare i dati riportati di seguito nel paragrafo consultabili alla pagina www.eommex.gr/english/SME_in_Ellas/sme_sector.htm.

[7] Del resto, anche in base alla definizione fornita dall'ECU che considera di media dimensione l'impresa che impiega fino a 250 lavoratori, il numero delle PMI greche non cresce significativamente, dato che il numero di imprese con più di 100 lavoratori risulta esiguo.

[8] Il rapporto è disponibile sul sito della Commissione Europea alla pagina www.ec.europa.eu/enterprise/enterprise_policy/analysis/observatory-en.htm.

[9] Per ulteriori informazioni sulla realtà delle PMI nella penisola greca si può contattare l'University of Piraeus Research Centre (Ipsilantou 130, PIRAEUS 185 32, www.kep.unipi.gr), che si occupa, appunto, dello studio del mondo delle PMI greche.

non solo in Grecia ma in tutto il continente europeo, un periodo di difficoltà dovuto soprattutto all'incapacità di investire nella formazione e nella ricerca per lo sviluppo del capitale umano quale fattore strategico per competere sui nuovi mercati globali. Questa considerazione trova conferma nel rapporto del 2003 dell'Osservatorio sulle PMI europee *Competence Development in SMEs 2003/1*[10]: la percentuale di PMI che non prevede alcuna ufficiale attività formativa è pari in Grecia al 62% rispetto alla media europea del 59% e ben il 27% non utilizza nessun metodo indicato nel rapporto[11] per migliorare le competenze di base delle proprie risorse umane.

Per questo, il Ministero dello Sviluppo[12] – a cui è stato affidato il compito di elaborare e implementare la politica governativa a favore delle PMI – ha adottato nell'ambito del *Competitiveness Operational Program*[13] una serie di misure operative finalizzate al sostegno delle PMI greche[14].

La EOMMEX (*Hellenic Organization of Small and Medium Enterprises and Handicraft* S.A.)[15] è un'organizzazione pubblica *non-profit* che opera a sostegno delle PMI greche in collaborazione con il Ministero dello Sviluppo che, a sua volta, nomina i membri del Consiglio di Amministrazione tra i rappresentanti del settore delle SME. Gli obiettivi principali di EOMMEX sono il supporto al rilancio della competitività delle SME, la promozione delle iniziative imprenditoriali, l'incentivo all'accesso all'ICT, la semplificazione

---

[10] Il rapporto è disponibile sul sito della Commissione Europea alla pagina www.ec.europa.eu/enterprise/enterprise_policy/analysis/observatory-en.htm.

[11] Le modalità indicate sono la visita a fiere, l'organizzazione di corsi e seminari formativi tenuti dal proprio personale o da enti esterni, le visite di studio, il monitoraggio delle attività, la cooperazione con consulenti e l'organizzazione di momenti di incontro per il personale per lo scambio di conoscenze.

[12] Si veda il sito del Ministero: www.ypan.gr/index-c-cns.htm.

[13] Il testo del programma è disponibile sempre sul sito del Ministero dello Sviluppo.

[14] Tali misure prevedono la creazione di uno schema di assicurazione per i prestiti e di un fondo per le micro-imprese (che permetteranno di supportare 40.000 SME per un valore di 2 bilioni di euro di assicurazioni), l'istituzione di un *Venture Capital Fund* per la promozione di nuove imprese, la nascita di strutture di supporto alle attività delle SME (come il *Centres of Entrepreneurial and Technological Development, E-business Forum,* il *National SME Observatory*), l'elaborazione di programmi (come il *Get Connected*) finalizzati a facilitare l'accesso anche per le SME alle ICT.

[15] EOMMEX, 16, Xenias Street, GR – 11528, Athens (www.eommex.gr).

del contesto amministrativo e legale e la formazione. EOMMEX collabora anche con le Camere delle piccole e medie imprese, con le associazioni e organizzazioni rappresentative del mondo delle SME, con la Commissione Europea e con l'OECD.

5. *Profilo istituzionale-normativo*

In Grecia l'artigianato non gode di un vero e proprio riconoscimento ufficiale[16]; tuttavia, pur in assenza di una definizione legale delle attività artigianali e dei mestieri d'arte, esistono in Grecia organismi di rappresentanza e di autoregolazione di questo settore, quali il GSEVEE (*General Confederation of Small and Medium Sized Businesses, Craftsmen and Traders of Greece*)[17] e la già citata EOMMEX.

Un'altra organizzazione che opera nel settore dell'artigianato artistico è l'*Egnatia Epirus Foundation*[18], organizzazione *non-profit* istituita nel 1991 che mira allo sviluppo integrato della regione dell'Epiro attraverso attività sostenibili dal punto di vista ambientale e finalizzate alla valorizzazione del patrimonio culturale e artistico della regione. Tale ente si è posto come principali obiettivi il sostegno all'arte e alla letteratura locali, la promozione di reti avanzate di comunicazione attraverso l'uso di nuove tecnologie nei trasporti, nelle telecomunicazioni e nell'informazione tecnologica e lo sfruttamento razionale delle risorse naturali e umane dell'area. Per svolgere le sue attività, l'organizzazione beneficia anche dei sussidi governativi e comunitari. Tra i numerosi progetti avviati dalla fondazione, risulta di particolare interesse il progetto *Easycraft*, attuato nell'ambito del programma europeo IST e in collaborazione con il *World Crafts Council*, per offrire agli artigiani uno strumento che li renda capaci di rispondere alle nuove domande emergenti dal mercato e incentivarli all'uso del computer e delle nuove tecno-

---

[16] Cfr. *Proposal for the development of a methodology for the collecting and grouping of statistical data on small craft business in Europe. November 2001*, a cura dell'Istituto Tagliacarne per la promozione della cultura economica, in collaborazione con la Commissione Europea. La ricerca è disponibile sul sito della Commissione Europea alla pagina ec.europa.eu/enterprise/enterpreneurship/craft/craft-studies.

[17] GSEVEE, 24, Kapodistriou Street, 10682, Athens (www.gsevee.gr).

[18] *Egnatia Epirus Foundation*, Anthrakitou & Tsechouli Street, GR – 45221, Kastro, Ioannina (www.epcon.gr/eef).

logie. Il progetto prevede in tal senso la creazione di un portale in cui gli artigiani ma anche gli appassionati di artigianato artistico possono comunicare e scambiarsi esperienze e *know-how*, oltre a vendere le loro creazioni attraverso il servizio di *e-shop*. Altri progetti istituiti nell'ambito dei Programmi dell'Unione Europea a cui la Fondazione partecipa sono il *Silver Craft*[19] (in collaborazione con Università di Ioannina, Information System E.P.E, Ipsilon Software S.A., Association of Epirotic Studies e DODONI Bookstore), finalizzato alla tutela e alla promozione della lavorazione dell'argento – un mestiere d'arte dalle profonde radici storiche nell'Epiro – e *Crafnet*[20], finalizzato al supporto dell'*institutional capacity building* e al rafforzamento della rete delle organizzazioni asiatiche intermediarie con le controparti europee nel settore artigianale. Le attività promosse dalla fondazione nel campo dell'ICT contribuiscono a sostenere lo sforzo che anche molte PMI greche hanno iniziato a compiere in questa direzione[21].

Tra gli enti adibiti alla promozione dell'artigianato artistico greco si possono ricordare, oltre alle numerose associazioni dei mestieri d'arte organizzate per settore o per regione[22], la Camera

---

[19] Il progetto è finanziato dal Programma EPET II.

[20] Le organizzazioni partner del progetto, istituito nell'ambito del programma *Asia Invest* della DG Europeaid della Commissione Europea, operano in Germania, Sri Lanka, Thailandia, Bangladesh.

[21] Secondo il rapporto dell'Osservatorio sulle PMI europee *Obiettivo PMI. I principali risultati dell'Osservatorio sulle PMI europee 2002*, a cura della Commissione Europea-Pubblicazioni DG Imprese (disponibile sul sito della Commissione Europea alla pagina www.ec.europa.eu/enterprise/enterprise_policy/analysis/observatory_en.htm), la Grecia ha conosciuto dal 1999 al 2002 un notevole spostamento da una posizione molto bassa della graduatoria alla settima posizione con l'83% delle PMI che hanno avuto accesso a internet rispetto alla media europea pari al 74%.

[22] Le principali associazioni di artigiani organizzate per settore o per regione di produzione sono *Association of Ceramists and Potters of Marosi* (207, Kifisiasis Avenue, GR – 15124, Athens), *Association of Crafts Manufacturers of Chania* (GR – 73200, Tsikalaria, Chania), *Association of Folk Art and Traditional Crafts Industries in Heraklion* (14, Olympias Steet, GR – 71409, Heraklion), *Association of Folk Art Craftsmen and Manufacturers* (27, Aristidou Street, GR – 16674, Athens), *Association of Gold and Silvermith Manufacturers* (13, Thiseos Street, GR – 10562, Athens), *Association of Women Weavers* (36, Aigiou Street, GR – 14564, Athens e 19, Delphon Street, GR – 32100, Livadia), *Centre for the Study of Traditional Pottery – G. Psaropoulos Family Foundation* (4-6, Melidoni Street, GR – 10553, Athens), *Epicenter* (7, Navmachias Ellis Street, GR – 81100, Mytilini), *Folk Art Association* (5, Koumoundorou Square, GR – 10553, Athens), *Folk Art Association of Northern Greece* (65, Dodekanisou Street, GR – 56728, Neapoli, Thessaloniki), *Gold and Silversmith Association of Athens* (20, Lekka Street, GR – 10562,

di Commercio e dell'Industria di Atene[23] che si occupa della promozione turistica del territorio greco e delle sue tradizioni artigianali, artistiche, culturali ed enogastronomiche e la Camera delle PMI di Atene[24] che opera nello stesso settore come organizzazione separata dal 1940.

In Grecia – e non si tratta ovviamente di un caso – è presente un considerevole numero di musei dedicati all'artigianato artistico antico, moderno e contemporaneo. Di questi i più importanti sono certamente il Museo Benaki[25], il Museo dell'arte popolare greca[26] e il Museo della gioielleria Ilias Lalaounis[27].

Il Museo Benaki dedica un'intera sezione ai prodotti dell'artigianato artistico greco dal periodo antico fino al secolo scorso (vasi, gioielli, piatti, monete) e vanta anche una ricca collezione di oggetti sacri (calici, croci, paramenti) del periodo bizantino e post-bizantino, così come di icone, sempre risalenti alla medesima epoca, attraverso cui è possibile ricostruire lo sviluppo evolutivo dell'iconografia in Grecia. Il Benaki è stato il primo museo greco

---

Athens), *Hellenic Centre of Clay* (55, G. Lyra Street, GR – 14564, Athens, www.ceramic.gr), *Ioannina Association of Wood Process Professionals* (44, Sp. Lambrou Street, GR – 45333, Ioannina), *Ioannina Silversmith Association* (5, Aravantinou Street, GR – 45444, Ioannina), *Ioannina Women Professionals Network* (28-30, N. Zerva Street, GR – 45332, Ioannina), *Kallithea Gold and Silversmith Association* (65, Harokopou Street, GR – 17671, Athens), PACP - *Panhellenic Association of Ceramists and Potters* (18 B, Aigaleo Street, GR – 18545, Piraeus), *Piraeus Chamber of Small and Medium Sized Industries* (11, Karaiskou Street, GR – 18532, Piraeus), *Piraeus Clockmakers and Silversmith's Association* (21-23, Gounari Street, GR – 18531, Piraeus), *Volos Association of Potters* (60, El. Venizelou Street, GR – 38446, Volos), WWC - *World Crafts Council-Hellenic Section* (9, Hatziyianni Mexi Street, GR – 11528, Athens), *Women Crafts Association of Peta* (GR – 47200, Peta, Arta), TA GENNIMATA (GR – 63100, Chalkidiki), *Theofylaktos Klironomia* (GR – 63074 Chalkidiki), *Association of Confectionary Handicraftmen of Athens, Piraeus & Suburbs* (22 El. Venizelou, 144 52 Metamorfossi), *Athens Gold & Silversmith's Association* (20, Lekka, 105 62, Athens), *Association of Handicraft Producers of Athens* (5, Koumoundourou Sq., 105 53 Athens), *Attica Gold & Silversmith's Association* (7-9, Thisseos, 105 62 Athens).

23 *Athens Chamber of Commerce and Industry*, 7, Academias Street – 10671, Athens (www.acci.gr).

24 *Athens Chamber of Small and Medium Sized Industries*, 18, Akadimias Street, GR – 10671, Athens (www.vea.gr).

25 *Benaki Museum*, 1, Koumbari Street, GR – 10674, Athens (www.benaki.gr).

26 *Museum of Greek Folk Art*, 17, Kydathinaion Street, GR – 10558, Athens.

27 *Ilias Lalanounis Jewelry Museum* (12, Karyatidon & Kalisperi Street, GR – 11742, Athens, www.addgr.com/jewel/lalaouni).

a offrire programmi per studenti delle scuole primaria e secondaria, attraverso l'istituzione nel 1978 del *Department of Educational Programs*. Per gli adulti sono inoltre previsti corsi per lo studio dell'attività e delle tecniche utilizzate nell'iconografia, nell'arte orafa, nella realizzazione di mosaici, di miniature nei manoscritti e di rilievi allo scopo di promuovere nella Grecia contemporanea la riscoperta di questi antichi mestieri d'arte. I corsi prevedono una parte dedicata alla teoria e una alla pratica e sono tenuti da insegnanti specializzati nelle diverse attività.

Nella capitale greca si può visitare anche il Museo di arte popolare greca, museo statale fondato nel 1928 con il nome di *Museum of Greek Handicrafts*[28]. Il Museo possiede ricche collezioni – che datano dal 1650 ai giorni nostri – di tutte le espressioni dell'arte popolare e folkloristica della Grecia: ceramiche, maschere e costumi, tessuti ricamati, oggetti artigianali in metallo (soprattutto argento), in legno e in pietra.

Il Museo della gioielleria Ilias Lalaounis, istituito nel 1993 come una fondazione privata *non-profit* dedicata al mestiere della lavorazione dei gioielli, espone più di 4.000 modelli di gioielli e microsculture, scelte dal fondatore e risalenti a un periodo che va dal 1940 al 2000.

Alcune imprese artigianali si sono inoltre specializzate sia nella riproduzione di copie di opere antiche che sono andate perdute ma di cui ci è rimasta testimonianza, sia nella ricostruzione di opere originali di cui ci sono pervenuti solo alcuni frammenti. Questi oggetti realizzati e dipinti interamente a mano sono destinati ad essere esposti nei musei e pertanto garantiscono una fedeltà assoluta alle tecniche originarie di lavorazione.

Una delle più importanti manifestazioni legate al mondo dei mestieri d'arte è l'*International Pithoi Symposium*, promosso da *Studio Yria*[29] - *Prefecture of Paros*; nel 2004 (dal 26 giugno al 30 settembre presso Amaroussion) è stata inoltre organizzata dalla Municipalità

---

[28] Nel 1923 il museo assunse il nome di *National Museum of Decorative Arts* per poi cambiarlo nel 1959 con l'attuale. Fino al 1973 il Museo fu collocato presso lo Tzami in piazza Monastiraki; poi la sua sede principale venne trasferita in quella attuale.

[29] Una descrizione dettagliata delle attività promosse da questo ente si trova nel sito www.studioyria.com.

di Amaroussion in collaborazione con la *Panhellenic Association of Ceramics & Potters* la prima competizione europea di Ceramica[30].

Nonostante gli interventi a favore di una valorizzazione delle espressioni d'eccellenza dei mestieri d'arte non risultino numerosi, la Grecia ha comunque adottato una forma di promozione dell'artigianato artistico che potrebbe essere considerata 'indiretta' in quanto questo tipo di azione è previsto nelle politiche governative finalizzate a sostenere nel Paese la crescita del turismo alternativo[31]. Non è un caso che i mestieri d'arte con carattere tradizionale che stanno compiendo notevoli sforzi per rinnovarsi siano quelli in qualche modo legati al turismo e, in particolare, alle sue forme alternative ancora emergenti: la riproduzione di opere d'arte della classicità e la lavorazione di icone hanno in tal senso ricevuto un impulso dallo sviluppo del turismo culturale e religioso.

Del resto, il settore del turismo, che impiega più del 10% della forza lavoro e che contribuisce all'8% del GDP nazionale[32], può costituire un valido strumento non solo di promozione dei mestieri d'arte greci, ma anche di rilancio dell'intera economia nazionale.

Il Governo greco, attraverso agenzie come il Centro Ellenico di Investimento (ELKE)[33] e l'Associazione Nazionale del Turismo Greco (GNTO)[34], sta istituendo politiche e programmi finalizzati ad attrarre nuovi investitori e a diversificare i prodotti del turismo per offrire un'ampia varietà di opzioni di alta qualità[35]. Gli interventi governativi e non, finalizzati alla preparazione dei Giochi Olimpici che si sono svolti ad Atene nel 2004, hanno for-

---

30 Per maggiori informazioni sulla competizione si può consultare il sito www.euceco.gr.

31 In Grecia il turismo definito 'alternativo' può assumere forme legate alla promozione della salute e dello sport, all'ecoturismo e all'agriturismo e anche al turismo religioso.

32 Tali dati sono consultabili alla pagina www.abc2004.gr/application/members/article_public.php?aid=72&newstype=S.

33 *Hellenic Center for Investment*, 3, Mitropoleos Street – 10557, Athens (www.elke.gr).

34 *Greek National Tourism Organisation*, 7, Tsoha – 11521, Athens (www.gnto,gr).

35 In base alle disposizioni della legge 2601/98, sono stati previsti incentivi statali per la promozione delle forme di turismo alternativo e più di 2 miliardi di euro sono stati devoluti all'industria del turismo greco dal Terzo Fondo strutturale tra il 2000 e il 2006.

nito un ulteriore contributo allo sviluppo non solo del settore turistico, ma anche dell'intero sistema economico greco che – già nel 2002 – vantava un tasso di crescita due volte superiore alla media europea[36]. Il successo di tale evento ha pertanto messo in evidenza le potenzialità di crescita del Paese nel campo del turismo così come nei settori dell'economia greca legati alle attività artigianali e ai mestieri d'arte tipici della penisola ellenica[37].

6. *Formazione*

Il Ministero del Lavoro e della Sicurezza sociale[38] ha lanciato nel gennaio del 2004 un programma di assistenza dal titolo *New selfemployed professionals (NEE) 2004* che offre assistenza a 7.500 lavoratori autonomi per 12 mesi. I settori in cui il programma prevede un intervento di sostegno da parte del Governo greco sono il teatro, la musica, la danza, l'editoria, la pittura di icone, la lavorazione del legno, le arti grafiche e audiovisive, la lavorazione della ceramica, la realizzazione di mosaici, la produzione di copie certificate, l'organizzazione di eventi culturali, la conservazione dei beni culturali e artistici con certificazione del Ministero della Cultura, il restauro di opere antiche, il ricamo, l'uncinetto, la cucina, la lavorazione dei metalli e dei tessuti, la costruzione di barche in legno, la realizzazione di *murales*.

L'offerta formativa nell'ambito dell'artigianato e, in particolare, di quello artistico è inoltre affidata a una molteplicità di dipartimenti all'interno degli Istituti dedicati alla formazione post-secondaria (sia pubblici, sia privati) chiamati I.E.K.

[36] Questi dati sono disponibili alla pagina www.abc2004.gr/application/members/article_public.php?aid=66&newstype=M.

[37] Secondo un rapporto del Ministero dell'Economia e della Finanza greco (disponibile sul sito www.mnec.gr) dal titolo *The 2005 Update of the Ellenic Stability and Growth Program, 2005-2008. December 2005*, dopo i Giochi Olimpici, l'economia greca ha mantenuto nel 2005 un tasso di crescita elevato pari al 3,6% superiore a quello medio dei Paesi della cosiddetta «zona euro».

[38] Si veda il sito del Ministero: www.labor-ministry.gr.

(*Institouto Epagelmatikis Katartisis*)[39] o a vere e proprie scuole, dipartimenti universitari e accademie[40].

La *Foundation Psaropoulos* di Atene[41] è un museo e un centro di studio della tradizionale ceramica greca, finalizzato alla preservazione e alla promozione di questo ricco patrimonio: organizza programmi di ricerca per raccogliere e diffondere tra il grande pubblico le informazioni relative al lavoro artigianale della ceramica e alle tecniche utilizzate dal 1800 ai giorni nostri (il risultato di queste ricerche è presentato nelle pubblicazioni del centro).

Il Centro per lo Studio della Ceramica tradizionale[42], fondato nel 1987, è un istituto di formazione e di ricerca dedicato allo studio, alla salvaguardia e alla promozione della tradizionale ceramica greca e, nel contempo, un museo. Il museo dispone di un'ampia collezione di 4.500 manufatti, che includono non solo i prodotti

---

[39] Di seguito si riporta l'elenco dei principali dipartimenti che si occupano di formazione nel campo dell'artigianato artistico: I.E.K. AKMI – *Department of Applied Arts* (16, Kodrigtonos Street, GR – 11257, Athens, Greece; www.iek-akmi.gr), I.E.K. AVGERINOPOULOU – *Department of Graphic Design* (17, Halkokondili Street, GR – 10432, Athens, Greece, www.avgerinopoulou.edu.gr), I.E.K. DELTA - *Department of Applied Arts* (3, Rethymnou Street, GR – 10682, Athens, Greece, www.delta-iek.gr), I.E.K. DOMI - *Department of Applied and Fine Arts* (17, H. Trikoupi Street, GR – 1067, Athens, www.iekdomi.edu.gr), I.E.K. MOKUME (11, Ag. Dimitriou Street, GR – 10554, Athens, www.mokume.gr), I.E.K. PETRA - *Department of Applied Arts* (45, Patission Street, GR – 10433, Athens, www.petra-education.gr/iek.html), I.E.K. XINIS - *Department of Applied Arts* (29, Patission Street, GR – 10432, Athens, www.xinis.com/iek).

[40] Le principali scuole, dipartimenti universitari o accademie dedicate allo studio e all'apprendimento dei mestieri d'arte sono *Lambridis Housekeeping School in Ano Pedina* (Ano Pedina, GR – 44007, Ioannina), *Leica Academy Creative Photography* (243.5, Ymittos Street, GR – 11632, Athens, www.leica-academy.gr), T.E.I. – *Technological Education Institute of Athens – Department of Graphic Design* e *Department of Interior Design* (Ag. Spyridonos&Demetsanis Street, GR – 12210, Athens, www.teiath.gr), *Academy of Thraxia Art & Tradition* (Od. Androutsos & 12 Apostles Street, GR – 67100, Xanthi, orpheus.ee.duth.gr/academy), AKTO (36, Kapodistriou Street, GR – 10432, Athens, www.akto.gr), *Athens School of Fine Arts* (42, Patission Street, GR – 10682, Athens, www.asfa.gr), CAMPUS *Art & Science* (11, Diliyianni Street, GR – 14561, Athens, www.forthnet.gr/campus), *University of Ioannina – Department of Art Sciences* (P.O. BOX 1186, GR – 45110, Ioannina, www.uoi.gr/schools/art_sciences), *Vakalo* S.A. (26, Katsonis Avenue, GR – 11471, Athens, www.vakalo.gr), *Leloudakis School* (15, Philellinon Street, GR – 10557, Athens).

[41] Una descrizione delle attività della Fondazione è riportata sul sito del Ministero della Cultura greco: www.culture.gr.

[42] *Centre for the Study of Traditional Pottery*, 2-4, Melidoni Street – 10553, Athens. Una descrizione delle attività svolte dal centro si trova sul sito del Ministero della Cultura greco alla pagina www.culture.gr.

artigianali, ma anche gli stessi strumenti utilizzati per la loro realizzazione risalenti dall'inizio del XIX fino alla metà del XX secolo. Inoltre il centro mette a disposizione testi, documenti, fotografie, videocassette contenenti materiale informativo sui mestieri d'arte tipici della Grecia e all'interno del museo sono state allestite alcune scene che rappresentano le diverse tipologie di laboratori di produzione che ancora si possono visitare in Grecia.

L'Accademia di Atene[43] ospita il Centro di Ricerca dell'Arte Bizantina e Post-Bizantina[44] e anche il Centro di Ricerca del Folklore Ellenico[45]. Il primo centro promuove lo studio della storia dell'arte e, in particolare, dell'architettura bizantina e post-bizantina (ma sono state realizzate anche ricerche sulla produzione di icone). Il secondo istituto, fondato nel 1918, si occupa di raccogliere e catalogare tutte le informazioni sulla cultura e sulle tradizioni popolari e folkloristiche, di conservare tutti i testi sull'argomento depositati nell'archivio storico e di realizzare una pubblicazione annuale sui risultati più significativi delle attività svolte dai ricercatori dell'Accademia.

La *Rizarios Handicraft School*[46] è un'organizzazione *non-profit* che si prefigge lo scopo di tutelare i mestieri d'arte tradizionali, come il ricamo e la tessitura. Gli studenti frequentano un corso biennale sull'arte e sulle varie tecniche della tessitura e sono poi inseriti nei laboratori di produzione della scuola, dove ricevono una retribuzione mensile. I lavori degli allievi sono esposti al pubblico all'interno delle strutture della scuola.

[43] *Academy of Athens*, 28, Eleftherios Venizelos Avenue – 10679, Athens (www.academyofathens.gr/ec.home).

[44] *Research Centre of Byzantine and Post-Byzantine Art – Academy of Athens*, 14, Anagnostopoulou Street – 10673, Athens.

[45] *Hellenic Folklore Research Centre – Academy of Athens*, 3, Ipitou Street – 10557, Athens.

[46] *Rizarios Handicraft School of Monodendri* (Monodendri, GR – 44007, Ioannina, www.rizarios.gr).

Irlanda

1. *Premessa storico-ambientale*

L'artigianato irlandese è, per via della tardiva industrializzazione dell'Irlanda, particolarmente radicato nella struttura produttiva, nella cultura e nelle tradizioni del Paese.

Pur subendo una fase di declino negli anni Quaranta e nell'immediato dopoguerra – anni in cui, sull'onda del processo di modernizzazione che investì allora il Paese, mestieri manuali storici come la filatura a mano o l'impagliatura dei tetti vennero a scontare l'inevitabile e penalizzante associazione con la povertà e l'arretratezza dell'Irlanda rurale pre-moderna[1] – le *Arts and Crafts* irlandesi hanno riguadagnato fin dagli anni Settanta popolarità e slancio. Diversi i motivi: la forte crescita economica del ventennio 1960-1970; il sostegno che il Governo venne a dare al settore dell'artigianato attraverso il finanziamento, per esempio, del *Craft Council* (l'istituzione di tutela delle arti e mestieri irlandesi nata nel 1973, di cui diremo ancora più avanti); l'entrata nell'Unione Europea (1973) che, oltre a garantire anni di fortissima crescita per l'economia irlandese, risollevò anche le sorti di molti mestieri d'arte in declino (per esempio la manifattura di carrozze) allargando in modo significativo i mercati su cui essi potevano contare. Da ultimo, ma non meno importante, va citato il *revival* della musica irlandese, riscoperta che ebbe luogo sia a livello nazionale, sia internazionale e che riportò in auge, dopo una lunga fase di declino, mestieri d'arte storici come la lavorazione di strumenti antichi quali l'arpa, il *bodhràn* e le *uilleann pipes*[2].

---

[1] J. KEATING, *Foreword*, in D. SHAW-SMITH (ed.), *Ireland's Traditional Crafts*, Thames and Hudson, London 2003, pp. 7-9.

[2] *Ibi*, p. 10.

2. *Quadro dei mestieri d'arte*

Uno dei mestieri d'arte maggiormente radicati in Irlanda è la lavorazione della ceramica e della porcellana, un'attività che vede impegnate il 20% delle imprese iscritte nei registri del *Crafts Council*[3]. I raffinati oggetti in porcellana realizzati nelle contee di Galway e del Donegal godono di ampia fama internazionale e si distinguono da sempre per raffinatezza ed eccellenza. Basti pensare che in studi come il *Donegal Parian China* (la società gemellata con la celebre fabbrica di Belleek nel Nord Irlanda) la lavorazione di ogni singolo pezzo passa per almeno venti mani[4].

Per quello che riguarda la lavorazione della ceramica, essa si trova maggiormente concentrata in zone ricche di argilla come l'area di Enniscorthy nella contea di Wexford. Enniscorthy ospita la *Carley's Bridge Pottery*, uno degli studi ceramisti più antichi in Irlanda, fondato nel 1654 da due fratelli provenienti dalla Cornovaglia (il cui nome Kerley sarebbe divenuto dal 1748 Carley)[5]. Le tecniche utilizzate da larga parte dei ceramisti irlandesi sono tendenzialmente conservative e fedeli alla tradizione. È questo il caso della spugnatura, un tipo di lavorazione che, radicatasi in Irlanda nel XVII-XVIII secolo, viene oggi utilizzata nell'area di Kilkenny da artigiani-artisti come Nicholas Mosse. Ciò nondimeno, negli anni più recenti, diversi ceramisti – Michele Hannan (contea di Dublino), Stephen Pearce (contea di Cork), Michael Kennedy (contea di Galway), Louis Mulcahy (contea di Kerry) e Geoffrey Healy (contea di Wicklow) – oltre a dimostrare una crescente attenzione per quello che riguarda il *design* dei propri lavori, si sono anche cimentati in tecniche innovative come l'uso combinato di vetro e smalti o l'utilizzo di colori forti e l'applicazione di motivi e disegni sui propri lavori[6].

Un altro mestiere d'arte fortemente radicato nella storia e nella cultura artigianale irlandese è la lavorazione di gioielli, atti-

---

[3] CRAFT COUNCIL OF IRELAND, *Annual Report 2003*, p. 73.

[4] M.J. JECKLIN - K.V. REA, *Buy the Best of Ireland. A Learning Guide to Irish Goods and Crafts*, Taylor Trade Publishing, Lanham-New York-Toronto-Oxford 2004, p. 136.

[5] M. MACMANUS, *Ceramics*, in SHAW-SMITH (ed.), *Ireland's Traditional Crafts*, pp. 197-205.

[6] *Ibi*, p. 229.

vità che ha tratto forte impulso e ispirazione dalla riscoperta della tradizione celtica avvenuta alla fine del XIX secolo e ancora oggi, come dimostrano le diverse esposizioni a tema celtico organizzate dal *Crafts Council*, risorsa preziosissima per la sopravvivenza di diversi settori artigianali. Uno dei gioielli di origine celtica maggiormente ricercati è il *claddagh ring* (l'anello di Claddagh): l'anello raffigura due mani che sorreggono un cuore incoronato ed è simbolo di amore e di amicizia. Negli anni più recenti diversi maestri orafi si sono dedicati alla lavorazione delle *gold torques*, collane d'oro anch'esse di origini antichissime, per realizzare le quali sono richieste grandissime abilità e tecnica[7].

Va inoltre menzionata la lavorazione del vetro, un mestiere d'arte che cominciò a diffondersi in Irlanda durante il periodo anglo-normanno (XIII secolo) e che conobbe il proprio sviluppo nel Cinquecento: a seguito cioè della decisione di Elisabetta I di offrire nel 1575 a Jacob Verzellini, maestro veneziano del vetro soffiato, la licenza per aprire una vetreria su territorio irlandese, e di dare, solo qualche anno più tardi (1589), il proprio benestare alla creazione di *Curryglass* (contea di Waterford). Le zone dove oggi la lavorazione del vetro soffiato è maggiormente praticata sono l'area di Kilkenny, del Kerry, e le città di Dublino e di Tipperary.

Diversamente, per quello che riguarda la cristalleria, le aree dove tale lavorazione si è radicata sono la contea di Galway, di Tyrone ma, soprattutto, di Waterford che vanta una delle più antiche cristallerie irlandesi, la *Waterford Crystal*, le cui origini risalgono al 1783 e i cui manufatti sono noti in tutto il mondo[8]. Si dice addirittura che nei secoli passati i cristalli Waterford non trovassero rivali e dominassero l'intero mercato irlandese e inglese[9]. Pur attraversando anni di forte crisi alla fine dell'Ottocento, periodo in cui molte cristallerie – compresa la Waterford – non ressero la concorrenza dei prodotti in vetro fabbricati industrialmente e importati dall'America, la Waterford ritrovò nuova linfa

---

[7] *Ibi*, p. 212.

[8] *Ibi*, p. 216. Si vedano anche M. DUNLEAVY, *Waterford Crystal: the History*, Waterford Crystal, 1990 e I. GREHAN, *Waterford: an Irish Art*, Portfolio Press, Huntington-New York 1982.

[9] I. GREHAN, *Crystal and Studio Glass*, in SHAW-SMITH (ed.), *Ireland's Traditional Crafts*, pp. 215-221.

negli anni dell'immediato secondo dopoguerra e, dopo un lungo periodo di chiusura, riaprì nel 1951. Iniziò allora un periodo di fortissima espansione che avrebbe portato il numero degli addetti nel 2002 a 4.000 unità, un vero e proprio record, grazie al quale la Waterford è oggi conosciuta come la «più grande fabbrica artigianale esistente al mondo»[10]. Combinando tradizione (soprattutto per quello che riguarda i motivi incisi sui cristalli) e l'utilizzo di nuove tecniche provenienti dall'Europa, fin dagli anni Cinquanta la Waterford si è distinta per la lavorazione di manufatti che nella maggior parte dei casi richiedono grandi abilità ed esperienza. Alcuni pezzi – per esempio i vasi con intagli a forma di insetto (uno dei fiori all'occhiello della produzione Waterford) – richiedono quasi quaranta ore di lavoro e l'opera di incisori con esperienza decennale[11].

Un altro tipo di lavorazione che, pur avendo radici antichissime, ha conosciuto nuovo slancio negli anni più recenti è quello del legno. L'abbondanza di salici (un albero di cui l'Irlanda può vantare più di 60 sottospecie diverse) e di vimini spiega la diffusione e la forza di mestieri come quello della manifattura di cestini realizzati ancora oggi con metodi tradizionali che poco si discostano dalle tecniche adoperate in passato. La domanda per questo tipo di oggetti è molto alta. I grossi cesti utilizzati un tempo per la raccolta delle patate e della torba sono oggi richiestissimi come contenitori per la legna da fuoco o per prodotti il cui mantenimento richiede una buona aerazione. La nuova sensibilità ambientalista che sta diffondendosi da anni nelle aree urbane del Paese ha invece accresciuto l'interesse per cestini in legno di dimensioni inferiori utilizzati da un numero crescente di persone per il trasporto di animali domestici o come contenitori della spesa in sostituzione delle ben meno ecologiche buste di plastica disponibili alle casse dei supermercati[12]. Uno degli artisti-artigiani più noti fra coloro che operano in questo settore e che più si è prodigato per promuovere all'interno del settore maggiore sensibilità per *design* e innovazione è Joe Hogan, autore di *Basket-making in*

---

[10] *Ibi*, p. 215.

[11] Jecklin - Rea, *Buy the Best of Ireland. A Learning Guide to Irish Goods and Crafts*, p. 215.

[12] *Ibi*, p. 214. Si veda anche A. O'Dowd, *Wickerwork*, in Shaw-Smith (ed.), *Ireland's Traditional Crafts*, pp. 115-125.

Ireland (2001)[13] e curatore della mostra *Irish Basket-making - Tradition today* tenutasi presso il *Crafts Council* nel 2003[14].

Sempre nello stesso ambito, va poi citata la lavorazione di barche e, in particolare, delle *Currachs*, antichissime imbarcazioni irlandesi di una lunghezza che può variare dai cinque ai dieci metri, usate in passato da predicatori ed evangelizzatori (che trovavano questo tipo di barche particolarmente adatte per percorrere i numerosissimi fiordi, fiumi, e baie che contraddistinguono l'Irlanda) e per attività di pesca (la leggerezza e l'agilità che caratterizzano la *Currach* ne facevano una barca ideale per i mari mossi della costa oceanica). Le *Currachs* sono oggi per lo più utilizzate per il tempo libero, per competizioni sportive, e, come nel caso delle isole Aran – le piccole isole a ovest di Galway – per il trasporto di merci dalle navi cargo alla costa[15].

3. *Mestieri d'eccellenza*

Strumenti musicali antichi

Come è già stato brevemente accennato nella parte introduttiva, il *revival* della musica celtica negli anni Sessanta (si pensi solo al successo di gruppi come i Chieftains), in Irlanda così come nel resto del mondo, ha segnato la riscoperta di strumenti musicali da tempo caduti in disuso (per esempio l'arpa) e, con essa, la rinascita dell'arte della lavorazione di strumenti antichi, un mestiere che, pur non venendo mai meno a *standards* d'eccellenza, era andato vieppiù scomparendo negli anni precedenti[16].

Presente sulle bottiglie della famosa birra Guinness, e prima dell'introduzione dell'euro, su diverse monete della vecchia sterli-

---

[13] J. HOGAN, *Basket-making in Ireland*, Wordwell Publishers, Dublin 2001.

[14] JECKLIN - REA, *Buy the Best of Ireland. A Learning Guide to Irish Goods and Crafts*, p. 108. Si veda anche J. MANNERS, *Irish Crafts and Craftsmen*, The Appletree Press, Belfast 1982, pp. 81-86.

[15] MANNERS, *Irish Crafts and Craftsmen*, p. 30. Si vedano anche C. MACCARTHAGH, *Wooden boats*, in SHAW-SMITH (ed.), *Ireland's Traditional Crafts*, pp. 85-95; e K. DANAHER, *Currachs*, in SHAW-SMITH (ed.), *Ireland's Traditional Crafts*, pp. 96-101.

[16] T.O. CANAINN, *Traditional Music in Ireland*, Ossian, Cork 1993. Si veda anche F. VALLELY (ed.), *The Companion to Irish Traditional Music*, Cork University Press, Cork 1999.

na irlandese, l'arpa è stata da sempre uno dei simboli più importanti dell'identità nazionale irlandese[17]. Nel periodo celtico, veniva utilizzata in occasione di cerimonie e di battaglie. Spesso era suonata dagli stessi re. Fu proprio il forte valore simbolico che l'arpa venne ad assumere per il nazionalismo irlandese che spinse gli inglesi diversi secoli dopo (nel periodo elisabettiano e cromwelliano) a lanciare una vera e propria campagna di persecuzione contro i suonatori d'arpa e a distruggere migliaia di arpe. Va da sé che ciò non fece che rafforzare ulteriormente l'associazione fra questo strumento e il senso d'identità irlandese, un legame rimasto immutato fino ai giorni nostri e ultimamente ancor più rinforzatosi[18]. La lavorazione dell'arpa è oggi uno dei fiori all'occhiello dell'artigianato d'arte irlandese, e, tramandandosi, in molti casi, di generazione in generazione, si è guadagnata fama di eccellenza e altissima qualità in Irlanda così come all'estero. Per quello che riguarda le tecniche di lavorazione, esse sono radicalmente mutate rispetto al passato[19], a partire dal legno stesso utilizzato che non è più salice o legno di tasso ma legno di mogano che viene accuratamente selezionato e stagionato per almeno 7-10 anni[20].

Un altro strumento simbolo dell'Irlanda e della musica irlandese è la *uilleann pipe*, un tipo di cornamusa diffusosi nel XVIII secolo e fra i più raffinati e complessi all'interno della famiglia delle cornamuse[21]. Diversamente dalla cornamusa scozzese (lo strumento a cui la *uilleann pipe* si avvicina di più), la cornamusa irlandese viene suonata in posizione seduta e non in marcia. Essa produce un suono simile a quello di un insieme di oboi e prende nome dal fatto che il soffietto da cui proviene l'aria viene schiacciato con il gomito (*uilleann* è la parola utilizzata in gaelico per indicare il gomito)[22].

---

[17] JECKLIN - REA, *Buy the Best of Ireland. A Learning Guide to Irish Goods and Crafts*, p. 226.

[18] *Ibidem.*

[19] J. RIMMER, *The Irish Harp*, Mercier Press, Cork 1977.

[20] MANNERS, *Irish Crafts and Craftsmen*, p. 101. Si veda anche P. KILROY, *Harps*, in SHAW-SMITH (ed.), *Ireland's Traditional Crafts*, pp. 106-110.

[21] SHAW-SMITH (ed.), *Ireland's Traditional Crafts*, p. 104. Si vedano anche W. GARVIN, *The Irish Bagpipes: their Construction and Maintenance*, Blackstaff, Belfast 1978 e *Uilleann Pipes*, in SHAW-SMITH (ed.), *Ireland's Traditional Crafts*, pp. 104-105.

[22] MANNERS, *Irish Crafts and Craftsmen*, p. 105.

Il terzo e ultimo strumento caposaldo della musica irlandese è il *bodhràn*, un tipo di tamburo utilizzato in passato dai capi dei diversi clan irlandesi nel periodo celtico per raccogliere e guidare le truppe durante i combattimenti[23]. Il *bodhràn* consiste in una struttura cilindrica in legno, spesso decorata con simboli celtici e irlandesi, ricoperta in una delle due parti con pelli che possono essere di capra o daino[24]. Prima dell'applicazione le pelli vengono immerse per un periodo che può variare dai sette ai dieci giorni in una soluzione di solfuro di calcio che, ammorbidendone le parti più dure e sciogliendone il grasso, permette al raschietto una più facile rimozione del grasso e dei peli[25].

Lavorazione del tessile

Uno dei prodotti artigianali irlandesi maggiormente conosciuti all'estero è il *tweed* irlandese, un tessuto all'interno della cui trama vengono introdotti piccoli inserti di lana, chiamati anche *speckles* (macchiette, chiazze)[26].

La lavorazione a mano del *tweed* conosce una lunghissima tradizione nell'area del Donegal e del Mayo, due contee caratterizzate storicamente da un'altissima concentrazione di allevamenti di pecore (animale di cui l'Irlanda può vantare più di cinquanta tipi) e da un'economia prevalentemente rurale dove, in assenza di offerta di impieghi più redditizi, la tessitura a mano ha da sempre esercitato una forte attrazione sulla popolazione contadina, favorevole a integrare le entrate, spesso magre, ricavate dai propri appezzamenti con un secondo lavoro[27]. A questo riguardo è opportuno notare che, trattandosi di un'attività estremamente faticosa, la tessitura a mano vede da sempre impegnati oltre alle donne anche moltissimi uomini.

---

[23] JECKLIN - REA, *Buy the Best of Ireland. A Learning Guide to Irish Goods and Crafts*, p. 226. Si veda anche S. HANNIGAN, *The Bodhràn Book: History, Technique, Music*, Ossian, Cork 1991.

[24] *Ibi*, p. 227.

[25] SHAW-SMITH (ed.), *Ireland's Traditional Crafts*, p. 102.

[26] J. HOAD, *This is Donegal Tweed: Traditional Techniques and History*, Shoestring Publications, Inver 1987.

[27] JECKLIN - REA, *Buy the Best of Ireland. A Learning Guide to Irish Goods and Crafts*, p. 231.

Una delle fabbriche maggiormente note per la lavorazione del *tweed* fatto a mano nel Donegal è la *Magees*, società che esporta due terzi della propria produzione e che rimane fra i più grossi produttori di *tweed* lavorato a mano al mondo. La *Magees* si affida al lavoro di centinaia di tessitori dispersi su tutto il territorio del Donegal (in un raggio di trenta miglia) e ha risolto, fin dagli anni Settanta, il problema della disomogeneità in termini di qualità, peso e fattura del proprio *tweed* (derivante dalla dispersione della propria forza lavoro), fornendo essa stessa ai propri tessitori il filato ma soprattutto istruzioni precise sulla lavorazione e sui motivi e i disegni da realizzare[28].

Sempre rimanendo nell'ambito della tessitura a mano, il Donegal si è guadagnato nel corso del secolo fama internazionale non solo per il *tweed* ma anche per la produzione di tappeti, i *Donegal carpets*, la cui manifattura vanta origini lontane: i primi tappeti furono, infatti, prodotti alla fine del XIX secolo quando Alexander Morton, emigrato dalla Scozia a Killybegs, introdusse in Irlanda la tecnica scozzese per la manifattura dei tappeti annodati a mano[29]. La qualità dei materiali utilizzati (tutti i *Donegal carpets* sono prodotti in lana al 100%), dei disegni realizzati (grande parte dei tappeti vengono fatti su commissione e si diversificano per motivi, forma e colori)[30] e la raffinatezza e la complessità delle tecniche adoperate segnarono un successo immediato per la fabbrica fondata da Morton e per i suoi manufatti. I *Donegal carpets* possono oggi vantare committenti di prestigio fra cui Buckingham Palace, il Parlamento sudafricano, il Dipartimento di Stato americano e un numero notevole di ambasciate e palazzi di rappresentanza[31].

Maglieria

Al pari della tessitura, anche la maglieria a mano, praticata soprattutto nella contea del Donegal e di Galway, è profondamente radi-

---

[28] MANNERS, *Irish Crafts and Craftsmen*, p. 63.

[29] MAHON, *Wool and Flax*, in SHAW-SMITH (ed.), *Ireland's Traditional Crafts*, pp. 14-22, e *Donegal carpets* , in SHAW-SMITH (ed.), *Ireland's Traditional Crafts*, p. 35.

[30] MANNERS, *Irish Crafts and Craftsmen*, p. 74.

[31] MAHON, *Wool and Flax*, p. 14.

cata nell'ambiente rurale irlandese[32]. I manufatti attraverso i quali l'Irlanda si è da anni conquistata fama internazionale per qualità ed eccellenza sono i maglioni fatti a mano delle isole Aran, maglioni che, realizzati con lana cerata resistente a freddo e acqua, nacquero originariamente come capi d'abbigliamento per i pescatori dell'isola[33].

I ricami e i punti (più di dodici tipi) utilizzati nella realizzazione di questi maglioni richiamano la vita di mare o possono avere significato religioso (per esempio il punto Trinità); possono, inoltre, essere motivi di augurio per un futuro di ricchezza e benessere o semplicemente, come nel caso del punto ad alveare, per una buona pesca (leggenda popolare voleva che la vista da parte di un pescatore di un alveare prima di salpare per il mare fosse di buon auspicio per una pesca ricca)[34].

L'utilizzo combinato di questi punti permetteva la realizzazione di maglioni unici e diversificati. Si è a lungo creduto che la manifattura di capi 'personalizzati' nascesse dalla speranza di poter riconoscere quei pescatori che dovessero finire dispersi in mare. Si tratta di una credenza fortemente radicata nella cultura popolare ma non solo: in uno dei lavori teatrali (*Riders to the Sea*) di John Synge, molti dei quali sono basati sulle storie raccolte dal noto drammaturgo irlandese durante i suoi soggiorni nelle isole Aran, una ragazza identifica il fratello dai ricami presenti sul suo maglione[35]. In realtà la specificità di ogni singolo maglione nasceva dall'orgoglio e dal desiderio delle donne di casa di realizzare capi unici attraverso cui il proprio nucleo familiare allargato potesse distinguersi e riconoscersi. Il fatto che ciò permettesse una più facile identificazione dei propri cari in caso di disgrazia era una conseguenza non intenzionale[36].

I primi maglioni Aran fecero la loro comparsa negli anni Venti quando divenne invalsa l'usanza di farne dono a ogni maschio della famiglia in occasione della Santa Comunione. La vendita al pubblico ebbe inizio negli anni Trenta e Quaranta e conobbe un

---

[32] *Ibidem.*

[33] L.L. SCHLEGEL, *Aran: a Saga in Wool*, Harlo, Detroit 1980.

[34] SHAW-SMITH (ed.), *Ireland's Traditional Crafts*, p. 27.

[35] *Ibidem.*

[36] JECKLIN - REA, *Buy the Best of Ireland. A Learning Guide to Irish Goods and Crafts*, p. 106.

vero e proprio *boom* (da allora mai spentosi) a seguito di un servizio dedicato ai maglioni delle isole Aran apparso su «Vogue» negli anni Cinquanta[37].

Oggi in realtà le popolazioni residenti nelle isole sono ben lungi dal soddisfare la domanda, enorme, esistente per questo tipo di capi. Di fatto, larga parte dei maglioni fatti a mano oggi in commercio, pur essendo presentati come maglioni delle isole Aran, sono realizzati altrove, soprattutto nell'area Donegal dove esistono numerose cooperative che, agendo come punto di raccolta di manufatti realizzati da lavoranti indipendenti in abitazioni private, sono poi in grado di confrontarsi in modo più strutturato e organizzato con il mercato[38].

Lavorazione di pizzi e merletti

La lavorazione di pizzi e merletti è, senza dubbio, un altro settore dell'artigianato irlandese caratterizzato da tradizione antichissima e d'eccellenza. Essa venne introdotta da Lady Arbella Denny, una dama di carità che, cominciando da un orfanotrofio di Dublino, si prodigò nella diffusione delle tecniche di lavorazione di pizzi e merletti in Irlanda nella speranza di offrire a molte famiglie bisognose una nuova fonte d'entrata. Già allora esisteva, infatti, una cospicua domanda all'interno del Paese per pizzi e merletti, considerati un prezioso e irrinunciabile indicatore di *status* nonché un indispensabile elemento decorativo di colli e polsini per poter stare al passo con la moda del tempo. Tale mercato si era, tuttavia, fino ad allora rivolto ai costosi pizzi e merletti provenienti dal Continente[39].

Con la metà del XVII secolo la lavorazione di pizzi e merletti prese quindi piede in Irlanda diffondendosi in modo assai rapido. Facilmente conciliabile con la cura della casa e con l'attività agricola, essa era praticata per lo più da donne e nelle zone rurali. A riconoscimento del ruolo importante che tale attività venne ad acquisire nella sussistenza di molti nuclei familiari, soprattutto durante la «Grande Carestia» del 1845-1849, il Governo creò

---

[37] *Ibi*, p. 232.

[38] *Ibidem*.

[39] MAHON, *Rich and Rare: the Story of Dress in Ireland*, Mercier Press, Cork 2000.

numerose scuole di pizzo e merletto dove era possibile imparare gratuitamente il mestiere e familiarizzare con le tecniche e i punti più complessi[40].

Fatta eccezione per il 'pizzo Irlanda' (dove i motivi all'uncinetto – fiori stilizzati, roselline, foglie – si eseguono separatamente per essere successivamente cuciti sulla rete), tutti gli altri tipi di merletto irlandese si rifanno a modelli e disegni importati dall'Europa continentale. Ogni singola contea si distingue per un tipo di merletto diverso anche se le lavorazioni più note (per esempio il pizzo di Limerick, originario della contea di Limerick) vengono di fatto realizzate sull'intero territorio nazionale[41]. Un altro tipo di merletto famoso è il pizzo di Carrickmacross (*Carrickmacross lace*), introdotto intorno al 1820 nell'area di Monaghan, che, altrimenti detta *lace making county* (la contea dei pizzi e merletti), è, insieme a quella di Limerick, la regione irlandese più nota per quest'attività[42]. Il vestito da sposa confezionato per Lady D in occasione delle sue nozze con il Principe Carlo nel 1981 era ricchissimo di questo tipo di pizzo.

La produzione di pizzi e merletti irlandesi conobbe una forte crisi all'indomani della Prima guerra mondiale[43], una crisi da cui seppe risollevarsi negli anni a seguire[44] pur non riuscendo più a riguadagnare il volume d'affari del periodo pre-bellico. I pizzi e merletti irlandesi possono oggi contare sulla domanda proveniente dai numerosi turisti che visitano ogni anno l'Irlanda e dall'alta moda[45].

---

[40] L. JONES, *Lace and Crochet*, in SHAW-SMITH (ed.), *Ireland's Traditional Crafts*, pp. 42-43. Anche JECKLIN - REA, *Buy the Best of Ireland. A Learning Guide to Irish Goods and Crafts*, p. 198.

[41] JONES, *Lace and Crochet*, p. 42.

[42] JECKLIN - REA, *Buy the Best of Ireland. A Learning Guide to Irish Goods and Crafts*, p. 220.

[43] JONES, *Lace and Crochet*, p. 43.

[44] A. COLE - L.M. BALLARD, *Renaissance of the Irish Art of Lace-making*, Ulster Folk and Transport Museum, 1988.

[45] JECKLIN - REA, *Buy the Best of Ireland. A Learning Guide to Irish Goods and Crafts*, p. 221.

4. *Contesto economico*

Specialmente dalla metà degli anni Novanta in poi le arti e mestieri irlandesi hanno conosciuto una fase di fortissima espansione che ha visto larga parte delle imprese artigianali raddoppiare le proprie vendite e introiti. Tra i fattori maggiormente responsabili vi è il tasso di crescita sostenuta che interessa l'economia irlandese da oltre dieci anni: il maggiore benessere venutosi a creare di recente nel Paese è andato senza dubbio ad accrescere la domanda per prodotti lavorati a mano che, per costi e raffinatezza, rientrano in molti casi nella categoria dei prodotti di lusso. Va inoltre fatta menzione del ruolo ancora una volta fondamentale giocato dal *Crafts Council*. Dinanzi alla sfida posta dalla concorrenza dei prodotti artigianali provenienti dai Paesi in via di sviluppo e all'impossibilità per l'Irlanda di competere con manufatti realizzati a basso costo, il *Crafts Council of Ireland* sta da anni promuovendo e sostenendo attraverso, per esempio, l'offerta di corsi di alta specializzazione e di borse di studio, un artigianato di 'qualità' che faccia di tradizione e d'eccellenza i propri punti di forza[46]. Il *Crafts Council* svolge, inoltre, da anni un'importante opera di sensibilizzazione fra i suoi associati per un uso più diffuso di internet (volto a ridurre i costi di distribuzione – fondamentale soprattutto per le piccole attività – e ad accrescere la visibilità dei manufatti irlandesi sul mercato estero), e, non meno importante, un'opera di diffusione di una maggiore cultura imprenditoriale, attraverso, per esempio, corsi di gestione aziendale. A tale riguardo, è opportuno ricordare che, in controtendenza con l'enfasi posta in passato sulla dimensione artistica e creativa dei mestieri d'arte[47], il *Crafts Council* ha,

---

[46] CRAFTS COUNCIL OF IRELAND, *Annual Report 2003*, Crafts Council of Ireland, Kilkenny 2003, p. 16.

[47] Anche in Irlanda, così come in Gran Bretagna, negli anni intorno al 1880 prese piede l'*Arts and Crafts Movement*, movimento che avrebbe lasciato una forte impronta nella cultura artigianale irlandese. L'*Arts and Crafts Society*, società che, fondata nell'aprile 1884 da Lord Mayo (magnate delle arti e dei mestieri irlandesi), avrebbe conosciuto anni di fulgore fino al periodo interbellico, si proponeva, così come la propria omologa britannica, la liberazione dell'attività produttiva dall'alienazione della catena di montaggio e la riscoperta dei mestieri della mano; allo stesso tempo ambiva a promuovere una maggiore attenzione al *design* e alla dimensione artistica della produzione artigianale. Si veda P. LARMOUR, *The Arts and Crafts Movement in Ireland*, Friar's Bush Press, Belfast 1992, p. 56.

negli ultimi anni, sollecitato una maggiore sinergia fra questi e il mondo dell'industria.

Per quello che riguarda il peso economico e la struttura organizzativa del settore, come si legge in un rapporto del *Crafts Council of Ireland* del 2003, l'artigianato irlandese conta oggi più di 1.300 imprese e diverse aree d'eccellenza come il tessile o la lavorazione del vetro e di strumenti musicali antichi. Il volume di affari e le dimensioni di tali imprese variano in modo significativo sebbene vi sia una netta predominanza di micro-imprese (il 72% delle imprese presenti nei registri del *Crafts Council* si regge su non più di due addetti[48]; e gli introiti del 63% delle imprese raramente superano i 30.000 euro annuali). Pur nella sua eterogeneità, si tratta di una risorsa importante per l'economia del Paese, non tanto per il contributo offerto alle esportazioni (l'87% dei manufatti prodotti viene assorbito dal mercato interno)[49] quanto per il ruolo giocato nell'industria del turismo e, non meno importante, nelle politiche di sviluppo regionale promosse dal Governo a sostegno delle zone meno industrializzate[50].

5. *Profilo istituzionale-normativo*

L'istituzione che tutela i mestieri d'arte irlandesi è il *Crafts Council of Ireland*, una società *non-profit* nata nel 1973 e con sede, dal 1989, a Kilkenny, che si regge per lo più su finanziamenti statali ed europei[51]. Come già ricordato sopra, il *Crafts Council* svolge attività di promozione e di sostegno alla categoria di principale importanza: è responsabile dell'organizzazione di numerose fiere, esposizioni annuali e di *database* (consultabili su internet) come *Imagebank* (www.ccoi.ie/imagebank) o il *Register of Craft Enterprise*

---

[48] CRAFTS COUNCIL OF IRELAND, *Crafts Council of Ireland Strategic Plan 2004-2006*, in ID., *Annual Report 2003*, p. 22.

[49] *Ibidem*.

[50] *Ibi*, p. 8. La centralità riconosciuta alla promozione delle attività artigianali all'interno delle politiche di sviluppo regionale perseguite dal Governo risale alla fine del XIX secolo e alla nascita, nel 1891, del *Congested Districts Board*, un'istituzione creata dal Governo allo scopo di combattere la povertà e creare occupazione in aree geografiche disagiate come l'Ulster, il Munster e il Connaught. KEATING, *Foreword*, p. 11.

[51] CRAFTS COUNCIL OF IRELAND, *Annual Report 2003*, p. 18.

(www.ccoi.ie) attraverso i quali è possibile accedere alle immagini (più di mille nel caso dell'*Imagebank*) e ai nomi più noti e importanti nelle singole arti manifatturiere; pubblica *Stopress*, la *newsletter* di riferimento per il settore, e commissiona rapporti sullo stato delle arti e mestieri. Grazie a tali attività e al potenziamento del proprio ufficio stampa, il *Crafts Council* ha conseguito risultati importanti per quello che riguarda la visibilità del settore riuscendo, per esempio, a raddoppiare dal 2002 al 2003 la copertura mediatica offerta da stampa e televisione alle proprie attività e in generale alla realtà delle arti manifatturiere.

Altre associazioni di supporto all'artigianato e ai mestieri d'arte irlandese, con cui il *Crafts Council* ha da anni instaurato un'intensa collaborazione, sono l'*Association of City and County Enterprise Boards* (fondata nel 1993 a sostegno della piccola imprenditoria) e i *Leader Groups* (un *network* di associazioni finanziato dall'Unione Europea allo scopo di sostenere e promuovere lo sviluppo delle aree rurali).

6. *Formazione*

Esistono infine quasi 60 associazioni di categoria che, divise per settore, svolgono anch'esse un ruolo fondamentale di informazione, collegamento e formazione all'interno delle singole arti manifatturiere.

Come accennato più sopra, anche la formazione dei futuri artigiani è affidata, a livello istituzionale, al *Crafts Council of Ireland*, che fa dell'educazione ai mestieri uno dei propri obiettivi fondamentali. Il CCoI è dunque diventato sia il punto di riferimento nell'elaborazione dei programmi scolastici dei tre cicli di istruzione – naturalmente per quanto concerne l'artigianato –, sia l'intermediario tra i giovani apprendisti e gli operatori del settore, fornendo a questi ultimi le necessarie qualifiche per l'insegnamento e, ai novelli artigiani, una didattica efficace. Destinato al primo livello scolare è il progetto denominato *Craft in the Classroom* – recentemente avviato nelle contee di Cork, Waterford, Kilkenny e Tipperary ma destinato ad ampliarsi a quelle di Carlow e Wexford – che propone l'intervento di esperti artigiani durante le lezioni con l'intento di avvicinare i bambini ai mestieri della tradizione[52]. Di altra natura, invece, il *Third level support*, orientato ad aiutare, anche economicamente, gli studenti più brillanti che proseguono gli studi specialistici in ambito universitario. Il CCoI, tra l'altro, eroga ogni anno una borsa di studio destinata agli artigiani meritevoli, per riconoscerne e supportarne gli 'sviluppi creativi' nei mestieri[53]. Al fine di venire incontro alle crescenti richieste di artigiani specializzati da parte dell'industria, tra il 1990 e il 1993, lo stesso *Crafts Council* ha istituito e avviato due corsi biennali, uno di *Goldsmithing & Jewellery* a Kilkenny e l'altro di *Ceramics* a Thomastown, entrambi dedicati al *design* e alla manifattura di alta qualità[54].

L'educazione ai mestieri può dunque proseguire in ambito universitario dove non manca l'offerta di corsi di laurea specifici all'interno delle facoltà d'arte e *design*. La più prestigiosa è sicuramente quella del *National College of Art and Design* di Dublino, istituzione le cui origini risalgono al 1746 e che si onora di avere avuto tra i suoi studenti anche il poeta William Butler Yeats. L'offerta formativa propone corsi di laurea in *Craft Design (Ceramics, Glass & Metals)* e in *History of Art and Design and Craft Design* i cui percorsi didattici sono fortemente improntati alla pratica manuale, prevedendo altresì tirocini in aziende del settore, come la rinomata *Waterford Crystal*[55]. Degno di nota è anche il *Crawford College of Art & Design* di Cork presso il quale è attivo un corso di laurea in Design della ceramica[56].

D'altro genere, ma sempre di alto livello, è la formazione offerta dalle numerose scuole private; tra queste spicca la *Kinsale Pottery and Art School*, fondata nel 2001 nell'omonima cittadina portuale. Questo centro, ospitato nelle ex fattorie di una proprietà settecentesca, organizza una vasta gamma di corsi, per adulti e bambini, che spaziano dalla lavorazione della ceramica

---

[52] Per ulteriori dettagli si veda la pagina web dedicata al progetto, sul sito del CCoI: www.ccoi.ie/content/view/47/113/#Craftspeople.

[53] Anche in questo caso, per maggiori informazioni, si rimanda al sito internet del *Council*: www.ccoi.ie.

[54] I corsi sono gratuiti e sono ammessi solo 12 studenti.

[55] Cfr. www.ncad.ie.

[56] Il *Crawford College of Art & Design* è un dipartimento del *Cork Institute of Technology*. Cfr. www.cit.ie.

all'arte del vetro colorato, fino alla pittura su tessuto e alla fusione del bronzo[57]. Nella stessa regione, il West Cork, è attivo un consorzio di artigiani che organizza *workshops* e corsi legati all'apprendimento dei mestieri artistici. Gli insegnamenti includono, oltre alla ceramica e alla vetraria, la scultura, la lavorazione del legno e della carta[58]. Merita attenzione, infine, il fenomeno in netta crescita delle *arts & crafts holidays*, vacanze a tema che propongono, accanto all'esplorazione dei paesaggi, l'introduzione ai mestieri artistici direttamente negli *ateliers* dei maestri[59].

Crafts Council of Ireland
Castle Yard
Kilkenny
Tel.: +353 56 776 18 04
www.ccoi.ie

Irish LEADER Support Group
Tipperary Institute
Nenagh Road
Thurles, Co. Tipperary
Tel.: +353 504 28 127
www.ilsu.ie

---

[57] Per una panoramica completa dei corsi, cfr. lo spazio web della scuola: www.kinsaleceramics.com.

[58] Si veda www.handsonwestcork.com/arts.htm.

[59] Per quanto l'offerta di queste vacanze ecologiche sia vasta, è prevalente una tipologia: si tratta di soggiorni da due a sette giorni – di solito nelle località più suggestive dell'ovest del Paese – che prevedono attività in laboratorio sotto la guida di artisti specializzati nella maglieria, nella ceramica o nella manifattura di cestini. Si vedano, a titolo d'esempio, www.artsholidaysireland.com e www.irelandadventures.com.

Italia

1. *Premessa storico-ambientale*

La realtà cui si fa riferimento in Italia con l'espressione 'mestieri d'arte' stupirebbe forse un osservatore originario di quei Paesi europei che furono la culla della prima e della seconda rivoluzione industriale. Oggi, nei Paesi dell'Europa settentrionale risulta arduo definire il crinale fra arte e artigianato, o fra artigianato e industria; i maestri d'arte italiani, invece, operano in settori la cui indipendenza dal circuito delle gallerie d'arte e della produzione seriale tende ad essere pienamente riconosciuta.

Le ragioni politiche di una tardiva unificazione nazionale hanno probabilmente contribuito a questa particolarità italiana; ancor più determinanti sono state indubbiamente le modalità del suo sviluppo industriale. Fino al *boom* economico degli anni Sessanta del Novecento, tranne alcune eccezioni, solo una parte della popolazione del triangolo industriale Torino-Milano-Genova era stata indotta ad abbandonare le fonti di sostentamento legate a metodi di produzione artigianale e di distribuzione locale. I ceti benestanti, inoltre, non avevano dovuto affrontare, almeno fino alla Seconda guerra mondiale, eventi che li spingessero a modificare il loro stile di vita o ad allargare i loro orizzonti oltre l'ambito locale.

Anziché addentrarsi in dispute sui modelli 'normali' o meno di sviluppo, però, appare qui più interessante osservare il variegato panorama del patrimonio artistico-artigianale costituitosi in virtù di tale 'anomalia'. L'odierna società italiana si sta dimostrando capace di innovare al pari delle altre nazioni europee; al contempo, essa è stata abile anche nella preservazione del proprio bagaglio storico inserendolo nel vivo del sistema economico. Le giovani generazioni di creativi italiani, immerse anch'esse come i loro colleghi europei nel clima del 'postmoderno', possono così avvalersi della propria tradizione per ricavarne il volto attuale, così come possono affrontare un mondo globalizzato senza timore di smarrire il timbro locale.

2. *Quadro dei mestieri d'arte*

Un resoconto anche solo approssimativo dei mestieri d'arte esercitati in Italia rivela immediatamente il forte legame con un determinato territorio. In ciò si riflette quell'imponderabile fattore umano, presente in tutte quelle attività che includono l'apporto creativo, soggette come sono al valore che diamo al nostro *habitat*, ai suoi colori e suoni. Le istituzioni formative che sono nate negli ultimi decenni hanno fatto proprio tale modo di vedere per cui, oltre ai grandi centri di formazione generalizzata, l'Italia si caratterizza per una fitta rete di istituti scolastici che garantiscono la sopravvivenza alle tradizioni locali. Infine, il valore del marchio locale ha ottenuto in quasi ogni ramo del settore artistico-artigianale un riconoscimento ufficiale (spesso disciplinato con leggi regionali): per il processo di rivalutazione dei mestieri d'arte la sua introduzione rappresenta un importante punto d'arrivo, ma, al tempo stesso, anche di partenza verso pratiche innovative.

3. *Mestieri d'eccellenza*

La liuteria a Cremona

È forse superfluo raccontare per un'ennesima volta la storia dei liutai cremonesi: i nomi Stradivari, Guarneri e Amati sono parte imprescindibile del bagaglio culturale mondiale. Il compito di preservare la loro eredità è svolto dalla struttura museale di Cremona che, grazie all'impegno dei suoi cittadini, ha riportato alla città natia i capolavori dei grandi maestri, oggi presentati in due sedi museali (nel Museo Comunale degli Strumenti Musicali e nella sede distaccata del Museo dedicata ai Reperti Stradivariani)[1]

---

[1] I dati sull'offerta museale riguardante la liuteria cremonese sono raccolti sul sito www.musei.confartigianato.it/Museo.asp?id=145.

e oggetto di studio da parte degli allievi della Scuola Internazionale Stradivariana di Liuteria.

La sede centrale del Museo Comunale, collocata nel Palazzo Comunale, può annoverare nella sua collezione due esempi della produzione di Andrea Amati (1505-1577), caposcuola della tecnica costruttiva moderna. Del maestro Giuseppe Guarneri, detto del Gesù (1698-1744), al quale Paganini aveva commissionato il violino preferito, il museo custodisce tre esempi. La produzione dell'esponente massimo della liuteria, Antonio Stradivari, si può ammirare nel Museo Comunale, dov'è custodito il violino denominato «Cremonese ex Joachim» del 1715: in eccellente stato di conservazione, è giudicato uno degli esemplari più belli realizzati nel periodo migliore del maestro. Una mostra completa per la conoscenza delle tecniche costruttive del maestro è però collocata nella sede museale dedicata ai reperti stradivariani: i cimeli della bottega sono stati donati al museo nel 1930 dal liutaio romano Giuseppe Fiorini e assommano a circa 700 pezzi. Tra questi, fondamentali sono le forme interne intorno alle quali si modellavano i contorni degli strumenti, i corredi, i disegni e i modelli di costruzione che testimoniano del procedimento costruttivo «alla cremonese».

Nel 1938, anno successivo alle grandi celebrazioni per il bicentenario della morte del maestro, fu fondata la Scuola Stradivariana di Liuteria; con la sua attività si avviò la rinascita della liuteria classica cremonese dopo un periodo di crisi che perdurava dalla fine dell'Ottocento[2]. Rinominata I.P.I.A.L.L. (Istituto Professionale Internazionale per l'Artigianato Liutario e del Legno), oggi è l'unica scuola di liuteria statale in Italia che rilascia alla fine dei primi tre anni di studio il diploma di qualifica di «operatore di liuteria», mentre a seguito di altri due anni di post-qualifica, superato l'esame di Stato, si consegue il diploma di «tecnico di liuteria». Il biennio di post-qualifica si distingue per il suo tenore pratico: l'acquisizione di competenze specifiche da parte dello studente viene messa alla prova durante uno *stage* di due mesi circa presso una bottega di liutaio. Ad oggi, i diplomati della

---

[2] Sulla scuola di liuteria cremonese cfr. il sito www.scuoladiliuteria.com. La storia della scuola è raccontata anche in G. NICOLINI, *Quarant'anni di storia della Scuola internazionale di liuteria di Cremona*, Stradivari, Cremona 1982.

scuola sono 633, dei quali 42% italiani, 36% provenienti dal resto d'Europa e 22% da Paesi non-europei. Il forte interesse internazionale per la scuola cremonese è facilmente comprensibile: grazie a un'attiva collaborazione con le sedi museali (le quali, oltre alla conservazione dei reperti, hanno predisposto anche un programma didattico in comune con la Scuola Stradivariana), gli allievi hanno l'opportunità di apprendere i segreti dei grandi maestri. L'unicità del «sistema della scuola cremonese» consiste, secondo le parole di Andrea Mosconi (conservatore presso la struttura museale), nella possibilità di apprendere le tecniche di costruzione che conferiscono agli strumenti ad arco quelle particolarità sonore che più si avvicinano al timbro dell'epoca e, quindi, alla musica ideata dal compositore[3].

Oltre alla scuola e alla struttura museale, la città di Cremona ospita anche la sede nazionale dell'Associazione Liutaria Italiana. Fondata nel 1980, riunisce liutai e archettai professionisti e dilettanti, liutologi o semplici amanti dell'arte liutaria: in pratica tutti coloro che hanno a cuore la salvaguardia della lavorazione tradizionale, ossia di un approccio al lavoro manuale, individuale, orientato alla cura dell'estetica e dell'armonia. A tale scopo è stato costituito nel 1996 anche il Consorzio Liutai «Antonio Stradivari» di Cremona per iniziativa delle Associazioni di categoria, CNA (Confederazione Nazionale dell'Artigianato e della Piccola e Media Impresa) e Confartigianato, e di 25 imprese di liutai e archettai loro aderenti. Il regolamento precisa in dettaglio le caratteristiche artigianali degli strumenti e degli archetti indicando le tecniche e le pratiche costruttive che devono essere rispettate. Ciò consente al musicista di disporre di strumenti e archetti di elevata qualità, garantiti come prodotti realizzati interamente dai liutai e dagli archettai associati, senza l'utilizzo di materiali, attrezzature e sistemi per la fabbricazione seriale. Il Consorzio ha introdotto anche un certificato d'origine e autenticità che fornisce:

– dati riguardanti il maestro liutaio che ha costruito lo strumento ('firmando' la propria opera, il liutaio si riconferma quale artista-artigiano alla stregua dei grandi maestri del passato);

[3] Intervista rilasciata al Centro di ricerca «Arti e mestieri» dal prof. Andrea Mosconi l'8 febbraio 2007.

– descrizione dettagliata dello strumento e sue misure;
– fotografia della tavola, del fondo e della testa dello strumento;
– bollino SIAE numerato.

Dall'inizio del 2003 è aperta la nuova sede del Consorzio (Showroom Cremona Liuteria, in piazza Stradivari 1), in pieno centro storico a Cremona, dove si possono provare e acquistare strumenti di qualità a Marchio Cremona Liuteria®. Il Consorzio, in collaborazione con l'Ente Triennale, è inoltre editore di vari libri di liuteria. L'I.P.I.A.L.L. ha sede presso palazzo Raimondi in corso Garibaldi, n. 178. Telefono e fax: 0372-38689; internet: www.scuoladiliuteria.com; e-mail: info@scuoladiliuteria.com, iscrizioni@scuoladiliuteria.com.

Il vetro artistico di Murano

Il primo documento che dà testimonianza di una vetreria attiva a Venezia risale all'anno 982. Precedendo lo sviluppo dell'arte vetraria nel resto dell'Europa, i maestri veneziani arricchivano le loro tecniche grazie agli influssi dell'arte bizantina e islamica e già dal Duecento la loro fama era nota alle case nobiliari d'Europa, che ne commissionavano i prodotti[4]. Con l'aiuto di pochi e semplici attrezzi in ferro, i vetrai della laguna svilupparono la famosa tecnica *à la façon de Venise* che esalta la duttilità del vetro e le sue immense possibilità di soffiatura e modellatura. Lo stile veneziano divenne nell'epoca moderna oggetto di studio da parte di vetrai olandesi, belgi, spagnoli e toscani che tentarono di carpirne i segreti e di imitarlo.

Comprensibilmente, con la caduta della Repubblica di San Marco nel 1797, la produzione subì un brusco crollo che mise in pericolo anche la preservazione del ricco bagaglio di conoscenze tecniche. Questo pericolo fu percepito dall'allora sindaco dell'isola Antonio Colleoni (1811-1855) e dall'abate Vincenzo Zanetti (1824-1883) che convinsero la deputazione comunale a istituire un archivio sulla storia generale della città includendovi anche quella dei vetrai. L'archivio si trasformò quasi da subito (nel

[4] Le origini dell'arte vetraria a Venezia sono ricostruite in A. GASPARETTO, *Il vetro di Murano dalle origini ad oggi*, Neri Pozza, Venezia 1958; si consiglia inoltre L. ZECCHIN, *Vetro e vetrai di Murano*, Arsenale Editrice, Venezia 1987; A. DORIGATO, *L'arte del vetro a Murano*, Arsenale Editrice, San Giovanni Lupatoto 2002.

1861) nel Museo vetrario di Murano grazie alle numerose donazioni di oggetti in vetro; l'anno successivo, l'abate Zanetti fondò anche una Scuola di Disegno per Vetrai, annessa al Museo, nella quale nei giorni festivi i vetrai potevano approfondire le proprie conoscenze studiando i disegni e i modelli realizzati nel passato. Dalla sua fondazione fino ai primi anni Settanta del XX secolo, la scuola, che portava il nome del suo fondatore, ha offerto agli apprendisti che esordivano nelle fornaci ancor prima dell'adolescenza anche un'adeguata preparazione teorico-artistica[5]. Quale erede della scuola serale, oggi opera la Scuola Abate Zanetti del Vetro di Murano[6] che fornisce una preparazione completa alle nuove generazioni di vetrai che non devono più sacrificare anni di studio per entrare nelle fornaci, ma hanno piuttosto l'esigenza di aggiornare le proprie conoscenze teoriche e artistiche per poter competere sul mercato internazionale del vetro che annovera ormai molti altri centri di produzione. Fra questi sono indubbiamente da annoverare gli antichi concorrenti dell'Europa settentrionale e del Giappone, ma anche quelli nuovi provenienti dai mercati apertisi dopo il crollo della «cortina di ferro» (Polonia, Repubblica Ceca e anche Cina). I frequentanti della scuola sono seguiti dai migliori maestri muranesi, ma anche da artisti e *designers* provenienti da tutto il mondo, periodicamente invitati a tenere corsi specifici. Gli obiettivi che la scuola intende raggiungere, grazie pure al sostegno del Comune e della Provincia di Venezia, come della locale Camera di Commercio, sono il rilancio della tradizione vetraria a Murano grazie all'inserimento della manodopera qualificata nelle aziende e la riqualificazione di quella esistente.

Oltre alla questione del ricambio generazionale nelle fornaci, altro punto di rilancio consiste negli scambi di conoscenze fra i maestri locali e il mondo dell'arte e del *design*, più concretamente della Biennale di Venezia e del settore della moda, intesi come presupposto per una produzione più innovativa. I corsi attivati

---

[5] I prodotti d'arte vetraria realizzati durante questo periodo contrassegnato dalla riscoperta della tradizione sono oggetto dello studio di R. Barovier Mentasti et al., *Murrine e millefiori nel vetro di Murano dal 1830 al 1930*, Galleria Rossella Junck, Venezia 1998.

[6] www.abatezanetti.it.

riguardano, infatti, sia le tecniche tradizionali (la lavorazione a caldo, la soffiatura del vetro in fornace, la lavorazione a lume, la modellazione, la decorazione a smalto e a foglia d'oro, l'incisione, la molatura), sia quelle innovative. Queste spaziano dalle tecniche quali il *fusing* all'utilizzo del *software* di progettazione e di disegno tridimensionale auto-CAD, e richiedono conoscenze teoriche di *design*, di storia dell'arte del vetro, come anche di informatica.

Oltre alla Scuola Abate Zanetti, la ricerca sugli aspetti tecnici e scientifici della produzione del vetro è svolta dalla Stazione Sperimentale del Vetro di Murano, un ente pubblico economico di ricerca fondato nel 1956[7]. Nel 1993, la Stazione è stata riconosciuta dal SINAL (Sistema Nazionale Accreditamento di Laboratori) come Laboratorio di Prova ed è l'unico ente in Italia a svolgere la funzione di trasferimento dei risultati di ricerca alle aziende del settore. Infatti, le apparecchiature in dotazione, l'esperienza del personale e la disponibilità di laboratori mobili sono stati appositamente concepiti per poter fornire in modo tempestivo concrete e rapide risposte ai quesiti posti dalle aziende.

La valorizzazione dell'immagine del vetro artistico di Murano è assegnata alla Promovetro – Consorzio Vetro Artistico di Murano[8]. Concretamente, il consorzio si cura della conservazione dell'arte millenaria dei vetrai locali e della sua corretta commercializzazione nel mondo. Con la legge regionale del Veneto del 1994 è stato inoltre istituito il marchio del vetro originale di Murano, la cui gestione è stata affidata alla Promovetro quale mezzo di custodia dell'originale vetro di Murano.

La porcellana di Capodimonte

La realizzazione di prodotti in ceramica nella zona di Napoli risale a epoche remotissime e nella sua evoluzione si riflettono i grandi processi della storia del Mediterraneo: dalla Magna Grecia e dal suo patrimonio artistico di matrice ellenica, all'influenza del mondo islamico riconoscibile nelle creazioni in maiolica e alla sua epoca d'oro nella cosiddetta età aragonese. Infine, nel Settecento, la produzione d'eccellenza si spostò dalla maiolica alla porcellana;

---

[7] La Stazione Sperimentale del Vetro è presentata sul sito www.spevetro.it.

[8] Le informazioni sulle attività della Promovetro e sul marchio del vetro originale di Murano sono disponibili sul sito www.muranoglass.com.

infatti, grazie all'interesse dei re Borbone (per primo Ferdinando IV, poi Carlo e infine Ferdinando VI), Napoli diventò, assieme a Sèvres e Meissen, uno dei primi centri europei nei quali veniva appresa la complessa tecnica della porcellana[9].

Dopo i tentativi di Ferdinando IV di avviare le manifatture di porcellana a Portici e poi a Napoli, per volontà di re Carlo fu fondata nel 1743 la Real Fabbrica di Capodimonte che, però, rimase in attività solo sedici anni. Nel 1759 il monarca lasciò Napoli per la Spagna e la Real Fabbrica, che era divenuta la più prestigiosa fra le manifatture reali, dovette spostarsi al suo seguito, maestri e attrezzature compresi. Nonostante la meticolosità del trasloco, l'eccellenza della realizzazione non raggiunse i livelli attesi nel nuovo ambiente, ma si ripropose in quello originario con il riavvio della produzione voluto dal figlio di Carlo, Ferdinando VI. La campagna napoleonica vi avrebbe posto fine nel 1806, ma ormai i maestri di Capodimonte erano in grado di continuare la produzione autonomamente e la lavorazione si disperse in numerose manifatture e piccoli laboratori.

Le linee estetiche sviluppate nella Real Fabbrica fungono tutt'oggi da canone fondamentale per i produttori di porcellana di Capodimonte. Gli esempi dell'arte settecentesca sono custoditi nelle tre sedi museali locali: il Museo Nazionale di Capodimonte, il Museo Nazionale della Ceramica «Duca di Martina» e il Museo Nazionale di San Martino[10]. In base alle caratteristiche degli oggetti preservati in queste sedi è stato possibile definire lo stile, i modelli, le forme e i decori della «ceramica artistica e tradizionale di Capodimonte», fondando, in altre parole, un *brand* tutelato che permette di valorizzare l'odierna produzione locale. A tal fine, il Consiglio Nazionale Ceramico (ente istituito con la legge n. 188 del 9 luglio 1990 sulla tutela della ceramica artistica e tradizionale e della ceramica italiana di qualità) ha introdotto il marchio che identifica i prodotti le cui caratteristiche rispettano il

---

[9] Per la storia della porcellana di Capodimonte si veda E. ROMANO, *La porcellana di Capodimonte: storia della manifattura borbonica*, L'arte tipografica, Napoli 1959; A. CAROLA-PERROTTI (a cura di), *Le porcellane dei Borbone di Napoli: Capodimonte e la Real Fabbrica ferdinandea 1743-1806*, Guida, Napoli 1986.

[10] Il Museo Nazionale di Capodimonte, il Museo Nazionale della Ceramica «Duca di Martina» e il Museo Nazionale di S. Martino sono presentati nel sito del Ministero dei Beni Culturali: www.beniculturali.it.

patrimonio artistico di Capodimonte o ne sono un naturale sviluppo e aggiornamento. In altri termini, pur nel rispetto delle tradizionali tecniche di lavorazione, i maestri di oggi non sono necessariamente vincolati dai 'dogmi estetici' del passato: un'apposita commissione di esperti ha la facoltà di assegnare il marchio anche alle creazioni di quegli artisti che scelgono di cercare nella tradizione di Capodimonte l'ispirazione per le soluzioni innovative[11]. I requisiti richiesti non riguardano la materia prima, giacché il Mezzogiorno ne è praticamente privo e l'uso di materie provenienti da altre parti d'Italia e dall'estero è anch'esso parte della tradizione. Importante è, invece, il tipo di impasto che deve dare vita a manufatti quasi completamente vetrificati, duri e traslucidi. Quali tecniche di foggiatura aderenti alla tradizione sono riconosciute solo quelle allo stato plastico a mano o al tornio e al lucignolo, o lo stampaggio allo stato plastico, la calibratura al tornio alla crosta o alla palla e il collaggio chiuso o aperto. Con l'eccezione di prodotti che siano riconosciuti come innovativi della tradizione di Capodimonte, anche i modi di decorazione sono limitati. Sul prodotto crudo, essa si può effettuare per escissione, per impressione o per incisione; sul prodotto cotto, invece, con utilizzo di pigmenti inorganici da piccolo o gran fuoco, esclusivamente a mano in tutte le fasi.

Per quanto riguarda la collocazione geografica dei produttori, solo le botteghe d'arte e le manifatture poste entro il territorio comunale di Napoli e di quei comuni limitrofi nei quali è stata riscontrata la presenza di produzioni omologhe hanno il diritto di utilizzare il marchio di Capodimonte. Al fine di tutelare le peculiarità della fabbricazione locale e la sua adeguata commercializzazione sono stati istituiti anche due enti: l'Associazione Amici della Real Fabbrica di Capodimonte e il Consorzio Porcellane e Ceramiche di Capodimonte.

La formazione delle nuove generazioni di maestri di porcellana è invece affidata a due istituti scolastici: l'Istituto Professionale per l'Industria e l'Artigianato della ceramica «Giovanni Caselli» e l'Istituto Statale d'Arte «F. Palazzi». L'Istituto Professionale, collo-

[11] La disciplina che regolamenta il diritto alla denominazione «Ceramica artistica e tradizionale di Capodimonte» è reperibile all'indirizzo web: cat.mag-news.it/nl/a.cfm?Ra.2.0.c3.A.A.A.A.

cato nell'edificio della borbonica «Real Fabbrica», cura dagli anni Sessanta del Novecento non solo la formazione di personale altamente qualificato per le aziende del settore, ma anche la preparazione dei conservatori e dei restauratori dei materiali ceramici. All'interno dell'Istituto d'Arte è attiva la sezione «Arte della ceramica» con annessi un laboratorio di foggiatura e modellazione e uno di decorazione e cottura. Dall'anno scolastico 1989/90, l'Istituto offre anche un corso biennale di perfezionamento nel settore delle Arti Applicate e del Restauro.

Nel 2004 l'Istituto Caselli ha avviato una collaborazione con diverse istituzioni di ricerca, aziende artigiane e piccole industrie attive sul territorio o comunque collegate al mondo della storia, del *design*, della grafica, della comunicazione visiva e del *marketing*, quali il Corso di Disegno Industriale della Facoltà d'Architettura dell'Università Federico II, l'Agenzia SDI (Sistema Design Italia), l'ISD (Istituto Superiore del Design) e il progetto Napoli - Città della Scienza. L'obiettivo è quello di promuovere, attraverso l'interazione tra professionalità diverse (storici, *designers*, chimici, formatori, tornitori, decoratori), un'azione formativa finalizzata alla messa a punto di prodotti ispirati ai caratteri significativi della tradizione locale ma che possano esprimere e rappresentare nei contenuti formali, decorativi, tipologici, i valori della nostra contemporaneità, dal punto di vista tanto dei linguaggi quanto delle modalità d'uso[12].

La lavorazione della seta a Como

La produzione di seta a Como, come anche in altre aree dell'Italia settentrionale, data dal XVI secolo[13]; fino alla metà

---

[12] Le informazioni più dettagliate riguardo all'azione formativa di questi istituti e sui possibili sbocchi lavorativi sono reperibili sul sito www.pubblica.istruzione.it.

[13] A testimonianza di quest'esperienza storica, nel 1990 è stato inaugurato a Como il Museo Didattico della Seta, il quale anche nella struttura riproduce le sembianze di una tipica fabbrica di seta dell'Ottocento. In esso sono, infatti, esposti gli strumenti che erano utilizzati per la preparazione alla tessitura, i 'piantelli' per la torcitura, i telai a mano, l'orditoio, come anche quelli dei laboratori chimici dell'epoca, delle tintorie, stamperie e per le fasi finali, il finissaggio, con il quale si imprimeva sulla seta il cosiddetto effetto *moiré*. Il Museo Didattico della Seta di Como è presentato sul sito www.museosetacomo.com. Si veda, inoltre, la pubblicazione a cura dello stesso MUSEO DIDATTICO, *Como, città di mestiere: la seta e i suoi opifici dal 1860 al 1950*, Museo Didattico della Seta stampa, Como 2000.

dell'Ottocento, però, essa era limitata alle fasi di filatura e di torcitura della seta grezza, non spingendosi fino alla fase finale, ossia la tessitura[14]. Anche dopo la comparsa dei primi laboratori dediti alla realizzazione di capi finiti, la produzione di seta grezza filata e torta continuò a rappresentare la principale fonte di reddito nella regione e per circa cento anni (dalla Restaurazione alla Prima guerra mondiale) ha rappresentato la prima voce dell'*export* italiano. Con l'introduzione del rayon, nel 1925, la sola vendita di seta grezza iniziò a non essere più sufficiente per garantire la sopravvivenza del settore: grazie al suo basso costo, infatti, a nove anni dalla sua introduzione la quantità di rayon richiesta superava già cinque volte quella della seta.

Il settore si è lentamente adattato alle nuove condizioni, principalmente grazie al gran numero di piccole e micro-imprese specializzate in fasi diverse della produzione: la torcitura della fibra, la sua preparazione per la tessitura, la stampa e il finissaggio. Dagli anni Settanta del Novecento l'accento è ricaduto sempre di più sulle fasi riguardanti il *design* del tessuto: la tintoria e la stampa, mentre il numero delle imprese che forniscono la seta grezza è continuato a scendere. Ciò dipende dal tipo di clientela ormai dominante – i grandi stilisti che spesso commissionano piccoli lotti di prodotto altamente personalizzato, quali cravatte, *foulards*, abiti femminili, costumi da bagno, fodere, prodotti di arredamento. Nonostante la crisi che ha duramente colpito l'intero settore tessile tra la fine degli anni Ottanta e l'inizio degli anni Novanta, la rete di piccole imprese comasche vanta tutt'oggi il primato mondiale nel settore serico per quanto riguarda la produzione di cravatte e *foulards*. Il numero di queste imprese si aggira attorno a 730 e impiega circa 16.300 addetti, di cui la metà sono impegnati nella tessitura dei filati di seta, altri 6.000 nel fissaggio dei tessuti e i rimanenti nel confezionamento degli articoli. Proprio la reperibilità di manodopera qualificata si è dimostrata essere la preoccupazione principale: a tale scopo, nel 1995 è stata istituita la Fondazione del Setificio tramite la quale si sta cercando di pro-

---

[14] Per la storia del settore serico a Como si rimanda al sito www.aaster.it/territorio/ rapporto/scomo.htm. Inoltre, C. Buss (a cura di), *Seta: il Novecento a Como*, Silvana Editoriale, Cinisello Balsamo 2001; I. Ronzoni, *Como, città della seta*, Pifferi, Como 2001.

muovere la formazione di un corpo di docenti capace di fornire ai giovani le competenze necessarie.

Nel settore della ricerca è attiva, sin dal 1923, la Stazione Sperimentale per la Seta, un ente pubblico economico situato a Como e dedito allo studio applicato per conto delle imprese[15]. Assiste le imprese anche in prove, controlli e consulenze sulle materie prime, sul processo lavorativo e sulle problematiche ambientali; con gli enti museali e le università collabora anche sugli aspetti connessi al restauro di capi in seta e alla loro conservazione e manutenzione. Infine, è attiva anche nel non facile compito della formazione professionale, tramite l'organizzazione di corsi di base, *stages* formativi e corsi specialistici (ad essa spetta anche l'organizzazione del concorso *European Silk Award* destinato a giovani studenti delle scuole di stile europee).

L'oreficeria: Valenza e Vicenza

La prima testimonianza sull'attività orafa a Valenza risale al 1825, anno in cui Francesco Caramora «deposita il punzone» (probabilmente, altri orafi operavano nella zona anche in epoche precedenti, durante il dominio spagnolo, ma non ne sono rimaste note documentarie). A metà Ottocento, nella contrada maestra operano altre due botteghe, una delle quali fondata da Vincenzo Morsetti, che diverrà figura di riferimento dell'oreficeria locale e che attirerà in città altri maestri da Alessandria. Secondo il censimento del 1872, in città operano cinque stabilimenti orafi che impiegano 110 addetti; l'anno seguente se ne aggiunge un sesto fondato da Vincenzo Melchiorre, il maestro che saprà dare all'oreficeria locale il suo stile particolare: per sessant'anni Melchiorre svilupperà la linea creativa e le regole tecniche che saranno apprese dalle nuove generazioni nella manifattura-scuola. Con la Grande Guerra, le imprese orafe, che nel frattempo erano divenute 43, dovranno scontrarsi con una grave crisi causata da perdite di capitali e di maestranze. Al finire della guerra, la ricostituzione delle maggiori imprese orafe si dimostra impossibile e il settore ritorna ad essere composto da singole botteghe.

---

[15] Le attività della Stazione Sperimentale per la Seta sono presentate sul sito www.ssiseta.it.

Altro momento di rottura si verifica allorquando, nel 1941, il Governo fascista pone il divieto alla compravendita e a qualsiasi atto di alienazione del platino, dell'oro, dell'argento e delle pietre preziose; numerose botteghe sono costrette a chiudere, altre tentano di adattarsi lavorando metalli non preziosi.

Le difficoltà economiche del dopoguerra non forniscono occasioni per una ripresa in grande stile e i gioielli proposti dagli orafi si orientano in misura crescente verso un nuovo tipo di acquirente: al posto dei vecchi ceti elitari subentrano semplici borghesi desiderosi di possedere un gioiello il cui valore comincia ad essere stimato secondo il metro estetico e non secondo quello del valore dei materiali impiegati. Gli orafi di Valenza si specializzano nella produzione di gioielleria di classe media e medio-alta, ma anche nella cosiddetta oreficeria di fantasia che combina le caratteristiche delle prime due categorie; di conseguenza, il successo del singolo maestro orafo dipende sempre di più dalla sua creatività[16].

Oggi a Valenza sono attive 1.300 aziende orafe che impiegano 7.400 addetti; il 65% della produzione è rivolto all'estero (in particolare Stati Uniti, Giappone, Germania e Svizzera). Annualmente vengono lavorate circa 30 tonnellate d'oro e l'80% delle pietre preziose importate in Italia[17]. Come già accennato, si tratta di una rete di aziende di piccole dimensioni che impiegano in media 5,6 dipendenti e che sono spesso collegate in rapporti duraturi di subfornitura. La creatività degli artigiani locali, tuttavia, è ultimamente sempre più limitata dai rapporti che sono costretti a stringere con le grandi firme internazionali della gioielleria: queste, da un lato, offrono certezza di lavoro, ma dall'altro, con la loro distribuzione organizzata e le loro campagne pubblicitarie in grande stile, interrompono il contatto diretto fra il committente privato e l'artista-artigiano.

La valorizzazione dell'apporto creativo individuale dei maestri orafi è compito assunto dall'Associazione Orafa Valenzana istitui-

---

[16] Lo sviluppo dell'arte orafa in questo particolare periodo storico è ricostruita in E. CRISPOLTI (a cura di), *Immaginazione aurea: artisti-orafi e orafi-artisti in Italia nel secondo Novecento*, Silvana Editoriale, Cinisello Balsamo 2001.

[17] I dati sulla situazione dell'oreficeria valenzana degli ultimi anni sono forniti dal sito www.aaster.it/territorio/rapporto/valenza.htm.

ta nel 1945 (si tratta, quindi, della più antica associazione di categoria in Italia). Poiché gli eventi fieristici rappresentano l'unica occasione per le aziende orafe di piccole dimensioni di promuovere autonomamente la produzione e di introdursi su nuovi mercati, dal 1985 l'Associazione cura la mostra *L'oro di Valenza*, organizzata in collaborazione con il *World Gold Council*. Oltre a quest'associazione di categoria, gli interessi degli orafi sono rappresentati anche dalla Federpietre - Federazione Nazionale di Commercianti in Diamanti, Perle, Pietre Preziose e Lapidari.

La forza lavoro specializzata nell'oreficeria è quasi tutta locale; le competenze tecniche sono usualmente trasmesse direttamente nelle botteghe, benché negli ultimi decenni a questo sistema di apprendistato 'in bottega' si stia aggiungendo anche quello poggiante sugli istituti formativi. Non a caso, l'Istituto Gemmologico Italiano ha scelto proprio la città di Valenza come sede per il suo Centro Studi e Formazione.

Nonostante l'indubbio richiamo di cui gode il *brand* valenzano, non si può sottacere l'importanza dell'altro distretto d'eccellenza dell'oreficeria italiana: Vicenza. Anche gli orafi berici possono, infatti, vantare una secolare tradizione: primo atto pubblico che testimonia una significativa attività orafa nella città può essere ritenuta la costituzione, datata nell'anno 1300, della Fraglia degli Orafi di Vicenza, una corporazione che riuniva 150 artigiani. Nel Rinascimento, poi, sarà proprio un vicentino, Valerio Belli, intimo di Michelangelo e di Raffaello, a portare l'arte orafa ai suoi massimi splendori, tanto da meritarsi gli elogi del Vasari[18]. Il decollo industriale si ebbe comunque nell'Ottocento, dopo che il settore aveva vissuto un momento di grande sviluppo in epoca napoleonica.

Oggi, il territorio provinciale è cosparso di piccole e medie aziende impegnate in una vasta gamma di produzioni: monili di alta gioielleria, semigioielleria, oreficeria fine, oreficeria e argenteria a maglia catena e stampata, gioielli d'argento, minigioielleria in oro e argento, semilavorati, montature per gioielli, chiusure, portaorologi, vasellame d'argento, complementi d'arredo, incisioni, sculture e quadri. L'importanza economica del

---

[18] Si veda a proposito la ricostruzione offerta in H. BURNS - M. COLLARETA - D. GASPAROTTO (a cura di), *Valerio Belli Vicentino (1468c.-1546)*, Neri Pozza, Venezia 2000.

distretto è indubbia: non solo perché vi si tengono le più importanti manifestazioni fieristiche internazionali del settore (VicenzaOro1, VicenzaOro2 e Orogemma)[19], ma soprattutto perché Vicenza è il maggiore distretto del prezioso nel Paese. Le 1.140 imprese del settore, che danno lavoro a oltre 11 mila addetti, lavorano circa il 40% dell'oro importato e possono vantare un giro d'affari di 3.373 milioni di euro, di cui quasi la metà viene fatturata sui mercati esteri. Tale successo si spiega anche in virtù delle grandi produzioni in serie, destinate alle più diffuse catene commerciali e alla vendita via internet[20].

La lavorazione del corallo a Torre del Greco

Oltre ai centri orafi di Valenza e di Vicenza (ma anche di Napoli, Milano, Arezzo ecc.), un centro di tradizione secolare per la gioielleria si situa nella zona di Torre del Greco, dove si è sviluppata in particolare la tecnica della lavorazione del corallo. L'attività di pesca del corallo risale almeno al XVI secolo, benché la sua lavorazione incominci 'ufficialmente' solo nel 1805, anno in cui il re Ferdinando IV di Borbone dà al cardinale Bartolomeo Martiri la concessione per la trasformazione del materiale grezzo in gioielli. Il cardinale riunisce diversi artigiani locali e dalla seconda metà dell'Ottocento prende avvio la Real Scuola del Corallo[21]; al contempo, a causa dei primi segni di difficoltà nel reperimento del corallo sui fondali del Tirreno, alla sua lavorazione si aggiunge anche quella del cammeo. Per risolvere il problema di penuria della materia prima, oltre alla lavorazione del corallo rosso mediterraneo, dagli anni Ottanta dell'Ottocento la produzione si estende anche al corallo del Pacifico importato prevalentemente dal Mar del Giappone.

---

[19] Ulteriori informazioni riguardanti gli eventi fieristici vicentini sono disponibili sulla pagina internet: fieradivicenza.mursia.net.

[20] I dati economici riguardanti il distretto dell'oreficeria vicentina sono raccolti nello studio *Il settore orafo a Vicenza* allestito dall'Ufficio Statistica e Studi nel marzo del 2005.

[21] Sulla Real Scuola del Corallo cfr. R. FERRACCIU, *La r. scuola di incisione sul corallo e di arti decorative affini di Torre del Greco*, Le Monnier, Firenze 1941; inoltre, C. CIAVOLINO, *La scuola del corallo a Torre del Greco*, Marimar, Napoli 1988.

Attualmente, il settore impiega circa 1.000 lavoratori in 400 aziende di piccole e medie dimensioni. Questi dati permettono, peraltro, di individuare solo una parte degli artigiani del corallo – quella legale – giacché è facilmente immaginabile la presenza a loro fianco di un numero indefinito di maestri dell'arte del corallo che esercitano in maniera più nascosta. In genere, la produzione in nero viene effettuata in conto terzi, per le cosiddette 'imprese raccoglitore' (imprese che si limitano ad apporre il proprio marchio agli oggetti in corallo)[22]. Piuttosto diffusa è anche la presenza di laboratori legali di piccolissime dimensioni che affidano ad 'imprese raccoglitore' la commercializzazione dei loro prodotti. Questi ultimi variano dal corallo liscio a quello inciso fino a quello scolpito.

Malgrado la concorrenza dai Paesi asiatici, l'artigianato artistico di Torre del Greco riesce a mantenere la propria competitività grazie alla perfezione stilistica affinata dai maestri sia nella creazione di fantasie in corallo, sia nella realizzazione di bassorilievi in cammei di pietre dure. Il materiale più usato, oltre al corallo, è la sardonica, una conchiglia marina indiana contraddistinta dal riflesso bicromico bianconero, ma anche la conchiglia corniola e tigrina, la pietra lavica, la pasta di turchese e il calcedonio[23].

Le aziende e i laboratori sono rappresentati dall'associazione di categoria Assocoral, mentre la tutela e la promozione dell'attività è compito del consorzio l'Arca.

La pelletteria e il conciario a Firenze

A differenza di altri Paesi europei, in Italia si è conservata e coltivata la sapienza necessaria per cucire la pelle a mano. Fra le 400 mila piccole e medie imprese di pelletteria, concentrate in gran parte in Toscana (ma non solo), molte sono tuttora delle 'botteghe' nelle quali al cliente viene garantita l'unicità del prodotto. La manualità sottintende l'uso dei più classici strumenti di lavoro: il ditale a due aghi per la cucitura 'a sellaio' o 'a spezzare' per gli

---

[22] La situazione riguardante le dimensioni dell'odierna lavorazione del corallo e il suo volto sommerso è presentata nel rapporto di Confartigianato pubblicato sul sito www.aaster.it/doc/distretti.pdf.

[23] Il rilievo artistico della produzione e il suo potenziale economico sono analizzati in L. Izzo, *Il corallo e Torre del Greco: arte ed economia*, Etas libri, Milano 1979.

interventi sulle angolature più strette, il coltello a mezzaluna e il 'marcapunti' per segnare il punto dove bucare la pelle.

Oltre alla produzione di accessori per l'ippica o simili, la cucitura a mano ha trovato il proprio mercato nella pelletteria di lusso, per la quale si sono specializzate in particolare le 1.500 piccole e piccolissime aziende concentrate nell'area di Firenze (fra Scandicci, Lastra di Signa, Impruneta, la zona a sud di Firenze e la Val di Sieve)[24]. Infatti, marchi famosi quali Gucci, Prada, Ferragamo, Louis Vuitton, Fendi, Gherardini, Arfango e The Bridge hanno assicurato l'eccellenza dei propri prodotti grazie allo stretto rapporto di collaborazione con tali laboratori. Tra questi ultimi, alcuni tendono a mantenere, accanto alla linea produttiva su commissione delle grandi firme, anche produzioni autonome destinate a circuiti commerciali locali; altri, pur lavorando prevalentemente per conto terzi, cercano di promuovere anche le proprie creazioni partecipando a fiere e rassegne; infine, diversi laboratori sono disposti a collaborare con le grandi firme a condizione che venga salvaguardata la propria libertà nella progettazione e il *design* dei prodotti. Non si deve trascurare il fatto, poi, che alcune grandi aziende (per esempio Prada) hanno attivato anche linee di produzione interne organizzate secondo i dettami dell'artigianato artistico[25]. Altri gruppi, come Gucci, non hanno stabilimenti di produzione diretti, ma realizzano il 99% dei prodotti all'esterno, grazie ai contratti di *partnership* realizzati con i fornitori ritenuti strategici: si tratta di contratti di subfornitura particolarmente dettagliati nella descrizione degli impegni di produzione che disciplinano, per esempio, il rapporto di esclusività tra i fornitori e l'azienda Gucci o la politica dei prezzi. Si può concludere che i subfornitori sono sostanzialmente delle unità produttive di Gucci, alle quali il gruppo inoltra i modelli e i campionari per la produzione.

La formazione rappresenta un grave problema per il settore della cucitura a mano: benché il mercato continui a mostrare

---

[24] I dati riguardanti l'attività conciaria nella Toscana sono raccolti nello studio redatto dall'ARPES, *Studio conoscitivo sul settore della concia, pelletteria e calzature commissionato dalla Regione Toscana*, Marsilio, Venezia 1982.

[25] La pelletteria d'eccellenza dell'area di Firenze è descritta nel rapporto di Confartigianato pubblicato sul sito www.aaster.it/doc/distretti.pdf.

segni di apprezzamento per questo mestiere che si identifica ormai come *made in Italy*, non è facile per i titolari delle botteghe trovare dei giovani apprendisti ai quali trasmettere la professionalità. Il Centro di Formazione Professionale di San Colombo, assieme alle aziende del settore, è da anni impegnato nella promozione dell'offerta formativa; una delle linee tramite le quali si cerca di assicurare lo scambio generazionale passa per l'estensione dei corsi di «Polimoda» anche al versante tecnico. La scuola pubblico-privata «Polimoda» ha dato finora ottimi risultati nel campo dello stile e vanta un elevatissimo tasso di occupazione dei suoi allievi (intorno all'83%); l'intento è quello di ottenere risultati simili anche per il settore del cuoio.

Il settore dei mobili nella Brianza

Anche il settore dei mobili nella Brianza si distingue per le tecniche di realizzazione manuali che conferiscono al prodotto un valore particolare. La salvaguardia dei saperi e delle tecniche artigianali ha reso questi prodotti quasi unici sul mercato odierno; la loro produzione implica, inoltre, l'abbinamento di diverse maestrie: oltre alla già descritta cucitura a mano del cuoio, vanno inclusi anche la tappezzeria, la carpenteria e occasionalmente anche altre tecniche come la lavorazione del vetro, del marmo ecc.

Le aziende artigianali dedite alla fabbricazione dei mobili cominciarono a sorgere nei comuni della Brianza verso la metà del XIX secolo: si trattava di una soluzione intesa a integrare i rendimenti dell'economia rurale. I committenti erano le famiglie nobili o alto-borghesi che avevano residenze nella zona, il che spiega l'orientamento alla realizzazione di arredamenti di lusso, in stile e di alta qualità, che fin dall'inizio caratterizza la produzione. Il capitale iniziale era pressoché inesistente: le attrezzature di base erano in uso nell'economia autosufficiente della provincia, gli spazi di lavoro erano ricavati nelle abitazioni e la commercializzazione si limitava inizialmente alle richieste locali e del vicino mercato milanese. Più che nella disponibilità di capitali, il segreto risiedeva nel 'saper fare': già dal 1882, la diffusione delle conoscenze tecniche veniva gestita dalla Scuola Arti e Mestieri (oggi Istituto d'Arte) di Cantù.

Lo sviluppo delle aziende artigianali nei comuni fra Como e Milano, e in particolare a Cantù, è proseguito ininterrottamente fino agli anni Sessanta del Novecento ed è stato particolarmente intenso negli anni della ricostruzione postbellica[26]. Le strutture dedite alla vendita, come le esposizioni permanenti, collocavano con facilità la produzione sul mercato e la fitta rete di artigiani specializzati in varie fasi del processo poteva dedicarsi all'eccellenza della lavorazione senza preoccuparsi eccessivamente delle questioni imprenditoriali. Si poterono di conseguenza sviluppare le tecniche di intaglio, intarsio, lucidatura, laccatura, doratura, imbottitura, tappezzeria, come anche della lavorazione dei metalli, dei marmi, dei vetri e dei cristalli. La costruzione dei divani o delle poltrone, per esempio, mette tuttora in moto la catena di collaborazioni fra minuscole imprese: al lavoro dei carpentieri e dei fabbri si aggiunge quello dei tappezzieri che preparano le stoffe o le pelli, le tagliano e, con il supporto dei falegnami, le montano sui telai, eseguono l'imbottitura, la cucitura e il rivestimento.

Dagli anni Settanta le esibizioni permanenti si dimostrarono insufficienti a garantire una distribuzione profittevole, e il numero di imprese cominciò a scendere. Quelle rimaste mutarono la strategia di vendita: grazie alla sua fama, il mobilio artigianale di Cantù diventò a tutti gli effetti un prodotto personalizzato, costruito su misura o su disegno del singolo cliente[27]. Poco visibile nei circuiti di commercializzazione di massa, l'arredamento artigianale prodotto nella Brianza occupa il posto d'eccellenza del mercato mobiliare per la casa – imbottiti, armadi, tavoli, sedie, camere da letto – e per gli articoli di decorazione, arredamento per esterni, pavimenti, infissi ecc. Il valore dei mobili fatti a mano risulta ben noto agli italiani, i quali costituiscono la parte preponderante della clientela, mentre solo il 25% del fatturato deriva dalle esportazioni.

Delle 6.500 aziende del settore, che sono costituite mediamente da 4,7 impiegati, l'82,8% sono quelle impegnate direttamente nella realizzazione dei mobili, mentre il 9,2% assiste fornendo

---

[26] L'evoluzione del settore dei mobili nel panorama economico italiano è ricostruita in S. SILVESTRELLI, *Lo sviluppo industriale delle imprese produttrici di mobili in Italia*, Franco Angeli, Milano 1987.

[27] La rilevanza del mobilio artigianale di Cantù è presentata nel volume pubblicato in occasione della mostra organizzata da «Qualità Cantù» nell'ambito di «Cantù Arte» 1995: *Gli anni della selettività: Galleria mobili d'arte*, Amministrazione Provinciale di Como, 1995.

prodotti di carpenteria e l'8% provvede per gli altri accessori[28]. La formazione appare per lo più affidata, come da tradizione, all'apprendistato diretto: infatti, la trasformazione dell'antica Scuola d'Arte e Mestieri in un Istituto d'Arte non sembra abbia incontrato il favore delle imprese: con tale trasformazione, all'interno del programma scolastico l'accento si è spostato dall'acquisizione di capacità pratiche verso l'approfondimento di questioni teoriche. Le aziende, però, in virtù del loro carattere spiccatamente artigianale, appaiono più interessate all'acquisizione della specifica formazione professionale, più consona a un ciclo produttivo assai frammentato e specializzato, che non all'istruzione generalizzata nel campo delle 'arti povere'.

Il VJ

Come effetto spontaneo dello sviluppo e della diffusione della tecnologia stanno emergendo, nel seno sia della società italiana, sia di altri Paesi europei, delle nuove figure professionali riconducibili al mondo dei mestieri d'arte. La determinazione concettuale di questi nuovi mestieri è necessariamente di carattere provvisorio e transitorio, giacché deve fissare le caratteristiche d'una realtà tuttora in evoluzione; a volte anche la stessa denominazione di questi mestieri non ha ancora un indubbio riconoscimento. Una figura professionale nuova, tuttora alla ricerca della propria fisionomia definitiva, ma dalla crescente diffusione in Italia, è quella del VJ.

La descrizione più semplice dell'attività di un VJ si può ottenere paragonandola con quella di un DJ: mentre quest'ultimo 'mixa' dischi e suoni 'dal vivo' per un pubblico danzante, il VJ arricchisce il contesto sonoro con le immagini. Come per il DJ occorre distinguere fra la figura classica del *disc jockey* radiofonico, che si limitava a scegliere i brani da trasmettere, e quello odierno che crea la musica combinando suoni archiviati su supporti digitali, così anche il VJ non va confuso con un intrattenitore che si limita ad annunciare i video musicali. Con l'ausilio di tecnologia digitale, il VJ esegue un'operazione creativa: cerca di

---

[28] Le cifre riguardanti il distretto del mobilio artigianale della Brianza sono tratte da www.aaster.it/doc/distretti.pdf.

costruire un'atmosfera combinando figure visive, immagini campionate, astrazioni generate dal computer o anche riprese in diretta per accrescere l'attenzione del pubblico verso uno spettacolo di musica elettronica.

Tale descrizione poteva essere sufficiente fino a pochissimi anni fa. Oggi, essa ci espone le ragioni che hanno portato alla nascita di questa professione – il bisogno di un contesto visivo per la musica elettronica spesso troppo 'astratta' – ma risulta riduttiva rispetto all'evoluzione successiva. L'elemento fondante si è conservato: la creazione dal vivo, cioè, di fronte al pubblico, di una composizione visiva. L'atto di composizione ha, infatti, come qualità principale quella di cogliere l'atmosfera del momento, di interagire con il pubblico o con gli elementi sonori. Le sue finalità, però, non sono più necessariamente subordinate al sonoro. Come risulta dal ricco dibattito sulla funzione delle composizioni visive sviluppatosi sul *forum* della comunità web dei VJ, la *VJ Central*[29], questi si stanno gradualmente formando come figure autonome che improvvisano delle composizioni di immagini il cui significato è percepito dal pubblico come un messaggio, o come un'atmosfera visiva, o come un insieme dei due fattori.

Questa definizione ondivaga del ruolo del VJ mostra in che misura si tratti di un mestiere 'di frontiera': per il momento, in Italia, la denominazione 'VJ' indica figure i cui approcci, stili e tecniche hanno a volte poco in comune tra loro. Istituti formativi come il CEPAM (Centro Permanente Attività Musicali) di Reggio Emilia[30], o lo IED (Istituto Europeo di Design) di Milano[31], hanno avviato corsi per aspiranti VJ intesi come animatori video dei *live* elettronici. La VJ *school* dello IED nasce, però, in collaborazione con *VJ Central*, di modo che gli allievi del corso possano venire in contatto non solo con la scena *dance*, ma anche con le idee della cosiddetta *computer art*. L'interattività e l'elaborazione dei dati in tempo reale vengono da quest'ultima intesi come basi per un

---

[29] Si consiglia la visione del sito italiano della *VJ Central*, www.vjcentral.it, ma anche di quello inglese www.vjcentral.com.

[30] Le informazioni sul corso di VJ presso il CEPAM sono disponibili sul sito www.arcire.it/cepam/corsi.php.

[31] La VJ *school* istituita presso la Scuola di Arti Visive dell'Istituto Europeo di Design è presentata sul sito www.ied.it.

nuovo genere espressivo, un veicolo di significati semiotici che possono derivare implicitamente nelle menti del pubblico dalla percezione di immagini accostate. Questa è la direzione assunta anche da progetti italiani come il V_ , festival di *vj-ing* ospitato dal centro sociale Bulk di Milano[32], o il progetto «DIGIT – *electronic music and video sampler*», svoltosi da settembre 2006 a luglio 2007 presso il centro sociale Leoncavallo di Milano[33], o, infine, la manifestazione *VisualBridge* organizzata a Pescara nel 2005[34].

4. *Contesto economico*

Il tessuto sociale ed economico italiano è, almeno dal tempo dei Comuni, fortemente marcato dalla presenza diffusa degli artigiani. Grazie alla versatilità rispetto alle trasformazioni socio-economiche, unite alla capacità di sopravvivere ai cambiamenti politici e istituzionali, il settore artigianale è diventato uno dei cardini del sistema economico della penisola. Fin superfluo è dire che ci si trova oggi di fronte a un quadro estremamente variegato, in costante evoluzione, fatto di realtà anche di ridottissime dimensioni (quando non addirittura individuali): realtà di difficile censimento e circa le quali si dispone di dati 'a macchia di leopardo', raramente disaggregati e mai realmente esaustivi, soprattutto se ci si vuol riferire al mondo dell'artigianato artistico.

Per quantificare la rilevanza dell'artigianato in Italia occorre anzitutto considerare che le cosiddette 'micro-imprese' (fino a nove dipendenti) rappresentano il 94,9% dell'universo imprenditoriale nazionale (mentre in Paesi come la Germania o la Danimarca la percentuale si aggira attorno all'80%)[35] e che, con oltre 1 milione e 400 mila imprese (34,8% del totale) e più di 3 milioni e mezzo di addetti, quello italiano è il settore artigianale più grande

---

[32] Il festival di *vjing* V_ è presentato sul sito www.neural.it/news/v.htm.

[33] Per le attività audio/video ospitate dal centro sociale Leoncavallo, cfr. il sito www.leoncavallo.org/spip/article.php3?id_article=1145.

[34] La manifestazione *VisualBridge* è presentata sul sito ww.artificialia.com/peam2005.

[35] UNIONCAMERE - ISTITUTO TAGLIACARNE, *Secondo Rapporto Nazionale sull'Artigianato*, dicembre 2006, p. 6. La sua versione integrale è reperibile sul sito internet di Unioncamere: www.unioncamere.it/Unioncamere_gestione/allegati/Secondo_Rapporto_Nazionale.pdf.

dell'UE, sia in termini di unità operanti, sia in termini di occupati[36]. Oltre alla consistenza numerica, anche l'apporto di questo comparto produttivo alla ricchezza della penisola è ragguardevole: nel 2005 il contributo in termini di valore aggiunto ha sfiorato i 148 miliardi di euro, pari al 12,5% del valore aggiunto nazionale al netto dell'agricoltura[37].

I settori che fungono da locomotiva per la produzione artigianale sono quelli legati al tessile-abbigliamento (33,4% del valore aggiunto prodotto nell'UE) e all'industria conciaria e delle calzature (46,3% del valore aggiunto prodotto nell'UE)[38]. I distretti[39] – oggi poco meno di 200 – si configurano come zone caratterizzate da un'alta concentrazione di piccole imprese, di solito proprio a vocazione artigianale: «si verifica un'integrazione reciproca fra una comunità di persone e una popolazione di imprese appartenenti, in prevalenza, a uno stesso settore industriale»[40]; si crea così una sinergia che è virtuosa sia per la spinta all'innovazione (accelerata dalla concorrenza ravvicinata), sia per la trasmissione di conoscenze.

La vocazione artigiana in Italia (risultante dal rapporto tra popolazione residente e numero di imprese artigiane) si attesta su un valore medio di 24,7 imprese ogni mille abitanti, ma la mappa di questa incidenza mostra una prevalenza delle regioni

---

[36] Cfr. i dati presenti nel rapporto sull'artigianato nazionale ed europeo del 2002, a cura della Regione Piemonte: A. MICHELSONS (a cura di), *L'artigianato in Europa e in Italia*, Osservatorio dell'Artigianato Regione Piemonte, 2002, p. 50. Tale situazione, peraltro, è rimasta invariata in questi anni e le statistiche aggiornate al dicembre 2006 riportano un quadro analogo: cfr. UNIONCAMERE - ISTITUTO TAGLIACARNE, *Secondo Rapporto Nazionale sull'Artigianato*, p. 9.

[37] Il settore dell'artigianato si compone di imprese artigiane industriali, di imprese artigiane attive nell'ambito delle costruzioni e di aziende artigiane dei servizi. Cfr. *ibi*, p. 16.

[38] *Ibi*, p. 32.

[39] A titolo d'esempio, si tenga presente che ben 45 distretti – sui 156 censiti in Italia nel 2001 – operano nel settore del tessile e dell'abbigliamento. Cfr. *ibi*, p. 39.

[40] Cfr. UNIONCAMERE - ISTITUTO TAGLIACARNE, *Secondo Rapporto Nazionale sull'Artigianato*, p. 38. Si specifica inoltre che la legge n. 317 del 5 ottobre 1991 all'art. 36 definisce i distretti industriali «aree territoriali locali caratterizzate da elevata concentrazione di piccole imprese, con particolare riferimento al rapporto tra la presenza delle imprese e la popolazione residente nonché alla specializzazione produttiva dell'insieme delle imprese». Il testo completo della legge «Interventi per l'innovazione e lo sviluppo delle piccole imprese» è reperibile sul sito internet www.riditt.it.

settentrionali. Più precisamente, Valle d'Aosta, Veneto, Piemonte, Emilia-Romagna, Toscana e Marche sono tutte al di sopra della soglia delle 30 imprese artigiane per mille cittadini. Nettamente inferiori alla media nazionale sono invece Sicilia, Lazio, Calabria, Puglia e Campania[41]. Sarebbe sbagliato, tuttavia, interpretare tale situazione come una frattura nord-sud, dal momento che vi sono numerose aree centro-settentrionali in cui l'artigianato rappresenta una componente marginale. Infine, globalmente considerato, il tasso di sviluppo delle imprese artigiane, per quanto frenato dalla crisi delle imprese legate ai servizi, è positivo ed è calcolato attorno allo 0,9%[42].

A dispetto di questo quadro, «se osservato nei suoi aspetti organizzativi e nelle sue dinamiche imprenditoriali più complesse, il mondo artigiano ci appare un settore dell'economia italiana a "modernità incompiuta"»[43]. In altre parole, se gli altri comparti produttivi hanno mostrato evoluzioni verso una dimensione imprenditoriale vincente sul mercato, l'artigianato sembra utilizzare solo parzialmente gli strumenti tecnologici offerti dalla modernità e fatica a competere sul mercato mondiale. I sintomi di questo 'disagio' sono riscontrabili a livello sia congiunturale, sia strutturale.

Le imprese artigiane manifatturiere sembrano registrare, nel complesso, una situazione di relativa stabilità, sia sul versante della produzione, sia su quello del fatturato. Tuttavia, nel primo semestre del 2006, circa il 30% delle aziende ha dovuto far fronte a un calo della produzione e del fatturato, contro il solo 18,4% che ha beneficiato di una crescita produttiva e il 17,3% che ha potuto contare su un aumento del fatturato[44]. Lo stesso 'sistema Moda' – uno dei picchi del *made in Italy* – sembra attraversare una fase congiunturale piuttosto difficile, con cali del fatturato e della produzione che interessano circa il 40% del comparto[45].

---

[41] UNIONCAMERE - ISTITUTO TAGLIACARNE, *Secondo Rapporto Nazionale sull'Artigianato*, p. 10.

[42] *Ibi*, p. 15.

[43] *Ibi*, p. 5.

[44] *Ibi*, p. 48.

[45] *Ibi*, p. 98.

A livello strutturale, emergono alcuni fattori limitanti come la scarsa propensione all'*export* da parte delle imprese artigiane, evidenziata dal fatto che due terzi delle imprese artigiane si rivolgono a un mercato provinciale o regionale e solo l'11% considera l'estero fra i propri principali mercati di destinazione, con una sensibile frattura tra il nord-ovest (decisamente internazionalizzato) e il sud del Paese (ancora fortemente localizzato)[46]. Tra le ragioni di tale diversità di orientamento indicate dai produttori spiccano le ridotte dimensioni aziendali e le caratteristiche della merce, difficilmente esportabile. Anche i canali di vendita riflettono un certo 'ritardo' nell'affrontare l'evoluzione economica e un legame – non necessariamente negativo – con i metodi tradizionali. Quasi il 70% degli artigiani si serve della vendita diretta, il 15% si serve di società di *import/export*, il 13% vende tramite altre aziende, il 9% utilizza per la vendita le fiere e le mostre, e soltanto poco più del 3% si serve dell'*e-commerce*[47].

5. *Profilo istituzionale-normativo*

Se la Costituzione e il Codice Civile si limitano rispettivamente a stabilire che «la legge provvede alla tutela e allo sviluppo dell'artigianato» e a inquadrare gli artigiani nella disciplina di impresa qualificandoli come «piccoli imprenditori»[48], è la legge quadro 443/1985 che disciplina la normativa in materia a livello nazionale. Subito all'art. 1 si chiarisce la potestà legislativa delle Regioni in materia:

> In conformità all'articolo 117 primo comma della Costituzione, le regioni emanano norme legislative in materia di artigianato nell'ambito dei

[46] Si consideri che il 91% delle imprese artigianali del Mezzogiorno destinano i propri prodotti, al massimo, all'interno dei confini regionali. Cfr. *ibi*, p. 55.

[47] I dati utilizzati vengono da un questionario a risposta multipla effettuato nell'ambito della ricerca per il *Secondo Rapporto Nazionale sull'Artigianato* del 2006. È perciò evidente che la somma delle percentuali sia superiore a cento, vista la possibilità di fornire più risposte. Cfr. *ibi*, p. 58.

[48] L'articolo della Costituzione è il 45 comma 2, quello del Codice Civile è il 2083.

principi di cui nella presente legge, fatte salve le specifiche competenze delle regioni a statuto speciale e delle province autonome[49].

Già il D.P.R. 616/1977 aveva trasferito alle Regioni un complesso di funzioni amministrative in materia di artigianato, in particolare quelle relative all'approvazione e alla revisione degli elenchi dei mestieri artistici e alla tenuta dell'Albo delle imprese artigiane (attraverso le Commissioni regionali e provinciali per l'artigianato); è stato però con la legge costituzionale di riforma del Titolo V della Costituzione[50] che la materia in questione è diventata di competenza esclusiva regionale. Nonostante ciò, la legge quadro 443/1985 per l'artigianato resta valida come riferimento generale di identificazione e definizione dell'imprenditore artigiano e dell'impresa artigiana. All'art. 2 si stabilisce che è imprenditore artigiano «chi esercita personalmente e professionalmente [...] assumendone la piena responsabilità con tutti gli oneri e i rischi inerenti e svolgendo in misura prevalente il proprio lavoro, anche manuale, nel processo produttivo»; nell'articolo successivo si legge che l'impresa artigiana ha «per scopo prevalente lo svolgimento di un'attività di produzione di beni, anche semilavorati, o di prestazioni di servizi», con esclusione di alcune attività[51].

La prima osservazione sulla situazione legislativa in Italia relativa all'artigianato artistico è evidente: non esiste ad oggi una legge quadro in materia. Certamente è vero che, come recita l'art. 1 della legge quadro 443/1985, «spetta alle regioni l'adozione di provvedimenti diretti [...] alla valorizzazione delle produzioni artigiane nelle loro diverse espressioni territoriali, artistiche e tradizionali» e la competenza regionale nel settore è completamente consolidata dopo la riforma costituzionale; è altrettanto

---

[49] Le leggi e i disegni di legge a partire dal 9 maggio 1996 sono disponibili sul sito internet www.parlamento.it/parlam/leggi/home.htm. Le leggi precedenti si trovano sul sito della «Gazzetta Ufficiale»: www.gazzettaufficiale.it.

[50] Legge costituzionale n. 3 del 18 ottobre 2001 recante modifiche al Titolo V della Parte Seconda della Costituzione.

[51] Le attività escluse sono quelle «agricole, di prestazione di servizi commerciali, di intermediazione nella circolazione dei beni o ausiliarie di quest'ultime, di somministrazione al pubblico di alimenti e bevande, salvo il caso che siano solamente strumentali e accessorie all'esercizio dell'impresa».

vero, però, che altri Paesi europei hanno provveduto a regolare i mestieri d'arte con una legislazione nazionale *ad hoc.* L'unico testo esistente al momento è il D.P.R. 288/2001[52], che procede all'individuazione delle lavorazioni artistiche e tradizionali e dell'abbigliamento su misura e fornisce un catalogo dei mestieri ascrivibili a questi settori svecchiando così il precedente elenco del 1964[53]. Nell'art. 1 del regolamento si individuano le lavorazioni artistiche secondo la seguente definizione:

...le creazioni, le produzioni e le opere di elevato valore estetico o ispirate a forme, modelli, decori, stili e tecniche, che costituiscono gli elementi fondativi del patrimonio storico e culturale, anche con riferimento a zone di affermata e intensa produzione artistica, tenendo conto delle innovazioni che, nel compatibile rispetto della tradizione artistica, da questa prendano avvio e qualificazione, nonché le lavorazioni connesse alla loro realizzazione.

Si precisa che rientrano sotto l'etichetta di «artigianato artistico» anche le attività di restauro finalizzate alla conservazione dei beni di interesse artistico. Detto questo, la discriminante che permette di riconoscere una forma di artigianato artistico è naturalmente la manualità, con alcune eccezioni: all'art. 1, secondo comma, lettera a, si legge:

Dette attività sono svolte prevalentemente con tecniche di lavorazione manuale, ad alto livello tecnico-professionale, anche con l'ausilio di apparecchiature, a esclusione dei processi di lavorazione interamente in serie; sono ammesse singole fasi meccanizzate o automatizzate di lavorazione secondo tecniche innovative o con strumentazioni tecnologicamente avanzate.

Dopo la precisazione di ciò che si intende per «lavorazione tradizionale» e per «attività relative all'abbigliamento su misura», il

---

[52] «Regolamento concernente l'individuazione dei settori delle lavorazioni artistiche e tradizionali, nonché dell'abbigliamento su misura».

[53] Ci si riferisce al D.P.R. 537/1964 che forniva un elenco dei mestieri artistici, tradizionali e dell'abbigliamento su misura, sostituendo a sua volta il vecchio elenco allegato al D.P.R. 1202/1956 contenente norme di attuazione e di coordinamento della legge 860/1956 intitolata «Norme per la disciplina giuridica delle imprese artigiane».

D.P.R. 288/2001 fornisce un elenco esemplificativo di mestieri che rientrano in questi ambiti, delineando 13 macro-settori: abbigliamento su misura; cuoio, pelletteria e tappezzeria; decorazioni; fotografia, riproduzioni, disegni e pittura; legno e affini; metalli comuni; metalli pregiati, pietre preziose, pietre dure e lavorazioni affini; servizi di barbiere, parrucchiere e affini e attività di estetista; strumenti musicali; tessitura, ricamo e affini; vetro, ceramica, pietra e affini; carta, attività affini e lavorazioni varie; alimentaristi[54]. La lavorazione della ceramica, che manca nella lista, è disciplinata specialmente dalla legge statale 188/1990.

Nonostante la mancanza di una legislazione nazionale di riferimento, negli ultimi anni si registra un'intensa attività alla Camera e al Senato in termini di normative nel settore dell'artigianato artistico, sintomo di un rinnovato interesse e di una raggiunta consapevolezza del patrimonio culturale ed economico che esso rappresenta. Nella passata legislatura sono stati proposti una ventina di disegni di legge[55], tra cui una legge quadro per l'artigianato artistico, ripresentata, con alcune modifiche, il 28 maggio 2006 e di cui non è ancora iniziato l'esame in Senato. La proposta S. 409 vorrebbe garantire la tutela statale delle produzioni dell'artigianato artistico (quelle effettuate secondo forme, decori, tecniche e stili che costituiscono il patrimonio storico e culturale consolidatosi) attraverso varie forme, tra cui un marchio regionale, registri della produzione artistica provinciali e, a livello nazionale, un Consiglio con mansioni di tutela. Vi sono inoltre riconosciute e disciplinate le botteghe-scuola e il titolo di «maestro artigiano», nonché gli immobili destinati alle produzioni dell'artigianato artistico.

È stata inoltre presentata un'iniziativa di «Legge quadro per la tutela e la valorizzazione delle botteghe storiche e degli antichi mestieri»[56]: si è avanzata l'idea, in particolare, dell'istituzione di

[54] Rispetto al precedente elenco del 1964 il numero dei mestieri di ogni voce è notevolmente più ampio. È stata inoltre eliminata la voce «Restauro», la voce «Varie» è stata sostituita con quella «Carta, attività affini e lavorazioni varie» ed è stata inserita la nuova voce «Alimentaristi».

[55] Una lista delle proposte di legge della legislatura IV (così come della legislatura XIII) relative all'ambito dell'artigianato artistico e degli antichi mestieri è reperibile sul sito www.parlamento.it/parlam/leggi.htm.

[56] Atto della Camera C. 914, di cui, al momento in cui si scrive, non è ancora iniziato l'esame.

un Fondo nazionale per la tutela e la valorizzazione delle botteghe e dei locali storici, delle botteghe d'arte e degli antichi mestieri presso il Ministero dello Sviluppo Economico con una determinata dotazione finanziaria su base triennale.

Si segnalano ancora altri due disegni legislativi molto recenti: gli atti della Camera C. 154 sulle «Norme per la tutela e la valorizzazione delle botteghe storiche di interesse artistico e degli antichi mestieri» e C. 994 sulle «Disposizioni per la valorizzazione delle attività artigianali di interesse storico e degli antichi mestieri».

È interessante notare che le proposte qui citate hanno in comune una logica di fondo che riconosce i mestieri d'arte non solo come espressione fondamentale della cultura, della civiltà e della tradizione artistica italiana, ma anche e soprattutto come contributo all'economia del Paese. Nella relazione di accompagnamento a queste proposte di legge, si afferma testualmente che «è necessario salvaguardare alcune attività artigianali e commerciali per garantire la tutela di quelle antiche lavorazioni e tecniche di produzione derivanti da tradizioni locali, che nel tempo stanno rischiando di scomparire e che necessitano di un intervento legislativo per poter sopravvivere e per continuare a rappresentarci nel mondo».

6. *Formazione*

Secondo il dettato costituzionale, le competenze in materia di istruzione professionale e artigiana sono affidate alle Regioni; tuttavia, il sistema di istruzione ha continuato per decenni a svilupparsi attraverso gli istituti professionali di Stato. Con la legge costituzionale n. 3 del 2002 lo Stato ha infine delegato la competenza alle Regioni, conservando però il diritto esclusivo di definire le norme generali di istruzione per determinare i livelli minimi delle prestazioni e per curare i rapporti con l'Unione Europea. Alle Regioni spetta, dunque, una responsabilità esclusiva per quanto riguarda la programmazione dell'*iter* formativo entro il quadro di disposizioni generali decise a livello nazionale.

Tale quadro è stato formulato dal Governo nazionale nel «Libro bianco sul mercato del lavoro in Italia» pubblicato nell'ottobre del 2001[57]. Le proposte più innovative riguardano l'incenti-

[57] La riforma del sistema di istruzione e formazione professionale avviata entro il qua-

vazione della cosiddetta «formazione in alternanza», mirante a facilitare l'inserimento nel mondo del lavoro e la formazione continua. A tale scopo è stata promulgata la legge n. 53 del 2003 sulla riforma del sistema di formazione e di istruzione[58].

Per quanto riguarda la formazione professionale superiore, invece, si distingue fra la cosiddetta «formazione post-secondaria» e i «percorsi di istruzione e formazione tecnica superiore». La prima è di durata dai 6 ai 12 mesi ed è di competenza regionale; è finalizzata all'apprendimento di competenze professionali che implicano un elevato contenuto teorico, tecnico, tecnologico e gestionale, anche attraverso esercitazioni pratiche e *stages* in azienda. Vi si accede generalmente con il diploma di scuola secondaria superiore e al termine si consegue un certificato di qualifica professionale. Ai percorsi di istruzione e formazione tecnica superiore (IFTS) si accede con un diploma di scuola secondaria superiore o con competenze certificabili acquisite in precedenti percorsi di istruzione, formazione e lavoro. I percorsi (che durano dalle 1.200 alle 2.400 ore) prevedono un'attività di *stage* presso le aziende pari almeno al 30% delle ore complessive. Al termine gli allievi ottengono un certificato di specializzazione tecnica superiore rilasciato dalle amministrazioni regionali e riconosciuto a livello nazionale.

Trattando dei singoli mestieri d'arte radicati nelle diverse realtà italiane, si è già riferito dell'attività di scuole che ne custodiscono le tecniche; conviene però ribadire che – vista la loro lunga tradizione – non di rado tali scuole costituiscono dei patri-

---

dro delineato dal «Libro bianco» è presentata nel rapporto «Sistema di istruzione e formazione professionale in Italia» redatto dalla ISFOL per l'Ufficio delle pubblicazioni ufficiali della Comunità Europea nel 2003.

[58] La nuova legislazione si allaccia alle disposizioni emanate negli anni precedenti quali: la legge n. 388 del 2000, che ha portato alla costituzione dei Fondi interprofessionali per la formazione continua; la legge n. 53 del 2000, che ha introdotto il diritto del lavoratore a usufruire di congedi formativi per partecipare a progetti di formazione presentati dal lavoratore stesso a titolo individuale oppure facendo riferimento ad accordi contrattuali (in tale caso è prevista anche la riduzione dell'orario di lavoro); la legge n. 144 del 1999 in materia di formazione iniziale, che ha introdotto l'obbligo formativo, ossia l'obbligo di partecipare a uno dei tre canali del sistema formativo (sistema d'istruzione, formazione professionale e apprendistato); la legge n. 196 del 1997, che ha individuato i requisiti per accreditare le strutture di formazione cui affidare la gestione delle attività, ha rilanciato la formazione in apprendistato, ha introdotto il tirocinio formativo e di orientamento, ha promosso la definizione di un sistema per la certificazione delle competenze e per il riconoscimento dei crediti; la legge n. 236 del 1993 sulla formazione continua.

moni culturali in sé. È il caso, per esempio, della «Fabbrica di San Michele a Ripa» a Roma: il suo atto di fondazione è la bolla *A exercitium pietatis*, emanata da Innocenzo XII il 20 maggio 1693 con l'intento di impartire ai poveri invalidi di San Michele una formazione nel campo dell'artigianato (l'ordinamento gestionale proibiva espressamente l'insegnamento di «grammatica e le scienze liberali»)[59]. Da un originario progetto di assistenzialismo, da «casa della correzione per li fanciulli e giovani Discoli», San Michele diviene fucina di incisori, maestri nella fusione del rame, scultori, pittori, tessitori dei filati, decoratori in stucco e in mosaico, stampatori di libri. La scuola si evolve progressivamente in un istituto di arti e mestieri, in particolar modo grazie all'opera di monsignor Antonio Tosti, divenuto preside nel 1830, che si adopererà per ampliare gli insegnamenti invitando maestri illustri, tra i quali anche Antonio Canova.

Altro esempio di non minor valore è la Scuola d'Arte e Mestieri di Vicenza[60]. Benché risalente al 1555, anno in cui nasce l'Accademia Olimpica di Scienze, Lettere, Arti e Agricoltura, i primi corsi di lezioni pubbliche iniziano nel 1740 e dal 1858 l'attività formativa viene regolamentata con l'istituzione della Scuola di Disegno e Plastica, rinominata poi Scuola d'Arte e Mestieri. Dal 1993, la scuola, che nel tempo si è andata sempre più specializzando nell'arte orafa, rappresenta l'Italia al *Parlament Lycéen Européen* – unione di scuole orafe e dei mestieri artigianali dei Paesi dell'Unione Europea.

Merita di essere infine menzionata anche la Scuola d'Arte e Mestieri istituita a Urbino nel 1920 per ripristinare le ricche tradizioni rinascimentali della cittadina[61]. La sezione dedicata al ferro formava artisti-artigiani capaci di realizzare strumenti di precisione per laboratori di fisica, armi e oggetti d'arredo, quella dedicata all'ebanisteria formava intagliatori e intarsiatori e, nel 1928, si aggiunse anche una sezione per la formazione di ceramisti. Negli anni Sessanta, poi, si aggiungeranno anche corsi di decorazione e illustrazione del libro, ma, purtroppo, dagli anni Settanta cesserà l'attività delle sezioni di meccanica ed ebanisteria.

---

[59] La sede ospita oggi la Direzione Generale per il Patrimonio Storico Artistico ed Etnoantropologico. Cfr. il sito internet www.arti.beniculturali.it/organizzazione/direzione/scuole.html.

[60] Cfr. il sito internet della scuola www.scuolartemestieri.org.

[61] Cfr. www.isaurbino.it.

Lettonia

1. *Premessa storico-ambientale*

Intorno al 2.000 a.C., i *balti*, predecessori dei moderni lettoni, si insediarono nel territorio oggi conosciuto come *Latvija.* L'area assunse ben presto un'enorme importanza come crocevia per gli scambi commerciali fra le tribù di quella regione, scambi effettuati in modo intenso con i germani, l'Impero romano e in seguito estesi verso i vichinghi e i russi. Le antiche popolazioni che abitavano l'area del Baltico avevano sviluppato specifiche abilità artigianali legate al mondo rurale, in particolar modo l'arte della tessitura del lino ma anche la decorazione della ceramica, la lavorazione del legno (intaglio e intarsio) e la gioielleria in ambra.

Nel 1201, attratti dalla strategica posizione geografica del luogo, i conquistatori tedeschi invasero la zona. Nello stesso anno, Alberto di Buxhoevden venne nominato vescovo di Riga; fece costruire il primo forte germanico in questa città che si avviò così a diventare il centro più importante dell'intera area baltica, primato che detiene ancora oggi. Dal XIII al XX secolo la Lettonia è stata continuamente sottoposta al dominio straniero e per un certo periodo è stata governata insieme all'Estonia come una singola entità territoriale: la *Livonia.*

La piena indipendenza della Lettonia è stata dichiarata e riconosciuta da tutti i Paesi occidentali (compresa l'URSS, ultima fra le molte potenze a occupare quel territorio) soltanto nel 1991. Le truppe russe hanno abbandonato definitivamente Riga soltanto nel 1994.

2. *Quadro dei mestieri d'arte*

Proprio per il suo affondare le radici nelle antiche tradizioni dell'artigianato popolare, l'arte professionale applicata lettone – così come le altre forme di creatività legate ai retaggi etnografici – è stata un prezioso riferimento e una buona fonte di ispirazione nel risveglio del settore[1]. Nell'arte tessile il legame con tradizioni popolari millenarie si concreta in raffinati manufatti in lino, cotone e seta ma anche in finissimi arazzi e tappeti. L'arte della ceramica e della porcellana ci consegna vasi artistici decorati con motivi naturalistici o che riguardano la travagliata storia del Paese, piatti con decorazioni floreali, brocche, contenitori ingentiliti da impugnature artistiche. All'arte della lavorazione del legno dobbiamo, invece, piatti decorati, contenitori e recipienti finemente torniti, scatole con illustrazioni intarsiate, pannelli decorativi, candelabri, caraffe da birra intagliate e decorate con ambra incastonata, complementi d'arredo e perfino orologi in legno. Di un certo rilievo nel patrimonio artistico artigianale è anche la lavorazione artistica della pelle (copertine e rilegature di libri di particolare pregio, scatole, portadocumenti, caratteristici raccoglitori per lettere con ambra incastonata, album fotografici, borsette, portasigarette ecc.) e la gioielleria in ambra, che tuttavia è un patrimonio condiviso con le vicine Lituania ed Estonia tanto che questo prezioso materiale viene definito 'l'oro del Baltico'.

La ricerca dell'identità nazionale, argomento topico nel clima politico-culturale nella prima metà del XX secolo, si riflette in modo vivido nei lavori dei più eminenti artisti decorativi di quel periodo. I loro manufatti (piatti commemorativi e decorativi, pannelli in vetro decorato ma anche pregiatissimi arazzi in cotone) mostrano disegni astratti o geometrici, forme, colori e studi grafici sottilmente ispirati a differenti movimenti espressionisti quali il Cubismo, il Futurismo e l'Art Déco. Diversi fra i nomi citati possono essere considerati i pionieri del Modernismo nell'arte lettone insieme agli artisti dello studio *Baltars*, creatori della più importante collezione di esemplari in porcellana decorata a mano (conservata nel Museo delle Arti Decorative e Applicate, *Dekorativi Lietiskas Makslas Muzejs*)[2]. Questi lavori,

---

[1] Le figure più importanti in quel campo, nella prima metà del secolo, furono Julijs Madernieks (1870-1955), Ansis Cirulis (1883-1942), Jekabs Bine (1895-1955), Arvids Dervitis (1847-1942), Jekabs Skertens (1890-1940).

[2] Il Museo della Arti Decorative e Applicate è l'unica galleria d'arte applicata professionale in Lettonia. Lo scopo del museo consiste nel raccogliere, documentare, pre-

insieme alle produzioni dei maestri dell'arte tessile[3] e alle creazioni di ceramisti[4], costituiscono la 'riserva aurea' delle arti decorative e applicate lettoni.

Nel 1924, l'arte decorativa sulle sponde del Baltico ha conosciuto una svolta radicale grazie alla fondazione dell'Accademia delle Arti della Lettonia (*Latvijas Makslas Akademija*) diretta dal prof. Rudolf Heimrats e grazie all'apertura dei Dipartimenti dell'Arte del Vetro e del Metallo. Dall'inizio degli anni Sessanta è cominciata la sperimentazione con nuovi materiali e nuove tecnologie e la ricerca di direzioni innovative da imprimere alle espressioni dell'artigianato artistico. Questo nuovo orientamento ha raggiunto le sue massime vette negli anni Settanta e Ottanta soprattutto nella lavorazione creativa del vetro, dove riscuotono sempre maggior successo i pezzi 'unici' dei giovani artisti lettoni e nel ruolo progressivamente crescente assunto dal *design* in grado di sfornare esecuzioni al contempo *one-off* e confacenti alle applicazioni per l'industria. Significativa a questo riguardo è l'azione svolta dallo studio di *design Etnostil*, fondato nell'aprile del 2004. Lo studio è stato istituito per perseguire diversi obiettivi: studiare e diffondere l'etnografia tradizionale lettone; contribuire allo sviluppo e alla realizzazione di *design* per interni in stile etnografico; informare sugli elementi della cultura etnografica del popolo lettone e delle nazioni confinanti; aiutare coloro che sono interessati ad acquistare beni etnografici autentici o costruiti secondo lo stile e i criteri della tradizione; partecipare a differenti progetti educativi. Le attività svolte da *Etnostil* includono l'architettura e la progettazione di interni, il *design* e la creazione di complementi per interni, nonché la lavorazione e la realizzazione di beni in

servare e diffondere la conoscenza del patrimonio dell'arte professionale applicata in Lettonia, nell'illustrare il suo sviluppo fino ad oggi e inoltre, grazie alle esposizioni, nell'approfondire la conoscenza delle evoluzioni dell'arte decorativa e del *design* all'estero. La galleria permanente è situata nel più antico edificio in pietra di Riga che una volta era la chiesa di S. Giorgio, la cappella originale dei Cavalieri della Spada che risale agli inizi del XIII secolo (per l'esattezza al 1208). Il museo è stato aperto al pubblico – dopo i necessari lavori di ristrutturazione – il 6 luglio 1989.

[3] In questo campo spiccano le figure di Georgs Barkans, Edite Pauls-Vignere e Rudolfs Heimrats.

[4] Nell'arte della ceramica si distingue il lavoro di Margita Melnalksne, Sarmite Ozolina, Peteris Martinsons.

diversi materiali (metallo, pietra, legno, ceramica, pelle), la gioielleria etnografica, la produzione di strumenti musicali tradizionali e la fotografia[5].

3. *Mestieri d'eccellenza*

Lavorazione dei tessuti

Non è un caso se nella decorazione ornamentale dei tessuti in Lettonia si continuino a proporre segni e significati derivanti da epoche antiche: i manufatti tessili realizzati con disegni dai colori tenui o a righe (così come le creazioni in ceramica decorata) recano spesso raffigurazioni grafiche dai significati simbolici come, per esempio, l'*Auseklis* (La Stella del Mattino), un simbolo di fertilità che risale alla tradizione pagana. La Stella del Mattino era largamente usata come tema nelle decorazioni di scialli, tappeti, coperte e manufatti d'arte tessile in genere, ma anche nella ceramica e per rallegrare deliziosi giocattoli per bambini in legno, oggetti che difficilmente compaiono nei musei ma che può ancora capitare di trovare nelle vecchie case dell'entroterra o nei paesini del litorale baltico a ovest della città di Kurzeme (importante centro lettone al confine con l'Estonia).

Nel corso del tempo l'eredità e la mentalità della cultura tradizionale tessile hanno interagito con stili più attuali, incrociandosi con le principali correnti dell'arte moderna e sperimentando forme, materiali e tecniche nuove. Questo connubio si è reso manifesto nel XX secolo, in particolar modo negli anni Sessanta, quando fu fondata la sezione di arte tessile nell'Accademia di Belle Arti di Lettonia.

Le principali caratteristiche dell'arte tessile lettone sono l'alta qualità artistica del lavoro, il *coloring* pittorico, le forme plastiche, il ritmo del disegno, la matrice esecutiva, l'uso perfetto dei materiali e delle tecniche impiegate nello sviluppare il tema del lavoro.

Esiti particolarmente efficaci nella combinazione delle tradizionali tecniche di tessitura con il moderno *design* risultano nella lavorazione del lino. In questo ambito spicca l'azione dello *Studio Natural* (lavorazione di fibre di lino di alta qualità tessute a mano

---

[5] Ulteriori informazioni sono rintracciabili sul sito dello studio: www.etnostils.lv.

su telai dalla struttura in legno) diretto da Laima Kaugure, una laureata al Dipartimento dell'Arte Tessile dell'Accademia Lettone delle Arti. Inizialmente quest'artista aveva lavorato con arazzi tessuti in lana e seta. Dal 1995 è passata all'utilizzo del lino, sperimentando le più disparate tecniche di tessitura. La delicata e naturale eleganza delle sue creazioni è stata notata nelle fiere internazionali del tessile (per esempio Francoforte e Parigi) dove i manufatti unici di Laima Kaugure sono stati insigniti di premi e diplomi per l'eccellenza.

Studio Natural
Bruninieku 47 – LV – 1011
Riga, Latvia
Tel. e Fax: + 371 7315914
www.studio-natural.lv

Ceramica e porcellana

L'arte della ceramica locale merita di essere considerata proprio per quelle peculiarità che risalgono direttamente alle tradizioni regionali *baltu* e *latgalju* (cioè relative alle antiche tribù dei balti e dei latgali). L'attività dei ceramisti, soprattutto nell'area del Latgale (regione collinosa sud-orientale della Lettonia famosa per le sue terrecotte), non ha subito grossi mutamenti nel corso dei secoli. A Rēzekne (prima città del Latgale) ha sede la *Pūdnīku skūla* (Scuola di ceramica), un rinomato centro di formazione per quest'antica arte. La storia della *Pūdnīku skūla* prese avvio nel 1989 quando diversi studenti, con il loro maestro Evalds Vasilevska, decisero di lavorare insieme per salvare la professione del ceramista. Nella scuola si usano solo materiali naturali, si studiano e si promuovono le antiche tradizioni regionali nell'uso di materiali come la ceramica nera, si applicano tecniche tradizionali e non industriali, si promuove l'uso di prodotti in ceramica nella vita quotidiana.

Pūdnīku skūla, keramika
«Akminīši», Kaunatas pagasts, Rēzeknes rajons, LV-4622
Tel.: (+371) 9230805 – (Sig. Evalds Vasilevskis)
(+371) 9106193 – (Sig. Staņislavs Viļums)
(+371) 9466372 – (Sig. Aivars Ušpelis)
(+371) 6462413 – (Sig. Ilmārs Vecelis)
www.pudnikuskula.viss.lv

Un'altra importante scuola per l'arte della ceramica, sempre situata nel fertilissimo Latrale, è quella gestita dal maestro Voldemars Voguls:

Voldemars Voguls skūla
Lendzi, Rēzeknes rajons, LV-4625
Tel.: (+371) 465 6303
Fax: (+371) 463 2761

La lavorazione artistica della ceramica, pur non determinante economicamente nel quadro complessivo del Paese, presenta tratti distintivi così peculiari che a Riga è stato istituito un museo interamente dedicato a questa lavorazione. La galleria, situata nel cuore della Città Vecchia (*Veçriga*), nel Cortile del Convento (*Konventa Seta*), mostra in una variegata esposizione tutta la qualità dei manufatti locali che costituiscono una particolarità a livello europeo.

4. *Contesto economico*

Il quadro dell'economia lettone ha conosciuto un mutamento profondo all'indomani della raggiunta indipendenza. Il cambiamento più significativo ha sostanzialmente riguardato, a fronte di una considerevole espansione nel settore dei servizi, una certa contrazione del comparto manifatturiero e agricolo. La situazione si è ulteriormente aggravata in seguito alla crisi finanziaria russa nel '98 che ha causato seri contraccolpi anche sulla giovane e fragile economia lettone. Tuttavia, la Lettonia ha trovato il modo di uscire dalla recessione e oggi la situazione economica del Paese è in linea con il suo ingresso nell'UE, avvenuto nel maggio del 2004[6]. In questo quadro generale si inserisce con una certa rilevanza il comparto tessile che conta ben 631 aziende con circa 20.000 impiegati[7]. Purtroppo, però, nel caso specifico del

[6] Cfr. N. Williams - D. Herrmann - C. Kemp, *Estonia, Latvia & Lithuania*, Lonely Planet Publications Ltd, Victoria 2003 (trad. it. *Estonia, Lettonia, Lituania*, Edizioni Edt, Torino 2003, p. 252).

[7] *Fonte*: Camera dell'Artigianato Professionale della Lettonia (giugno 2005).

settore tessile, dopo che l'UE (ora il principale partner commerciale della Lettonia) ha aperto le porte ai manufatti tessili provenienti dalla Cina, le esportazioni delle aziende lettoni verso l'Europa hanno cominciato a ridursi e un ulteriore calo è previsto per i prossimi mesi.

5. *Profilo istituzionale-normativo*

Nel 1935 è nata una prima camera dell'artigianato in senso moderno, la Camera dell'Artigianato Professionale della Lettonia (*Latvijas Amatniecibas Kameras*). Nell'agosto del 1940, a causa dell'occupazione militare da parte dell'Unione Sovietica, la Lak fu costretta a interrompere le sue attività. Verso la fine degli anni Ottanta cominciarono a comparire i primi segnali di un certo ammorbidimento del Governo sovietico e nel 1988, sotto gli auspici della «Fondazione Culturale Lettone», venne organizzata la «Fratellanza degli Artigiani Lettoni». Finalmente, con il raggiungimento dell'indipendenza nel 1991, la Camera dell'Artigianato della Lettonia venne nuovamente istituita. Oggi la Camera[8] assiste le organizzazioni professionali per l'artigianato, incoraggia lo sviluppo della formazione artigianale, fornisce informazioni, assistenza e incoraggiamento ai suoi membri.

Il recapito della Camera dell'Artigianato Professionale della Lettonia è:

Latvijas Amatniecibas Kameras
Amatu iela 5
Riga LV – 1050, Latvia
Tel.: +371-7213927
lak@mail.lv, lak@lak.lv

L'azione della Lak e in generale tutto il mondo dell'artigianato artistico lettone trovano sostegno nella Legge «Sull'Artigianato»

---

[8] Attualmente, il presidente della *Latvijas Amatniecibas Kameras* è il signor Vilnis Kazak, la direttrice generale è Astrida Andersone che si desidera ringraziare particolarmente, insieme alla consulente legale Kristine Finka, per la preziosa collaborazione fornita in occasione della raccolta delle informazioni necessarie per questa parte della ricerca.

del 2.02.1993. La normativa fissa i principi organizzativi per l'artigianato, le regole base per l'educazione professionale e gli *standards* per il metodo di qualificazione degli artigiani. L'operato delle imprese artigiane deve inoltre tenere conto delle basi legali determinate dalla Legge «Sulla Proprietà (imprese a conduzione familiare), Terreno e Lavoro individuale» dell'8 gennaio 1992 (Bollettino numero 6 del Consiglio Supremo e del Governo della Repubblica di Lettonia, 1992) così come le associazioni di categoria devono operare in accordo con la Legge della Repubblica di Lettonia «Sulle Organizzazioni Pubbliche e le Loro Associazioni» datata 15 dicembre 1992 (Bollettino numero 12 del Consiglio Supremo e del Governo della Repubblica di Lettonia, 1993).

È sempre la Legge «Sull'Artigianato» al Cap. III, Parte 10 («Il sistema dell'educazione professionale nei mestieri») a regolamentare anche le strategie formative per quanto riguarda l'educazione professionale nei mestieri e la qualifica degli artigiani. La legge stabilisce che tale formazione può essere ottenuta nelle scuole pubbliche o private così come presso imprese di mestiere sotto la guida di un maestro artigiano. La normativa, inoltre, conferisce alla Camera dell'Artigianato Professionale la facoltà di designare e approvare i programmi di addestramento per l'educazione professionale nei mestieri così come i programmi d'esame per gli operai qualificati e i maestri artigiani (Cap. III, Parte 13) e la facoltà di rilasciare una «carta dell'artigiano» ossia un certificato che attesta la qualifica di artigiano (Cap. III, Parte 12).

Per ciò che concerne la lavorazione del tessile, un'importante istituzione di riferimento è l'Associazione di Artisti Lettoni del Tessile (*Tekstilmākslas Asociācija*), fondata a Riga nell'aprile del 1994. I suoi principali obiettivi consistono nel consolidare l'attività degli artisti professionali promuovendo regolari iniziative espositive sia in Lettonia, sia all'estero. L'Associazione stabilisce e mantiene relazioni con organizzazioni affini all'estero ed effettua scambi di materiale informativo con i più importanti periodici in questo campo fornendo esaustive informazioni sui più significativi risultati raggiunti degli artisti lettoni del tessile[9].

---

[9] Cfr. www.gallery.lv/textileart/EN/titulsEn.htm.

6. *Formazione*

In Lettonia, percorsi utili alla formazione in un mestiere d'arte possono essere portati avanti nelle seguenti scuole, operanti sotto il Ministero dell'Educazione e della Scienza:

Ogres Amatniecibas vidusskola
(Scuola Secondaria per l'Artigianato di Ogre)
Meza prospekts 13, Ogre LV 5001, Latvia
Tel.: +371 50 22 133 / +371 50 55 288

Rigas Amatniecibas vidusskola
(Scuola Secondaria per l'Artigianato di Riga)
Jurmalas gatve 90, Riga LV 1029, Latvia
Tel.: +371 74 27 220 / +371 74 26 922
www.rav.lv

In entrambe queste scuole si svolgono programmi specializzati in *design* e creazioni (pelle, metallo, legno, moda), ceramica decorata, corsi di intaglio e intarsio del legno, creazione di mobili artigianali lignei.

Afferenti al Ministero della Cultura, invece, sono i seguenti istituti:

Liepajas mãkslas vidusskola
(Scuola Secondaria per le Arti Applicate di Liepaja)
Alejas iela 18, Liepaja LV 3401, Latvia
Tel.: +371 34 23 192

Rezeknes mãkslas vidusskola
(Scuola Secondaria per le Arti Applicate di Rezekne)
Baznicas iela 34a, Rezekne LV 4601, Latvia
Tel.: +371 46 22 615

Rigas Dizaina un mãkslas vidusskola
(Scuola Secondaria di Design e Arte di Riga)
K. Valdemara iela 139, Riga LV 1013, Latvia
Tel. e Fax: +371 73 60 823
www.rdmv.lv

Jana Rozentãla Rigas mãkslas vidusskola
(Scuola Secondaria di Arte «Jana Rozentãla» di Riga)
Hãmana iela 2a, Riga LV 1013, Latvia
Tel.: +371 76 01 783, +371 76 14 515
www.jrrmk.lv

Daugavpils mãkslas vidusskola «Saules Skola»
(Scuola Secondaria per l'Artigianato «Saules Skola» di Daugavpils)
Saules iela 6/8, Daugavpils LV 5401, Latvia
Tel.: +371 54 24 576

Valmieras mãkslas vidusskola
(Scuola Secondaria per le Arti Applicate di Valmieras)
V. Baloza iela, 5, Valmiera LV 4201, Latvia
Tel.: +371 42 07 362
www.vmv.lv

In queste scuole i programmi sono generalmente orientati alle arti decorative e applicate (lavorazione artistica del vetro, ceramica, arte tessile ecc.) ma anche al *design* (moda e interni) e in alcuni casi (soprattutto alla Scuola d'Arte «Jana Rozentãla» e alla Scuola Secondaria di Design e Arte di Riga) vengono offerti percorsi più attuali e legati alle nuove frontiere del mestiere d'arte come 'arte visiva multimediale' (foto, video, internet *design*, *design* grafico ecc.). Infine, l'Accademia di Belle Arti della Lettonia, fondata nel 1921, vanta una sezione integralmente dedicata all'arte tessile e rilascia diplomi di laurea in *design* di arte visuale e in arte plastica, pittura-scultura, mentre l'Università Tecnica di Riga offre cinque differenti programmi di tecnologie e *design* indirizzati al legno, metallo, pelle, tessile e stoffa.

Latvijas Mãkslas Akademija
(Accademia di Belle Arti della Lettonia)
Kalpaka Bulvaris, 13, Riga LV 1867, Latvia
Tel.: +371 733 22 02
Fax: +371 733 89 63
www.lma.lv

Riga Technical University
(Università Tecnica di Riga)
Azenes Str. 14/24, Riga LV 1048, Latvia
Tel.: +371 708 92 42

Lituania

1. *Premessa storico-ambientale*

La Lituania è il più grande fra i Paesi baltici. Intorno al XII secolo i balti erano ancora divisi in diversi gruppi tribali, che praticavano religioni primitive e pagane; la cristianizzazione ebbe inizio nel secolo successivo, ad opera dell'ordine tedesco dei Cavalieri della Spada e la Lituania fu così incorporata nell'Ordine Teutonico.

Da allora, per circa 800 anni, l'identità etnica di quel Paese è sempre stata misconosciuta o addirittura soffocata da una serie di dominazioni straniere: tedesca, polacca, svedese e russa. Fa eccezione il periodo che va dal XIV al XVI secolo, in cui la Lituania poté affermare la sua sovranità come Stato: alla fine del XVI secolo, la Lituania si unì formalmente alla Polonia con il Trattato di Lublino del 1569, assumendo tuttavia un ruolo secondario.

Dalla Seconda guerra mondiale cominciò il lungo periodo di dominazione sovietica, conclusosi dopo la vittoria del partito *Sajudis* alle elezioni del marzo 1989. Il faticoso percorso verso l'indipendenza conobbe una dura reazione da parte del Cremlino, ma la situazione si sbloccò all'indomani del tentato colpo di Stato avvenuto a Mosca il 19 agosto 1991. L'Occidente riconobbe da subito l'indipendenza lituana e finalmente, il 6 settembre 1991, lo stesso fece l'URSS.

2. *Quadro dei mestieri d'arte*

I primi manufatti che testimoniano le capacità creative del popolo lituano sono le ceramiche, i lavori in ambra, in legno e in osso che risalgono all'epoca degli originari insediamenti in quell'area. L'avvento del Cristianesimo portò un profondo cambiamento anche nell'espressività artistico-artigianale. Le antiche divinità pagane, con i loro simboli e le loro raffigurazioni, lasciarono progressivamente il campo a forme più raffinate anche se, come succede, per esempio, nell'arte delle sculture in legno, accanto a stili e forme della più tarda sensibilità cristiana si assiste spesso al perdurare di elementi tipici del culto pagano per la natura.

Queste opere anonime dei contadini lituani si sono concretizzate in grandi totem di legno, ma soprattutto nella miriade di croci scolpite che si trovano in prossimità delle foreste, dei laghi o sui cigli delle strade di campagna e sono (oltre che una toccante espressione di fervore religioso) anche una forte affermazione di nazionalismo. Non per caso, nel periodo delle occupazioni avvicendatesi nel XX secolo, molte di quelle testimonianze sono scomparse o sono state distrutte a causa del loro marcato carattere etnico e religioso.

Altre peculiarità dell'artigianato artistico lituano sono la lavorazione dell'ambra, l'arte del vetro, la ceramica e terracotta, l'arte tessile del lino e dei tessuti ricamati, la lavorazione della pelle, la porcellana, la lavorazione di mobili in legno.

Sicuramente la prima in ordine di importanza è la manifattura di gioielli in ambra. Per quanto condivisa con Estonia e Lettonia, essa può essere considerata uno dei tesori della Lituania anche per la copiosa quantità in cui questa resina di pino (fossilizzatasi 50 milioni di anni fa e gettata a riva dal mare) rimane nelle reti dei pescatori, soprattutto nei dintorni di Klaipeda e lungo la penisola curlandese.

Ora, anche in Lituania, l'emergere di nuove tecnologie utilizzate nell'arte applicata hanno ridisegnato i tradizionali confini stabiliti per l'arte decorativa: esempi significativi di questa interconnessione si trovano – per esempio – nell'arte del vetro. Oggi la Lituania conta, infatti, un discreto numero di piccoli laboratori di vetro artistico che vedono gli artisti impegnati sia nel *design* funzionale (anche con l'utilizzo di progettazione in *rendering* digitale), sia nella continuazione della più consolidata tradizione scultorea e delle vetrate artistiche.

3. *Mestieri d'eccellenza*

Lavorazione dell'ambra

Come nessun'altra al mondo, l'ambra della Lituania è caratterizzata da una grande ricchezza di varietà, riferibili alle 'inclusioni'[1] e al grado di limpidezza. Queste varietà vengono definite da oltre un centinaio di nomi riconosciuti, e descrivono ambra trasparente, semitrasparente e opaca con una moltitudine di sfumature di colore giallo, rosso, marrone, beige, bianco, come anche bluastro e verdastro, che alcune volte creano dei mosaici unici. Ci sono pezzi puri e altri pieni di particelle minute di sostanze vegetali che creano delicati disegni a filigrana. A parte l'ambra baltica (chiamata anche 'succinite')[2], ci sono più di 100 altri tipi di resina fossile nel mondo, ma le loro proprietà sono sempre inferiori a quelle dell''oro del Baltico' (in termini di trattamento, durevolezza e qualità delle inclusioni).

Ancora oggi, l'ambra è lavorata da numerosi artigiani che danno vita a orecchini, bracciali, collane, anelli, fibule, *parure* realizzate con ambra incastonata in metalli pregiati. Inoltre, la gioielleria d'ambra contemporanea, oltre a realizzare creazioni secondo le tendenze del *design* più attuale, spesso si sforza di recuperare e continuare le tradizioni etnografiche. Le usanze tipiche hanno da sempre espresso tre caratteristici articoli: i *kniepkeni*, le spille e i gioielli a goccia o forma di perla. I *kniepkeni* sono fermagli per le camicette da donna riccamente adornati con ciondoli. Le spille sono usate per allacciare vari tipi di vestito, sono fatte di pura ambra e solitamente recano un disegno che richiama motivi tradizionali inciso dalla parte nascosta del gioiello. Normalmente esse sono rotonde, ma si trovano anche esemplari a forma di cuore o di foglia. In alcuni altri modelli l'ambra è incastonata in monili realizzati principalmente in metallo. Il terzo

---

[1] I pezzi che presentano qualche 'inclusione' (alcuni direbbero qualche 'imperfezione'), come grani di polvere, frammenti vegetali o animali all'interno della scheggia d'ambra, sono considerati i più originali e talvolta i più preziosi.

[2] Il nome 'succinite' deriva dall'acido succinico presente nella miscela di sostanze di cui è composta l'ambra gialla (tipica, appunto, del litorale baltico). La presenza dell'acido succinico permette di distinguere questo tipo di ambra dalle altre resine fossili.

esempio tipico di manufatto tradizionale in ambra sono i gioielli a forma di goccia, di piccola botte o di perla; si trovano spesso anche croci.

La gioielleria d'ambra è sempre più indossata con abbigliamento *casual*, mentre le versioni più lussuose e originali sono usate come ornamenti in occasioni speciali visto che l'ambra spesso viene associata ad altre pietre preziose, o montata su oro o argento. Oggi, molti *designers* di grido lavorano con l'ambra e questo materiale viene usato anche dagli artisti per la creazione di pezzi d'arte unici.

Una delle migliori collezioni d'ambra in tutta la regione del Baltico si trova nel palazzo-museo del giardino botanico di Palanga, in Lituania occidentale. La raccolta, con i suoi 14.478 pezzi, non è la più grande dell'Estonia, Lettonia e Lituania; per la precisione si tratta soltanto della sesta in ordine di grandezza in quell'area, inoltre essa è preceduta nel mondo dalle più imponenti collezioni del Museo di Storia Naturale di Londra, del Museo della Terra di Varsavia e dell'Istituto Zoologico di Mosca che contano 25.000 pezzi ciascuna. Tuttavia, il museo botanico lituano contempla pezzi di eccezionale bellezza con straordinarie inclusioni di insetti.

Lavorazione del vetro

La Lituania conta una lunga tradizione anche nell'arte del vetro, nonostante l'arresto produttivo quasi completo cui fu costretta in epoca comunista. La lavorazione continuò in qualche modo ad essere operativa anche durante i periodi più difficili, garantendo una formazione scolastica minima e la presenza, isolata ma costante, di artisti attivi in questo campo. Nonostante negli anni Quaranta e Cinquanta del secolo scorso fossero ancora pochi gli artisti dediti al disegno e alla realizzazione di articoli in vetro, il ruolo da loro giocato nello sviluppo delle arti applicate fu comunque molto rilevante. L'artista più importante in quel periodo fu Stasys Usinskas e le sue creazioni (vasi decorati con motivi appartenenti alla simbologia popolare, piatti ornamentali a volte anche incisi, lampadari, acquari ecc.) costituirono un riferimento per gli studenti e gli emuli del suo stile (come Filomena Usinskaite, Jurate Usinskaite e Vitalija Blazyte) i quali, dalla fine degli anni Cinquanta in avanti, cominciarono a sviluppare un loro percorso creativo autonomo.

Nel 1961 la specialità del 'vetro' fu introdotta in modo sperimentale all'Istituto d'Arte di Vilnius, ora Accademia d'Arte di Vilnius (*Vilniaus Dailės Akademija*). Gradatamente e man mano che si affinavano le particolarità e le tecnologie impiegate per questa lavorazione, le forme e le colorazioni delle produzioni hanno assunto caratteristiche sempre più complesse. I maestri in questo campo hanno incominciato a realizzare creazioni in vetro multi-strato e a impreziosirle con interstizi in rame e altri elementi inseriti tra i vari strati.

Dal 1979, anche il Dipartimento di Kaunas dell'Istituto d'Arte di Stato (recentemente affiliato all'Accademia d'Arte di Vilnius) ha iniziato a formare gli artisti del vetro.

Grazie alla riacquisita libertà politica, la tradizione vetraria lettone, specialmente per quanto riguarda l'uso delle vetrate artistiche negli arredi pubblici e nelle chiese, sta riprendendo vigore e una certa vivacità creativa che caratterizza anche il campo del *design* di lampadari e di oggetti da tavola.

4. *Contesto economico*

Dal periodo successivo all'indipendenza, in cui il suo sistema economico era il più dissestato fra i Paesi vicini, la Lituania è riuscita a risalire l'abisso diventando il più promettente dei Paesi baltici. La crescita economica è stata lodata dal Fondo Monetario Internazionale come «dinamica, liberale e aperta» e alla vigilia del suo ingresso, avvenuto nel maggio 2004, la Lituania aveva il più alto tasso di sviluppo fra i Paesi candidati a far parte dell'Unione Europea. Grazie al proseguimento delle linee di politica economica concentrate in particolar modo sulla privatizzazione dei maggiori enti statali, sulla ristrutturazione del settore energetico, sulla lotta alla disoccupazione e sull'adozione di riforme necessarie per trarre pieno vantaggio dall'adesione all'Unione Europea, il PIL della Lituania è infatti cresciuto costantemente nel corso degli ultimi anni, passando dai 6,1 mld di dollari del 1995 a 14,6 mld di euro nel 2002 e 15,89 nel 2003, che in termini reali significa una crescita dell'8,9%[3]. La spina dor-

---

[3] *Fonte*: ICE (Istituto nazionale per il Commercio Estero). Rapporti Paese congiunti Ambasciate / Uffici ICE estero 1° semestre 2004 (Aggiornamento al 1° semestre 2004).

sale dell'economia lituana è costituita dalle piccole e medie imprese, che rappresentano il 99% delle imprese economicamente attive.

In questo quadro economico, l'incidenza dell'artigianato artistico è alquanto debole. Si tratta perlopiù di una dimensione produttiva strettamente legata al turismo e spesso caratterizzata da un fatturato 'sommerso'. Tuttavia, dal momento che il turismo in Lituania è uno dei settori destinati a forti interventi e a un sicuro sviluppo, queste attività (molte delle quali – ora – neppure incorporate nelle statistiche ufficiali), sono destinate ad avere in futuro una maggiore incidenza nel sistema economico del Paese.

Per ora, il volano dell'economia legata ai mestieri d'arte è costituito dalle viuzze del centro storico di Vilnius (solo un terzo di tutti gli ospiti stranieri, infatti, si avventura fuori della capitale). Particolarmente interessanti in questo senso sono *Mykolo gatvè* (una via qualificata dai mercatini e negozi dove si può trovare l'oro della Lituania, l'ambra) e la centralissima *Pilies gatve* (via del Castello), dove si allineano numerose bancarelle di oggetti di artigianato artistico.

Per quanto riguarda la possibilità di acquistare, oltre che di ammirare, qualche esempio di gioielleria d'ambra sono da segnalare la Galleria-Museo dell'Ambra (*Gintaro Muziejus - Galerija, Sv Mykolo gatve* 8) di Vilnius e la Galleria dell'Ambra (*Gintaro Galerija Pamario gatve* 9) di Nida in Lituania occidentale. Sfortunatamente, la crescente popolarità e valore dei prodotti d'ambra ha stimolato la produzione di falsa ambra, giacché solo la spettroscopia ad assorbimento di infrarossi costituisce una prova affidabile per stabilire l'autenticità di questo prezioso materiale.

5. *Profilo istituzionale-normativo*

La principale normativa di riferimento per il mondo dei mestieri d'arte è la Legge sui creatori artistici e loro organizzazioni del 15 agosto 1996 (No I-1494) successivamente emendata il 28 settembre 2004 (No IX-2454) che, oltre a definire le basi legali per la promozione e la tutela delle attività di operatori e organizzazioni impegnati nel settore dell'artigianato artistico, stabilisce anche i principi e le procedure per la concessione o la revoca dello *status* di «creatore artistico» e di «organizzazione di creatori artistici». A tale disposizione si devono aggiungere le leggi che inquadrano la formazione artigianale come la Legge sull'Educazione, approvata nel 1991, che definisce la struttura di base del sistema scolastico lituano e la normativa per le attività di direzione delle istituzioni formative (ad eccezione di Università e Accademie). Ma per quanto riguarda la formazione professionale e artigianale, più specifica è la Legge sulla Formazione Professionale e sull'Apprendistato (1997) che definisce l'assetto di base del sistema formativo professionale affidandolo a una stretta cooperazione tra istituzioni scolastiche e partner sociali (aziende, associazioni di categoria, enti ecc.).

Sul versante delle organizzazioni e delle strutture istituzionalmente operative in questo campo è da segnalare l'attività della Associazione degli Artisti Lituani:

Vokieciu g. 4/2, LT-01130 Vilnius, Lithuania
info@artistsassociation.lt
www.ldsajunga.lt
www.artistsassociation.lt
Tel.: +370 5 2622935 / +370 5 2622557
Fax: +370 5 2621986

L'organizzazione, fondata nel lontano 19 settembre 1935, fu assoggettata all'Associazione Artisti URSS nell'agosto del '40, ma fu tra le prime a separarsi dall'ente-mantello sovietico nel 1989. Una volta tornata indipendente, pubblica e *non-profit*, l'organizzazione ha potuto continuare a perseguire i suoi obiettivi originari e ora aderisce all'Associazione Internazionale delle Arti fondata dall'UNESCO nonché, con la sua Sezione Arti Applicate, al *World Crafts Council* (WCC-Europe). La AAL stimola e promuove le attività dei suoi associati, protegge i maestri artigiani e gli artisti membri, fornisce supporto legale, sociale e morale ai suoi iscritti che a tutt'oggi sono 1.314.

L'Associazione degli Artisti Lituani si occupa anche di dare vita a numerosi progetti indipendenti, di cooperare con altre organizzazioni artistiche e artigianali e con le istituzioni pubbliche; inoltre è legalmente autorizzata a istituire compagnie e fondazioni. Infine, è opportuno segnalare anche l'azione svolta dal Museo di Arti Applicate di Vilnius (*Taikomosios dailė muziejus*) che, con la sua ingente collezione di tesori d'artigianato artistico, costituisce un'interessante panoramica sul 'saper fare' lituano:

Taikomosios dailes muziejus
Arsenalo gatve 3°
LT-01130 Vilnius, Lithuania
Tel.: +370 5 262 8080

6. *Formazione*

Il ruolo-chiave nella formazione in campo artistico-artigianale in Lituania è giocato – a livello universitario – dall'Accademia di Belle Arti di Vilnius. La storia della prestigiosa scuola ha profonde radici che risalgono alla fine del Settecento, quando vennero fondati i dipartimenti di Architettura (1793), Disegno e Pittura (1797) e Arti Grafiche - Incisione (1805) all'interno dell'Università di Vilnius. Essa prepara oggi creativamente e tecnicamente maestri qualificati nelle arti visive (pittura, scultura, grafica, fotografia e arte digitale) e applicate (ceramica, tessile, *design* industriale, architettura).

Accademia di Belle Arti di Vilnius
Maironio St. 6, LT-01124 Vilnius, Lithuania
Tel.: +370 5 210 54 30 / +370 5 210 54 63
Fax: +370 5 210 54 44
vda@vda.lt

Una lunga tradizione accompagna anche la Scuola d'Arte di Kaunas, inaugurata nel 1922, intorno alla quale si raccolsero per la gran parte del secolo scorso i migliori maestri lituani. Oggi la Scuola, che nel frattempo ha mutato il nome in Istituto d'Arte di Kaunas, è annessa all'Accademia di Belle Arti di Vilnius della quale costituisce un distaccamento utile a soddisfare le richieste formative sul versante delle arti applicate. La scuola è suddivisa nei seguenti dipartimenti: Architettura, Arte visiva, Design, Tessile, Ceramica e vetro.

Istituto d'Arte di Kaunas
Muitines St. 4
LT-44280 Kaunas
Lithuania
Tel.: +370 37 222577
Fax: 222893
kdi@kdi.lt

Sul versante della formazione offerta dalla tradizionale scuola superiore si segnalano invece i percorsi proposti dalla Scuola delle Arti Applicate di Kaunas, soprattutto per quanto riguarda la ceramica, la lavorazione del metallo e le nuove frontiere del mestiere d'arte (progettazione grafico-visivo digitale, *web designer* ecc.).

Kauno Taukomosios Dailes Mokikla
(Scuola delle Arti Applicate di Kaunas)
V. Kreves Pr. 112
LT-44280 Kaunas
Lithuania
www.tdm.kaunas.lm.lt

Nell'ambito del *curriculum* tradizionale del sistema scolastico lituano vanno indicati anche i percorsi offerti da scuole secondarie come il Centro di formazione professionale di Panevėžys, la Scuola secondaria Saulėtekis e la Scuola secondaria di Skuodo che, tra gli altri insegnamenti, addestrano specialisti in diverse attività quali decorazione, lavorazione della pelle, arte del tessile, lavorazione del legno e del metallo, fino alle arti visive e al *computer design*:

Panevėžio profesinio rengimo centro veikla
(Centro di formazione professionale di Panevėžys)
Staniūnų 68, LT- 35001 Panevėžys,
Tel.: 8-45 58 71 38
Fax: 8-45 58 71 38
sadula@pprc.panevezys.lm.lt
www.ml.lt/

«Saulėtekis» Vidurine Mokykla
(Scuola secondaria «Saulėtekis»)
Lieporiu Street 2, LT-78244, Siauliai
sauletekis@sauletekis.lt

Skuodo Bartuvos Vidurine Mokykla
(Scuola secondaria di Skuodo)
Šatrijos 1, LT-5670 Skuodas
Tel.: +370 440 73271
Fax: +370 440 73273
rastine@bartuva.lm.lt

Meritano segnalazione anche due istituzioni private operanti nel settore della formazione artigianale: la Scuola di Artigianato *Telšių Praktika* e la Scuola di formazione professionale *Sodziaus Meistrai*. La prima, fondata nel settembre 1992, è l'unica scuola professionale sostenuta da un'impresa (la società per azioni *Telšių Praktika* che produce manufatti decorativi in rame, ottone, nickel ecc.). I suoi corsi (principalmente orientati alla lavorazione di legno e metallo) sono a pagamento e durano due anni, al termine dei quali i futuri artigiani conseguono un diploma riconosciuto dallo Stato.

«Telšių praktika» dailiųjų amatų mokykla
(Scuola di Artigianato «Telšių Praktika»)
Muziejaus st. 29, LT-87356 Telšiai,
Tel.: +370 444 51686
Tel./Fax: +370 444 51665
tels.prakt@telsiai.omnitel.net

Per quanto riguarda invece la scuola privata di formazione professionale *Sodziaus Meistrai*, istituita recentemente (aprile 2002) nel villaggio di Madziunai (regione di Trakai), essa rivolge i suoi corsi a quei giovani portati per il lavoro manuale e creativo ma che, per diversi motivi (ristrettezze economiche, difficoltà incontrate nella scuola secondaria, abitazione lontana dai grandi centri ecc.), hanno trovato ostacoli nel proseguire un corso di studi tradizionale. Alla *Sodziaus Meistrai* particolare attenzione è posta alla qualità dell'insegnamento che prevede una stretta connessione tra la dimensione teorica e la pratica di laboratorio, nell'apprendimento di tradizionali tecniche artigianali quali la lavorazione del legno, l'arte culinaria, la lavorazione del metallo ecc.

Amatų mokykla «Sodžiaus Meistrai»
(Scuola di Artigianato «Sodžiaus Meistrai»)
Rūdiškių km. Rūdiškių sen. Trakų raj. 21177 – Lithuania
Tel.: +370 528 57 010
GSM: +370 601 61 320
amatai@mail.lt
www.sodziausmeistrai.lt

Lussemburgo

1. *Premessa storico-ambientale*

Il Lussemburgo è caratterizzato da una cultura mista, con elementi francofoni e germanofoni che, pur molto integrati, conservano la propria identità. L'influenza dei Paesi vicini, non solo di Germania e di Francia, ma anche dell'Olanda (da cui il Granducato si è separato nel 1815 per diventare completamente indipendente circa 50 anni più tardi) appare evidente in molti aspetti culturali e artistici. Nonostante il suo carattere cosmopolita, il Lussemburgo ha saputo conservare una propria originalità: l'esempio più eloquente è la preservazione della lingua nazionale, il *Lëtzebuergesch*, accanto alle due altre lingue amministrative (tedesco e francese) o, ancora, il motto nazionale, che significativamente è «Vogliamo rimanere ciò che siamo». Paese piccolo, ma importante per il settore finanziario e bancario, il Lussemburgo è caratterizzato da centri storici ricchi di arte e da una varietà di paesaggi naturali pittoreschi, come la cosiddetta «Piccola Svizzera lussemburghese».

2. *Quadro dei mestieri d'arte*

Il settore più caratteristico è quello alimentare, riguardo al quale si osserva che i prodotti lussemburghesi riescono a combinare la finezza francese con i sapori forti tedeschi. Altrettanto celebre è la viticoltura, particolarmente favorita dal clima e dalla fertilità della valle della Moselle; la produzione della birra è molto meno praticata, tranne che a Diekirch, dove il malto viene lavorato secondo antiche tradizioni. L'artigianato rappresenta attualmente un fattore importante economicamente e socialmente (impiega circa un sesto della popolazione): l'evoluzione del settore è meno positiva che nei decenni precedenti, ma le istituzioni stanno investendo molto su un rilancio basato sulle eco-tecnologie e su un rinnovamento generale delle sue forme di espressione, anche artistiche.

3. *Mestieri d'eccellenza*

Lavorazione del legno

I lavoratori del legno, siano essi ebanisti, falegnami o restauratori, sono specialisti nella concezione e fabbricazione di opere secondo una tradizione autoctona, benché molto influenzata da quella ricchissima del Belgio. Il legno si trova molto abbondante nelle foreste intorno alla città di Lussemburgo, ma questo non ha impedito agli artigiani di utilizzare anche altri materiali come la plastica o l'alluminio e sviluppare tecniche nuove, rendendo il mestiere ancora più creativo. Tale rinnovamento non ha però impedito che il numero di imprese si dimezzasse dal 1970 in poi, mentre al contrario è più che raddoppiato il numero dei falegnami: questi dati, se da un lato indicano un basso tasso di sopravvivenza delle imprese, dall'altro segnalano una mancanza di giovani imprenditori che decidono di mettersi in proprio nelle loro botteghe[1].

Lavorazione del vetro

La lavorazione del vetro è legata soprattutto al suo utilizzo come elemento decorativo negli edifici (vetrine decorate e dipinte), ma anche come elemento di sicurezza, se si pensa alla sempre maggiore richiesta di vetro isolante o antisonico. Il mestiere del vetraio-specchiaio è uno di quelli che più hanno dovuto rinnovarsi con l'utilizzo di nuove tecnologie e metodi nella lavorazione del vetro piatto e cavo, come, per esempio, la levigazione, la decolorazione, la finitura. Una specializzazione artistica che ha conosciuto uno slancio inedito negli ultimi anni è la realizzazione di finestre in vetro colorato secondo un procedimento che collega i

---

[1] L'associazione di categoria patronale dei falegnami, nata nel 1905, fa parte della Federazione degli Artigiani: www.federation-des-artisans.lu.

diversi elementi di vetro colorato con delle bacchette con scanalature in piombo e in ottone; è il caso soprattutto delle vetrate delle chiese.

Oreficeria, gioielleria, orologeria

Il mestiere dell'orologiaio, oggi come nel passato, richiede la combinazione di tecniche varie, che spaziano dall'elettronica alla meccanica di precisione, con un particolare gusto per i motivi ornamentali e decorativi. Questo mestiere offre opportunità professionali particolarmente interessanti per la forte richiesta di riparazione e restauro di orologi antichi; la maggior parte degli orologiai operano indipendentemente: molti hanno un primo impiego ma collaborano negli *ateliers*. L'artigiano-orefice è stata una delle figure più ricercate in Lussemburgo a partire dagli anni Sessanta, soprattutto per l'abilità nel lavorare la materia prima (nella maggior parte dei casi oro, argento e platino), creando pezzi raffinati e originali, lontani dalla standardizzazione. Data la necessità di un'alta concentrazione nel lavoro di creazione dei singoli pezzi, che solo in un secondo momento vengono assemblati, gli orefici lussemburghesi operano individualmente nelle loro botteghe; sono rare le imprese con molti lavoratori. Il mestiere si è declinato in varianti specifiche, tra cui il gemmologo, grazie alla possibilità di acquisizione e applicazione di molteplici tecniche.

4. *Contesto economico*

Le piccole e medie imprese (quelle con un numero di dipendenti compreso tra 10 e 249) sono il cuore dell'economia del Lussemburgo, importanti sia per la crescita, sia per la creazione dell'occupazione: sono circa 15.000 le imprese artigianali e commerciali in tutto il Granducato e impiegano oltre 100.000 persone; inoltre, quasi 30.000 posti di lavoro sono stati creati solo nell'ultimo decennio[2]. L'artigianato rappresenta circa il 23% delle impre-

[2] I dati sono ripresi dal «Plan d'action en faveur des PME. État fin 2002» disponibile su www.mcm.public.lu/fr/plan/plan01-06/index.html.

se lussemburghesi, il 20% del totale degli occupati, il 20% del giro d'affari e il 5% degli investimenti, dati molto significativi che ne fanno un fattore economico e sociale estremamente importante nel quadro macroeconomico del Paese[3]. Se si considera il panorama generale delle piccole e medie imprese nell'Unione Europea, spesso in difficoltà (soprattutto quelle dedite all'artigianato), il fatto che la percentuale delle imprese artigianali in Lussemburgo sia rimasta pressoché invariata negli ultimi 30-40 anni (20% circa) e che ogni anno il settore contribuisca a creare circa 15.000 nuovi posti di lavoro, il quadro risulta globalmente molto positivo. In particolare, si rileva che il tasso di sopravvivenza delle imprese artigianali lussemburghesi (con cui si intende la possibilità per un'impresa di superare i primi 5 anni particolarmente critici di vita) è di oltre il 70% e cioè maggiore che in Germania e quasi il doppio che in Francia.

Uno dei fattori esplicativi di questa evoluzione diversa nei tre Paesi confinanti risiede nelle condizioni meno liberali del diritto di impresa lussemburghese rispetto, per esempio, alla Francia: si richiede, infatti, per legge un certo livello di qualificazione per il capo di impresa che comprende conoscenze ampie e solide che gli consentano poi di operare con successo (si veda oltre, nella sezione dedicata alla formazione). La dimensione delle piccole imprese artigiane è cresciuta sostanzialmente da 7,4 persone nel 1980 a oltre 10 alla fine del secolo, occupate come manodopera tradizionale, ma non solo. Negli ultimissimi anni, però, stando in particolare ai dati statistici relativi alla creazione dell'occupazione, l'evoluzione del settore sembra aver perduto parte del suo slancio, per cause sia congiunturali, sia strutturali (un basso interesse per alcuni settori tra le prime, l'intensificazione della concorrenza straniera tra le seconde). La questione è stata affrontata lanciando una strategia politica che per l'artigianato, secondo le considerazioni della Camera dei Mestieri, dovrebbe promuovere l'innovazione non strutturata (dato che l'auspicato aumento della competitività ingloba, al di là del fattore 'costo', degli elementi qualitativi come il carattere innovativo dei prodotti offerti),

---

[3] I dati qui riportati sono estrapolati da uno studio specifico sull'artigianato condotto dalla Camera dei Mestieri del Lussemburgo pubblicato nel 2003: www.chambre-des-metiers.lu.

migliorare le qualifiche di manodopera e infine incentivare lo sviluppo delle eco-tecnologie.

Nello specifico, in riferimento all'artigianato artistico, i dati statistici[4] mostrano che il numero di imprese e quello di operai occupati per singolo mestiere è cresciuto dal 1970 per quanto concerne chi svolge il mestiere di grafico (da 3 a 6 imprese il primo, da 1 a 22 il secondo), incisore (da 0 a 2), orologiaio e fabbricante di gioielli (da 0 a 13), ceraio (da 0 a 3), e ceramista (da 1 a 9); si noti che, in termini assoluti, si tratta quasi sempre di un numero inferiore alla decina, il che appare comprensibile in corrispondenza delle dimensioni ridottissime del Granducato.

5. *Profilo istituzionale-normativo*

Il Dipartimento delle Classi Medie, all'interno del Ministero delle Classi Medie e del Turismo[5], è l'organo governativo che opera come interlocutore privilegiato delle Piccole e Medie Imprese, in particolare tramite l'elaborazione di una strategia mirata quinquennale nel documento denominato «Piano d'azione per le PMI». Il Piano per il 2001-2006[6] si è concentrato su una serie di iniziative tendenti a semplificare le formalità burocratiche legate all'installazione delle imprese, a ridurre il carico fiscale sulle imprese (proseguimento di una politica che aveva caratterizzato tutti gli anni Novanta) e a rafforzare gli strumenti pubblici di sostegno finanziario, favorendo soprattutto le imprese sensibili alle problematiche ambientali. Il Ministero ha inoltre sostenuto la formazione, attraverso l'incoraggiamento all'apprendistato, la promozione della formazione continua e l'integrazione delle nuove tecnologie dell'informazione e della comunicazione.

La Camera dei Mestieri del Lussemburgo, costituita come soggetto pubblico nel 1924, è una delle sei camere professionali

---

[4] I dati sono tratti dall'*Annuaire Statistique de l'Artisanat 2004*, realizzato dalla Camera dei Mestieri e disponibile per intero sul sito dell'istituzione: www.chambre-des-metiers.lu.

[5] www.mcm.public.lu.

[6] Il Piano d'azione per le PMI porta avanti le misure che erano state adottate a seguito del Primo piano, nel 1996: www.mcm.public.lu/fr/plan/plan01-06/index.html.

patronali e salariali a base elettiva cui l'affiliazione è obbligatoria. Rappresenta e difende gli interessi delle imprese artigianali, partecipa alla procedura legislativa, gestisce i contratti, organizza corsi, conferenze e seminari, elabora studi e statistiche e svolge un ruolo di assistenza e consiglio. L'organo supremo (Assemblea plenaria) raggruppa 6 sezioni tra cui quella «mestieri altri», dove sono inclusi i mestieri legati all'artigianato artistico. Inoltre, la Camera gestisce i contratti di apprendimento, organizza i corsi e i relativi esami per l'assegnazione del *Brevet de Maîtrise* e svolge un'intensa attività di assistenza e consiglio generale, settoriale e individuale.

Dal 1988, la Camera dei Mestieri ha instaurato, nei locali del Castello di Bourglinster, un insieme di *ateliers* dei mestieri d'arte, noto come *Espace Créatique*[7], dove artigiani particolarmente esperti sono a disposizione del pubblico per far conoscere e insegnare le tecniche e le forme dei vari mestieri d'arte. L'insegnamento si rivolge ai giovani, dagli alunni delle scuole primarie fino agli adolescenti iscritti agli *stages* proposti dal Servizio Nazionale della Gioventù, che possono scegliere tra vari *ateliers*: ceramica, fotografia, pittura, tessitura, metallo, mosaico e rilegatura. Al castello si tengono simposi, conferenze ed esposizioni: le attività sono spesso realizzate con un contributo finanziario e organizzativo fornito a livello governativo, normalmente da parte del Ministero della Cultura e dell'Insegnamento Superiore. Se le esposizioni si distinguono per il carattere prestigioso e raffinato dei pezzi unici che sono esposti, altre rassegne regolari, come, per esempio, il Mercato di Natale, offrono prodotti che esaltano invece l'arte popolare e l'abilità manuale.

La legislazione in materia di artigianato e artigianato artistico è molto dettagliata e, oltre a prevedere le condizioni di qualifica professionale richieste per l'esercizio dei mestieri di artigianato, fornisce anche una lista di questi ultimi, distinguendo tra mestieri primari e secondari. Il regolamento granducale del 4 febbraio 2005[8] enumera una serie di mestieri, distinti in sei gruppi: mestie-

---

[7] www.chambre-des-metiers.lu.

[8] Il regolamento, intitolato *Liste et Champ d'activité des métiers artisanaux*, ha un triplice oggetto: l'abrogazione del regolamento del 19 febbraio 1990 che istituiva anch'esso una lista dei mestieri principali e secondari, l'istituzione di una nuova lista e la

ri dell'alimentazione, mestieri della moda, della salute e dell'igiene, mestieri della meccanica, mestieri della costruzione e dell'*habitat*, mestieri della comunicazione, della multimedialità e dello spettacolo, mestieri dell'arte e mestieri diversi. Quest'ultimo gruppo comprende una serie di mestieri d'arte, considerati mestieri secondari, il cui esercizio è subordinato al possesso di un Certificato d'Attitudine Tecnica e Professionale (CAPT) e di un diploma o certificato equivalente. Il tipo di formazione qui previsto può essere sostituito da un periodo di tirocinio della durata di almeno tre anni, ovvero dall'esercizio di un'attività a tempo pieno presso un'impresa artigiana autorizzata per l'esercizio del mestiere in questione.

L'organo di rappresentanza artigianale, la *Fédération des Artisans,* esiste dal 1905 ed è costituito attualmente da 51 federazioni professionali. La sua priorità è duplice: per un verso informazione e assistenza nei confronti dei suoi membri, per l'altro rappresentanza dell'artigianato di fronte agli organi e alle istituzioni politiche nazionali e internazionali durante le negoziazioni di convenzioni e contratti collettivi affinché siano difesi gli interessi delle piccole imprese del settore. Le federazioni professionali affiliate alla *Fédération* sono attive anche in alcuni settori dove i mestieri dell'artigianato artistico sono inclusi sotto l'etichetta di «altri mestieri» (i gruppi identificati sono, per esempio, «alimentazione», «moda, salute e igiene», «meccanica» ecc.), così come sono definiti anche dalla legislazione[9].

6. *Formazione*

La Camera dei Mestieri è la principale istituzione di riferimento per la formazione nel settore artigiano in generale e nei mestieri d'arte nello specifico. L'*iter* formativo previsto dalla legislazione del Lussemburgo è uniforme per tutti i mestieri inclusi nei gruppi identificati dalla stessa e prevede che, alla fine di tre anni di apprendimento, venga sostenuto un esame obbligatorio che si

---

determinazione delle nuove condizioni di qualifica professionale richieste per l'esercizio dei mestieri secondari.

[9] Cfr. regolamento granducale del 4 febbraio 2005.

tiene sotto il controllo di una commissione governativa e dà diritto, in caso di successo, al già citato Certificato di Attitudine Tecnica e Professionale (CAPT) o a un Certificato di Capacità Manuale (CCM) o ancora a un Certificato di Iniziazione Tecnica e Professionale (CIPT).

La Camera dei Mestieri rilascia anche il *Brevet de Mâitrise* (Certificato di Abilità), avente le finalità di garantire l'indipendenza e di permettere l'organizzazione della formazione degli apprendisti. Per ottenere il brevetto è necessario seguire un ciclo di corsi preparatori che includono, oltre alla formazione sulle tecniche specifiche di ogni mestiere, moduli di diritto dell'impresa e del lavoro e di *management* e creazione di impresa: un percorso piuttosto impegnativo che ha il merito di conferire una qualificazione specifica per l'esercizio dei singoli mestieri e soprattutto competenze adeguate per l'avvio e la gestione di un'attività imprenditoriale.

Esiste infine la possibilità per gli artigiani di restare aggiornati in materia di legislazione, finanziamenti e gestione di impresa attraverso i corsi di formazione continua. A questo proposito, a partire dal 2005, la *Chambre des Métiers* ha istituito, in *partnership* con l'*Institut de Formation de la Chambre de Commerce*, una piattaforma comune di seminari, conferenze e *workshops* di formazione artigiana professionale continua. L'intensificazione dell'offerta formativa è stata sollecitata dal successo dei corsi di formazione continua negli ultimissimi anni: le statistiche annuali mostrano che, dal 2002, si sono moltiplicati gli iscritti, soprattutto nei corsi di gestione e tecnologie per la comunicazione e l'informazione, mentre hanno registrato un calo i corsi tecnici per settore[10].

[10] In proposito si consulti la pagina web www.chambre-desmetiers.lu.

Malta

1. *Premessa storico-ambientale*

Le arti e i mestieri maltesi conobbero nella maggior parte dei casi il proprio apogeo all'indomani dell'insediamento dei Cavalieri di San Giovanni sull'isola avvenuto nel 1530. L'Ordine ricevette l'isola di Malta (insieme a Tripoli) in dono dall'Imperatore di Spagna Carlo V con l'impegno di farne baluardo della Cristianità in Europa. Nel 1551 Tripoli fu persa; i Cavalieri furono, tuttavia, in grado di resistere al lungo assedio che i turchi imposero a Malta nel 1565. Scongiurata la minaccia ottomana, si aprì una vera e propria età dell'oro per Malta. I 250 anni in cui l'Ordine governò l'isola coincisero, infatti, con la costruzione di nuove città, fra cui la bellissima Valletta, di meravigliosi edifici barocchi, di numerose chiese, monumenti e fortificazioni. Grazie alla ricca e generosa attività di mecenatismo praticata dall'Ordine, Malta divenne in quegli anni un polo d'attrazione per numerosi architetti e artisti e un centro culturale d'importanza tutt'altro che secondaria[1]. Fu in tale contesto che, come si vedrà più avanti, molte arti e mestieri tuttora praticati a Malta iniziarono il proprio sviluppo e conobbero il massimo fulgore.

Il *revival* di antiche tradizioni a cui si assiste ormai da anni ha ricevuto un forte stimolo anche dall'entrata nell'Unione Europea, realizzatasi nel maggio 2004 e compiutasi a seguito di un lungo e non poco controverso processo di avvicinamento di Malta all'Europa che ha diviso fortemente l'opinione pubblica maltese per quasi vent'anni. Ancora oggi, pur riconoscendo nella

---

[1] L.J. Scerri (ed.), *The Grand Masters of Malta from the Origins to Modern Times*, Heritage Books, Malta 2000.

scelta europea un importante potenziale di crescita per l'economia nazionale, molti maltesi vi intravedono una pericolosa minaccia all'indipendenza nazionale – conquistata solo di recente – e alla propria identità, ai valori e alle tradizioni[2]. In tale contesto l'artigianato maltese ha conosciuto una forte valorizzazione non solo come strumento attraverso cui soddisfare la domanda di *souvenirs* delle migliaia di turisti che ogni anno visitano l'isola, ma anche, se non soprattutto, per l'alto valore culturale che quest'arte minore rappresenta.

2. *Quadro dei mestieri d'arte*

I 'mestieri della mano' maggiormente radicati e praticati a Malta comprendono la realizzazione di oggetti in filigrana d'oro e d'argento e la lavorazione a tombolo di pizzi e merletti, mestieri di cui si parlerà più approfonditamente nelle pagine che seguono. Vanno poi ricordate la lavorazione di rame, ferro battuto e ottone, soprattutto di battenti ispirati alle forme e ai motivi delle case più antiche di Valletta e Mdina; la lavorazione in ceramica rustica e in terracotta, orientata soprattutto alla produzione di vasellame; la maglieria lavorata a mano, localizzata per lo più nell'isola di Gozo e nota soprattutto per la produzione di tessuti, arazzi e bambole; la lavorazione del vetro soffiato; e non ultima, la lavorazione di cestini in vimini, prodotti in passato ad uso del settore agricolo e ittico e rimasti successivamente parte integrante dell'artigianato nazionale.

3. *Mestieri d'eccellenza*

Lavorazione di oggetti in filigrana d'oro e d'argento

La lavorazione di oggetti in filigrana d'oro e d'argento è fra i 'mestieri della mano' maltesi maggiormente noti anche all'estero e si distingue da secoli per raffinatezza ed eccellenza. Già all'epo-

---

[2] J.P. MITCHELL, *Ambivalent Europeans. Ritual, Memory and the Public Sphere in Malta*, Routledge, London-New York 2002, pp. 2 e 12.

ca dei Cavalieri, periodo in cui tale arte conobbe un forte sviluppo, i manufatti in oro e argento maltesi erano fra i più ricercati sui mercati internazionali[3].

La domanda e l'apprezzamento per gli intricatissimi e preziosi braccialetti, orecchini e collane che caratterizzano la gioielleria maltese traggono impulso dal mercato interno tanto quanto da quello estero. Come in altri Paesi mediterranei, anche a Malta l'oro ha un ruolo di primaria importanza nella cultura materiale dei suoi abitanti. Per le donne, i manufatti in oro sono da sempre stati una componente fondamentale della dote. Soprattutto per i ceti meno agiati, il possesso e l'accumulo di gioielli in oro ha, inoltre, sempre rappresentato un inconfondibile e prezioso indicatore di *status* della famiglia: fino a qualche decennio fa, l'uso di orecchini, oltre che di collane, era quanto mai diffuso anche fra gli uomini maltesi. A tutt'oggi, sebbene sia spesso nascosta sotto la camicia, la collana d'oro è ancora indossata da larga parte della popolazione maschile[4].

Pur avendo risentito nel tempo dell'influenza e delle mode straniere, la gioielleria maltese è rimasta nel complesso fedele alla tradizione mantenendo in vita la lavorazione di manufatti che, per *design* e materiali, si discostano limitatamente dalla produzione orafa dei secoli precedenti[5]. Fra i gioielli di più antica lavorazione vi è, per esempio, il *barbazzal:* una catena lunga almeno 50 centimetri di origine portoghese utilizzata in passato come collana dalle signore e dal clero, o come catena da orologio da molti uomini. Si tratta di una lavorazione che richiede tecnica, esperienza e abilità, specie per le catene più sottili, e che oggi viene praticata quasi esclusivamente dagli orafi di Valletta in Republic Street, una delle arterie principali della città[6]. Prodotto soprattutto in oro e, in minima parte, in argento e in altri metalli meno preziosi, il *barbazzal* è fra i gioielli maltesi più ambiti e ricercati.

---

[3] N. De Piro, *The Quality of Malta. Fashion and Taste in Private Collections*, AVC Publishers, Malta 2003, p. 121.

[4] D.C. Galizia - A. Xuereb, *Jewellery. Patrician Refinement - Bourgeois Glitter & Country Baubles*, in N. De Piro - V.A. Cremona (eds.), *Costume in Malta. A History of Fabric Form and Fashion*, Patrimonju Publishing Ltd, Valletta 1998, pp. 152-155.

[5] *Ibi*, p. 154.

[6] De Piro, *The Quality of Malta. Fashion and Taste in Private Collections*, p. 133.

Non meno ricercata è la produzione argentiera, frutto anch'essa di una tradizione che, pur risalendo all'epoca pre-moderna, conobbe sviluppo e fama internazionale durante il periodo dell'Ordine dei Cavalieri. Le suppellettili in argento che i Cavalieri portarono con loro furono di grande ispirazione per gli argentieri locali, fino ad allora usi a tipi di lavorazione dell'argento di non particolare raffinatezza e originalità[7]. Impadronitisi di nuove conoscenze e modelli, gli argentieri maltesi ebbero poi la possibilità di affinare la propria tecnica attraverso le numerose suppellettili d'argento che vennero loro commissionate dall'Ordine per le molte chiese che vennero allora costruite *ex novo* o ristrutturate, così come per gli ospedali, dove l'uso dell'argento veniva privilegiato per ragioni estetiche ma soprattutto igieniche[8]. L'arrivo dei Cavalieri significò inoltre un afflusso consistente di denaro sull'isola che venne reinvestito dalla popolazione maltese nell'acquisto di terre, ma anche di manufatti in oro e argento.

La crescita, dal XVI al XVIII secolo, del numero di artigiani che si dedicarono con sempre maggiore abilità e raffinatezza alla lavorazione dell'argento fu facilitata dalla diffusa presenza sull'isola di artisti, pittori e scultori da cui gli aspiranti argentieri poterono apprendere l'arte del disegno e della modellazione[9]; un tipo di formazione che nei secoli seguenti sarebbe stata offerta, in modo ben più sistematico, dalla *Society of Arts, Manufacturers and Commerce*, un'associazione fondata il 4 novembre 1852 da Sir William Reid, Governatore di Malta (1851-1858) e tuttora attiva nell'offrire lezioni di disegno e modellazione a chiunque voglia intraprendere una carriera in questo settore[10].

La lavorazione dell'argento conobbe un momento di crisi in coincidenza dell'occupazione dell'isola da parte di Napoleone (1798-1800) che mise termine alla lunga reggenza dell'Ordine dei Cavalieri. Il periodo d'isolamento e di difficoltà economica che l'isola attraversò allora non solo limitò la domanda di prodotti di lusso ma costrinse molti maltesi a disfarsi della propria

---

[7] A. BOLOGNA, *The Silver of Malta*, Mag Publications, Malta 1995, p. 15.

[8] U. MIFSUD BONNICI (prefazione di), in J. FARRUGIA, *Antique Maltese Domestic Silver*, Said, Valletta 1992, p. IX.

[9] FARRUGIA, *Antique Maltese Domestic Silver*, pp. 8-9.

[10] *Ibidem*.

argenteria che venne in molti casi convertita in moneta corrente dalle autorità francesi[11]. Ciò nondimeno, con la conquista dell'isola da parte britannica (dal trattato di Parigi del 1814 Malta sarebbe divenuta formalmente parte integrante dell'Impero britannico), la lavorazione dell'argento conobbe una nuova fioritura. Ciò si spiega precipuamente con l'afflusso di denaro che giunse sull'isola a seguito dei lavori di fortificazione realizzati dall'*establishment* britannico e della ripresa di un'intensa attività commerciale con l'Oriente[12].

Sempre nell'ambito della lavorazione di oggetti in filigrana d'oro e d'argento, un'altra specializzazione che vanta antiche tradizioni (risalendo anch'essa all'epoca dei Cavalieri) è la produzione di orologi da parete finemente decorati e dipinti, altrimenti conosciuti come *Arlogg tal lira* e cioè «orologi che costano una lira maltese». L'espressione *Arlogg tal lira* risale al XVIII-XIX secolo, periodo in cui questo tipo di orologi così come altri pezzi d'arredamento decorati (cassettoni, dispense a muro ecc.) raggiunsero il proprio picco di popolarità all'interno della società maltese[13].

Lavorazione a tombolo di pizzi e merletti

Un altro mestiere che merita particolare menzione è la lavorazione a tombolo di pizzi e merletti, un'arte praticata soprattutto nell'isola di Gozo, una delle due 'sorelle minori', insieme a Comino, dell'isola di Malta. A questo riguardo è forse opportuno ricordare che Gozo sconta uno sviluppo industriale più arretrato rispetto a Malta prevalendovi ancora turismo e agricoltura; ancora oggi è possibile vedere numerose donne isolane lavorare al tombolo fuori dalla porta delle proprie case[14]. La diffusione di questo tipo di lavorazione sull'isola risale al 1500, periodo in cui pizzi e merletti guadagnarono enorme popolarità, soprattutto nel Nord Europa,

---

[11] *Ibi*, p. 6.

[12] BONNICI (prefazione di), in FARRUGIA, *Antique Maltese Domestic Silver*, p. IX.

[13] J. MANDUCA (ed.), *Antique Furniture in Malta*, Patrimonju Publishing Ltd, Valletta 2002, p. 113.

[14] C. AZZOPARDI, *Lacemaking at the Centre of Gozitan Daily Life*, in DE PIRO - CREMONA (eds.), *Costume in Malta. A History of Fabric Form and Fashion*, pp. 144-145. Si veda anche ECONOMIST INTELLIGENCE UNIT, *Country Profile: Malta*, Economist Ltd, London 2003, p. 12.

dando così vita a un mercato assai vivace e a un commercio caratterizzato da una quanto mai accesa concorrenza: era tutt'altro che insolito che i maggiori centri produttori di pizzi e merletti si prestassero a vere e proprie opere di spionaggio rubandosi idee e tecniche e, non di rado, anche i migliori e più abili lavoranti[15].

Con la rivoluzione industriale la domanda per pizzi e merletti lavorati a mano – in Malta così come nel resto dell'Europa – entrò in una fase di declino. Diversi furono i motivi: anzitutto il costo inferiore e la concorrenza di prodotti che, pur essendo fatti a macchina, riuscivano a imitare in modo spesso strabiliante i manufatti lavorati a mano. Vi contribuì inoltre l'incapacità di molti artigiani di rinnovare i propri modelli ed elaborare nuovi tipi di merletti, per esempio più morbidi e più complessi nell'intreccio, che potessero essere più facilmente distinguibili da quelli prodotti industrialmente[16].

La lavorazione conobbe una fase di ripresa e di nuovo slancio solo più tardi, nel corso dell'Ottocento, all'indomani della conquista britannica dell'isola. Essa coincise, come già detto, con un nuovo afflusso di denaro ma soprattutto con la presenza sull'isola di numerose nobildonne inglesi come Lady Hamilton Chichester che, fin dal loro arrivo, si impegnarono a rivitalizzare e ulteriormente affinare tradizioni e lavorazioni che sembravano allora spegnersi lentamente. Fra gli artisti-artigiani che in quegli anni maggiormente si distinsero per originalità e maestria, restituendo in tal modo ai pizzi e merletti maltesi competitività sui mercati internazionali, vi sono Dun Guzepp Diacono (i cui modelli vengono realizzati tutt'oggi) e, con la fine del secolo, Godfrey Critien[17] (a cui, come riconoscimento per il suo valore, la nobiltà maltese commissionò un ombrellino da sole destinato in dono alla regina Maria per il matrimonio nel 1893 con il futuro re Giorgio V d'Inghilterra)[18]. Carmela Cassar, «la regina dei merletti di Malta», vide sfilare negli anni successivi all'apertura

---

[15] P. Earnshaw, *The Revival of the Art of Lacemaking*, in De Piro - Cremona (eds.), *Costume in Malta. A History of Fabric Form and Fashion*, pp. 138-143.

[16] *Ibi*, p. 139.

[17] N. De Piro, *Introduction*, in De Piro - Cremona (eds.), *Costume in Malta. A History of Fabric Form and Fashion*, pp. 5-9.

[18] *Ibi*, p. 8.

del suo negozio a Valletta nel 1893 clienti di altissimo profilo fra cui, nel 1903, il re Edoardo VII d'Inghilterra (successore della regina Vittoria) o l'Imperatore di Germania Gugliemo II con la moglie. Esempi di pizzo al tombolo vennero inoltre portati all'Esposizione Universale di Londra del 1880[19].

La lavorazione di merletti e di vestiario veniva fortemente 'incoraggiata' dalla Chiesa soprattutto nelle zone più povere di Malta e Gozo, dove gli introiti derivanti da queste produzioni artigianali rappresentavano una fonte di reddito preziosa per compensare le entrate spesso magre ricavate da pesca e agricoltura[20]. Ancora fino agli anni Cinquanta molti uomini si dedicavano a questo tipo di lavorazione ritenendola ben più remunerativa rispetto ad altre forme di lavoro[21].

Nonostante la presenza maschile all'interno del settore, la lavorazione di pizzi e merletti era ed è tuttora praticata per lo più da donne. Si tratta, anzitutto, di un'attività lavorativa compatibile con la cura della casa e della famiglia considerate dalle generazioni passate e, sebbene in forma più attenuata, da quelle presenti il compito primo di una donna sposata. Per quello che riguarda i decenni addietro, va inoltre ricordato che per molte donne un lavoro al di fuori delle mura di casa non avrebbe solo significato un abbandono delle proprie responsabilità domestiche, ma avrebbe anche seriamente compromesso la loro reputazione. Tale timore spiega anche l'alto numero di donne maltesi che in passato si sono dedicate alla piccola sartoria[22].

Fra i tipi di manufatti prodotti oggi e maggiormente ricercati vi sono tovaglie, tovaglioli, centrini, fazzoletti, colletti e polsini, davantini, sciarpe, copriletti, tende, veli da sposa e ventagli che si distinguono per i complessi e raffinati intrecci[23]. Sebbene la lavorazione dei pizzi e merletti maltesi sia stata nei secoli influenzata da tendenze e modelli provenienti da altri Paesi come la Spagna, il Portogallo o l'Italia, le tecniche, i materiali, i motivi e i modelli

---

[19] V. CASSAR, *A Firm Makes History*, in DE PIRO - CREMONA (eds.), *Costume in Malta. A History of Fabric Form and Fashion*, pp. 148-149.

[20] AZZOPARDI, *Lacemaking at the Centre of Gozitan Daily Life*, p. 144.

[21] *Ibidem.*

[22] MITCHELL, *Ambivalent Europeans. Ritual, Memory and the Public Sphere in Malta*, p. 71.

[23] CASSAR, *A Firm Makes History*, p. 149.

utilizzati si sono oggi solo in minima parte rinnovati rispetto al passato. Il pizzo gozitiano si distingue poi per la presenza in ogni manufatto della Croce di Malta (la stella a otto punte, simbolo delle otto beatitudini), introdotta dopo la dipartita dall'isola dell'Ordine dei Cavalieri nel 1798[24].

Settori emergenti: la lavorazione del vetro

Per quello che riguarda i mestieri di recente diffusione, va senza dubbio segnalata la lavorazione del vetro soffiato, appresa dagli artigiani locali negli anni Sessanta e Settanta da lavoranti fatti venire appositamente da Murano, e oggi componente importante dell'artigianato maltese[25]. Dopo un inizio poco felice in cui larga parte dei manufatti riuscivano difficilmente a competere con la produzione veneziana, la lavorazione del vetro maltese è andata guadagnando negli anni qualità e raffinatezza[26]. La società *leader* dove, così come a Murano, è possibile assistere alla creazione sul momento di prodotti come vasi, ciotole, statue, bottiglie, bottiglie di profumo e collane è la *Mdina Glassworks* presso il Ta'Qali Crafts Center. I colori maggiormente usati sono il verde e il blu a richiamo dei colori del mare e del cielo maltesi.

4. *Contesto economico*

L'artigianato maltese – strutturato per lo più in micro-imprese a conduzione familiare – rappresenta una componente importante dell'economia nazionale, avendo da anni instaurato un rapporto sinergico con l'industria del turismo, settore che ha conosciuto fin dalla metà degli anni Sessanta una significativa espansione. Con la dichiarazione d'indipendenza dal Regno Unito firmata nel 1964 si è assistito a una necessaria riconversione dell'economia nazionale in previsione dello smantellamento delle basi militari britanniche, da cui l'economia maltese era stata fino ad allora fortemente dipendente. Il turismo è venuto così a giocare un

---

[24] *Ibidem.*

[25] De Piro, *The Quality of Malta. Fashion and Taste in Private Collections*, p. 188.

[26] *Ibidem.*

ruolo-chiave nell'economia maltese fino a diventarne settore *leader* per capacità occupazionale e per contributo alla crescita economica del Paese[27].

A fronte della consapevolezza della forte concorrenza che Malta avrebbe subito da parte di altri Paesi mediterranei, il Governo maltese ha puntato fin dagli anni Settanta su un turismo 'culturale'. Si trattava di una scelta strategica perseguita poi con ancora maggiore convinzione negli anni più recenti alla luce dell'enorme sviluppo dei voli a basso costo, della diffusione dei pacchetti vacanze in destinazioni lontane, ma soprattutto della fine dei regimi comunisti e della concorrenza che spiagge e località turistiche della ex-Yugoslavia svolgono nei confronti dei Paesi vicini[28].

Il *Valletta Rehabilitation Project*, giunto al suo completamento nella seconda metà degli anni Ottanta, è solo uno dei numerosi esempi di interventi finanziati dal Governo negli ultimi decenni. L'intento vuole essere quello di valorizzare il patrimonio artistico e monumentale maltese, una risorsa di fondamentale importanza per l'industria del turismo.

5. *Profilo istituzionale-normativo*

L'istituzione di tutela delle arti e mestieri maltesi è il *Malta Crafts Council*, a sua volta parte dell'unità *Commerce-Small Businesses & Crafts Directorate* del *Ministry for Competitiveness and Communications.*

The *Commerce-Small Businesses & Crafts Directorate* fu istituito nel 2000 allo scopo di migliorare i rapporti fra le categorie dei piccoli commercianti e degli imprenditori da una parte e il Governo dall'altra. Quest'ultimo decise allora di confrontarsi con il forte malcontento espresso da tempo dall'imprenditoria maltese nei confronti di una legislazione e un apparato burocratico ritenuti poco congeniali al settore del commercio e dell'industria. Coerentemente con lo spirito di collaborazione e di dialogo sotteso alla nascita del *Commerce-Small Businesses & Crafts Directorate*, fu deciso che al suo interno sedessero 6 rappresentanti del Governo e 5 rappresentanti del mondo dell'artigianato e dell'industria[29].

---

[27] ECONOMIST INTELLIGENCE UNIT, *Country Profile: Malta*, p. 15.

[28] MITCHELL, *Ambivalent Europeans. Ritual, Memory and the Public Sphere in Malta*, p. 51.

[29] http://mcmp.gov.mt.

Al *Malta Crafts Council* spettano attività di promozione e di sostegno per le arti e mestieri (intesi dal Governo come risorsa economica ma anche come segmento importante del patrimonio artistico e culturale del Paese) che prevedono sia azioni rivolte alla categoria (formazione), sia azioni intese ad accrescere la visibilità dei manufatti maltesi all'estero attraverso fiere ed esposizioni. Tra i compiti che il *Council* si propose al momento della sua nascita vi era anche la creazione di un sistema di certificazione attraverso cui fosse possibile verificare la provenienza e la qualità dei manufatti artigianali maltesi. Per ottenere il «bollino di qualità» rilasciato dal *Malta Crafts Council*, gli aspiranti artigiani maltesi devono oggi possedere un certificato che attesti la loro preparazione e competenza e avere praticato per almeno due anni, in forma di apprendistato, l'arte e il mestiere per cui richiedono la certificazione. La registrazione presso il *Council* è fondamentale anche per poter usufruire delle diverse forme di sostegno finanziario previste dal Governo per le attività di carattere artigianale[30].

6. *Formazione*

Il *Wistin Camilleri Gozo Centre for Art & Crafts* è un centro di formazione finanziato in parte dai fondi strutturali europei e in parte dal Governo, sorto nel 1989 allo scopo di promuovere le arti e i mestieri maltesi attraverso l'offerta di corsi di formazione e specializzazione e attraverso l'organizzazione di esposizioni a Malta e all'estero. Il centro collabora strettamente con il *Department of Further Studies and Adult Education* ed è in grado di offrire un ventaglio di corsi che coprono mestieri tradizionali come la lavorazione di pizzi e merletti così come mestieri più recenti quali il *graphic design*. In collaborazione con il Governo il *Wistin Camilleri Gozo Centre for Art & Crafts* ha di recente potenziato l'offerta all'interno dei propri percorsi di formazione di nozioni di *marketing* e di *web design* ritenute di fondamentale importanza in un mercato vieppiù globale[31].

---

[30] http://mcmp.gov.mt.

[31] www.gozo.gov.mt.

La *Society of Arts, Manufacturers and Commerce*, già citata precedentemente, è stata fondata durante il periodo britannico (1852) sul modello della *Society for the Encouragement of Arts, Manufactures and Commerce* operante a Londra. La *Society*, con sede a Valletta, ha da allora offerto una vasta gamma di corsi e forme di apprendistato attraverso i quali formarsi ai mestieri più noti e radicati della tradizione maltese. Fu la prima organizzazione a istituire a Malta un corso per la lavorazione dei merletti[32].

Infine, il Centro dell'Artigianato Maltese a St. John's square a Valletta propone ogni tipo di prodotto artigianale locale e offre informazioni a coloro che fossero interessati all'acquisto.

Malta Crafts Council
Small Businesses & Crafts Directorate
Commerce Division
Lascaris Buildings
Valletta, CMR02
Tel.: +356 21226688
Fax: +356 21239891
http://mcmp.gov.mt/commerce_smallbusiness.asp
sbu@gov.mt

The Wistin Camilleri Gozo Centre for Art & Crafts
J.F. De Chambray Street, Ghajsielem
Tel.: +356 2155 1493
Fax: +356 21564558
www.gozoarts.com
jattard@gozarts.com

Society of Arts, Manufacturers and Commerce
Palazzo De La Salle, 219 Republic Street, Valletta
www.artsmalta.org

---

[32] www.artsmalta.org.

Paesi Bassi

1. *Premessa storico-ambientale*

Paese da sempre legato a ricchi commerci via mare, e dall'importante passato coloniale, l'Olanda presenta una cultura che è stata influenzata nei suoi vari aspetti da tradizioni sia europee, sia extra-continentali. Al contempo, essa fu anche generatrice di influenze che dilagarono per l'Europa in campo artistico, come nell'architettura, nella scultura e, su tutto, nella tradizione pittorica, con paesaggi nordici come soggetti privilegiati del realismo nel XVII secolo e poi con le correnti del Fauvismo e dell'Espressionismo nel Novecento. Alcuni elementi si sono riversati anche nel campo delle arti grafiche, in cui si riconosce una 'scuola olandese' (similmente alla pittura), mentre si avverte l'assenza di un'importante tradizione di scultura. Ci sono, infine, produzioni artigianali di altissima qualità, che sono diventate celebri in tutto il mondo. Tra i prodotti tipici che vantano una tradizione antica e prestigiosa e in molti casi continuata con successo, attualmente possono essere annoverate, per esempio, le ceramiche di Delft, mentre altri prodotti dei mestieri d'arte sono di nicchia (la fabbricazione di pipe a Gouda), o solo un ricordo storico testimoniato dai musei (la lavorazione del lino nella regione della Twelve). Dal XIX secolo si è assistito, infatti, a un'industrializzazione delle arti decorative contro cui si è scagliato il movimento *Arts and Crafts,* nato in Gran Bretagna e ben radicato anche ad Amsterdam, soprattutto per quanto riguarda la lavorazione dei gioielli secondo tecniche artigianali tradizionali.

2. *Quadro dei mestieri d'arte*

Le calzature in legno non sono solo *souvenirs*: molti contadini e coltivatori di bulbo le portano quali scarpe da lavoro durevoli e sicure. Gli zoccoli, di legno di pioppo bianco, sono tagliati e levigati nella forma desiderata e infine dipinti e decorati, normalmente nei colori giallo e rosso, anche se ogni singolo villaggio ha tradizioni specifiche che risalgono a molti secoli fa. Alcune fonti fanno risalire la produzione degli zoccoli in Olanda alla fine del XIII secolo[1]; nel tempo l'arte di produrre zoccoli e scarpe in legno si è sviluppata costantemente, fino a diventare una professione vera e propria nel XIX secolo. Oggi sono attive una ventina di fabbriche[2], per lo più meccanizzate e computerizzate, anche se restano artigiani-artisti che lavorano e decorano gli zoccoli a mano, in particolare nella zona intorno ad Amsterdam. Accanto ad *ateliers* che propongono dimostrazioni al pubblico e *workshops* per imparare il mestiere[3], si possono ammirare collezioni del passato durante mostre temporanee o presso il Museo della Scarpa in legno a Zaanse Schans[4].

Amsterdam è stata a lungo la capitale del commercio dei diamanti, attività iniziata sul finire del XV secolo per poi arrestarsi e riprendere alla fine dell'Ottocento[5]. Esistono ancora oggi una dozzina di autentici laboratori di diamanti dove è possibile vedere i tagliatori e levigatori all'opera mentre trasformano il diamante grezzo nella gemma usata nella gioielleria mediante un processo in tre fasi (tagliatura, modellatura, levigatura). I laboratori più rinomati sono diventati anche negozi: i più famosi sono *Coster Diamonds,* attivo fin dalla metà del 1800, *Gassan Diamonds* e *Van Moppers Diamonds*[6].

---

[1] Sono stati fatti ritrovamenti di scarpe in legno di quel periodo nell'area intorno a Rotterdam: cfr. www.woodenshoes.com.

[2] All'inizio del 1900 le piccole fabbriche, anche famigliari, che producevano zoccoli lavorati a mano, erano circa 1.300 per un totale di circa 5 milioni di pezzi all'anno. Oggi la produzione annuale è di circa 1,5 milioni di pezzi. www.woodenshoes.com.

[3] Uno degli *ateliers* attivo da quattro generazioni è Dijkman Klompenatelier; cfr. il sito internet www.klompen.nl.

[4] www.woodenshoes.nl.

[5] Il primo artigiano che lavorava sui diamanti fu registrato nel Registro Civile di Amsterdam nel 1586: www.amsterdamdiamondcenter.com.

[6] www.costerdiamonds.com, www.gassandiamonds.com, www.moppersdiamonds.com.

Anche la produzione degli orologi vanta una tradizione importante, ad Amsterdam e nella regione dello Zaan per gli orologi decorati con motivi astrali o navali, e nelle province di Frisia, Groninga e Drenthe per le pendole, dette *stoeltjeskok* (orologio seggiola), caratterizzate dalla decorazione traforata. Esistono preziose collezioni di orologi antichi in musei specificamente dedicati (Museo dell'orologio olandese a Zaandam, Museo olandese per l'oro, argento e orologi a Schoonhoven)[7] oltre alla Fondazione *Boom-Time*, impegnata in molte iniziative per la tutela della tradizione e la promozione dell'attività, tra cui la creazione di un sito dedicato agli orologi olandesi[8] che contiene informazioni sulla storia, lo sviluppo, le collezioni pubbliche e private di orologi in Olanda e sui materiali e le tecniche di lavorazione degli stessi.

Le pipe di terracotta di Gouda, note come *Gouwenaar*, sono un oggetto tipico la cui produzione risale al XVII secolo, quando i soldati inglesi importarono in Olanda la particolare tecnica. Intere generazioni di artigiani hanno tramandato l'arte della lavorazione delle pipe di terracotta e ancora oggi, sebbene la produzione quantitativamente non possa essere paragonata ai decenni passati, esistono botteghe dove, accanto alle forme e ai motivi tradizionali, si sperimentano nuove varianti. Ogni anno al mercato del formaggio e del vecchio artigianato di Gouda vengono inoltre esposte le pipe dei maestri artigiani che spiegano la tecnica della lavorazione delle pipe di terracotta dando dimostrazioni pratiche. Esiste inoltre la fondazione *Pijpenkabinet*[9], dedicata alla pipa, che finanzia la collezione del museo omonimo, le cui sezioni sono dedicate a pipe di legno, di terracotta e di porcellana fabbricate in Olanda e all'estero, insieme a illustrazioni delle tecniche proprie di questo mestiere d'arte.

I carillon, strumenti composti da una serie di campane di varia dimensione, sono presenti in molte chiese e palazzi e la loro produzione risale al XVI secolo. Dopo un periodo di declino, la costruzione di carillon ha conosciuto un vero rinnovamento dopo la Seconda guerra mondiale, con artigiani fonditori di campane attivi soprattutto ad Amersfoort. In questa città ha sede la Scuola

---

[7] www.mnuurwerk.nl, www.ngzkm.nl.

[8] www.timeforclocks.nl.

[9] www.pijpenkabinet.nl.

olandese di carillon[10] che, dalla sua fondazione nel 1953, propone corsi di diploma o corsi brevi a studenti provenienti da tutto il mondo. La Scuola, che ha forti legami con l'Università di Utrecht, testimonia il ruolo importante e unico che i carillon rivestono nella cultura olandese.

Leerdam, una cittadina nei pressi di Rotterdam, è il luogo più famoso della lavorazione del vetro fin dal XVIII secolo. Nei primi decenni di produzione, i disegni erano anonimi e i vetri non si distinguevano da quelli prodotti e decorati anche in altre parti d'Europa; dall'inizio del XX secolo, gli oggetti artigianali in vetro prodotti a Leerdam iniziarono a differenziarsi nelle forme e nei colori e le creazioni di molti artigiani-artisti[11] divennero celebri e vennero esportate in tutta Europa e verso le Americhe.

3. *Mestieri d'eccellenza*

Lavorazione della ceramica

L'influenza degli artigiani italiani emigrati ha permesso – a partire dal XVI secolo – la diffusione della produzione di ceramica in Olanda nelle città di Amsterdam, Haarlem e Middleburg, anche se con frequenti battute d'arresto per la concorrenza della porcellana cinese. I ceramisti olandesi iniziarono proprio imitando i prodotti orientali con grande successo, tanto che già nella prima metà del XVII secolo erano nate parecchie fabbriche dedicate alla lavorazione della ceramica, sia a Rotterdam, sia a Delft[12]. In questa città si affermò rapidamente la produzione di *Delftware,* la popolare ceramica a decorazioni blu su sfondo bianco (in oggetti vari: dai piatti alle piastrelle, ai mulini in miniatura) realizzata secondo una tecnica particolare tramandata da secoli. Oggi delle oltre 30 botteghe di ceramisti, produttori e decoratori presenti dal 1600 alla fine del 1800, ne è rimasta solo una[13], a causa della

[10] http://kmt.hku.nl.

[11] Il più famoso e prolifico è Andries Copier.

[12] Sullo sviluppo della produzione di ceramica a Delft fra il XVII e il XVIII secolo, cfr. H. VAN LEMMEN, *Delftware Tiles*, Laurence King, London 1997.

[13] L'originale *Kononklijke Porceleyne Fles,* fondato nel 1653, ha ricevuto la designazione «Royal» nel 1919.

concorrenza estera, soprattutto da parte della ceramica inglese.

I ceramisti come intera categoria sono rappresentati dalla NVK[14], l'Associazione dei Ceramisti Olandesi, che difende gli interessi dei suoi oltre 400 membri. La NVK ha recentemente attivato un fondo sussidiario per gli artisti, il VvK, cui possono attingere gli artigiani per ottenere prestiti e che è articolato in gruppi di lavoro dedicati a specifici compiti, come la pubblicazione del periodico «Keramiek» o la realizzazione di contatti internazionali con associazioni simili all'estero.

Lavorazione tessile (merletti)

I costumi tradizionali olandesi, confezionati artigianalmente, erano un tempo molto diffusi in molteplici varietà, mentre oggi vengono indossati regolarmente solo in poche località. La produzione è oggi modesta, ma l'organizzazione *Textielcommissie Nederland*[15], attiva dal 1967, opera per la preservazione del tessile non solo in termini di conservazione dei manufatti del passato, ma organizzando *workshops* e corsi di tessitura. Anche la fondazione per i costumi tradizionali *Foundation Zeeuwse Klederdracht* lavora a stretto contatto con gruppi folkloristici per realizzare dimostrazioni e altresì *workshops* nel campo della tessitura, in modo che questo mestiere d'arte non resti unicamente un retaggio del passato e della tradizione. Viene incoraggiata anche la lavorazione del merletto, chiamato del 'crisantemo' o 'cavolfiore' per la caratteristica del suo disegno. La peculiarità del merletto olandese è quella di un manufatto solido e robusto, lavorato probabilmente fin dal XVI secolo: non si hanno certezze su quando il merletto sia comparso nel Paese, ma nei dipinti di quell'epoca compaiono costumi e, soprattutto, cuffie femminili ornate di merletto. Sono sicure, invece, le testimonianze di scuole a partire dal 1850, periodo in cui quest'attività artigianale ha vissuto il suo massimo splendore, per poi scomparire quasi del tutto pochi decenni dopo. Dal 1970 sono nate associazioni che promuovono la lavorazione del merletto come forma d'artigianato artistico: i rappresentanti hanno fondato otto anni più tardi il LOKK

[14] www.nvk.nl.

[15] www.textielcommissie.nl.

(Organizzazione nazionale dell'arte del merletto)[16], che propone corsi per imparare il mestiere in tutta l'Olanda e organizza una fiera annuale per la promozione dei prodotti.

Arte multimediale

L'interesse di artisti, o aspiranti tali, per le tecnologie multimediali non è un fenomeno così recente come si potrebbe ritenere, e si è sviluppato in modo costante e intenso sin dall'inizio degli anni Ottanta. Nel 1978 è stato fondato l'Istituto olandese di Arte Mediale[17], che inizialmente conteneva solo una collezione di lavori artistici di vario genere, creati con l'ausilio di suoni e/o immagini visive. Negli anni, l'Istituto ha sviluppato un'area dedicata alla formazione, con corsi e *workshops* per un pubblico di neofiti e professionisti, e una di ricerca per l'uso di nuove tecnologie multimediali nelle creazioni artistiche. Pochi anni dopo, nel 1981, è nato il centro multimediale V2_[18] come spazio di sperimentazione per artisti di strada. Un ventennio dopo, V2_Lab è diventato anche un laboratorio internazionale specializzato in produzioni di arte multimediale, in progetti di ricerca sulle nuove possibilità tecnologiche (le arti elettroniche) e nella creazione di reti tra artisti del genere. Vengono inoltre organizzati seminari e convegni per professionisti dell'arte e della ricerca applicata multimediale e spesso sono allestite installazioni interattive in spazi pubblici. Tra queste ultime iniziative, la più importante è il Festival dell'arte elettronica olandese (*Dutch Electronic Art Festival*)[19] organizzato ogni due anni a Rotterdam: dal 1994, anno della sua prima edizione, il DEAF è diventato uno degli eventi europei più importanti nel campo e ha creato sinergie tra le differenti discipline connesse alla tecnologia dei *media*. Il tema specifico cambia a ogni edizione, ma lo schema rimane lo stesso e prevede l'esibizione di prodotti interattivi e di progetti legati al web, *performances* dal vivo (suoni, musiche, immagini), conferenze e seminari accademici.

---

[16] www.lokk.nl.

[17] www.montevideo.nl.

[18] www.v2.nl.

[19] www.deaf.v2.nl.

4. *Contesto economico*

In Olanda, circa il 99% delle compagnie private sono piccole e medie imprese (impiegano fino a 250 dipendenti, ma la media è di poco più di 10 lavoratori per impresa), per un totale di circa 560.000 imprese, di cui 425.000 con meno di 5 dipendenti e 69.000 da 5 a 10. Le piccole e medie imprese impiegano il 60% degli occupati e producono il 50% del fatturato complessivo dell'economia. Bastano questi dati per capire che il settore delle PMI costituisce il motore più importante e significativo dell'economia olandese: anche in chiave comparata i dati sono molto significativi, se dal 1988 fino al 2000 le piccole e medie imprese hanno generato una crescita annuale dell'occupazione più alta della crescita prodotta dalle loro corrispettive negli altri Stati dell'Unione Europea. Dopo i picchi di avviamenti nel 2000 (55.000 nuove PMI), il settore piccolo-medio imprenditoriale olandese ha sofferto per la flessione dell'economia globale e, in particolare, europea: nel 2003 gli avviamenti erano scesi a 44.000[20]. All'interno di questi, la percentuale dell'attività imprenditoriale nell'artigianato si posiziona appena dopo il settore dei servizi, reali e finanziari[21].

Il primo documento programmatico del Governo olandese dedicato alle piccole e medie imprese risale a metà degli anni Cinquanta. Un nuovo impulso si verifica alla fine degli anni Novanta, con la produzione di rapporti e studi sul tema, una sostanziale deregolamentazione in materia e l'adozione di una nuova agenda per il secondo millennio che si focalizza sullo stimolo alle nuove imprese (con particolare attenzione alle imprese famigliari), all'educazione imprenditoriale e alla creazione di un *network* tra organismi, compagnie private e banche d'affari per la gestione di programmi di fornitura di assistenza. Conscio del potenziale imprenditoriale esistente ma anche delle difficoltà legate, a detta degli stessi aspiranti imprenditori, alla poca chiarezza della regolamentazione nel settore e alla difficoltà di acces-

---

[20] I dati sono ripresi dal Rapporto elaborato dal *Global Entrepreneurship Monitor* (GEM) per l'Olanda: www.gemconsortium.com.

[21] Per comprendere appieno le dinamiche del mondo imprenditoriale olandese anche da una prospettiva storica, cfr. J.L. ZANDEN, *The rise and decline of Holland's economy: merchant capitalism and the labour market*, Manchester University Press, Manchester 1993.

so ai servizi finanziari, il Governo si è attivato nel 2003 con la pubblicazione dei memorandum *Action for Entrepreneurs!* e, l'anno successivo, *Action for Entrepreneurs - Entrepreneurship Policy in the Netherlands*[22]. Entrambi i documenti sono stati accolti positivamente dal Parlamento e dalla comunità imprenditoriale poiché contengono, oltre ad analisi sullo stato del settore nel Paese, una serie di progetti concreti che il Governo intende realizzare al fine di portare l'Olanda tra i cinque migliori Paesi dell'Unione Europea in termini di valore aggiunto garantito dell'imprenditoria entro il 2010.

Le linee principali di *policy* insistono sulla formazione imprenditoriale, sull'agevolazione degli avviamenti di impresa e sulla ricerca. L'educazione all'imprenditoria si sviluppa dalla scuola elementare fino all'università con programmi come *Young Enterprise Europe*[23] (che coinvolge gli imprenditori nelle classi per permettere agli studenti di imparare, giocando, i concetti di impresa, imprenditoria e linguaggio economico) o *The Student as Entrepreneur* (che permette agli studenti di trascorrere un giorno con un imprenditore per osservarne l'esperienza). Per ridurre i problemi per i giovani imprenditori all'inizio della loro attività, sono stati creati dei *Business Desks* virtuali, che forniscono informazioni e servizi[24]. Anche la Camera di Commercio[25] ha elaborato un piano di informazione molto ricco per i giovani, che va dalla distribuzione di un pacchetto informativo alla consulenza personalizzata direttamente *on-line*[26]. Ancora, i Ministeri dell'Economia e dell'Educazione hanno lanciato lo schema SBIR (*The Small Business Innovation and Research scheme*) per stimolare le PMI a impegnarsi nella ricerca e nello sviluppo di soluzioni innovative in campo tecnologico e manageriale. Accanto a questa iniziativa, il Ministero dell'Economia ha avviato nel 2002 il programma *Nederland gaat Digitala*, gestito da Syntens, un'agenzia

[22] I rapporti sono disponibili per intero sul sito del Ministero per gli Affari Economici: www.minez.nl.

[23] www.jongondernemen.nl.

[24] L'obiettivo è di offrire elettronicamente il 65% dei servizi per gli imprenditori entro il 2007.

[25] Il sito web della Camera di Commercio è www.kvk.nl.

[26] Cfr. www.kvk.nl.

creata *ad hoc*, che offre alle aziende assistenza *by retaining* ICT; infine, l'anno successivo lo stesso Ministero ha redatto un vademecum (www.voorhetMKB.nl) contenente informazioni per le piccole e medie imprese sullo sviluppo di una strategia per l'uso di internet.

5. *Profilo istituzionale-normativo*

La Direzione generale per l'Impresa e l'Innovazione del Ministero dell'Economia[27] è l'organo responsabile per le politiche relative alle piccole e medie imprese che operano anche nel settore dell'artigianato. Lo scopo principale della Direzione è la creazione dell'ambiente più favorevole per le imprese rimuovendo gli ostacoli legislativi, riducendo i costi amministrativi e promuovendo l'innovazione. Anche il Ministero delle Finanze, il Ministero del Lavoro e altri organi governativi sono sensibilizzati a tenere in debita considerazione l'impatto di ogni nuova iniziativa sulle piccole e medie imprese.

L'EIM *Business & Policy Research* è un'organizzazione di ricerca e consulenza che collabora con varie università del Paese, e fa ricerca sulle tematiche legate alle imprese da oltre 70 anni. Su incarico del Ministero per l'Economia, EIM sta sviluppando il programma *SME and Enterpreneurship*: la produzione di studi su tematiche come l'innovazione, lo sviluppo e l'internazionalizzazione delle PMI intende stimolare gli attori politici a mantenere un impegno e un'attenzione costante per il settore.

La Confederazione degli industriali (VNO-NCW) rappresenta gli interessi comuni delle industrie olandesi, sia di quelle di maggiori dimensioni, sia di più dell'80% delle PMI. Oltre a difendere gli interessi imprenditoriali, il VNO-NCW contribuisce direttamente alla stesura di nuove leggi e regolamentazioni relative al settore industriale. L'attività a favore dei propri membri si svolge tramite le cinque associazioni regionali e alcuni centri specializzati in formazione (VNO-NCW de BAAK *Management Centre*) o in assistenza (*Algemene Werkgeversvereniging* VNO-NCW); particolare attenzione è poi dedicata ai giovani imprenditori, con la costituzione in seno alla Confederazione di un'associazione, *Jong*

---

[27] www.minez.nl.

Management, per la creazione di un *network* tra di loro. L'Associazione Reale MKB-Nederland[28], con oltre 250 organizzazioni imprenditoriali regionali e locali affiliate, rappresenta gli interessi delle piccole e medie imprese olandesi. Oltre ai negoziati e alle consultazioni con le parti sociali e i governi a tutti i livelli per creare regolamenti più *entrepreneur-friendly*, il MKB fornisce consigli e assistenza personalizzata in materia di conformità agli *standards* ambientali, di lavoro e finanziari.

Il Consiglio olandese per i Mestieri Artigianali (*Hoofdbedrijfschap Ambachten* HBA)[29] è un'organizzazione che rappresenta imprenditori e impiegati nel settore di mestieri specializzati. I mestieri affiliati all'associazione (servizi, produzione e riparazione, artigianato artistico) sono molto diversi in termini dimensionali: dalle piccole imprese con poche decine di dipendenti (la grande maggioranza), a quelle che ne impiegano decine di migliaia. Dal punto di vista legale, l'HBA è un'organizzazione industriale costituita per decisione del Consiglio Socio-economico olandese e regolata da una legge del 1950 che istituisce queste organizzazioni di governo indipendenti nel settore industriale o commerciale. In concreto, il Consiglio per i Mestieri Artigianali concede fondi per migliorare le singole infrastrutture e per l'attività di ricerca e sviluppo; organizza attività di *training* formativo e informa i propri affiliati sulle politiche governative ed europee. Stimolato dalle autorità sanitarie pubbliche, il Consiglio ha lanciato il progetto LAKMET[30], dedicato alla formazione e all'agevolazione dello scambio di *good practices* in materia di qualità, condizioni di lavoro, ambiente, cambiamenti tecnologici.

6. *Formazione*

In Olanda il sistema dell'apprendistato, anche per i mestieri artigianali, è parte integrante del sistema educativo dalla fine degli anni Sessanta. La Legge sull'Educazione e la formazione profes-

---

[28] www.mkb.nl.

[29] www.hba.nl.

[30] LAKMET è l'acronimo per logistica, sanità e sicurezza, qualità, ambiente, energia e tecnologia.

sionale del 1997 disciplina l'apprendistato con l'obiettivo di rendere più coerente il percorso formativo e sviluppare una rete migliore di contatti con il mercato del lavoro, potenziando il *learning-on-the-job*. I Centri regionali di formazione sono le istituzioni decentrate previste dalla legge con il compito di offrire programmi di formazione di base e avanzati in diversi mestieri; la loro vasta autonomia riduce il ruolo del Governo alla formulazione di obiettivi generali, operazioni di controllo e attività di finanziamento orientato a obiettivi specifici. I Centri sono responsabili per l'intera durata dell'apprendistato degli studenti, sia per la parte in aula, sia per il periodo trascorso a imparare il mestiere nelle imprese. Accanto ai Centri regionali di formazione, esistono oltre 20 Organi nazionali della formazione professionale[31], competenti per settore e collettivamente responsabili dello sviluppo di una struttura coerente di qualificazione professionale. Gli Organi valutano la qualità dell'apprendistato, con compiti di supervisione del *training* pratico anche se non sono in contatto direttamente con l'apprendista. Un altro compito importante consiste nella consulenza al Ministero dell'Educazione sui *curricula* professionali e sulla valutazione dell'efficacia del sistema di apprendistato nel suo complesso nell'ambito dell'educazione secondaria.

Esistono inoltre scuole e istituti privati prestigiosi che propongono corsi in alcuni settori dell'artigianato artistico:

– Il Centro olandese per i mestieri tecnici (SVGB) offre corsi di formazione pratica, che completano i corsi teorici, per sviluppare le competenze dei giovani studenti in settori come la lavorazione della ceramica, dei gioielli, degli orologi. Attraverso le attività di formazione e ricerca, l'SVGB si propone di proteggere e rafforzare il ruolo dei mestieri d'arte specialistici nel contesto delle piccole e medie imprese.

– L'Accademia reale d'Arte[32], con sede all'Aja, offre una serie di corsi di durata varia, anche post-laurea, in diverse discipline, tra cui disegno grafico e lavorazione tessile. Nel primo caso, viene posta molta enfasi sui programmi di grafica interattiva e di *design* virtuale.

---

[31] L'organizzazione-ombrello che riunisce tutti gli Organi nazionali per la formazione professionale è COLO, www.colo.nl.

[32] www.kabk.nl.

– *ArtEZ* è l'Istituto d'Arte più grande dei Paesi Bassi: conta circa 3.000 studenti per una ventina di corsi, di base e specializzanti. Tra le aree di competenza compaiono gli studi in produzioni audio-visive, con l'apporto delle tecnologie più avanzate, e in lavorazione del legno e della ceramica, in cui all'insegnamento delle tecniche tradizionali si affiancano corsi sperimentali che propongono l'utilizzo di tecniche innovative e originali.

– L'*Instituut Collectie Nederland* (ICN)[33] propone corsi quadriennali a livello universitario con possibilità di specializzazione in discipline come la lavorazione del vetro, della ceramica, del tessile, del legno, dei metalli preziosi. Sono previste anche giornate di aggiornamento per professionisti con una proposta formativa concentrata soprattutto sulle tecniche di restauro e di conservazione.

– Un'offerta molto ampia, che spazia dalla lavorazione del legno, del tessile (in particolare della seta) e dei metalli preziosi, fino ai corsi in arte grafica multimediale, è infine proposta dalla *Hanzehogeschool Accademie Minerva*[34].

---

[33] www.icn.nl.

[34] www.academieminerva.nl.

Polonia

1. *Premessa storico-ambientale*

La cultura polacca è stata molto condizionata dalla posizione geografica del Paese: l'influenza di diverse correnti che si mescolano e si fondono ha dato vita a tradizioni artistiche sfaccettate e composite, pur senza impedire il radicamento di una fortissima e orgogliosa identità. Particolarmente indicativa della mentalità polacca è la frase del pittore del XIX secolo, Jan Matejko: «L'arte è una sorta di arma e non si deve separare il patriottismo dall'arte».

L'opera degli artigiani polacchi è profondamente radicata nel folklore tradizionale, sia mondano sia religioso, e i prodotti sono realizzati con materiali semplici e comuni come il legno, il vetro, il metallo. Anche questi settori sono stati influenzati dalla posizione del Paese: gli oggetti artigianali, frutto di una ricca tradizione medievale, presentano un misto di elementi di gusto puritano tipico dell'Occidente, di fantasie colorate del Mediterraneo, di influenze vichinghe dal Nord e bizantine dal Sud-Est. Il quadro dell'artigianato artistico non è quindi né completo, né tanto meno coerente, ma l'eterogeneità degli stimoli artistici ha dato vita a una produzione originale caratterizzata dal senso dello *humour* e dalla spontaneità.

La Polonia, tra il 1700 e il 1800, non disponeva di un mercato pronto a soddisfare i nuovi bisogni dei contadini, legati al loro accresciuto potere di acquisto. La creatività artigianale e artistica si formò quindi 'dal basso', priva di qualsiasi riferimento ai modelli e alle esperienze del resto d'Europa: nacque un'arte che restò a lungo ignorata dai ceti non contadini, caratterizzata da uno spiccato orientamento sociale, dall'antinaturalismo, dalla forte religiosità, dalla staticità, dalla ritmizzazione e dalla predilezione per i colori brillanti. Questa particolare genesi non deve però trarre in inganno: è, infatti, non del tutto corretta l'opinione generale che le produzioni dell'artigianato artistico fossero frutto di un'attività non professionale e occasionale di autodidatti. Molti articoli erano, infatti, lavorati da artigiani specializzati, spesso riuniti in confraternite, in campagna o in piccoli paesi; naturalmente esisteva anche un'estesa attività di tipo non professionale, soprattutto nel settore della tessitura.

A partire dalla fine dell'Ottocento, i ceti intellettuali scoprirono per gradi l'arte popolare finché un entusiasmo fin eccessivo venne a sostituire il disprezzo iniziale: i motivi popolari iniziarono a ricorrere con frequenza anche nei centri maggiori dove operavano i più raffinati artigiani-artisti di mestiere. La rivoluzione industriale e la forte emigrazione verificatasi durante la Seconda guerra mondiale sancirono una flessione drastica della produzione artigiana e una perdita dell'orientamento sociale che l'aveva da sempre caratterizzata; gli effetti negativi dovuti alla diffusione dei prodotti di massa anche nelle campagne furono parzialmente mitigati dall'intervento delle autorità del regime, volto a difendere le produzioni artigiane, anche se spesso a scapito dell'immediatezza e della spontaneità dei motivi tradizionali. Il livello artistico e tecnico dei prodotti dell'artigianato artistico durante il comunismo fu complessivamente molto basso per la standardizzazione dei motivi decorativi, con poche eccezioni.

2. *Quadro dei mestieri d'arte*

Una delle caratteristiche immediatamente evidenti dell'arte polacca è la sua 'regionalizzazione', con differenze formatesi nei vari territori del Paese in relazione, per esempio, al tipo di economia, alle divisioni politico-amministrative, ai contatti con le popolazioni confinanti. Dopo la Seconda guerra mondiale, le divisioni regionali sono divenute meno marcate, anche se è possibile ancora oggi osservare alcune distinzioni di carattere generale riferite ai prodotti dell'artigianato artistico:

- regione del Podhale: lavorazione del legno, pittura su vetro;
- regione di Cracovia: lavorazione del legno, in particolare con motivi religiosi;
- regione di Lowicz: lavorazione tessile;
- regione di Kurpie: ritagli di carta.

La lavorazione delle candele, realizzate per le decorazioni casalinghe, per motivi religiosi, funerali e per le festività (per Natale, soprattutto), è ancora molto diffusa nel Paese. Le candele vengono prodotte in serie da fabbriche specializzate, anche se sopravvivono artigiani-artisti, per lo più specializzati in creazioni artistiche uniche e pezzi rari da collezione, oltre che nelle riproduzioni di candelabri e portacandele d'epoca.

Il legno viene lavorato per la creazione di alcuni oggetti tipici secondo una tradizione radicata soprattutto nei piccoli centri per quanto riguarda la produzione di scatole e di cornici intarsiate; le tecniche e le decorazioni, dai motivi d'ispirazione naturalistica alle forme geometriche stilizzate, sono tramandate nelle famiglie da secoli[1]. Le scatole di legno di tiglio intagliate e adornate e le miniature finemente decorate in colori naturali sono oggetti della tradizione che vengono ancora creati dagli artigiani, anche se la domanda verte oggi maggiormente su oggetti più utili e funzionali o sulle cornici, realizzate ancora con tecniche del passato (come l'incisione a caldo dei motivi decorativi), ma secondo una sensibilità artistica innovativa.

Particolarmente diffusa è la produzione di oggetti sacri policromi, caratterizzati da immediatezza e semplicità e lontani dai canoni 'ufficiali' di bellezza. Il valore delle statuine o degli altri oggetti non sta quindi nella sfera formale, ma in quella spirituale personale dell'artista che rivela nella propria creazione sentimenti ed esperienze. Ogni anno a Cracovia vengono esposti presepi composti da strutture e figurine scolpite in legno, le cui origini risalgono al Medioevo. Artigiani-artisti conosciuti o semplici amatori creano queste rappresentazioni della Natività di Cristo affidandosi a tecniche di intarsio e decorazione antichissime e si sfidano durante la competizione annuale.

Una forma di arte popolare molto originale e sconosciuta in altre parti del mondo sono i ritagli di carta, creazioni genuine e spontanee realizzate fin dalla metà dell'Ottocento dalla gente di campagna, ma oggi anche da pochi artigiani-artisti dal *design* raffinato. I ritagli di carta non vengono più usati come nel passato quali motivi decorativi sui muri e alle finestre delle abitazioni,

---

[1] La produzione dei presepi in legno ha assunto un carattere molto commerciale: i pezzi sono venduti anche *on-line* da siti specializzati, come www.dapolonia.com.

ma restano a testimonianza della tradizione e sono spesso regalati come *souvenirs*. Gli stili moderni più conosciuti di questa particolare arte, dal nome polacco *wycinanki*, provengono dalla regione di Kurpie e da quella di Lowicz: i primi sono disegni simmetrici, con motivi legati alla natura, tagliati da un singolo pezzo di carta colorata, mentre il secondo stile è caratterizzato da fiori, scene della vita agreste o religiosa e i ritagli si dividono in tre gruppi: rotondi a forma di stella (*Gwiozdy*), rettangolari (*Kodry*) e verticali a forma di merletto (*Tasiemki*).

Il pizzo e il lino sono ancora lavorati secondo un'antica tradizione da artigiani-artisti singoli o radunati in piccole imprese, anche se si stanno progressivamente sviluppando grandi imprese che esportano i prodotti in ogni parte del mondo. I ricami più raffinati sono tipici della regione del Podhale, ma altrettanto celebre è il disegno a bande colorate parallele diffuso nella Polonia centrale, in particolare a Lowicz. A Lodz è attivo da oltre mezzo secolo l'Istituto di ricerca tessile[2], uno dei più antichi centri di ricerca e sviluppo del settore in Europa. L'attività dell'Istituto è cambiata nel corso dei decenni: dall'inizio degli anni Novanta è stata potenziata l'azione di ricerca e sviluppo di materiali sperimentali (il Laboratorio per testare il materiale tessile grezzo ha ottenuto lo *status* di Laboratorio Accreditato) e di consulenza per le piccole e medie imprese, in particolare per specifiche problematiche legate alle nuove tecnologie. Inoltre è stato lanciato il programma POLTEX, che mira a diffondere un approccio basato su tecnologie 'pulite' in tutto il settore tessile.

La pittura su vetro è molto rinomata soprattutto per gli ornamenti natalizi, a partire da quelli classici (come, per esempio, le palle di vetro decorate in vari colori e disegni), fino alle composizioni astratte, o a piante e fiori stilizzati. Una variante è costituita da oggetti ottenuti secondo una tecnica particolare diffusissima in Polonia che consiste nella soffiatura del vetro in forme di metallo per creare scene storiche o umoristiche, soggetti religiosi e in particolare cristologici: l'immaginazione e l'arte degli artigiani permettono di sviluppare possibilità tecniche di soffiatura anche innovative e molto originali. L'arte su vetro è particolarmente fiorente nella città di Krosno e nella regione circostante e

---

[2] www.iw.lodz.pl.

i prodotti sono venduti anche all'estero, soprattutto negli Stati Uniti e in Canada. Raramente gli artigiani-artisti lavorano in proprio, ma più spesso mettono la loro conoscenza dell'arte vetraria e la loro esperienza a disposizione delle medie e grandi industrie[3], con cui instaurano rapporti di collaborazione.

3. *Mestieri d'eccellenza*

Lavorazione dei gioielli

La lavorazione dei gioielli in ambra opaca o cristallina, praticata da secoli in Polonia, è ancora oggi molto diffusa, in particolar modo nella regione di Danzica. L'ambra viene lavorata da artigiani-artisti negli oggetti più vari, soprattutto gioielli e amuleti e decorata artigianalmente con oro e argento, o unita ad altre pietre preziose. Quella migliore arriva dalla costa baltica, dove si estrae in abbondanza: si hanno testimonianze di un commercio fiorente con Roma addirittura dal 200 d.C. Dopo il regime comunista, durante il quale ogni iniziativa veniva soffocata dall'alto costringendo gli artigiani-artisti nel settore dell'ambra a una difficoltosa esistenza, la situazione è completamente mutata dall'inizio degli anni Novanta: è stato calcolato che nella sola Danzica, in sette anni, le botteghe degli artigiani sono passate da 500 a 7.000[4]. Molte di esse sono dedicate alla produzione di oggetti in ambra con metodi e motivi tradizionali: a questo scopo è stata promossa la formazione di centinaia di artigiani in pochi anni grazie a iniziative molteplici sia individuali, sia delle autorità locali.

A Danzica si tiene annualmente una fiera internazionale, *Amberif*[5], occasione di incontro degli artigiani e di altri esperti del settore ma anche opportunità per gli studenti delle scuole d'arte

---

[3] Merita menzione l'industria del vetro Deco-Glass, una delle industrie *leader* nel settore a livello europeo, che impiega circa 1.100 persone, tra cui molti artigiani-artisti. Cfr. www.decoglass.pl.

[4] I dati sono tratti dal sito dell'Associazione Polacca dell'Ambra: www.amber.pl.

[5] www.amberif.pl. Un'altra fiera internazionale dedicata ai gioielli e ad altri oggetti decorativi in ambra è la più recente *Ambermart*. Durante tutta la durata dell'esibizione, viene istituito un laboratorio che permette di identificare l'ambra offerta: www.ambermart.pl.

di esibire le loro creazioni dal *design* molto innovativo e originale; durante la fiera, che è organizzata grazie alla collaborazione di istituzioni culturali, centri accademici e associazioni del settore della gioielleria, sono infine previsti seminari e conferenze sui più diversi temi, dallo stato della ricerca, ai *trend* di vendita, oltre a studi *ad hoc* nel campo della formazione. La *Gold Silver Time* è la fiera di gioielleria più importante della Polonia, conosciuta almeno a livello europeo, che offre una mostra di gioielli, in ambra ma non solo, realizzati artigianalmente, che richiamano l'eredità culturale polacca. Infatti, accanto ai prodotti delle grandi compagnie operanti nel settore, gli artigiani-artisti, per la maggior parte affiliati alla Commissione nazionale di oreficeria e gioielleria (a propria volta comitato dell'Associazione dell'artigianato polacco), presentano le loro collezioni e prendono parte alla competizione nazionale «Oro e Argento nell'artigianato». L'idea originaria della competizione, nata nel 2000 in seno alla Fiera, è da un lato dare riconoscimento all'alto valore e alla qualità di persone che da anni esercitano quest'attività, dall'altro promuovere i giovani artisti.

Lavorazione della ceramica

I vasai erano molto numerosi nel passato, ma anche oggi oggetti semplici, relativi alla vita quotidiana e agricola, vengono prodotti secondo modelli tradizionali soprattutto a Boleslawiec e nella regione di Poznan. I motivi decorativi sono applicati sulla superficie degli oggetti in ceramica: i più diffusi sono i piatti con piccole stampe impregnate di colore; diversi tipi di stampe sono poi utilizzate per l'applicazione di modelli standardizzati sui prodotti. La produzione di ceramica contemporanea è ancora, in gran parte, il risultato del lavoro di singoli artigiani o di piccole imprese famigliari che proseguono con successo le tradizioni (per esempio la lavorazione della ceramica marrone), anche se i cambiamenti tecnologici hanno spinto gli artigiani-artisti a sperimentare nuove soluzioni. Il Festival della Ceramica[6], che si svolge annualmente a Boleslawiec, è oggi assai rinomato in tutto il Paese e attira molti visitatori stranieri.

[6] www.festiwal.mpt.pl.

4. *Contesto economico*

Ci sono oggi circa 300.000 imprese artigiane associate e altrettante piccole imprese che hanno la propria origine nell'attività artigiana[7]; il numero delle piccole imprese[8] (che hanno meno di 49 lavoratori) registrate nel Registro Nazionale delle Entità Economiche è di circa 3 milioni[9], ma la quota di persone occupate in questo settore è di poco inferiore al 50%, ben al di sotto della media dei Paesi dell'Unione Europea.

Come facilmente intuibile, la situazione imprenditoriale ha subito un radicale cambiamento dalla fine del regime comunista. La caduta del muro di Berlino ha provocato una inversione di tendenza clamorosa: da quel momento, le piccole imprese, che allora incidevano per il 12-14% sul prodotto nazionale lordo, sono dunque cresciute enormemente e oggi si assestano quasi al 70% della totalità delle imprese, di cui più della metà impegnate nel settore artigiano. Oggi ci sono molte piccole imprese di artigiani che operano nel mercato con discreto successo, ma la condizione generale non è particolarmente favorevole, soprattutto per il fatto che numerosi artigiani non si sono completamente adattati alle nuove condizioni derivate dal radicale cambiamento del sistema economico polacco dopo il 1989. Una ragione secondaria, ma collegata alla precedente, è che queste condizioni legislative non si sono rivelate sempre favorevoli alla piccola imprenditoria 'domestica': nonostante l'aumento considerevole dell'incidenza della piccola impresa, sono le grandi industrie che continuano a godere dei favori statali. Inoltre, la competizione internazionale è uno dei problemi maggiori che gli artigiani hanno dovuto affrontare dopo che l'apertura al commercio ha inondato il mercato nazionale di prodotti di massa, più facilmente reperibili e meno costosi.

---

[7] Per un'analisi dei mutamenti economici avvenuti nella regione, cfr. G. GORSELAK, *The regional dimension of transformation in Central Europe*, J. Kingsley, London 1996.

[8] I dati sono ripresi da OMAS & EMS CONSORTIA, *Ad Hoc Report on SME*, 21 ottobre 2002.

[9] Per rendere maggiormente l'idea dell'importanza delle PMI, si consideri che il numero delle medie imprese è di circa 30.000 e quello delle imprese grandi ammonta a circa 3.500.

Anche l'introduzione poco graduale della piena libertà di associazione per gli imprenditori e dei sistemi di auto-regolamentazione, nel 1988, sembra aver avuto, almeno nei primi tempi, conseguenze negative sulla condizione delle piccole imprese (comprese quelle artigiane) che, dopo 45 anni di direttive imposte dall'alto, non erano adeguatamente pronte a svolgere un'attività di rappresentanza e pressione così come intesa nei sistemi capitalisti. Sono sorte molte associazioni settoriali, camere di commercio, organizzazioni varie ma nessuna di esse aveva peso tale da poter esser realmente rappresentativa del mondo della piccola impresa. Con riferimento in particolare alle imprese artigiane, esse non godono ancora di specifici supporti finanziari, di prestiti agevolati o di un buon accesso al sistema di garanzie: l'accesso ai prestiti bancari è particolarmente difficile per i tassi di interesse estremamente alti e per altri requisiti collaterali richiesti, tanto che i piccoli imprenditori preferiscono affidarsi a risorse finanziarie private di altro tipo.

Il processo di integrazione nell'Unione Europea ha costituito un'ulteriore sfida per la piccola impresa, soprattutto per le difficoltà a competere con le rivali occidentali operanti in contesti migliori e più sviluppati tecnologicamente. Particolarmente rilevante in questo contesto è il fatto che la Polonia sia uno dei Paesi membri firmatari della Carta Europea per le Piccole e Medie Imprese[10] (2002) che prevede un controllo annuale del grado di raggiungimento degli obiettivi della Carta e dei progressi in questo senso compiuti dai singoli Paesi.

L'entrata nell'UE ha comunque contribuito allo scambio di esperienze e prodotti artigiani con altri Paesi[11], nonché al rafforzamento delle reti di interscambio tra le diverse regioni polacche. Molte sono state poi le iniziative specifiche per il sostegno alla creazione di imprese, soprattutto all'interno del programma

---

[10] La Carta Europea per le PMI è un quadro politico che incoraggia sia la Commissione, sia gli Stati membri a sostenere le piccole imprese in dieci aree fondamentali (tra cui la formazione, il miglioramento delle legislazioni nazionali, dei sistemi di tassazione, della capacità tecnologica, dell'*e-business* ecc.): cfr. http://europa.eu.int/comm/enterprise/enterprise_policy/charter/index_en.htm.

[11] Un esempio che coinvolge il nostro Paese è la collaborazione economica in alcuni settori dell'artigianato, istituzionalizzata dall'Accordo di Cooperazione del 2000 tra la Regione Toscana (tramite l'agenzia «Toscana Promozione») e l'Agenzia di Sviluppo Regionale della Malopolka.

europeo *Phare*[12]: in Polonia l'attenzione della Commissione Europea si è concentrata, nel primo periodo, sulle attività che generavano occupazione, fissando obiettivi immediati nell'area di formulazione politica e sostegno a favore delle PMI. I programmi *Phare* più recenti hanno avuto invece come obiettivo lo stimolo alle esportazioni delle piccole e medie imprese e l'elaborazione di un pacchetto di azioni coordinate a livello nazionale e regionale per promuovere la competitività. Se è indiscutibile la progressiva presa di coscienza generale dell'importanza ricoperta dalle PMI nello sviluppo futuro dell'economia polacca, la competitività delle piccole imprese (in modo speciale di quelle manifatturiere e artigiane) è sostanzialmente diminuita e, per invertire il *trend*, paiono assolutamente necessari miglioramenti soprattutto delle strutture amministrative a sostegno delle PMI e l'allocazione più efficace ed efficiente (e controllata) delle risorse finanziarie. Anche un'altra riforma risulta necessaria in campo legislativo: prima ancora che di regolamentazione, di definizione. Non solo manca una delimitazione dei settori dell'artigianato artistico e tradizionale, tramite, per esempio, una lista di mestieri, ma non esiste nemmeno una definizione ufficiale di piccola e media impresa, sebbene l'indicazione sia di basarsi sulla definizione elaborata dalla Direzione Generale *Enterprise* dell'Unione Europea[13]. Le singole istituzioni nazionali utilizzano quindi criteri differenti, con conseguenti confusioni, inefficienze, ritardi[14].

5. *Profilo istituzionale-normativo*

Dal punto di vista istituzionale, l'organo governativo di riferimento è l'Agenzia polacca per lo sviluppo imprenditoriale, che fa

---

[12] Si tratta di un programma di sostegno al *business* che fornisce finanziamenti e una vasta attività di assistenza tecnica e non, come, per esempio, l'aiuto alle organizzazioni rappresentative imprenditoriali dei Paesi candidati all'accesso all'UE per rinforzarle e migliorare la loro capacità di assimilare l'*acquis communautaire*.

[13] Per maggiori informazioni, si veda http://ec.europa.eu/enterprise/entrepreneurship/index_en.htm.

[14] Le informazioni sono tratte per la maggior parte dal *Questionario 2004* che ogni anno viene compilato nel quadro delle iniziative di valutazione ciclica del raggiungimento degli obiettivi indicati nella Carta Europea per le PMI.

capo al Ministero dell'Economia e del Lavoro[15]. Il suo scopo è reperire e amministrare fondi statali e dell'Unione Europea per sostenere l'imprenditoria, con un occhio di riguardo alle esigenze delle piccole e medie imprese, come specificato nei primi articoli dell'ordinanza del Consiglio dei Ministri del 20 febbraio 2003 che ne definisce gli scopi e ne regola le attività[16]. L'Agenzia, che ha sostituito nel 2000 la Fondazione Polacca per la Promozione e lo Sviluppo delle PMI, collabora strettamente sia con le Agenzie di Sviluppo Regionale[17], sia con i Governi locali (aventi entrambi l'incarico di fornire informazione e assistenza, anche di carattere finanziario, ai piccoli imprenditori). Non sono previste azioni dedicate nello specifico al settore dell'artigianato e dell'artigianato artistico, ma si può notare e apprezzare un'accresciuta sensibilità alle problematiche della piccola e media impresa in generale: fin dal 1996 è operativa la Rete Nazionale di Servizi per le PMI (KSU)[18] come sistema aperto che collega vari organi dedicati a fornire servizi di carattere formativo, finanziario e assicurativo direttamente al settore della piccola impresa. Qualche anno più tardi sono stati aperti Centri consultivi (PK) dislocati capillarmente su tutto il territorio nazionale con lo scopo concreto di fornire assistenza e consiglio gratuiti ai piccoli imprenditori; ancora, l'Agenzia polacca per lo sviluppo imprenditoriale ha elaborato linee-guida di carattere politico per le PMI negli anni 2003-2006 che prevedono azioni dirette, come informazione e assistenza e contributi per gli imprenditori rispetto a diverse attività (sviluppo dell'impresa, attivazione dei sistemi di sicurezza, sicurezza sul lavoro), e indirette, tese soprattutto al rafforzamento del sistema di micro-finanziamento per le PMI, allo sviluppo di centri tecno-

---

[15] Informazioni in inglese sono disponibili sul sito della PAED (*Polish Agency for Entreprise Development*) www.parp.gov.pl.

[16] Al Cap. 1, Sez. 2 dell'Ordinanza si elencano tre compiti che sono propri dell'Agenzia: fornire informazioni, consiglio, formazione, attività promozionali e di *expertise*; distribuire concessioni e prestiti agli imprenditori; distribuire concessioni agli organi che operano per lo sviluppo economico e per la creazione di occupazione.

[17] Le Agenzie Regionali sono state istituite dagli Uffici Regionali (i *vovodships*, che sono in tutto 49) che giocano un ruolo significativo nello sviluppo delle economie regionali.

[18] www.parp.gov.pl/ksu.

logici e al trasferimento di nuove tecnologie. Lo sforzo è testimoniato anche dalla nascita di altri soggetti istituzionali come la Fondazione delle PMI e la Camera per le piccole imprese di Varsavia[19] che, se da un lato rafforzano il rischio di sovrapposizioni e duplicazioni di attività con conseguente spreco di risorse, dall'altro collaborano anche fruttuosamente, come dimostra l'organizzazione in Polonia nel 2003 del Congresso Internazionale delle Piccole Imprese sotto il patrocinio del presidente della Repubblica.

Cepelia[20] è un'organizzazione, attiva da oltre 50 anni, rimasta fedele al suo primario obiettivo di promozione dell'arte radicata nelle tradizioni polacche, sia quella folkloristica, sia quella decorativa, e nello specifico l'artigianato artistico. A livello strutturale, esiste la Fondazione Cepelia per l'arte e l'artigianato polacco che svolge i propri compiti statutari sotto la supervisione del Ministero della Cultura e dell'Arte. La missione della Fondazione è legata alla protezione, organizzazione, sviluppo e propaganda dell'artigianato artistico e dell'arte in generale, tramite l'organizzazione di conferenze e seminari, il finanziamento della ricerca e della pubblicazione di libri e materiale divulgativo, il conferimento di premi e riconoscimenti a coloro che si distinguono nei vari settori artigianali e artistici. Dal 1989 è stata istituita la Camera Cepelia per il folklore e l'artigianato artistico, organizzazione autonoma che riunisce le cooperative nei vari settori dell'artigianato artistico[21] e rappresenta gli interessi dei propri membri, sostenendone le iniziative.

Tra le organizzazioni mirate alla rappresentanza delle PMI, la più grande e importante è l'Associazione dell'artigianato polacco[22], un'organizzazione sociale, economica e professionale diffusa su tutto il territorio dal 1993 e sorta dalla fusione delle precedenti Associazioni delle camere artigiane e dell'Unione centrale degli artigiani. Per rendere l'idea dell'attività dell'Associazione, è utile riportare qualche dato numerico: essa comprende

[19] Le informazioni sono tratte dalla scheda Paese realizzata dall'UNIDO, l'Agenzia delle Nazioni Unite per lo Sviluppo Industriale. Cfr. www.unido.org/doc/5050? language%5fcode=en.

[20] www.cepelia.com.

[21] Si citano, per esempio, le cooperative *Bursztyny* (ambra e gioielli), *Ceramica Artystyczna* (ceramica), *Drzewiarz* (oggetti in legno), *Kurpianka* (pizzo e ritagli di carta), *Nadwislanka* (oggetti in vimine), *Opolska* (oggetti in vetro).

[22] *Związek Rzemiosła Polskiego*, www.zrp.pl.

490 gilde, circa 270 cooperative di artigiani (organizzazioni economiche che operano in linea con la Legge sulle Cooperative), 27 camere dell'artigianato e dell'imprenditoria affiliate che operano a livello provinciale e locale (di contea).

Gli obiettivi principali dell'Associazione sono:

– rappresentanza della comunità artigiana nei confronti degli organi di governo, dell'amministrazione statale, delle corti giudiziarie e delle altre associazioni in Polonia e all'estero;

– sviluppo di attività socio-professionali, economiche e sociali per il mantenimento dell'integrità (in senso lato) della comunità artigiana;

– assistenza alle organizzazioni affiliate;

– coordinamento delle attività nel settore della formazione artigiana;

– diffusione di *standards* etici;

– attività varie miranti alla preparazione delle piccole e medie imprese artigiane al corretto funzionamento all'interno del mercato unico europeo.

A livello nazionale, l'Associazione gode, insieme ad altre associazioni simili e in virtù della Legge sul Comitato Tripartito per gli Affari Sociali ed Economici, di uno *status* di partner nei confronti del Governo e dei Sindacati per l'elaborazione della politica economica e la supervisione delle finanze pubbliche. L'Associazione inoltre partecipa attivamente all'Associazione Europea delle Piccole e Medie Imprese (UEAPME), all'Associazione Internazionale dell'Artigianato e delle Piccole e Medie Imprese (IACME) e all'Associazione Mondiale delle Piccole e Medie Imprese (WASME).

6. *Formazione*

Uno dei più gravi problemi strutturali in Polonia è il rifiuto delle giovani generazioni a intraprendere o continuare le tradizioni artigiane famigliari, preferendo la ricerca di un lavoro più sicuro e stabile. Questo dato in particolare, più che le deficienze della legislazione, porta alcuni osservatori ad essere molto pessimisti sul futuro dell'artigianato tradizionale e artistico polacco, ventilandone addirittura la quasi totale scomparsa nel giro di qualche decennio.

Motivi di speranza arrivano tuttavia dall'Associazione dell'artigianato polacco che sta rivelandosi un soggetto particolarmente attivo nel processo di riforma del sistema educativo per assicurare che la formazione artigiana resti al meglio del proprio potenziale. Dopo la scuola primaria e il ginnasio, i giovani hanno un'alternativa all'istruzione secondaria del liceo e delle scuole tecniche costituita dal sistema cosiddetto *out-of-school* di scuola professionale, introdotto dall'imponente processo di riforma del settore dell'istruzione-formazione, previsto per gradi dal 1999 fino al 2007. La scuola professionale, che prevede una formazione combinata attraverso corsi, seminari, apprendistato specialistico e auto-miglioramento guidato e controllato, comprende durante i primi 3 anni anche il sistema di apprendistato del settore artigiano. Stando ai dati forniti dall'Associazione, ogni anno circa 60.000 apprendisti completano la propria formazione sostenendo un esame che permette loro di ottenere una qualifica professionale in una delle 126 professioni artigiane riconosciute.

Meritano menzione anche le Accademie delle Belle Arti, diffuse su tutto il territorio polacco nelle città principali. Molte di esse hanno interi dipartimenti o singoli insegnamenti specificamente dedicati a certi settori dell'artigianato artistico: la lavorazione del lino e del pizzo a Lodz, la comunicazione multimediale a Poznan, che comprende *workshop* di *design* multimediale, la lavorazione del legno e la litografia a Cracovia, la lavorazione della ceramica e del vetro a Wroclaw[23].

---

[23] Cfr. www.asp.lodz.pl, www.asp.poznan.pl, www.asp.krakov.pl, www.asp.wroc.pl.

Portogallo

1. *Premessa storico-ambientale*

Il Portogallo ha sviluppato, nel corso dei secoli, importantissimi contatti con una pluralità di civiltà appartenenti non solo al continente europeo, ma anche a quello asiatico e americano. L'influenza esercitata dall'incontro e dallo scambio con numerosi popoli appartenenti a tradizioni culturali e religiose assai differenti tra loro ha dunque contribuito, sin dalle origini, ad arricchire le espressioni della cultura, dell'arte e dell'artigianato tipiche di questo Paese.

Un secondo aspetto caratterizzante la nascita e il successivo sviluppo della cultura portoghese e che emerge soprattutto a partire dall'epoca premoderna è rappresentato dalla tendenza del popolo portoghese a proiettarsi fuori dai confini naturali della penisola iberica per conoscere e conquistare nuove terre e nuovi popoli. Proprio in concomitanza con il cosiddetto «Periodo di Scoperte Portoghesi», si aprì uno dei più originali capitoli della storia della lavorazione della ceramica in Portogallo: in questo secolo vennero, infatti, stabiliti nuovi contatti e furono tracciate nuove rotte commerciali soprattutto verso Oriente, grazie alle quali il Portogallo fu uno dei primi Paesi europei a conoscere la porcellana orientale.

La storia portoghese del secolo scorso, invece, spiega almeno in parte i fattori che hanno ostacolato, o comunque fortemente rallentato, lo sviluppo dell'attuale sistema economico portoghese e, in particolare, l'ammodernamento di quei settori tradizionali trainanti l'intera economia, tra cui anche quelli legati al mondo dell'artigianato.

A partire dagli anni Trenta del XX secolo, infatti, a seguito dell'instaurazione di un regime dittatoriale nelle mani di Salazar

(1932), lo Stato portoghese attraversò una grave fase di declino. La repressione di qualsiasi forma di opposizione e soprattutto l'introduzione di un'economia rigorosamente pianificata, protrattesi per oltre quarant'anni, contribuirono alla crisi di tutti i settori dell'economia portoghese a tal punto che, alla fine delle guerre mondiali, il Portogallo conobbe tassi di disoccupazione e povertà così elevati da generare un malcontento sempre più diffuso in tutte le fasce della popolazione. Solo nel 1975, grazie a un colpo di Stato incruento, la cosiddetta «Rivoluzione dei garofani», che rovesciò la lunga dittatura conservatrice, si diede avvio a un complesso processo di riforme finalizzato alla modernizzazione socio-economica del Paese.

Tuttavia, l'economia portoghese soffre ancora di un'arretratezza che colpisce anche l'artigianato il quale, pur essendo una delle attività principali del Paese, richiederebbe ulteriori incentivi finalizzati a promuovere lo sviluppo di tutte le potenzialità di questo settore – soprattutto di quello che presenta anche un carattere artistico – per una sua affermazione nel mercato internazionale.

L'ingresso nella CEE nel 1986 si è tradotto in tal senso in una grande opportunità per rilanciare la crescita di tutti i settori economici, compreso quello artigianale.

2. *Quadro dei mestieri d'arte*

Nel 2001 è stato stilato dall'Istituto Tagliacarne[1] un elenco delle attività economiche che in Portogallo rientrano nel settore dell'artigianato (in base a una definizione statistica): lavorazione e trasformazione dei materiali grezzi (metalli, terracotta, pietre, legno e sughero), tessili, cuoio, pelle e paglia, xirografia e lavorazione su stampa, produzione e riparazione degli oggetti, fornitura di servizi, produzione e preparazione dei generi alimentari, commercio. La forma giuridica entro cui si sono svolte queste atti-

[1] Cfr. *Proposal for the development of a methodology for the collecting and grouping of statistical data on small craft business in Europe. November 2001*, a cura dell'istituto Tagliacarne per la promozione della cultura economica, in collaborazione con la Commissione Europea. La ricerca è disponibile sul sito della Commissione Europea alla pagina ec.europa.eu/enterprise/enterpreneurship/craft/craft-studies.

vità è principalmente quella della ditta individuale o dell'impresa a conduzione familiare.

Un elemento interessante per conoscere il mondo dell'artigianato artistico portoghese è fornito dalla presenza di numerosi mestieri d'arte tipici regionali e locali e che riguardano soprattutto il settore della produzione e della lavorazione della ceramica[2].

I mestieri d'arte più significativi in Portogallo sono:

– la lavorazione e la decorazione di mattonelle di rivestimento chiamate *azulejos* e di oggetti in ceramica, terracotta e porcellana;

– la lavorazione di tappeti e di arazzi;

– il ricamo per la realizzazione di pizzi e merletti;

– la lavorazione a mano di fili d'oro e d'argento;

– la lavorazione di oggetti in legno dipinto, in vimini (per quanto riguarda la produzione artigiana di canestri e cestelli si ricordino nel Trãs-os-Montes i basti provvisti di cesti cilindrici doppi) e in carta riciclata. Famosi sono i *matosinhos*, oggetti realizzati in castagno, salice, foglie di palma nana a ventaglio e canne;

– la lavorazione di oggetti in ferro, rame, granito e vetro fuso (come i cristalli Atlantis di Alcobaça e gli articoli di vetro di Mglass a Marinha Grande);

– la lavorazione del sughero per la produzione di scatole, borse, cinture, di cui il Portogallo è uno dei maggiori produttori ed esportatori al mondo (soprattutto nelle regioni dove cresce la quercia da sughero come l'Alentejo e l'Algarve).

---

[2] Ad Algarve si realizzano prodotti in vimini, cappelli e cestini di paglia, oggetti in rame e stagno, in legno e ceramiche; nelle isole Azzorre si producono attrezzi in vimini, pizzi e merletti, coperte e le tipiche ceramiche bianche e blu; Beiras, regione centrale del Portogallo, è invece specializzata nella produzione di porcellane di Vista Alegre, delle ceramiche nere e di quelle dipinte a mano di Coimbra, nella realizzazione di prodotti in lino, lana e cotone, nell'arte del ricamo dei copriletti di seta di Castelo Branco, infine nella produzione di oggetti in rame e in ferro battuto. La regione di Lisboa offre invece come suoi prodotti dell'artigianato artistico oggetti in vetro e cristallo (i più pregiati sono quelli di Alcobaça), cesti in vimini, utensili in rame, merletti e pizzi, ceramiche artistiche e di uso popolare di Caldas da Rainha. Inoltre sull'isola di Madeira si realizzano prodotti ricamati a mano, arazzi, lavori in vimini. Anche Porto si è specializzato nell'arte del ricamo e nella produzione di arazzi, in gioielleria (in particolare nell'arte della filigrana) e nella produzione di oggetti in ceramica, in legno, di stoffa, in rame, in ferro battuto e in vimini. Infine la regione dell'Alentejo è nota per le tipiche coperte di Arraiolos, gli arazzi di Portalegre, i pizzi di Nisa, i lavori in ferro battuto, gli oggetti dipinti a mano in vetro e in ceramica.

3. *Mestieri d'eccellenza*

'Azulejos'

All'interno del vasto panorama di attività artigianali legate alla produzione della ceramica presenti in Portogallo, la lavorazione degli *azulejos* è oggi considerata un simbolo per eccellenza della cultura portoghese caratterizzata dal fascino per l'alterità[3], dal gusto per la decorazione e, nello stesso tempo, da uno spiccato senso pratico.

I primi esempi in Portogallo di utilizzo di *azulejos*[4], inizialmente importati da Siviglia, dove venivano prodotti da artigiani di origine araba, per la decorazione delle pareti interne degli edifici pubblici e religiosi, risalgono agli inizi del XVI secolo[5]. Pur distaccandosi dalla produzione araba, quella portoghese mantenne alcuni tratti del gusto decorativo arabo legato a una sensibilità artistica che rifiuta il vuoto. La produzione degli *azulejos* subì un'evoluzione significativa con l'introduzione della tecnica italiana della lavorazione della maiolica, che non solo rivoluzionò in modo radicale la tecnica originaria, ma soprattutto permise agli artigiani portoghesi di esprimersi con maggiore creatività nella lavorazione delle mattonelle di ceramica, reinterpretando gli elementi decorativi e architettonici tradizionalmente costitutivi degli *azulejos* secondo il gusto e la sensibilità prevalenti nei diversi periodi storici.

Nell'epoca moderna furono, però, in particolare due i momenti che contribuirono a trasformare la lavorazione delle mattonelle di ceramica da semplice attività artigianale a vero e proprio mestiere d'arte. Nel XVIII secolo, si verificò un periodo di splendore nella produzione portoghese di mattonelle che viene identificato con il Ciclo dei Grandi Maestri[6], periodo in cui

---

[3] Lo stesso termine *azulejo* sembrerebbe evocare l'influenza culturale che i popoli stranieri, in particolare gli arabi, esercitarono su quello portoghese: la maggior parte degli studiosi, infatti, ritiene attendibile l'ipotesi secondo cui questa parola si riferirebbe al vocabolo arabo *az-zulay* o *zuleich* che indica un pezzo di terracotta liscio; tuttavia, per altri, essa deriverebbe da *azul* che in portoghese significa azzurro.

[4] Per informazioni dettagliate sulla storia degli *azulejos* si consulti il sito dell'Instituto Camões alla pagina www.instituto-camoes.pt/cvc/azulejos.

[5] Uno dei primi portoghesi che importò queste mattonelle prodotte in Spagna fu addirittura il re Emanuele I, il quale le usò per decorare il palazzo reale di Sinora.

[6] I principali rappresentanti di questo periodo furono Jorge Colaça, António Pereira, Manuel dos Santos, António de Oliveira Bernardes e suo figlio Policarpo de Oliveira Bernardes (a cui oggi viene attribuita la decorazione dell'interno della Capela de São Lorenço in Algarve dedicata alla vita del santo).

agli artigiani venne riconosciuto uno *status* simile a quello degli artisti, tanto che iniziarono a firmare i pannelli di loro creazione e soprattutto aprirono vere e proprie scuole per l'insegnamento delle tecniche di lavorazione degli *azulejos*. Il secondo momento decisivo per l'affermazione di questo mestiere d'arte coincise con il periodo immediatamente successivo al terremoto che nel 1755 colpì Lisbona. La necessità di una ricostruzione della città diede un ulteriore impulso alla produzione degli *azulejos*, tanto che si avvertì l'esigenza di aprire delle vere e proprie imprese di carattere artigianale che fossero in grado di rispondere alla crescente domanda di *azulejos*[7]. L'*azulejo* diventò così un elemento costantemente presente nella decorazione degli edifici pubblici e anche delle abitazioni private. Tuttavia, la massiccia richiesta di un incremento nella produzione di *azulejos* portò, nella seconda metà dell'Ottocento, alla progressiva affermazione di una produzione in serie di tipo industriale all'interno di vere e proprie fabbriche, che comunque non riuscì a determinare la scomparsa del mestiere d'arte.

A partire dagli anni Quaranta e Cinquanta del secolo scorso, ebbe luogo, anche grazie al sostegno da parte del mondo del *business* e di organizzazioni come la *Lisboa Metropolitano*, la rinascita di questa forma di artigianato artistico non solo come una parte costitutiva dell'eredità storica del Portogallo (è in questo periodo che si inizia ad avvertire l'esigenza di restaurare e conservare gli *azulejos* realizzati nei secoli passati), ma come una risorsa importante, capace di favorire la crescita del sistema economico nazionale anche nella dimensione culturale. Non è un caso, infatti, che a seguito dello sviluppo urbano e infrastrutturale che la città di Lisbona conobbe negli anni Cinquanta, si decise di affidare la decorazione delle pareti delle metropolitane della capitale[8] con

[7] Altri fattori che incrementarono la domanda di *azulejos* furono la scoperta – avvenuta in Brasile – della loro capacità di isolamento dall'umidità e l'ascesa della borghesia quale nuova classe sociale dominante che trasformò la tendenza a rivestire le pareti esterne delle abitazioni private con pannelli di *azulejos* in una vera e propria moda.

[8] Anche recentemente, in occasione della Grande Esibizione Mondiale del XX secolo, EXPO 98, è stata completamente rinnovata la parte orientale di Lisbona in cui si è riscontrato un massiccio impiego degli *azulejos* a dimostrazione della persistenza, anche ai nostri giorni, del gusto portoghese per la decorazione delle pareti con questo tipo di ceramica.

pannelli di *azulejos* a veri e propri artisti[9] che introdussero in questo mestiere d'arte una nuova sensibilità capace di coniugare il tradizionale gusto portoghese per la decorazione con esigenze innovative legate alla funzionalità degli spazi e delle strutture[10].

A seguito di questa ripresa, molti giovani artigiani-artisti tra cui Manuel Cargaleiro (1927-), Manuela Madureira (1930-), Eduardo Nery (1938-), tornarono a interessarsi a questo mestiere d'arte, sia sperimentando nuove tecniche decorative per creare effetti ottici, sia ispirandosi alle raffigurazioni dei pannelli antichi.

Tra gli aspetti che rendono anche oggi in Portogallo la realizzazione degli *azulejos* un mestiere d'arte assolutamente originale, vi sono la capacità di reintepretare e reinventare dei modelli e dei motivi antichi secondo una sensibilità spiccatamente contemporanea[11], così come il riconoscimento del valore culturale e artistico (oltre che della finalità pratica) degli *azulejos* da parte dei portoghesi come simboli della propria sensibilità artistica. Gli stessi artigiani, poi, lavorano sugli *azulejos* considerandoli non tanto come opere aventi finalità decorativa, quanto come veicoli di espressione e di comunicazione non solo del proprio gusto personale, ma anche di una precisa visione del mondo.

---

[9] Il progetto relativo alla metropolitana rappresenta tuttora il più grande progetto portoghese di utilizzo degli *azulejos* in spazi pubblici. Le pareti delle stazioni edificate fino al 1972 furono tutte coperte da composizioni ideate e realizzate da Maria Keil secondo un linguaggio astratto che rinnovò completamente il tradizionale gusto portoghese. Nel 1987 la decorazione delle pareti delle nuove stazioni fu invece commissionata a Maria Helena Vieira da Silva, Júlio Pomar, Sá Nogueira, Eduardo Nery e Manuel Cargaleiro. Le nuove linee delle stazioni inaugurate fino al 1998 furono invece decorate da Júlio Resende, Querubin Lapa, Menez, Cecília de Sousa, Martins Correia e Joaquim Rodrigo e più tardi da Jorge Martins, Costa Pinheiro, Graça Pereira Coutinho.

[10] Questa nuova sensibilità si diffuse soprattutto tra i giovani artisti, come Júlio Resende, Júlio Pomar e Sá Nogueira, che nel creare pannelli di *azulejos* per il rivestimento esterno degli edifici vollero dipingere, da un punto di vista estetico, il nuovo volto della città.

[11] Il vero segreto degli artigiani contemporanei è, infatti, l'abilità di trasformare una semplice pasta bianca e omogenea in prodotti dell'artigianato artistico grazie alla capacità di svolgere uno studio accurato del *design* e di applicare una tecnica raffinata di vetrinatura e di pittura della porcellana.

Realizzazione di tappeti

Sebbene sia difficile identificare il luogo e il periodo di origine della tecnica di lavorazione dei tappeti di Arraiolos (fondamentalmente basata sull'utilizzo del punto croce), dal punto di vista storico si possono ricostruire tre importanti fasi del percorso evolutivo di questo mestiere d'arte. I primi tappeti – che risalgono al XVII secolo[12] – tendevano a riprodurre i motivi geometrici tipici dei tappeti orientali. Anche alcuni tappeti contemporanei si richiamano alle lavorazioni tipiche di questo primo periodo chiamato *Muído Velho*. Durante la seconda fase (denominata di «Santo António»), i disegni orientali furono combinati con le figure stilizzate di alcuni animali, soprattutto uccelli (come i pavoni). Molte raffigurazioni di questo periodo mostravano una chiara influenza del gusto spagnolo, francese e tedesco. Nell'ultima fase, che inizia nella seconda decade del XVIII secolo, ai disegni orientali gli artigiani preferirono motivi floreali molto articolati. Alla fine del XVIII secolo si verificò un periodo di decadenza in cui si abbandonò la complessità e la ricchezza dei motivi dei periodi precedenti e in cui si privilegiò uno stile molto semplificato.

Il recupero di questo mestiere d'arte avvenne solo a partire dal secondo decennio del secolo scorso, grazie agli sforzi compiuti da alcuni maestri tra cui Jacinta Leal Rosado che nel 1920 fondò *Tapetes de Arraiolos Caliga*[13], una delle prime imprese a possedere anche un negozio per la vendita dei tappeti di Arraiolos in cui è tuttora conservata una vasta collezione di disegni antichi. Il nome dei tappeti deriva certamente da quello della città di Arraiolos, in cui questo mestiere d'arte è rimasto molto popolare e soprattutto fedele all'originaria tecnica di lavorazione.

Nonostante la concorrenza dei prodotti industriali, infatti, sopravvive ancora ad Arraiolos e in alcuni villaggi circostanti il processo di tessitura di carattere artigianale realizzato con telai antichi. Inoltre, nella regione di Lisbona, la Casa Quintão, dove si vendono i tappeti di Arraiolos e Acochengo, ospita alcuni artigia-

---

[12] Non sono, infatti, pervenute testimonianze antecedenti il XVII secolo. Sulla storia dei tappeti di Arraiolos si può consultare il saggio dell'ottobre 2001 di R. D'ALLEMTEJO dal titolo *Portuguese Needlework Rugs, also called Arraiolos Carpets (Tapetes de Arraiolos).*

[13] *Tapetes de Arraiolos Caliga*, Rua Alexandre Herculano 34, 7040-029, Arraiolos.

ni specializzati nella riproduzione del cotone improntato sull'antico stile *Alcobaça*, grazie a una tecnica particolarmente attenta alla scelta del colore e del *design* e fedele alla lavorazione tradizionale. Il successo di queste imprese è dovuto, oltre che a un accurato controllo su tutto il processo di lavorazione in grado di assicurare l'alta qualità del prodotto, anche alla presenza al loro interno non solo di ricamatori altamente specializzati ma anche di veri e propri *designers*. L'aspetto più creativo del processo di lavorazione è senza dubbio quello del *design* e, in particolare, della scelta dei colori. Nelle raffigurazioni contemporanee, infatti, gli artigiani non si ispirano solo ai motivi antichi, ma sono in grado di riprodurre fedelmente anche immagini stampate o addirittura fotografiche[14].

4. *Contesto economico*

L'artigianato artistico portoghese è profondamente legato al mondo delle piccole e medie imprese. Secondo una definizione nazionale contenuta nel *Despachos Normativos* n. 52/87, n. 38/88 l'Aviso constante do D.R. n. 102/93, Serie III, sono considerate piccole e medie imprese quelle che impiegano fino a 500 lavoratori (al massimo 600 nel caso siano previsti turni regolari) e non oltrepassano gli 11.971.149 euro di fatturato annuale[15].

In realtà si tende ormai a privilegiare la definizione elaborata dalla Commissione Europea (contenuta nella Raccomandazione 2003/361/CE del 6 maggio 2003), in base alla quale nel 1998 sono state classificate in Portogallo 214.527 PMI (pari al 99,5% del numero totale di imprese) che impiegavano 1.712.592 lavoratori (pari al 74,45 % dell'impiego totale) realizzando un volume di affari di 120,8 milioni di euro (pari al 59,8% del volume nazionale). La dimensione media è di 10,6 lavoratori per impresa. Prevale dunque la dimensione della micro o piccola impresa come del resto confermano i dati: le micro e piccole imprese

---

[14] La particolarità dei tappeti di Arraiolos consiste in una composizione al centro circondata da un margine e poi da una frangia. Per informazioni dettagliate sulle composizioni più ricorrenti nei tappeti di Arraiolos si consulti la pagina www.freewebs.com/califa/TXTRgs1.htm.

[15] Cfr. www.min-economia.pt.

sono il 96,5% delle imprese nazionali, raggiungono il 51,5% dell'impiego totale e il 35,7% del fatturato nazionale. Si osserva inoltre una forte concentrazione regionale, dato che il 75% delle PMI sono localizzate in soli 6 distretti: Lisbona, Porto, Aveiro, Setúbal, Braga e Leiria[16].

Inoltre, secondo il rapporto del 2003 dell'Osservatorio sulle PMI europee *SMEs in Europe 2003. 2003/7* a cura della Commissione Europea-Pubblicazioni DG Imprese[17], il numero di PMI in Portogallo è di 693 su un totale 1.000 (di cui 648 di microdimensione, 39 di piccola e 6 di media) con una media di quattro lavoratori per impresa. Inoltre nel periodo 1998-2003, la percentuale di aumento nel valore aggiunto reale apportato dalle PMI è stato pari a 2,9% contro la media nazionale pari al 3%.

In Portogallo, IAPMEI (*Instituto de Apoio às Pequenas e Médias Empresas e ao Investimento*)[18] si occupa di realizzare interventi a favore delle PMI di tutti i settori, soprattutto promuovendo la creazione di condizioni favorevoli alla crescita di competitività imprenditoriale.

5. *Profilo istituzionale-normativo*

Il Portogallo vanta un prezioso patrimonio artigianale che però rischia di andare perduto soprattutto nelle aree meno turistiche. Solo negli ultimi anni il Governo portoghese ha provveduto a elaborare un quadro legislativo di riconoscimento e tutela dell'artigianato e dell'artigianato artistico nazionale.

Il riferimento normativo è rappresentato dall'*Estatuto do Artesão*[19], elaborato come strumento principale della strategia

[16] Il riferimento alla definizione nazionale ed europea di PMI e ai dati ad esse correlati si trova sul sito di IAPMEI alla pagina www.iapmei.pt/iapmei-faq-02.php?tema=7.

[17] Il rapporto è disponibile sul sito della Commissione Europea alla pagina ec.europa.eu.

[18] IAPMEI, Rua Rodrigo de Fonseca, 73-2, 1296-158, Lisbona (www.iapmei.pt).

[19] *Estatuto do Artesão*, approvato con decreto legge n. 41/2001 il 9 febbraio 2001 a seguito della risoluzione del Consiglio dei Ministri n. 136/97 del 14 agosto del 1997 e della risoluzione del Consiglio dei Ministri n. 4/2000 del 1° febbraio 2000, consultabile alla pagina web www.artesanatorede.com/portogues/Estatuto_ artesao.htm. Lo Statuto è stato inoltre elaborato in collaborazione con la *Commissão Nacional para Promoção dos Ofícios e das Microempresas Artesanais*, che a sua volta ha ascoltato le associazioni di artigiani e la *Federação nacional das Cooperativas de Artesanato.*

governativa di valorizzazione dell'artigianato quale fondamentale espressione dell'identità e della cultura nazionali e soprattutto come fattore di sviluppo dell'economia a livello locale. Tale statuto rappresenta uno strumento giuridico che inquadra, definisce e regola le attività economiche e le associazioni legate ai mestieri d'arte e che nel contempo orienta le politiche e gli interventi governativi a favore di questo settore. Lo statuto fornisce una definizione delle attività artigianali[20], che per essere tali devono rispondere a due requisiti fondamentali: la fedeltà ai processi tradizionali e la prevalenza dell'intervento personale dell'artigiano come garanzia di una produzione individualizzata (non standardizzata). Questi due criteri non precludono l'apertura all'innovazione, però alle seguenti condizioni: l'adeguamento del prodotto artigianale alle nuove tendenze del mercato e alle nuove funzionalità, pur mantenendo un carattere differenziato dal prodotto industriale, e il rispetto dei nuovi imperativi di sicurezza (ambientale e sanitaria) e di salute occupazionale. Vengono inoltre identificate tre tipologie di attività artigianali (le arti, i mestieri e la produzione di beni alimentari), che vengono ulteriormente specificate nel *Registro Nacional do Artesanato*. Lo Statuto esplicita una definizione anche della figura dell'artigiano come di colui che esercita un'attività artigianale e che possiede l'insieme dei saperi e delle tecniche ad essa riferiti o a cui si attribuisce un senso estetico e un'abilità manuale. Infine lo Statuto prevede l'istituzione di un duplice processo di accreditamento per l'assegnazione della *carta de artesão*[21] e della *carta de unidade productiva artesanal*[22]. L'accreditamento è una condizione necessaria per l'accesso agli aiuti e incentivi statali.

---

[20] Nello Statuto sono considerate attività artigianali quelle attività economiche, di riconosciuto valore sociale e culturale, che si occupano della produzione, restauro o recupero di beni di valore artistico o anche utilitario, di origine tradizionale o anche contemporanea e che si impegnano nella prestazione di servizi di ugual natura, così come nella produzione e nel confezionamento tradizionale di beni alimentari.

[21] Tale carta attesta la validità dell'attività artigianale per un periodo che varia dai due ai cinque anni (l'attività deve far parte del repertorio indicato nello Statuto stesso e deve essere svolta dall'artigiano a titolo professionale).

[22] Questo documento è riservato a quelle unità economiche legalmente costituite e registrate sotto forma di impresa individuale, società a responsabilità limitata, cooperativa, società personale o commerciale. I requisiti previsti da questa carta sono la presenza di un artigiano responsabile della produzione e al massimo nove lavoratori esclusi gli apprendisti.

Nel 2003 è stata emessa una legge[23] che regolamenta il processo di riconoscimento degli artigiani e delle unità produttive artigianali così come il funzionamento del *Registro Nacional do Artesanato* nei termini previsti dal decreto legge che istituisce lo *Statuto de Artesão.* Tale legge prevede la costituzione, all'interno della *Commissão Nacional para Promoção dos Ofícios e das Microempresas Artesanais,* di un gruppo di lavoro incaricato dell'attribuzione, sospensione o revoca della *carta de artesão e de unidade productiva artesanal.*

Inoltre, in Portogallo si riscontra la presenza di numerosi enti pubblici che si occupano di promuovere le molteplici espressioni dell'artigianato artistico portoghese. Anzitutto, si ricordano le cosiddette *Business Associations*: la Camera del Commercio e dell'Industria Portoghese[24], di Madeira[25], delle Isole Azzorre[26] e di Porto[27].

Oltre ad associazioni che tutelano specifici settori dell'artigianato come APICER (*Association Portuguese of Ceramics Industry*)[28] nel campo della ceramica e ANIVEC (*Associação Nacional das Industrias de V'estuário e Confecção*)[29] e APIC (*Associação Portuguesa*

---

[23] Si tratta della legge n. 1193/2003 del 13 ottobre 2003 (il cui testo completo è consultabile in www.iapmei.pt, emanata dal Ministero delle Finanze, dell'Economia, dell'Agricoltura, dello Sviluppo rurale e della Pesca, dell'Educazione, della Cultura e della Sicurezza sociale e del Lavoro.

[24] Câmara de Comércio e Indústria Portoguesa, Rua das Portas de St. Antão 89, 1169-022, Lisboa (www.port-chambers.com).

[25] Câmara de Comércio e Indústria de Madeira, Rua dos Aranhas 24/26, 9000-044, Funchal (www.acif-ccim.pt).

[26] Câmara do Comércio e Indústria de Ponta Delgada, Rua Ernesto do Canto 13-15, 9504-531, Ponta Delgada – S. Miguel (www.ccipd.pt).

[27] Câmara de Comércio e Indústria do Porto, Palácio da Bolsa, Rua Ferriera Borges, 4050-253, Porto (www.cciporto.com).

[28] APICER, Rua Coronel Veiga Simão, 3020-053, Coimbra (www.apicer.pt). Tale associazione collabora con CENCAL (*Professional Formation Centre to the Ceramic Industry*), istituzione riconosciuta di formazione e di supporto all'insegnamento della tecnologia nel settore della ceramica (per maggiori informazioni sul centro si consulti il sito www.cencal.pt), e con CTCV (*Technological Centre of Ceramics and Glass*), istituzione di pubblica utilità senza scopo di lucro, con l'obiettivo di sostegno tecnico e di promozione della tecnologia nel settore della ceramica e del vetro (ulteriori informazioni si trovano alla pagina www.apicer.pt/ingles/ctcv/ctcv_page.asp).

[29] *Associação Nacional das Industrias de V'estuário e Confecção,* Av. da Boavista 3523-7, 4100-139, Porto (www.anivec.com).

dos Industriais de Curtumes)[30] nel settore tessile, in Portogallo operano anche alcuni enti che si occupano di promuovere i mestieri d'arte locali. Tra questi l'ADPM (*Associação de Difesa de Património de Mértola*)[31] e l'IBTAM (*Instituto Do Bordado, Tapeçarias e Artesanato da Madeira*)[32] sono diventati, nel corso degli anni, una realtà di rilievo nazionale. Il primo ente, fondato nel 1980, ha il compito di sostenere lo sviluppo locale attraverso la tutela e la promozione del patrimonio culturale e ambientale, mentre il secondo tutela e valorizza le attività artigianali e i mestieri d'arte di Madeira, fornendo un marchio di garanzia della sicurezza e della qualità dei prodotti artigianali locali e offrendo assistenza tecnica alle imprese artigianali locali. L'IBTAM ha inoltre istituito, in collaborazione con l'*Associação dos Productores de Bordado, Tapeçarias e Obra de Vimes da Madeira*, il *Centro de Moda e Design* che offre alle imprese artigiane operanti nel settore tessile un servizio di consulenza sugli aspetti di *marketing* e *design*.

6. *Formazione*

La Fondazione Ricardo Do Espirito Santo Silva[33], istituita nel 1953 dal Governo con la collaborazione dei Ministeri della Finanza, della Cultura e dell'Educazione, tutela e, nel contempo, rende accessibile al grande pubblico il patrimonio dell'artigianato artistico portoghese sostenendo una formazione professionale qualificata e continua degli artigiani. Attualmente la fondazione gestisce il *Museum for Portuguese Decorative Arts* presso l'Azurara Palace a Lisbona[34], una serie di laboratori dove alcuni artigiani-

[30] *Associação Portuguesa dos Industriais de Curtumes*, Av. Fernao de Magalhaes 460-5, 4300, Porto (www.apic.pt).

[31] *Associação de Difesa de Património de Mértola*, Largo Vasco de Gama, 7750-328, Mértola (www.adpm.pt).

[32] *Instituto Do Bordado, Tapeçarias e Artesanato da Madeira*, Rua Visconte Anadia 44, 9050-020, Funchal (www.srrh-recursoshumanos.pt/ibtam02.html). L'IBTAM è un organismo pubblico istituito dal Governo e che risponde alla *Secreteria Regional dos Recursos Humanos*: è dotato di autonomia finanziaria e amministrativa.

[33] Si veda il sito www.fress.pt.

[34] Il palazzo presenta ricche collezioni di mobili, tappeti, soprattutto quelli di Arraiolos, di oggetti in porcellana e vetro, mentre le pareti delle sale principali sono rivestite di pannelli di *azulejos*.

artisti svolgono in modo permanente i mestieri d'arte tradizionali legati all'arte decorativa e due scuole: l'IAO (*Instituto de Artes e Ofícios*)[35] e l'ESAD (*Escola Superior de Artes Decorativas*)[36]. Il primo istituto, fondato nel 1985, fornisce un'offerta formativa nei campi della pittura decorativa, della lavorazione del legno e del metallo secondo un modello che integra la componente teorica con quella pratica. L'IAO organizza anche corsi di insegnamento dell'attività della conservazione e del restauro del patrimonio storico e artistico portoghese.

I musei più importanti dedicati al mondo dell'artigianato artistico in Portogallo sono il *Museu Nacional do Azulejo*[37] e il *Museu de Arte Popular*[38]. Il primo presenta una collezione di *azulejos* dal XV al XX secolo, tra cui quelli che raffigurano alcune vedute della capitale portoghese prima del terremoto del 1755 hanno un eccezionale valore storico. All'interno del museo si trova inoltre una sezione interamente dedicata all'illustrazione delle varie tecniche di lavorazione della ceramica e di decorazione delle mattonelle[39]. Nel 2000, in collaborazione con l'*Instituto Camões*[40] – che ha lo scopo di promuovere la diffusione del linguaggio e della cultura portoghese nei Paesi stranieri – il museo ha promosso una fiera espositiva dal titolo *The Art of Azulejo in Portugal*, da cui è nato un catalogo che viene continuamente aggiornato.

Il *Museu de Arte Popular*, aperto nel 1948, rappresenta invece la sede espositiva più importante delle espressioni tipiche del folklore e dell'artigianato portoghesi. Ogni area propone in particolare una propria specializzazione produttiva: i galli di ceramica del Minho, il vimini di Trás-os-Montes, le casseruole in terracotta dell'Alentejo, gli attrezzi da pesca dell'Algarve.

---

[35] *Instituto de Artes e Ofícios*, Calçada de São Vicente 38, 1100-569, Lisboa.

[36] *Escola Superior de Artes Decorativas*, Rua João de Oliveira Miguens 80, 1350-187, Lisboa.

[37] *Museu Nacional do Azulejo*, Rua de Madre de Deus, 4 – 1900-312, Lisboa (www.mnazulejo-ipmuseus.pt).

[38] *Museu de Arte Popular*, Av. Brasília, 1300, Lisboa.

[39] Tali informazioni sono consultabili alla pagina www.criticalceramics.org/articles/azulejo.htm.

[40] Per maggiori informazioni sull'iniziativa è possibile consultare la pagina www.instituto-camoes.pt/cvc/azulejos.

Per capire la ricchezza di espressioni e di forme dell'artigianato portoghese, bisogna richiamare anche la presenza di numerosi mercati che si tengono ogni settimana nella maggior parte delle località portoghesi. Tra i più importanti: quello di Estremoz riservato a terrecotte e ceramiche, quello di São Pedro da Sintra per l'antiquariato e quello di Barcelos, che si tiene ogni giorno ed è suddiviso in quattro parti dedicate ai prodotti delle attività artigianali più significative in Portogallo[41].

Per lo stesso motivo si ricordano le numerose fiere e mostre espositive dedicate all'artigianato: la più importante fiera nel campo dell'artigianato in generale e di quello artistico in particolare è senza dubbio la *Feira Internacional do Artesanato,* FIA Lisboa[42], organizzata ogni anno nel mese di giugno da FIL - *Feira Internacional de Lisboa*[43], in collaborazione con IEFP (*Instituto do Emprego e Formação Profissional*)[44]. Tale fiera si occupa di tre aree tematiche: artigianato nazionale (per far conoscere e promuovere i prodotti artigianali portoghesi), artigianato internazionale (per conoscere le specializzazioni produttive di ciascun Paese), gastronomia e cultura[45]. All'interno di questa manifestazione, FIL organizza un concorso riservato agli artigiani portoghesi dal titolo *Handicraft Contest* che premia i migliori lavori realizzati in due categorie: artigianato di eccellenza tradizionale e contemporaneo[46].

Il Ministero delle Attività Economiche e del Lavoro e dell'Educazione hanno approvato nel 2005 una legge che regolamenta l'apprendistato e la formazione nel settore del-

---

[41] Una sezione del mercato di Barcelos è dedicata al pane e ai prodotti da forno, una ai prodotti freschi, una terza alle attrezzature agricole e per la vinificazione, l'ultima a prodotti lavorati in pizzo, terracotta dipinta e in ceramica.

[42] Tali informazioni sono consultabili alla pagina www.fierenelmondo.it/fiere_ manifestazioni_risultati.asp.

[43] FIL (R. Do Bojador, Parque Das Nacoes, Lisboa, Portugal), è stata istituita nel 1960 da AIP (Associazione Industriale Portoghese).

[44] L'IEFP è un organismo pubblico istituito nel 1979 all'interno del Ministero del Lavoro e della Solidarietà Sociale per implementare le politiche governative a favore dell'occupazione e della formazione professionale.

[45] Per ulteriori informazioni su FIA Lisboa si consulti il sito www.artesanato.fil.pt.

[46] Tali informazioni sono consultabili alla pagina www.biztradeshows.com/trade-events/fia-lisboa.html.

l'artigianato[47] e, in particolare, nelle aree della lavorazione della ceramica (con un riferimento specifico alla lavorazione degli *azulejos*), del mobile, del tessile (con particolare riferimento alla lavorazione dei tappeti), della carta, dei metalli, del vetro e della pietra. La proposta formativa negli itinerari previsti per ogni area comprende tre componenti: la formazione socio-culturale, quella tecnico-scientifica e quella pratica all'interno di un contesto lavorativo.

[47] Si tratta della legge n. 394/2005 approvata il 7 aprile 2005, il cui testo completo è disponibile alla pagina www.iapmei.pt.

Regno Unito

1. *Premessa storico-ambientale*

I mestieri dell'arte rivestono in Gran Bretagna, 'culla della rivoluzione industriale', una rilevanza economica indubbiamente minore rispetto ad altri Paesi europei (uno per tutti l'Italia), caratterizzati da una tardiva industrializzazione. L'entusiasmo con cui gli imprenditori britannici si dedicarono alla meccanizzazione della produzione artigianale fin dalla metà del XVIII secolo inferse un duro colpo alla classe artigiana che si trovò costretta a integrarsi in brevissimo tempo (a volte in maniera non troppo pacifica come nel caso dei luddisti, i lavoratori altamente qualificati che a partire dal 1811 e per tutto il primo ventennio dell'Ottocento si introducevano nottetempo nelle fabbriche al fine di distruggerne le macchine)[1] nel sistema lavorativo delle nuove fabbriche[2]. Artisti, intellettuali ed esperti non smisero di lamentare la mancanza di classe e di stile (la fabbrica di ceramiche di Josiah Wedgwood, di cui si dirà ancora più avanti, è una delle poche eccezioni) della maggioranza dei prodotti fabbricati industrialmente, specie se messi a confronto con i manufatti prodotti artigianalmente nel resto d'Europa.

Dal 1835, a seguito dell'intervento parlamentare di Robert Peel (una delle figure di maggior spicco della politica britannica

---

[1] B. BAILEY, *Luddite rebellion*, New York University Press, New York 1998.

[2] Si evince come lo sviluppo della meccanizzazione si faccia inarrestabile nell'Inghilterra del XVIII e XIX secolo dai dati concernenti le nuove invenzioni in questo periodo: nel decennio 1770-1780 vengono depositati trecento nuovi brevetti, per salire al numero di novecentodieci nel primo decennio dell'Ottocento e addirittura a 2.453 nel decennio 1830-1840. Cfr. P. DEANE - W.A. COLE, *British Economic Growth*, Cambridge Univeristiy Press, Cambridge 1969.

del XIX secolo e Primo Ministro nel biennio 1834-1835), vennero prese numerose iniziative per migliorare il livello e la qualità della produzione industriale nazionale. L'opera di *lobbying* di Henry Cole, indefesso promotore di diversi progetti per l'affermazione del *design* in Gran Bretagna, si tradusse nella creazione del *Department of Practical Art* - Dipartimento di Arte Pratica (un organo governativo per l'educazione al buon *design*) e nell'organizzazione della *Great Exhibition* nel Crystal Palace, tenutasi a Londra nel 1851 ad Hyde Park. L'attività di Henry Cole portò alla creazione di strutture didattiche intese ad alzare il livello del *design* industriale; negli stessi anni la riflessione di John Ruskin, uno degli ispiratori del movimento dell'*Arts and Crafts*, pose le basi per un ripensamento dell'attività artigianale, destinato ad avere ripercussioni importanti per il futuro del settore.

Nel capitolo «Sulla natura del gotico» del suo libro *The Stones of Venice* del 1851-1852[3], saggio che diventerà un vero e proprio manifesto per il movimento dell'*Arts and Crafts*, Ruskin denunciò gli effetti profondamente negativi del processo d'industrializzazione sulla dignità della persona, la disumanizzazione dell''operaio fabbrica' e il suo asservimento alla macchina. Per contro, scriveva Ruskin, il piacere nel lavorare l'oggetto artigianalmente era il segreto stesso della sua bellezza. Sebbene il movimento dell'*Arts and Crafts* vero e proprio sarebbe nato formalmente una trentina d'anni dopo con l'invenzione della formula *Arts and Crafts Movement*[4], e con la nascita della *Arts Workers' Guild* (1884) e della *Arts and Crafts Exhibition Society* (1888), il pensiero di Ruskin ebbe modo in questi trent'anni e più di essere assorbito e rielaborato nella coscienza intellettuale della nazione, dando il la a una definizione di artigianato, inteso come attività artistica, per certi versi tuttora presente e dominante in Gran Bretagna.

Implicito nel pensiero di Ruskin vi era che una qualsiasi collaborazione con il settore industriale fosse impensabile per chi volesse essere considerato un *craftsman*; allo stesso modo, l'utilizzo di qualsiasi mezzo tecnologicamente avanzato sarebbe stato da

[3] J. RUSKIN, *The Stones of Venice*, qui consultato nell'edizione a cura di J.G. Links, Penguin, London 2001.

[4] Per una panoramica esauriente del movimento *Arts and Crafts* si veda E. CUMMING - W. KAPLAN, *The Arts and Crafts Movement*, Thames and Hudson, London 1991.

considerarsi un tradimento del mestiere d'artigiano. Secondo la definizione d'artigianato proposta dal movimento dell'*Arts and Crafts*, l'artigiano non doveva essere mosso da aspirazioni di guadagno ma limitarsi a produrre pezzi unici da realizzarsi più per diletto personale che in una logica di profitto. Ciò spiega, fra le altre cose, la provenienza dalla classe media di larga parte di coloro che aderirono al movimento.

Il tipo di artigianato praticato dai membri del movimento dell'*Arts and Crafts* sarebbe stato inoltre orientato in modo quasi esclusivo all'arte decorativa: sebbene la riflessione iniziale abbracciasse nostalgicamente tutti i campi della produzione artigianale, comprese le arti cosiddette 'rurali' e quei mestieri più propriamente 'commerciali' (in inglese definiti come *handicrafts*, ovvero i 'mestieri della mano') come, per esempio, la selleria, la produzione di calzature, l'orologeria ecc., la produzione del movimento finì, infatti, per limitarsi essenzialmente alla decorazione d'interni. Ciò pose le basi per la riscoperta della lavorazione a mano dei tessuti (di stoffe per l'arredamento più che di capi d'abbigliamento), della ceramica, delle vetrate, dei mobili di arredamento, della lavorazione del ferro battuto e del legno, e, come testimoniato dalle creazioni di Gertrude Jeckyll e di William Robinson, noti giardinieri legati al movimento[5], al *revival* della 'decorazione' d'esterni.

L'attenzione precipua per le arti decorative è bene testimoniata anche dal lavoro di William Morris, altra figura-chiave del movimento dell'*Arts and Crafts*, che si distinse per la sperimentazione e la riscoperta di tecniche artigianali spesso dimenticate e per l'attività di poeta, artista, imprenditore e socialista illuminato. La Morris, Marshall, Fulkner & Co. (poi Morris & Co. dal 1875), fondata da Morris nel 1861, produceva vetrate, mobili, carte da parati, murali e tessuti[6].

Con Walter Crane e John Lethaby alla fine del XIX secolo il movimento dell'*Arts and Crafts* diede un contributo fondamenta-

---

[5] A questo proposito si veda J.B. TANKARD, *Gardens of the Arts and Crafts Movement. Reality and Imagination*, Harry N. Abrams, New York 2004.

[6] Per informazioni dettagliate sulla Morris & Co. si veda il lavoro di C. HARVEY - J. PRESS, *William Morris: Design and Enterprise in Victorian England*, Manchester University Press, Manchester 1991.

le anche al campo della formazione. Lethaby in particolare fu *art inspector* nel comitato per l'educazione tecnica della zona di Londra e fondatore nel 1896 della *Central School of Arts and Crafts* di cui occupò anche la posizione di preside dal 1902 al 1911. Alla *Central School* Lethaby introdusse un corpo insegnante di artigiani professionisti e dotò la scuola di strutture e laboratori dove si potevano apprendere i 'mestieri della mano'. Tutto ciò rappresentò un importante passo in avanti rispetto al sistema promosso da Henry Cole diversi anni prima, basato unicamente sull'insegnamento del disegno[7].

Dopo il picco di creatività raggiunto intorno agli anni 1880-1890, il movimento *Arts and Crafts* si esaurì con lo scoppio della Prima guerra mondiale. Ciò nondimeno, intorno agli anni Venti, per opera di quegli artigiani-artisti, per lo più appartenenti al ceto medio, che si erano votati all'idea morrisiana di 'piacere nel lavoro manuale', la definizione di artigianato venne a irrigidirsi ulteriormente in una direzione vieppiù purista; una tendenza che si sposava perfettamente con il nuovo spirito nazionalista dell'epoca e che indusse molti artigiani del tempo a privilegiare l'uso di materiali autoctoni notoriamente difficili da lavorare, come il legno di quercia o di noce. Ciò si riflesse nella produzione di oggetti artigianali che, mettendo in mostra le imperfezioni dei materiali e mantenendosi grezzi nello stile, volevano, senza dubbio, rimarcare la propria estraneità ai prodotti fabbricati industrialmente. Numerose pubblicazioni specialistiche uscite in questo periodo continuarono a predicare in questi anni l'importanza della collaborazione fra il mondo del *design* e quello dell'artigianato e l'avversione per i prodotti industriali.

Con la Seconda guerra mondiale molti artigiani furono costretti a interrompere la propria attività per via della penuria di materie prime. Molte donne artigiane, richiamate al proprio dovere patriottico, si adattarono a lavorare per l'industria. Tuttavia, il nuovo corso interventista adottato dal Governo – che procedette in modo assai veloce a una conversione dell'economia

---

[7] La scuola è stata integrata con la *Saint Martin's School of Art* nel 1989 per creare la *Central Saint Martins College of Art and Design* e fa oggi parte della *University of the Arts of London* insieme al *Camberwell College of Arts*, al *Chelsea College of Art and Design*, alla *London College of Communication* e al *London College of Fashion*.

nazionale in un'economia di guerra – pose le basi per un sistema di patrocinio statale che, negli anni del dopoguerra, avrebbe continuato a sostenere attivamente il settore artigianale britannico. In tempo di guerra, alcuni artisti e artigiani ottennero una dispensa particolare del *Board of Trade* che permise loro di proseguire l'attività e tenere attivo il settore. Sempre grazie al sostegno del Governo, una mostra intitolata *Modern British Crafts* fu proposta in dieci città americane e cinque canadesi nel 1942[8].

Durante il periodo della Ricostruzione e nel nuovo clima di ottimismo la concezione e il ruolo di artigiano conobbero un'ulteriore trasformazione: in capo a due decenni l'artigianato si sarebbe riproposto al pubblico come un settore intellettualmente vivace, teso all'innovazione e alla sperimentazione, all'altezza delle arti cosiddette 'maggiori'. Tale trasformazione è ben riflessa nella collezione di oggetti d'artigianato esposta alla mostra del *Country Pavillion* al *Festival of Britain* nel 1951 e in quella proposta, a distanza di vent'anni, dalla mostra *The craftsman's art,* tenutasi al *Victoria and Albert Museum* nel 1973. Se al *Festival of Britain 'crafts'* voleva dire cestini di paglia intrecciati, bastoni di giunco e ceramica tradizionale, al *Victoria and Albert Museum* '*crafts*' si tradusse nella produzione di oggetti in grado di competere concettualmente e artisticamente con l'arte visiva e plastica.

Si trattò senza dubbio di un profondo cambiamento in parte dovuto ad alcune riforme del sistema scolastico realizzate nel secondo dopoguerra e all'importanza che, grazie ad esse, l'insegnamento dell'artigianato venne ad assumere: fino ad allora considerato un ambito dell'istruzione professionale, tale insegnamento venne, infatti, riconosciuto come materia scolastica di livello superiore al pari dell'insegnamento delle belle arti. Tutto ciò avvenne non senza le proteste di influenti artigiani come il ceramista

---

[8] L'ufficio propaganda interna non esitò in più di un caso a contare sull'artigianato locale per le proprie attività. Un esempio è in particolare fornito dalla spada di Stalingrado commissionata dal *Foreign Office* (Ministero degli Esteri) per commemorare la fine dell'assedio delle forze armate tedesche della città di Stalingrado nel 1942 (e consolidare il consenso dell'opinione pubblica per un alleato, l'Unione Sovietica, che scontava ancora il Patto Molotov-Ribbentrop del 1939 con la Germania nazista). Un concorso organizzato dalla *Worshipful Company of Goldsmiths* si rivolse ai migliori artigiani del tempo. La spada fu infine forgiata dalla *Wilkinson Sword Company* e decorata da ben 18 artigiani differenti guidati da Leslie Durbin.

Bernard Leach, che, in una lezione data alla *Royal Society of Arts* nel 1948, si dichiarò contro l'insegnamento dei mestieri della mano nelle scuole d'arte: «i mestieri d'arte» non potevano, secondo lui, «essere insegnati»[9]. Leach previde già allora l'effetto di logoramento che, nel lungo periodo, la nuova riforma avrebbe avuto sul tradizionale percorso di apprendistato.

Nel 1971, l'istituzione del *Crafts Advisory Committee* (divenuto *Crafts Council* nel 1979), l'organizzazione governativa nata a tutela del settore dell'artigianato, segnò in modo definitivo la separazione fra *fine crafts* (ovvero un artigianato artistico spesso in linea con i movimenti delle arti maggiori) e *rural, traditional,* o *handicrafts*. Pur operando allora sotto l'egida del *Department of Trade & Industry*, il modello a cui il *Crafts Advisory Committee* si ispirò era quello della sua organizzazione gemella, l'*Arts Council*, organismo sotto il cui controllo sarebbe presto passato. La 'spaccatura' che venne allora a crearsi all'interno del settore trovò conferma nella ricerca *Working in Crafts*[10], un'indagine condotta dal *Crafts Council* nel 1983 e basata su interviste somministrate a 20.000 artigiani. Il *Council* si riscoprì totalmente in distonia con larga parte del mondo degli artigiani, poco interessato all'aspetto artistico o di *design* puro del mestiere: alla domanda «Pensa che il *Crafts Council* sia troppo orientato verso l'arte?» il 59% dei rispondenti rispose affermativamente.

Con l'avvento al potere di Margaret Thatcher (1979) e coerentemente con la nuova filosofia di governo 'minimo' propugnata dalle amministrazioni conservatrici che da lì in poi si sarebbero succedute a Downing Street per quasi vent'anni, il Governo ridusse in modo significativo le sovvenzioni governative anche al settore dell'artigianato; allo stesso tempo cercò di incentivare la ricerca di forme di sostegno finanziario privato. Il *Crafts Council* venne in quegli anni a mostrare maggiore attenzione per il *marketing*: nel 1987 organizzò la *Chelsea Craft Fair*; sempre negli stessi anni compilò l'elenco completo degli artigiani del Paese e intensificò la propria attività di informazione e di promozione fra i non addetti ai lavori. Gli anni Ottanta videro anche l'apertura di numerose galle-

---

[9] T. HARROD, *The Crafts in Britain in the Twentieth Century*, Yale University Press, New Haven-London 1999, p. 221.

[10] A. BRUCE - P. FILMER, *Working in Crafts: an Independent Socio-economic Study of Craftsmen and Women in England and Wales*, Crafts Council, London 1983.

rie commerciali e spazi espositivi, alcuni dei quali dedicati esclusivamente all'artigianato artistico. Fu allora che l'artigianato entrò nel quanto mai remunerativo giro delle case d'aste: *Sotheby's* tenne la prima asta di artigianato del XX secolo nel 1980 e *Christie's* nel 1986[11]. L'arrivo di nuovi fondi provenienti dalla creazione nel 1994 della Lotteria Nazionale gestita dal *Department for Culture Media and Sport* e l'afflusso dei fondi dell'Unione Europea diedero nel decennio successivo ulteriore impulso e linfa al settore.

Recenti indagini sull'andamento del settore hanno bene evidenziato come nel decennio fra il 1994 e il 2004 il 'popolo' artigiano con un titolo universitario sia cresciuto di venti punti percentuali. Alcuni artigiani-artisti contemporanei inglesi hanno raggiunto lo *status* di vere e proprie *star*. Il ceramista Grayson Perry, che ricevette il primo premio all'edizione del 2003 del *Turner Prize* (il controversissimo premio annuale di arte contemporanea organizzato dalla *Tate Britain* di Londra), non solo ha infranto ancora una volta la barriera che separa arte e artigianato ma è pure assurto (grazie anche alla pubblicità personale creatasi attorno al suo travestitismo e al suo *alter ego* Claire) alle più alte sfere di notorietà a fianco di artisti contemporanei.

2. *Quadro dei mestieri d'arte*

Come si legge nel rapporto *Making it in the Twentieth Century*, il settore dell'artigianato in Inghilterra e in Galles è diviso nelle seguenti categorie: la lavorazione tessile, che guida la produzione artigianale in Inghilterra e Galles (33,4% del totale degli intervistati), il settore della ceramica (30,5%), la gioielleria (20,9%), la lavorazione del metallo (15,8%), del legno (11,9%), del vetro (9,7%), del mobilio (7,8%), degli accessori di moda (4,9%), dei cestini (3,6%), della carta (3,3%), di materiali riciclabili (2,7%), dell'intaglio della pietra (2,2%), di mosaici (1,8%), di strumenti musicali (1,5%), di giochi (1,5%), del cuoio (1,3%), della rilegatura (1,1%), della fabbricazione di automi (0,9%), la cappelleria (0,9%)[12]. Benché lo studio si limiti solamente all'Inghilterra e al Galles, un rapporto stilato dallo

---

[11] HARROD, *The Crafts in Britain in the Twentieth Century*, pp. 411-416.

[12] *Ibi*, p. 26.

Scottish Arts Council[13] del 2002 indica a parità di categorie la stessa distribuzione percentuale per ciascun settore. Il *Crafts Northern Ireland* è ora in procinto di aggiornare i propri dati sul settore ma, a detta del direttore del centro, probabilmente la distribuzione risulterà essere molto simile[14].

Tra le lavorazioni tipiche che, pur giocando un ruolo minore dal punto di vista economico, vantano storia e tradizioni antichissime, in primo luogo va considerata la fabbricazione di cappelli, una tradizione tenuta in vita da manifestazioni storiche come le corse dei cavalli ad Ascot, appuntamento annuale del mese di giugno in cui è d'obbligo presentarsi muniti di cappello. Come ben testimoniato dai giornali *tabloid* inglesi, che in quei giorni offrono ai propri lettori intere pagine sulle ultime tendenze in fatto di *millinery* (cappelleria), gli artigiani cappellai danno in quella occasione libero sfogo a fantasie e sperimentazioni. Per quello che riguarda i maschi, Ascot ha mantenuto la tradizione del *top hat* (il cilindro), prodotto quasi esclusivamente per l'evento estivo dalla ditta Christy & Co. che opera nel settore dal lontano 1773. Tra i cappellai contemporanei va però sicuramente citato anche Philip Treacy, icona dell'industria degli accessori di moda inglese, che sul suo sito ricorda, con non poco orgoglio, di aver cominciato a cucire all'età di cinque anni a scuola e di avere subito immediatamente un'attrazione fatale per il *design* di cappelli. Oltre a collaborare con le più grandi case di moda al mondo come *Chanel* e *Givenchy*, Treacy ha ricevuto premi prestigiosi e ha esposto i propri prodotti in numerose mostre sulla moda contemporanea come la mostra organizzata dal *Victoria & Albert Museum, Cutting Edge*, nel 1997[15].

Vicina alla tradizione della manifattura dei cappelli è anche la lavorazione delle parrucche per la professione legale: usate dai *barristers* (avvocati) di tutti i Paesi del *Commonwealth*, sono fatte tuttora a mano dalla ditta *Ede and Ravenscroft* (presente nel settore

---

[13] A. McAuley - I. Fillis, *Crafts Business in Scotland. A Study for the Scottish Arts Council, Scottish Enterprise and Scottish Enterprise Glasgow*, Scottish Arts Council, Edinburgh 2002.

[14] Joe Kelley, direttore di *Crafts Northern Ireland*, in colloquio con Aline Ferrari (4/7/2006).

[15] www.philiptreacy.co.uk.

dal lontano 1689) che mantiene il proprio laboratorio in Chancery Lane, il distretto legale di Londra. Le parrucche sono fatte con crini di cavallo che vengono prima intrecciati da lavoratori esterni e poi intessuti su un supporto a rete di seta. Sono inoltre realizzate su misura, tanto che per ogni parrucca sono necessarie cinque misurazioni diverse: la circonferenza della testa, la distanza della fronte dalla nuca, la circonferenza della parte superiore della testa e la distanza delle orecchie. La *Ede and Ravenscroft*, l'unica ditta al mondo produttrice di queste parrucche, realizza ogni anno un migliaio di parrucche per avvocati, 120 parrucche per giudici e un centinaio di parrucche da cerimonia[16].

Nel campo delle costruzioni, la produzione di mattoni fatti a mano è un altro esempio di un'industria che riflette il forte passato artigiano della Gran Bretagna. La richiesta di mattoni fatti a mano, sia per scopi di restauro, sia per motivi estetici, si è tutt'altro che spenta: la *Coleford Brick Company* (che ha lavorato nel settore dal 1895 attraverso tre generazioni della famiglia Evans) ha due sedi sul territorio nazionale, una nel Leicestershire e una nella foresta di Dean e impiega ottanta persone per una produzione di due milioni di mattoni all'anno. Si pensi che, recentemente, la commissione più prestigiosa ricevuta è stata quella per la costruzione della nuova *British Library* a Euston, Londra, interamente edificata con i mattoni della ditta Evans.

Nel settore della liuteria l'uso diffuso in Scozia e Irlanda della cornamusa fa sì che questo strumento sia ancora lavorato in maniera tradizionale. La realizzazione della cornamusa irlandese, a differenza di quella scozzese che può essere prodotta industrialmente, è particolarmente complicata dal momento che si tratta dell'unica cornamusa al mondo che copre due ottave. Un artigiano liutaio che si dedichi esclusivamente alla produzione di questo tipo di strumento riesce a produrre solo dodici strumenti all'anno.

Va poi richiamata l'attenzione sulla lavorazione dei cestini di vimini, un'arte tuttora estremamente vivace in Gran Bretagna. La lavorazione dei rami di salice si è evoluta negli anni per adattarsi alle richieste di un mercato con esigenze sempre diverse. L'organizzazione *Scottish Basketmaker's Circle* offre numerose infor-

---

[16] T. QUINN, *Last of the Line. Traditional British Craftsmen*, David & Charles, Newton Abbott 1999.

mazioni su quest'arte e sugli artigiani che la praticano[17]. I cestini chiamati *trug* (dalla lingua anglosassone, contenitore in legno), invece, divennero famosi per l'interesse per essi mostrato dalla regina Vittoria e per l'ordine che ella stessa commissionò all'artigiano Thomas Smith durante la *Great Exhibition* del 1851. Tipico della regione del Sussex, nel sud dell'Inghilterra, questo tipo di cestino conservò un livello di richiesta molto alto, soprattutto per attività di giardinaggio, fino agli anni Sessanta, anni in cui l'avvento dei prodotti in plastica mandò quasi in bancarotta le fabbriche di *trug*. Di recente, il rinnovato interesse per questo cestino ne ha comportato un sorprendente *revival*. Realizzato in dieci misure diverse, il *trug* originale è fatto di legno di salice e di castagno. La produzione di ogni singolo cestino comporta un tempo medio di due ore: una serie di lunghe strisce di legno di salice formano la parte centrale del cestino; esse vengono saldate a un ovale di legno di castagno con dei chiodi mentre un altro ovale di legno di castagno forma, passando sotto alla struttura di salice, il manico del cestino[18].

Tipica ancora della tradizione rurale della Gran Bretagna è l'arte dell'impagliatura dei tetti tipici dei *cottage* della campagna inglese (*thatching*), una lavorazione mantenutasi in vita grazie all'industria del restauro. I tetti sono ricoperti di canne provenienti dalla zona paludosa del Norfolk. Nonostante gli elevati costi di manutenzione, gli anni Ottanta e Novanta hanno registrato un considerevole interesse per questo tipo di strutture tradizionali e una crescita significativa del numero di nuove leve di artigiani interessati all'apprendimento del *thatching*.

La lavorazione della pietra, in particolare l'incisione calligrafica di lapidi, targhe commemorative e bassorilievi, ha un diffuso seguito per via della tradizione lapidaria normanna e celtica ma anche della facilità di intaglio di pietre locali come la pietra calcarea della zona di Portland e di Bath. Il *Cardozo Kindersley Workshop*[19] di Cambridge è fra gli studi più famosi e opera sulla scia del lavoro di Eric Gill, il famoso scultore che, dopo aver stu-

---

[17] www.scottishbasketmakerscircle.org.

[18] QUINN, *Last of the Line. Traditional British Craftsmen.*

[19] www.kindersleyworkshop.co.uk.

diato alla *Central School of Arts and Crafts*, aprì lo studio di scalpellino in cui riportò in vita quest'antica tradizione.

Nel campo dei mobili e dell'arredo, un settore che sta da tempo attraversando una fase di importante rilancio, il nome di maggior prestigio è quello dei mobili *Chester*, rivestiti in cuoio *Connoly* naturale e riconoscibili dalla nota punzonatura rifinita con bottone. Lavorati esclusivamente a mano, sono prodotti nel Lancashire. La fama dell'artigianato inglese nel settore della lavorazione del cuoio è legata anche alla reputazione dei sedili di macchine prestigiose come la *Rolls Royce*, la *Jaguar* e la *Bentley*, ancora oggi realizzati interamente a mano con le migliori pelli e i legni più pregiati, e delle calzature fatte a mano.

Infine, la Gran Bretagna ha una forte tradizione di lavorazione di metalli all'interno della quale meritano una particolare menzione arti e mestieri antichissimi come la lavorazione di spade, di fucili da caccia, di corni usati durante le battute di caccia e di campane. Per quello che riguarda la lavorazione delle campane, la ditta *Taylors Eayre & Smith* di Loughborough vanta una presenza nel settore fin dal 1784, mentre la *Whitechapel Bell Foundry* di Londra, attiva fin dal 1570, è nel Guinness dei primati per essere il più antico produttore di campane di Londra[20].

3. *Mestieri d'eccellenza*

Lavorazione del tessile

L'arte della lavorazione a mano dei tessuti risorse in Gran Bretagna con la diffusione del movimento dell'*Arts and Crafts*, movimento che, come si è detto nelle sezioni precedenti, rifiutava la separazione fra processo creativo e produzione. Con la fine del 1800, a meno di un secolo dalla rivoluzione industriale, la filatura, la tintura e la tessitura a mano erano processi quasi estinti. Ciò nondimeno, William Morris si cimentò nella produzione di arazzi e nella tintura di tessuti a tinta indaca. I prodotti tessili della *Morris & Co* insistevano sulla qualità del prodotto e prevedevano ricchi motivi simmetrici; diversamente, John Ruskin era più

[20] www.whitechapelbellfoundry.co.uk.

interessato a prodotti più semplici che mettessero in risalto le proprietà intrinseche del filato. Negli anni Venti e Trenta il lavoro di promozione e di divulgazione della tradizione tessile manuale vide protagoniste donne come Ethel Mairet, Phyllis Barron and Dorothy Larcher, artiste-artigiane che, in piena tradizione *Arts and Crafts*, si concentrarono sulla pratica della tintura, della tessitura e della stampa di tessuti mirando, tuttavia, a una maggiore semplificazione dei processi di lavorazione. Ciò rispondeva al desiderio di purezza e di ritorno a tecniche primitive tipico di questo periodo[21].

Grazie anche all'importanza che l'insegnamento dell'arte e del *design* (in cui rientrano anche i *crafts*) venne ad avere nel sistema scolastico britannico, nel secondo dopoguerra la tradizione tessile manuale conobbe un vera e propria 'età dell'oro'. Nella *swinging London* degli anni Sessanta e Settanta ebbe inizio la collaborazione fra piccoli produttori di tessuti stampati e il settore della moda, per esempio fra Zandra Rhodes e la casa *Fortnum and Mason*; una sinergia che fu all'origine di un vero e proprio *boom* di vendite di capi di vestiario e di accessori, in Gran Bretagna e all'estero. È sempre di questi anni la produzione tessile ispirata alla contemporanea *optical art*[22] di Ossie Clark con riferimenti all'artista inglese Bridget Riley[23].

Con la creazione del *Crafts Council* negli anni Settanta, il settore della lavorazione tessile manuale poté giovarsi di finanziamenti governativi e borse di studio che facilitarono ulteriormente l'entrata delle nuove generazioni nel settore. La qualità di insegnamento offerta nelle università britanniche e la fama internazionale che *art and design* seppero guadagnarsi in questi anni attrassero anche numerosi studenti da tutto il mondo. Sempre per quello che riguarda la formazione, va inoltre citato il *Textile Institute*, istituito con l'approvazione reale nel 1925 e tuttora esistente. Esso nacque allo scopo di facilitare la formazione in que-

---

[21] HARROD, *The Crafts in Britain in the Twentieth Century*, cap. 2.

[22] Movimento artistico degli anni Sessanta caratterizzato da un forte astrattismo ottenuto tramite l'utilizzo di formule matematiche, la combinazione delle quali spesso era in grado di creare effetti visivi inaspettati. Bridget Riley, Victor Vasarely, M.C. Escher e Josef Albers furono fra i principali esponenti di questo movimento.

[23] HARROD, *The Crafts in Britain in the Twentieth Century*, cap. 9.

sto settore, premiare la qualità e trasmettere informazioni su tessuti, abbigliamento e calzature e ha oggi guadagnato respiro mondiale.

Lavorazione degli arazzi

Come l'Inghilterra, anche la Scozia ha una tradizione tessile importantissima, ancora oggi molto radicata nelle tradizioni locali. I *Dovecot Studios* di Edimburgo (conosciuti anche come *Edinburgh Tapestry Company*) sono famosi in tutto il mondo in virtù della loro longevità ma soprattutto della qualità degli arazzi in essi prodotti, oggi presenti nelle più grandi collezioni mondiali, pubbliche e private. Il laboratorio fu fondato nel 1912 e i primi artigiani che vi lavorarono provenivano dal *Merton Abbey Workshop* di Wimbledon fondato da William Morris. Fino al 1940 gli *Studios* produssero arazzi di grandi dimensioni su commissione; dopo il 1946, si cimentarono in lavorazioni di taglia più piccola disegnate da artisti contemporanei. Nel 1946 gli *Studios* furono incorporati nella *Edinburgh Tapestry Company*. Ora impiega a tempo pieno due maestri tappezzieri che vantano un'esperienza nel settore quasi cinquantennale. Nel corso di quasi un secolo, la *Edinburgh Tapestry Company* ha collaborato con artisti del calibro di Frank Stella, Graham Sutherland e David Hockney[24].

Un importante esempio di tradizione tessile scozzese è la maglieria delle isole Shetland, le isole più lontane dalla costa scozzese che furono vendute alla Scozia dalla Norvegia nel 1469. La lana che è alla base della maglieria di queste isole (chiamata maglieria di Fair Island dall'isola più a sud) proviene dalla pecora Shetland, una pecora di forte costituzione e usa al clima spesso inclemente di quelle zone, che produce una lana robusta in tutte le sfumature di grigio e marrone. Lavorata tubolarmente con tre normali ferri a punta, la maglieria Shetland si distingue per l'assenza di cuciture e le numerose decorazioni a bande orizzontali caratterizzate da piccoli motivi ripetuti simmetricamente in colori brillanti. Su ciascuna linea sono utilizzati due colori contemporaneamente; quello non in uso viene 'riportato' sul retro della maglia; questo procedimento crea un doppio strato di lana

[24] www.dovecotstudios.com.

che rende le maglie particolarmente calde e quasi impermeabili. I disegni, molto vari, si rifanno ad antiche tradizioni tramandate di generazione in generazione dalle famiglie impegnate in questa lavorazione. Ciò nondimeno, col passare del tempo, motivi che in principio erano molto semplici sono stati resi più complessi passando da una media di due o nove righe a trenta. Nel 1982 è stata istituita la *Shetland Knitwear Trades Association* allo scopo di proteggere la qualità del marchio *Shetland* (attraverso la creazione del marchio *Shetland Lady* rilasciato su licenza solo ai membri dell'associazione) e promuoverne la produzione[25].

Lavorazione del 'tweed'

Un'altra tradizione tessile scozzese di grande successo è l'*Harris Tweed*, la stoffa di lana vergine molto spessa tessuta a mano e finita nelle isole Ebridi Esterne (che comprendono le isole di Harris, Lewis, North Uist, Benbecula, South Uist e Barra). L'*Harris Tweed* è filato a macchina ma tessuto a mano, un procedimento unico al mondo. Fin dal 1906 il marchio dell'*Harris Tweed* (un globo sormontato da una croce di Malta con le parole *Harris Tweed* in basso) è stato protetto dalla *Harris Tweed Association Limited*[26].

La fama, oggi internazionale, di questo tessuto, si deve a Lady Dunmore che nel 1846 chiese ai filatori di Harris di copiare in *tweed* una pezza di tartan proveniente dalla regione del Moray (nel nord-est della Scozia). I tessitori di Lewis e Harris erano rinomati per la loro bravura; nella metà dell'Ottocento i loro prodotti erano, tuttavia, smerciati per lo più a livello locale. Lady Dunmore, colpita dal risultato della commissione, si prodigò nel promuovere questo tessuto tra amici e conoscenti e a migliorarne e affinarne la produzione.

La filatura della lana, precedentemente fatta a mano, venne meccanizzata nel 1934 permettendo un aumento della produzione di quasi dieci volte. Il record fu raggiunto nel 1966 con la realizzazione di quasi 7 milioni di metri di filato. Diverse innovazioni tecnologiche permisero anche progressivi miglioramenti di carattere qualitativo.

---

[25] www.zetnet.co.uk/skta.

[26] La *Harris Tweed Association Limited* è diventata la *Harris Tweed Association* nel 1993 con un apposito atto del Parlamento.

L'introduzione nel 1996 del telaio *Bonas-Griffith* rese, per esempio, possibile la lavorazione di un *tweed* più leggero e più soffice.

Con la fine degli anni Ottanta la manifattura del *tweed* è entrata in una fase di declino: ciò si spiega in parte con l'uscita di moda delle giacche in *tweed* e con la generale contrazione della domanda in tutto il settore della manifattura tessile. Oggi rimangono 4 filatoi nell'isola di Lewis (la tessitura viene ancora fatta nelle altre isole), uno dei quali è destinato alla chiusura entro la fine dell'anno. Ad oggi (2006) il settore impiega circa 250 persone con un fatturato che, secondo una stima, non ufficiale, dell'*Harris Tweed Authority*, si avvicina ai 6-7 milioni di sterline.

Lavorazione della ceramica

L'area geografica che, senza dubbio, vanta la più forte e antica tradizione ceramista in Gran Bretagna è lo Staffordshire, una zona ricca di argilla rossa e di carbone, materie prime necessarie per la cottura nei forni della ceramica e fortemente concentrate sull'asse nord-ovest/sud-est della regione. Su quest'asse fin dal XVI secolo vennero a formarsi piccoli agglomerati rurali specializzati nella produzione di ceramica: inizialmente la piccola Burslem, a cui si aggiunsero successivamente Tunstall, Cobridge, Hanley, Fenton, Stoke e Longton. Nel 1910 questi centri si unirono sotto il nome di *Stoke-on-Trent*, e vennero nominati *The Potteries*. Fu in questa zona che nel 1769 Josiah Wedgwood fondò la sua fabbrica di ceramiche, *Etruria*, tuttora esistente e sinonimo di qualità.

Con il XX secolo l'industria della ceramica entrò in una fase discendente, registrando, specie dalla Seconda guerra mondiale in poi, un calo degli addetti vertiginoso (da 70.184 nel 1958 a 22.497 nel 1991). Nell'ultimo ventennio molte fabbriche storiche sono state costrette a chiudere. Sono sopravvissuti solo quei centri che, pur mantenendo un legame con la tradizione, sono riusciti ad adattare la propria produzione a nuovi gusti e mode: fra questi vi sono la fabbrica di Wedgwood e quella fondata nel 1767 da Josiah Spode[27].

La produzione industriale di ceramica britannica conobbe in realtà i primi segnali di crisi 'estetica' già con la fine del XIX seco-

---

[27] www.thepotteries.org.

lo in coincidenza con la diffusione in Europa dei movimenti Art Nouveau e *Jugendstil* (o Modernismo). L'innovazione del settore toccò alla figura dell'artista ceramista, figura che emerse intorno al 1870 e che esercitò una forte influenza sulla lavorazione della ceramica britannica fino ad almeno gli anni Venti. Gli artisti ceramisti avrebbero fatto da ponte fra la ceramica industriale e la generazione successiva di ceramisti, chiamati convenzionalmente *studio potters*, di cui si dirà più avanti[28].

Gli artisti ceramisti si dividevano in tre gruppi: i piccoli produttori provinciali, i dipartimenti indipendenti di artisti ceramisti presenti all'interno di grandi industrie e gli artisti individuali. In tutti e tre i casi l'artista ceramista era colui che dirigeva la fabbrica; generalmente non vi erano poi punti di contatto fra chi produceva la forma e chi la decorava (appunto, l'artista ceramista); unica eccezione, il caso dei quattro fratelli Martin che aprirono un importante studio a Southall, nei sobborghi di Londra, tra il 1877 e il primo decennio del XX secolo, dove ognuno si specializzò in un aspetto della produzione.

Nel primo gruppo di fabbriche di ceramiche provinciali si distinsero la *Wilcox & Co.* nella periferia di Leeds (Yorkshire); la *Della Robbia Pottery* di Birkenhead fondata da Harold Rathbone, un discepolo dell'*Arts and Crafts Movement*; e la *Linthorpe Art Pottery* di Middlesborough, forse la più famosa delle tre. Essa assunse come *art director* Christopher Dresser che, noto per la sua ammirazione per la ceramica giapponese, produsse alcuni fra i pezzi più indimenticabili dell'epoca vittoriana.

Nel secondo gruppo rientravano quelle fabbriche che avevano aperto dei dipartimenti interni gestiti da artisti. La nota Minton diede vita, per esempio, a uno studio chiamato *Art Pottery Studio* a South Kensington a Londra. Lo studio, più che come un dipartimento della società, operò come una scuola di *design*, scuola che ebbe, tuttavia, vita breve. Successivamente all'incendio che la colpì nel 1872 a pochi anni dalla sua apertura, non venne più ricostruita. Vanno inoltre citati gli importanti *Art Pottery Studios* della *Doulton & Co.* a Lambeth nel sud di Londra. La *Doulton*, fondata nel 1815, era nota per produrre terracotta per uso industriale (soprattutto tubazioni per le acque sporche e ceramica con smaltature a sale). Dal

[28] G. CLARK, *The Potter's Art*, Phaidon, London 1995, pp. 106 ss.

1866 John Doulton stabilì una stretta collaborazione con la *Lambeth School of Art*, a sua volta un distaccamento della *Central School of Art*, dando così iniziò a una proficua collaborazione fra la fabbrica e gli studenti più dotati della scuola. George Tinworth, uno degli studenti che maggiormente si distinse per abilità e originalità, venne assunto come modellatore. La fama che i prodotti *Doulton* furono allora in grado di guadagnarsi portò a una crescita progressiva dello studio che giunse a impiegare nel 1880 duecento addetti fra decoratori e assistenti. Purtroppo fu proprio in questi anni che le commissioni incominciarono a contrarsi. John Doulton rifiutò, tuttavia, di rinunciare alla qualità dei propri prodotti in favore di una maggiore ottimizzazione del processo di produzione. Nel 1909 il numero di decoratori scese a 120 e nel 1925 a 25.

Il terzo gruppo di artisti ceramisti era formato dai ceramisti indipendenti. In questo gruppo rientrano figure come William De Morgan, uno dei membri fondatori dell'*Arts and Crafts Movement* e poi fortemente critico circa la piega socialista che il movimento prese a seguito della 'conversione' di William Morris; i fratelli Martin, cui si è già accennato, che si specializzarono in forme animali grottesche e bizzarre ma anche noti per la produzione di vasi più convenzionali; Edmund Elton, che con il suo aiutante George Masters produsse vasi dalle forme stravaganti caratterizzati da superfici lavorate con la tecnica della *craquelure* (tecnica con cui si ottiene una superficie percorsa da una crepatura simile al ghiaccio screpolato); William Moorcroft, forse uno fra i più 'commerciali' tra gli artisti ceramisti di questo periodo, nominato nel 1928 ceramista di corte. La ceramica *Moorcroft* è l'unica ceramica dell'inizio del XX secolo ancora oggi in produzione.

Con la chiusura, verso la prima metà del XX secolo, di larga parte degli studi artistici di ceramica, la figura dello *studio potter*, il ceramista indipendente, venne a dominare il settore, a tutt'oggi strutturato per lo più da micro-imprese individuali. Lo *studio potter* lavora in proprio, a volte con l'aiuto di qualche apprendista, e si occupa di tutti gli aspetti della produzione. Molto spesso integra le entrate provenienti dalla propria attività con l'insegnamento.

La figura dello *studio potter* è andata evolvendosi in modo significativo nel corso del XX secolo. Dal 1910 (gli anni dell'*Omega workshop* di Roger Fry) fino agli anni Sessanta si parla generalmente di una fase 'purista', fase in cui vennero riscoperte la tradizione inglese dello *slipware*, la pasta liquida applicata a fini decorativi e la più antica tradizione del *gres* cinese. La figura più importante di questo periodo è Bernard Leach. Il suo allievo Michael Cardew e il ceramista William Staite Murray hanno però giocato un ruolo altrettanto rilevante nella storia della ceramica in Gran Bretagna. Ciò nondimeno, l'importanza di Leach si spiega, oltre che con la sua produzione ceramista, anche con la sua attività di teorico. Fra le sue pubblicazioni più importanti vanno citate *A Potter's Outlook* (1928), saggio in cui Leach si pronuncia contro la ceramica artistica e a favore di prodotti più funzionali e il famosissimo *A Potter's Book*, pubblicato nel 1940 e riconosciuto internazionalmente come la 'bibbia' del ceramista moderno (non è mai uscito di stampa e, ad oggi, ha venduto 130.000 copie)[29].

La seconda fase dello *studio potter* arriva fino agli anni Settanta ed è ancora rintracciabile in alcuni ceramisti contemporanei. Si tratta di una fase che fu fortemente influenzata dal Modernismo e in cui emersero famosi ceramisti come Lucie Rie e il suo allievo Hans Coper, noto per i suoi rimandi scultorei a Brancusi, a Giacometti, a culture cicladiche e neolitiche, ma che fu caratterizzata anche dalle forme organiche realizzate dai migliori alunni della *Central School*, come Ruth Duckworth e Gordon Baldwin[30].

Infine, la terza fase (che si estende fino ai giorni nostri) è rappresentata da quelli che Garth Clark[31] ha definito i 'post-modernisti', caratterizzati da uno stile eclettico e sperimentale. In questa fase, il *gres* è accantonato a favore della terraglia (la ceramica a pasta porosa cotta a bassa temperatura) e non è infrequente il ricorso all'uso di stampi di tipo industriale, cosa assolutamente impensabile tra i puristi leachiani e i modernisti. Non va scordato che si tratta della generazione di ceramisti che esce dalle università britanniche negli anni Settanta e Ottanta, anni in cui, come si è detto prima, l'insegnamento delle materie artistiche conobbe un forte rilancio grazie alle riforme del sistema scolastico realizzate negli anni Sessanta. Il *Royal College of Art* detiene lo scettro dell'innovazione. Sotto la direzione di David Queensberry

---

[29] *Ibi*, pp. 136-165.

[30] *Ibi*, pp. 166-191.

[31] *Ibi*, pp. 192-219.

si sono formati ceramisti del calibro di Alison Britton, Jacqueline Poncelet ed Elisabeth Fritsch, sostenuti dall'allora segretario del *Crafts Advisory Committee* (l'organizzazione antesignana del *Crafts Council*) Victor Margrie. Fra i rappresentanti di una componente più giocosa e irriverente del post-modernismo vi sono Ian Godfrey e Richard Slee. Vanno infine menzionati Stephen Dixon e il già citato vincitore nel 2003 del *Turner Prize* Grayson Perry.

La gioielleria

L'arte della lavorazione dei metalli preziosi in Gran Bretagna ha conosciuto dopo la Seconda guerra mondiale una vera e propria rinascita. Le due istituzioni principali del settore sono il *Council of Industrial Design* e la *Worshipful Company of Goldsmiths*, diretta dal 1951 al 1982 da Graham Hughes, vivace sostenitore di una produzione artigianale attenta più alla dimensione artistica che alle esigenze dell'industria. Nel 1961 Hughes organizzò la mostra *International Exhibition of Modern Jewellery 1890-1961*, in cui si ripercorreva la storia della gioielleria dell'ultimo secolo, la crescita di qualità e importanza delle pietre preziose e il crescente successo di case come *Lalique, Tiffany & Co., Wolfers, Verver, Masriera,* e *Jensen*[32].

Ancora una volta è il *Royal College of Art* a formare in questi anni una generazione di orafi e maestri gioiellieri di grandissima fama e importanza. Sotto la guida di Leslie Durbin si formarono figure come David Mellor e Robert Welch, due orafi che lavorarono prevalentemente per l'industria; e Stuart Devlin, Simon Benney e il gioielliere Andrew Grima che, pur lavorando in proprio con l'aiuto di assistenti, vennero a offrire, con la fine degli anni Settanta, un'alternativa a case orafe prestigiose come la *Garrards & Company*. Altri centri di insegnamento da sempre importanti per la gioielleria britannica sono l'Università di Birmingham (la città di Birmingham è ancora oggi il secondo centro per importanza dopo Londra nella produzione e distribuzione della gioielleria), l'Università di Glasgow e di Loughborough e, a Londra, l'*Hornsey College* e la *Central School* dove studiò Gerda Flökinger, figura di spicco dell'arte orafa degli

---

[32] HARROD, *The Crafts in Britain in the Twentieth Century*, cap. 9.

anni Cinquanta e nota per l'uso di tecniche altamente sperimentali introdotte nel 1952.

Nel 1971 aprì a Londra la *Electrum Gallery*. Il suo curatore, Ralph Turner, organizzò una serie di importantissime mostre fra cui *Jewellery in Europe* commissionatagli dal *Crafts Advisory Committee* e dallo *Scottish Arts Council*. *Jewellery in Europe*, così come il libro *Contemporary Jewelry*[33], sempre di Turner, danno ben conto dell'incredibile fermento che caratterizzò in questi anni l'arte orafa britannica, all'interno della quale si è fatta strada una generazione di gioiellieri che si distinguono ancora oggi per la lavorazione di materiali innovativi fra cui metalli non preziosi, cuoio, plastica o legno; una tendenza alla sperimentazione che fu certamente promossa e sostenuta dal *Crafts Advisory Committee* e che è ben riflessa nella mostra *Jewellery Redefined*, tenutasi nel 1982 presso la galleria *Contemporay Applied Arts* di Londra (uno degli spazi espositivi della capitale maggiormente attenti alle tendenze più sperimentali degli artigiani-artisti contemporanei), quale prima mostra internazionale di gioielleria in materiali non convenzionali e soprattutto non preziosi. È in questi anni che si assiste a una polarizzazione fra il *Crafts Advisory Committee* (poi *Crafts Council*) e la *Worshipful Company of Goldsmiths* che, rompendo con gli indirizzi perseguiti negli anni precedenti da Graham Hughes, tende invece a prediligere l'uso di metalli preziosi e di tecniche tradizionali e si mostra, senza dubbio, più sensibile a logiche di carattere commerciale.

Per quello che riguarda il contributo economico dell'intero settore, secondo una stima della *British Jewellers' Association*, il fatturato totale delle vendite al dettaglio è di 2,75 miliardi di sterline. A questo va sottratto un ricarico dei commercianti al dettaglio pari al 275%. Al livello della manifattura gli introiti si aggirano intorno a un miliardo di sterline, cifra che va dimezzata dal momento che comprende anche i prodotti importati e venduti sul mercato della Gran Bretagna. La rimanente cifra di 500 milioni di sterline deve venire divisa tra grandi case di manifattura e distribuzione e una frazione di artigiani che rimane di esigue dimensioni: secondo Geoff Field, presidente della *British Jewellers'*

---

33 R. TURNER, *Contemporary Jewelry: A Critical Assessment 1945-1975*, Studio Vista, London 1976.

Association, su un totale di 700 iscritti alla propria associazione solo 150 sono piccoli artigiani[34].

Settori emergenti: l'arte del riciclaggio

Lo spazio espositivo del *Crafts Council* a Londra è stato definitivamente chiuso nel giugno del 2006. L'ultima mostra proposta è stata *Well Fashioned: Towards Our Eco Fashion Future*, una panoramica sui *designers* nel campo della moda che si sono distinti negli ultimi anni per la produzione di capi di vestiario ecologici.

La scelta del *Crafts Council* mette bene in luce l'importanza che il movimento ecologico ha assunto in Gran Bretagna, e all'interno dell'artigianato stesso, nel corso dell'ultimo ventennio. La curatrice della mostra, Rebecca Early, *designer* di moda e ricercatrice associata al *Chelsea College of Art*, è da tempo impegnata nel promuovere maggiore consapevolezza ecologica nel campo della moda attraverso progetti come TED (*Textile Environment Design*, un progetto da cui è scaturito il *Materials Resource*, un archivio che raccoglie esempi di prodotti, tecniche e materiali che hanno migliorato il profilo ecologico del settore tessile), seminari, mostre e insegnamento universitario. Intervistata all'indomani dell'apertura della mostra, la Early ha dichiarato: «...[La mostra] cerca di diffondere un messaggio positivo piuttosto che indugiare sugli aspetti tragici dell'industria della moda, vale a dire la produzione di tessuti tramite lo sfruttamento della forza lavoro del Terzo Mondo, la tintura di capi con materiali inquinanti, l'assemblaggio di capi in fabbriche che sottopagano la propria manodopera e, una volta che il capo è stato acquistato, lo spreco di risorse causato da lavaggi troppo frequenti o dalla precoce dismissione di vestiti in realtà ancora utilizzabili»[35].

La ricerca della Early e dei *designers* ospitati nella mostra mira a offrire una risposta ai problemi sopra elencati e si propone la sperimentazione di metodi di lavorazione capaci di ridurre l'im-

---

[34] Geoff Field in conversazione con Aline Ferrari, 10/7/2006. Si tratta di un dato utile per comprendere il peso dei piccoli artigiani all'interno dell'oreficeria, ma pur sempre approssimativo. Non bisogna, infatti, dimenticare che l'associazione non esaurisce in nessun modo la totalità degli artigiani che lavorano in questo settore.

[35] S. Menkes, *Eco-Friendly: Why Green is the New Black*, «International Herald Tribune», 31 maggio 2006.

patto ambientale dell'industria dell'abbigliamento. Le tre aree di intervento principali su cui la riflessione della Early si focalizza sono lo sviluppo del commercio equo solidale con i produttori di materie prime in Paesi in via di sviluppo utilizzate nel campo tessile; politiche di riduzione del consumo attraverso, per esempio, un uso più attento della lavatrice e lavaggi a basse temperature; e da ultimo, il riciclaggio dei vestiti.

Il sostegno attivo al movimento *green* offerto da un personaggio illustre come il principe Carlo o il lavoro di stilisti come Katharine Hamnett (la cui riflessione sull'impatto dell'industria tessile sull'ambiente risale al 1989) sono solo alcuni esempi di come la coscienza ecologica sia oggi fortemente radicata. Dall'inizio degli anni Novanta le iniziative *eco friendly* si sono moltiplicate in tutti i campi con la produzione di guide, siti web, *newsletter*, vendite di prodotti organici attraverso catene di negozi specializzati ecc. Nel 1994 è stato istituito il premio *Schumacher Award* con decorrenza annuale rivolto agli «eroi non riconosciuti» del movimento ambientalista[36]. Nel campo dell'arte e dell'artigianato la mostra *Reclaimed* organizzata dal *British Council* nel 1999 ha ancora una volta ricordato come l'ecologia non sia solo un modo di vita alternativo ma sia ormai entrato nella cultura degli artisti e artigiani del Paese. La mostra presentava sculture, mobili, abiti, lampadari, soprammobili, tessuti, gioielleria e servizi da tavola prodotti con materiali riciclati ed è stata poi esportata in Egitto, Australia, Nuova Zelanda e India. Nel catalogo si parla dei «Nuovi Alchimisti», una generazione di artisti e artigiani che «trasformano metaforicamente immondizia in oro con la loro immaginazione, intraprendenza e un approccio nuovo al design e all'artigianato contemporaneo»[37].

Dal 2005 è partito il nuovo *Eco Prize* bandito dalla *Eco Trust* in

---

[36] Il premio è dedicato alla memoria di Ernst Friedrich Schumacher (1911-1977), un economista tedesco che fuggì dalla Germania nazista e collaborò con il Governo britannico nel dopoguerra. Nel 1955 Schumacher viaggiò in Birmania come consulente economico e lì sviluppò i principi di quella che poi chiamò «Economia Buddista», basata sulla convinzione che «il soddisfacimento di bisogni locali tramite l'utilizzo di risorse locali» fosse «il modo più razionale per impostare una vita economicamente sostenibile». Egli fu pioniere di quella che ora viene chiamata la 'giusta tecnologia': una tecnologia che operi in sintonia con i bisogni dei suoi utenti ma che non sia a detrimento delle risorse del pianeta: www.schumacher.org.uk.

[37] A. CHAMPENEY, *Reclaimed-Contemporary British Craft and Design*, British Council, London 1999.

collaborazione con la sede scozzese di *Friends of the Earth* allo scopo di celebrare il talento creativo nel campo ecologico di scrittori, artisti e artigiani. Nello stesso anno il premio è stato dato al gioielliere Jaimie Macdonald. Va infine citata la *Eco Design Fair* di Londra, fondata da Luise Kamara nel 2004, che propone due eventi annuali (uno a Natale e uno durante l'estate). La *directory* (l'elenco di *designers* 'ecologici' che partecipa alle fiere) include artigiani che lavorano nell'arredamento, nel settore tessile e della moda, nella produzione di oggetti di *interior design*, nei cosmetici e nella gioielleria.

Come proclama il sito internet della compagnia *Worn Again*, «Fare scarpe è una delle attività più tossiche, inquinanti e a rischio di più alto spreco di risorse che ci possa essere. Abbiamo riciclato materiali ovunque ci sia stato possibile. [...] Per combattere il riscaldamento del globo *Worn Again*[38] ha dato vita a un'alleanza con *Climate Care*[39] intesa a eliminare l'anidride carbonica rilasciata nell'atmosfera dalle nostre scarpe. [...] La speranza è di poter essere in grado di dire in futuro che le nostre scarpe non creano nessun danno ambientale».

4. *Contesto economico*

La recente indagine commissionata dal *Crafts Council*, *Making it in the Twenty-first Century*[40] (2004), ha stimato il contributo economico del settore artigianale intorno agli 826 milioni di sterline, una cifra considerevole che è esattamente il doppio rispetto a quella

---

[38] www.antiaphaty.org/wornagain.

[39] *Climate Care* (www.co2.org) è una compagnia creata nel 1998 per offrire consulenza a privati e aziende su come ridurre l'emissione di anidride carbonica, la causa principale dell'effetto serra.

[40] A. McAuley - I. Fillis, *Making it in the Twentieth Century. A Socio-Economic Survey of Crafts Activity in England and Wales, 2002-2003*, Crafts Council, London 2004. La regolarità (quasi decennale) con cui studi come *Making it in the Twentieth Century* vengono prodotti permettono di trarre importanti informazioni sul settore. Ciò nondimeno, è importante ricordare che il *database* da cui sono stati selezionati gli artigiani a cui mandare il questionario via posta comprende solo artigiani presenti nel sistema dati del *Crafts Council*, o iscritti ad associazioni o gilde consultate dal *Council* in quest'occasione; a ciò va aggiunto che su un numero iniziale di 6.913 questionari inviati, il *Council* ha potuto utilizzarne solo il 33% (2.212).

calcolata da un altro studio di settore realizzato dieci anni prima[41]. Londra, la regione del sud-est e la regione del sud-ovest dell'Inghilterra sono le zone che registrano una più alta concentrazione di attività produttive di carattere artigianale.

La popolazione artigiana è composta prevalentemente da donne, presenti soprattutto nella fascia d'età più giovane (dai venti ai trent'anni). La percentuale maschile aumenta nella fascia d'età superiore ai cinquant'anni e in quei mestieri dove lo sforzo fisico è maggiore come la lavorazione del metallo, la lavorazione del legno, la manifattura di mobili e il lavoro d'iscrizione su pietra[42].

Il 63,6% delle donne intervistate dispone di un titolo universitario nel campo degli studi artistici o di *design*. Diversamente, per quello che riguarda il segmento maschile del settore, prevale la tendenza a qualificarsi per mezzo di un apprendistato presso maestri artigiani (un numero piuttosto alto di artisti-artigiani è autodidatta). Donne e uomini registrano, inoltre, un grande divario per quello che riguarda i proventi della propria attività commerciale[43].

La maggioranza delle vendite avviene a livello nazionale. Solo il 18,4% degli artigiani interpellati fa riferimento a vendite all'estero e, all'interno di tale percentuale, solo il 25,3% riesce a esportare il 50% o più dei propri prodotti. C'è, comunque, una tendenza nelle imprese più giovani (sorte dopo il 2000) a cercare con maggiore impegno sbocchi commerciali internazionali.

---

[41] C.A. KNOTT, *Crafts in the 1990s: An Independent Socio-Economic Study of Crafts People in England, Scotland and Wales*, Crafts Council, London 1994. La stima del fatturato del settore artigianale proposta dallo studio di Knott si aggirava intorno ai 400 milioni di sterline. Va inoltre notato che l'indagine commissionata dall'*Arts Council of England*, *Making it to Market*, alla società di consulenza *Morris Hargreaves McIntyre* e pubblicata nel gennaio 2006 stima il fatturato del settore a 883 milioni di sterline, in leggero aumento rispetto al 2004.

[42] MCAULEY - FILLIS, *Making it in the Twentieth Century*, p. 18.

[43] Mentre la media dei guadagni di tutto il settore può essere quantificata intorno alle 25,826 sterline all'anno (una media di 35,028 sterline per i lavoratori *full-time* e di 7,891 sterline all'anno per i lavoratori *part-time*), la media dei guadagni della componente femminile del settore si aggira intorno alle 18,338 sterline di contro a un guadagno medio di quella maschile di 38,342 sterline; un dato che, fra le altre cose, conferma la maggiore propensione da parte delle donne a un'occupazione *part-time*. MCAULEY - FILLIS, *Making it in the Twentieth Century*, p. 32.

L'uso di internet è entrato ormai da anni nel sistema di promozione dei prodotti dell'artigianato artistico britannico[44].

I dati più recenti sul mercato di prodotti artigianali sono forniti dall'indagine *Making it to Market*[45] commissionata dall'*Arts Council England* come complemento al rapporto *Making it in the Twentieth Century* e *Taste Buds*[46], uno studio sullo stato del mercato dell'arte contemporanea pubblicato nel 2004. *Making it to Market* si focalizza esclusivamente su quei settori di artigianato artistico che producono oggetti contemporanei e innovativi nell'uso dei materiali e nella visione estetica. La sola Inghilterra assorbe una media di 5,6 milioni di pezzi di artigianato artistico, 1,2 milioni dei quali vengono acquistati a Londra e 4,4 milioni nelle altre regioni. La vendita diretta dai laboratori artigiani domina il mercato dei *crafts*; questo dato si mantiene peraltro in linea con i risultati emersi dell'indagine *Making it in the Twentieth Century*[47] secondo cui la maggioranza delle vendite avviene per commissione (69,6%). Le vendite in mostre e in gallerie (57,8%) superano di gran lunga quelle realizzate presso fiere dell'artigianato o mercati (37,7%), segno ancora una volta che il prodotto di artigianato artistico è visto principalmente come prodotto d'arte più che come prodotto commerciale *tout court*.

5. *Profilo istituzionale-normativo*

In Gran Bretagna il settore dell'artigianato manca di una definizione statutaria e di riconoscimento giuridico. Come è già stato sottolineato in precedenza, il compito di rappresentare gli interessi dell'artigianato spetta a istituzioni culturali. Ciò ha comportato, senza dubbio, una minore sensibilità per la dimensione commerciale. L'artigianato britannico sconta pure la frammentazione in molteplici associazioni che, operando nell'interesse di

---

[44] *Ibi*, pp. 33-35.

[45] MORRIS HARGREAVES MCINTRYRE, *Making it to Market, Developing the Market for Contemporary Craft*, Arts Council England, London 2006.

[46] MORRIS HARGREAVES MCINTRYRE, *Taste Buds. How to Cultivate the Art Market*, Arts Council England, London 2004.

[47] MCAULEY - FILLIS, *Making it in the Twentieth Century*, p. 35.

ogni singolo mestiere, finiscono per indebolire la forza negoziale dell'intero settore di fronte al Governo.

Il processo di istituzionalizzazione della categoria a livello nazionale ebbe inizio nel 1948, quando un comitato rappresentativo delle cinque più importanti *guilds* (gilde) presenti nei settori di rappresentanza degli artisti-artigiani diede vita al *Crafts Centre of Great Britain*, istituzione che venne alla luce grazie anche a una sovvenzione del Governo che, come si è già detto, con la fine della Seconda guerra mondiale inaugurò una politica di maggiore coinvolgimento e sostegno per le arti e per il *design*. Il centro è tuttora esistente sotto il nome di *Contemporary Applied Arts* ed è ad oggi la più grande galleria specializzata nella vendita di prodotti dell'artigianato artistico.

Come già accennato nelle sezioni precedenti, nel 1971 venne formato il *Crafts Advisory Committee*, *Crafts Council* dal 1979, quale organizzazione governativa di tutela per il settore dell'artigianato. Inizialmente dipendente del *Board of Trade* al *Department of Education & Science*, il *Crafts Council* passò successivamente sotto il controllo prima dell'*Office of Arts & Libraries*, e poi del *Department of National Heritage*, divenuto nel 1997 *Department of Culture Media & Sport* (DCMS). Come si legge in una ricerca pubblicata nel 1998 dal DCMS, uno dei primi studi in grado di offrire un quadro esauriente delle industrie creative e del loro peso economico, le industrie creative di cui il DCMS si occupa sono l'Architettura, l'Arte e l'Antiquariato, lo Spettacolo, l'Artigianato, il Design, l'Editoria, la Moda, la Musica, la Pubblicità, la Radio, il Cinema, la Televisione, i *Software & Computer*, e i *Software* interattivi per lo svago.

Il *Crafts Council* oggi riceve i fondi dal DCMS attraverso l'*Arts Council* per l'ammontare di poco più di 3 milioni di sterline annue, un *budget* assorbito pressoché totalmente dalle attività del centro e dalle spese di ristrutturazione strategica in cui questa istituzione è impegnata da qualche anno. Fra i servizi offerti dal *Crafts Council* vi sono attività di formazione, consulenza, sostegno finanziario a singoli progetti attraverso prestiti agevolati, premi all'eccellenza, la pubblicazione della rivista «Crafts» e la *newsletter* interna, l'organizzazione di fiere-esposizioni annuali fra cui la *Chelsea Craft Fair*, la creazione di vetrine *on-line* come il *Crafts Council Photostore* (un *database* in cui il *Crafts Council* propone una selezione di lavori dei migliori artigiani britannici) e la gestione del *National Register of Makers*, un elenco che raccoglie i nominativi di tutte le imprese artigianali registrate in Gran Bretagna compilato dal *Council* a fini informativi per il pubblico.

Per quanto riguarda il sostegno finanziario ai singoli artigiani, il *Crafts Council* mantiene dal 1973 il *Crafts Council Development Award* (in precedenza chiamato *Setting up Scheme*), un premio rivolto ai migliori artigiani che prevede aiuti di carattere finanziario e offerte di formazione o sostegno per attività promozionali. I termini per la partecipazione al premio richiedono che l'artigiano non abbia praticato la professione per più di tre anni e non svolga un secondo lavoro per più di sedici ore la settimana. Le aree a cui il premio si rivolge sono la lavorazione del legno, del metallo, della ceramica, del vetro, dei tessuti, della plastica, della pelle e della pietra. Sono esclusi i maestri liutai e i sellai dal momento che, come si legge sul bando, «Il *Crafts Council* non è più in grado di offrire un sostegno adeguato e sufficiente per lo sviluppo professionale, imprenditoriale e commerciale di questi mestieri»[48].

Il *Crafts Council* si trova oggi (2006) in una fase di profonda riorganizzazione interna intesa a ridefinire non solo il funzionamento ma anche i compiti dell'organizzazione. La sede londinese ha chiuso in giugno smembrando tra i vari uffici regionali la propria biblioteca e la collezione. Oltre al *Crafts Council*, diverse *charities* (associazioni a statuto *non-profit*) svolgono una funzione

---

[48] *Criteria for Assessment*, in *Application Form, Crafts Council Development Award*, Crafts Council, London s.d. Le discipline incluse nella sfera di competenza del *Crafts Council* sono: Automa; Iscrizioni incisione in pietra; Scalpellino; Legno a incastro; Arte di intrecciare cestini; Iscrizioni stampa; Lavorazione tessile: feltro; Legno lavorato al torchio; Rilegatura; Lavorazione del metallo architettonica/fabbro/ferraio; Lavorazione tessile: generale; Legno da lavoro; Ceramica architettonica; Lavorazione del metallo; Smaltatura; Lavorazione tessile: maglieria e uncinetto; Ceramica domestica; Lavorazione del metallo argento e metalli preziosi; Lavorazione tessile: pizzi; Ceramica scultorea; Lavorazione del metallo scultorea; Lavorazione tessile: cucito; Accessori di moda; Cappelleria; Lavorazione tessile: superfici a motivi; Arredamento; Mosaici; Lavorazione tessile: arazzeria; Vetro architettonico; Liuteria; Lavorazione tessile: tessuti; Vetro artistico; Cartapesta; Giochi: generale; Gioielleria preziosa; Carta da parati; Giochi da tavolo; Gioielleria non-preziosa; Lavori in carta; Giochi pupazzi, bambole; Lavorazione del cuoio; Lavorazione materiali riciclati; Giochi: morbidi; Iscrizioni calligrafia; Calzature; Legno: intagliato.

di sostegno a singole categorie. Fra queste, la *Society of Designer Craftsmen*, l'erede dell'*Arts and Crafs Exhibition Society* fondata nel 1988 da Walter Crane. Molte di queste associazioni si riallacciano alla tradizione delle gilde medievali attraverso l'appellativo di *guild*. Tra le più importanti vanno citate l'*Association for Contemporary Jewellery*, l'*Association of Guilds of Weavers*, la *Spinners & Dyers*, la *British Artists Blacksmiths Association*, la *British Society of Enamellers: Glass on Metal Artists*, la *Craft Potters Association*, la *Designer Jewellers Group*, la *Devon Guild of Craftsmen*, la *Embroiderers' Guild*, la *Guild of Maters Craftsmen Ltd.*, la *Lace Guild*, la *British Ceramic Confederation*, la *British Furniture Manufacturers*, la *British Interior Textile Association* e, infine, la *British Jewellers Association* e la *Worshipful Company of Goldsmiths* a cui si è già fatto riferimento nella sezione dedicata alla gioielleria. Come si è già accennato sopra, l'esistenza di associazioni di settore e regionali ha il pregio di fornire numerosi punti di contatto, servizi informativi e sostegno a livello locale. Ciò comporta, tuttavia, una considerevole frammentazione del settore che, oltre a indebolire la categoria a livello istituzionale, rende anche impossibile una 'mappatura' accurata dello stato dell'artigianato del Paese.

6. *Formazione*

L'*iter* scolastico prevede nella Gran Bretagna l'insegnamento facoltativo di materie correlate al settore artigianale sotto la definizione di *Art & Design* e di *Design & Technology* nelle scuole primarie (dai cinque agli undici anni) e secondarie (dagli undici ai diciotto anni). Sta dunque alle singole scuole, la maggioranza delle quali vanta laboratori altamente attrezzati, e alla propensione degli insegnanti la scelta di includere nel programma scolastico materie cosiddette 'creative'.

La formazione a un livello superiore può articolarsi in due percorsi distinti. Da una parte vi sono i corsi a livello universitario in *Art & Design*. Essi durano tre o quattro anni e sono spesso preceduti da un anno di preparazione generale chiamato *Foundation Course*, attraverso cui gli studenti possono sperimentare diverse metodologie e tecniche e meglio orientarsi nella successiva scelta di specializzazione universitaria. I corsi universitari di artigianato artistico si trovano di solito all'interno di corsi in *design* tridimensionale e nei corsi di moda o di lavorazione dei tessili. I corsi di iscrizione su pietra, calligrafia, e di rilegatura fanno per lo più parte dei corsi di grafica. Il *Careers Portal*, un *database* che raccoglie i dati di tutte le università e i *college*, permette una ricerca per disciplina e zona geografica di tutti i corsi di arte e di *design* offerti a livello universitario in Gran Bretagna.

Dall'altra vi è il BTEC (*Business and Technology Education Council*) *National Diploma*, un percorso formativo della durata di due anni che si può intraprendere dal compimento del sedicesimo anno d'età. Il BTEC *National Diploma* in *General Arts and Design* e, nello specifico, i corsi di *design* e di artigianato offrono un *training* basato in gran parte sul lavoro sul campo. Il corso si completa con il conseguimento del BTEC *Higher National Diploma Course* accessibile dall'età di diciotto anni e previo conseguimento del BTEC *National Diploma*.

Dall'età di 16 anni in poi è inoltre possibile iscriversi a un GNVQ (*General National Vocational Qualification*, l'equivalente in Gran Bretagna di un diploma tecnico) in *Advanced Art and Design*. In questi corsi i 'mestieri della mano' sono insegnati insieme alle discipline artistiche e al *design*. Ancora negli anni Settanta il sistema di apprendistato britannico era estremamente debole e male organizzato. Le *National Vocational Qualifications* (NVQs) vennero introdotte nel 1986 allo scopo di rivitalizzare l'insegnamento tecnico-professionale. Nel 1994 il Governo introdusse, sebbene solo in Inghilterra, il sistema del *Modern Apprenticeship* (*Apprenticeship* dal 2004) nella speranza di riuscire a rivitalizzare lo strumento dell'apprendistato. *Apprenticeship* è organizzato dai *Sector Skills Councils* in collaborazione con i datori di lavoro coinvolti nella scelta e nella selezione delle forme di *training* da privilegiare per ogni singolo settore. È da notare che questo sistema abbraccia un mondo lavorativo che va ben oltre l'attività artigianale, comprendendo anche, per esempio, forme di apprendistato per commercialisti e ragionieri. Vi sono poi associazioni non governative di settore che offrono informazioni e, spesso, contatti diretti con datori di lavoro per aspiranti apprendisti. Fra questi, la *Apprentice-Master Alliance*, un programma gestito da volontari che svolge un'opera di mediazione fra mondo del lavoro e apprendisti. Lo schema, inaugurato nel 1994, è oggi ben avviato e vanta una diffusa rete di contatti con gli uffici di collocamento nazionali e con gli uffici di avviamento alla carriera presenti in ogni università. Un altro canale attraverso cui ottenere informazioni su formazione e apprendistato nel campo dell'artigianato è *Artifact*, una guida *on-line* per le arti e le *creative industries*, a sua volta parte del *Resource Discovery Network*, un portale per le comunità legate all'insegnamento, all'apprendimento e alla ricerca nel campo delle materie artistiche e delle industrie creative (nell'accezione del *Department for Culture Media and Sport*) che offre un servizio di ricerca dei migliori siti internet in ciascuno di questi settori.

Per chi volesse imparare un mestiere in età adulta vi sono diverse opportunità sia a tempo pieno, sia *part-time* e una vasta offerta di corsi organizzati per lo più dalle autorità locali (i comuni) ma anche dalle università e da laboratori indipendenti locali. La *City and Guilds of London Institute* propone, per esempio, diversi corsi (soprattutto orientati alla lavorazione del tessile e della ceramica) comprendenti una parte teorica e una parte di esperienza pratica.

Repubblica Ceca

1. *Premessa storico-ambientale*

La Boemia era nell'Ottocento una delle Terre della Corona (*Kronländer*) degli Asburgo; punta settentrionale dell'Impero austriaco, confinante con il regno della Sassonia a nord e con quello della Baviera a ovest, fu il luogo dove la cultura slava e quella tedesca si confrontarono, combatterono per la preminenza e ciò nonostante crebbero insieme. Verso la metà del secolo, lo storico František Palacky chiamò i suoi compatrioti al risveglio nazionale: il popolo ceco doveva rivendicare la propria identità, dimostrare che non era una «nazione senza storia» (come era stata definita da Friedrich Engels), affinché gli fosse riconosciuto il diritto all'autodeterminazione. Tuttavia, il diritto «storico» dei cechi reclamato da Palacky non era rivolto contro gli Asburgo, anzi: soltanto rimanendo sotto l'ala protettrice del vecchio Impero plurinazionale il piccolo popolo ceco avrebbe potuto prosperare al riparo dalle intemperie politiche che già una volta (con la disfatta nella battaglia della Montagna bianca nella guerra dei Trent'anni) lo avevano quasi annientato.

Assieme ai cechi, dal 1841 iniziò la lunga marcia di un altro piccolo popolo per le vie dell'Impero: i nani da giardino fabbricati dal signor Johann Maresch nella cittadina della Boemia settentrionale di Usti nad Labem conquistarono a piccoli passi il proprio posto nei giardini dei sudditi. «Verso la fine dell'Ottocento», racconta Vaclav Houfek, curatore del museo municipale di Usti nad Labem, «il signor Maresch produceva oggetti di altissima qualità, gnomi e altri tipi di figure fiabesche e animali che si vendevano immensamente bene. La sua specialità erano i nani, molto popolari sia fra i concittadini, sia in posti più lontani»[1].

La prospera fabbrica di ceramica ebbe, tuttavia, una fine amara. Uscita indenne dal crollo degli Asburgo e del loro Impero, la pacifica vita dei nani da giardino venne, infine, troncata assieme a quella della Repubblica Cecoslovacca con l'aggressione della Germania nazista che adottò come pretesto il diritto del *Terzo Reich* ad annettere una regione abitata da tedeschi (lo *Sudetenland*). Alla disfatta del nazismo seguì inesorabilmente l'espulsione della minoranza tedesca e anche la famiglia Maresch dovette abbandonare la propria città; la fabbrica, ormai priva delle mani più esperte, venne nazionalizzata, ma d'altronde, nel difficile dopoguerra non sembrava esserci più posto per i nani da giardino.

Il nuovo amministratore statale, signor Doubravsky, si rivelò, tuttavia, un imprenditore fantasioso: quando nel 1948 il Partito comunista rovesciò il debole partito di coalizione e conquistò il potere, Doubravsky pensò che nella nuova Repubblica popolare i busti del primo presidente comunista Klement Gottwald avrebbero trovato il loro posto più facilmente dei nani da giardino. Si pose però un problema: come riprodurre in ceramica le sembianze del nuovo *leader* non avendo un modello a cui rifarsi? L'amministratore trovò la soluzione al cinema; ogni film era preceduto dai cinegiornali e ognuno di questi mostrava il nuovo presidente. Dopo innumerevoli serate al cinema, il signor Doubravsky si sentì pronto ad avviare la produzione.

Tuttavia, anche quest'ultimo tentativo di salvare la produzione di oggetti in ceramica in Usti nad Labem non riuscì a lungo a nascondersi di fronte alla burrasca della Storia. A esprimere il suo implacabile giudizio sull'opera dei ceramisti fu uno zelante funzionario della sezione locale del Partito comunista: le orecchie del compagno Gottwald erano troppo grandi; era forse intento degli artigiani ridicolizzare il capo dello Stato?

Inevitabilmente, la fabbrica venne chiusa e i cittadini di Usti nad Labem furono costretti ad abbandonare la loro propensione

---

[1] L'intervista con Vaclav Houfek, curatore del museo municipale di Usti nad Labem è tratta da A. SKODOVA, *2004 will mark «The year of the gnome» in the city of Usti nad Labem*, Radio Prague - the international service of Czech Radio, 08/08/2002, URL: www.radio.cz.

per le creazioni in ceramica per volgersi alla grande industria voluta dalla pianificazione economica socialista. Nei decenni successivi il ricordo dei nani da giardino andò man mano assottigliandosi sotto il peso dei colossi dell'industria chimica (i mestieri d'arte torneranno nella città di Usti nad Labem dopo la «rivoluzione di velluto», come si avrà modo di raccontare in modo più dettagliato nella parte di questo lavoro dedicata alle attuali istituzioni formative del settore).

Benché l'«austro-slavismo» di Palacky (cioè il suo intento di promuovere la cultura ceca al riparo del grande Stato plurinazionale) non avesse retto alle prove del Novecento, nessuno oggi confermerebbe la validità del giudizio di Engels sui cechi come «popolo senza storia». Per quanto potesse risultare poco lineare, questa storia va ricostruita tenendo conto delle varie deviazioni che il percorso ha occasionalmente assunto. Conclusa del tutto nel caso del signor Maresch e dei suoi nani da giardino, la storia dei ceramisti cechi proseguì e le modifiche apportate ai marchi d'esportazione impressi sui loro manufatti testimoniano dei cambiamenti socio-politici che nel contempo si susseguirono. Chi oggi desidera acquistare un pezzo d'epoca in ceramica boema, deve infatti dedicare la propria attenzione anche alla travagliata storia di questo Paese:

– I pezzi marchiati 'Austria' indicano la produzione boema antecedente al 1918; tuttavia, lo stesso marchio appare anche sui pezzi prodotti nei territori dell'Austria germanofona.

– Dunque, i produttori dell'epoca imperiale più sensibili alla questione nazionale indicavano la provenienza apponendo il marchio 'Bohemia'; in alcuni casi tale marchio venne però mantenuto anche dopo il 1918 per il timore dei produttori di perdere la propria riconoscibilità.

– Dal 1918 al 1938 si possono riscontrare i marchi 'Czechoslovakia' (prevalentemente fra i produttori situati nella parte ceca della nuova repubblica) o 'Czecho-Slovakia' (fra i produttori della parte slovacca).

– Durante l'occupazione nazista, dal 1938 al 1945, i marchi ufficiali sono 'Germany' o 'Deutschland'.

– Dal 1945 al 1990 si ripetono i marchi 'Czechoslovakia' o 'Czecho-Slovakia'; dal 1990 al 1993 il marchio 'Czecho-Slovakia' entra in uso non solo fra i produttori slovacchi, ma anche fra quelli cechi.

– Infine, solo i pezzi prodotti successivamente al 1° gennaio 1993 portano il marchio 'Czech Republic'[2].

Con questo esempio, d'altronde, si intende illustrare solo un aspetto del problema: quello dell'identificazione internazionale del prodotto ceco nella misura in cui questa dipende dalla sua denominazione. Indubbiamente le fratture causate dalla storia hanno avuto il loro peso anche sulla sostanza oltre che sul nome; ciò nonostante, come in pochi altri Paesi, le attività riconducibili ai mestieri d'arte hanno svolto in Cechia il ruolo di custode della cultura nazionale.

Proprio in questo ambito la storia ceca rivela la propria linearità fin dai tempi del regno di san Venceslao: diverse attività artigianali possono, infatti, pregiarsi di un primo quadro normativo (bolle regie, franchigie) risalente al Medioevo. Questo primo sviluppo vide il proprio apice fra il XVI e l'inizio del XVII secolo, periodo che coincide con i regni di Ferdinando I, Massimiliano II e, in particolare, Rodolfo II. Fu per volontà di quest'ultimo, infatti, che giunse a termine la costruzione di Hradscany (il noto castello di Praga) avviata dai suoi predecessori[3]; Rodolfo II seguì l'esempio di suo padre Massimiliano II anche come mecenate, incoraggiando la produzione di artisti e artigiani di corte le cui opere furono collezionate nella famosa *Kunstkammer* del sovrano[4]. Alla passione di Rodolfo II per il collezionismo si può indubbiamente attribuire il merito di aver fatto progredire in Cechia le tecniche di precisione necessarie per la fabbricazione di orologi e di strumenti astronomici, così come la tecnica di orafi, miniaturisti, incisori e vetrai. Sotto il suo patronato operarono nel castello di Praga scienziati, artisti e artigiani (categorie fra le quali all'epoca non si percepiva una particolare distanza): fisici come Johannes Kepler collaboravano, infatti, con maestri orologiai e disegnatori di strumenti astronomici o geodetici quali Jost Burgi ed Erasmus Habermel. I pezzi più ambiti della *Kunstkammer* rudolfina furono, tuttavia, le opere in oro ornate di pietre preziose (a

---

[2] www.collectics.com/education.html.

[3] Sul patrimonio artistico e culturale sviluppatosi attorno al castello di Praga cfr. K.F. VON SCHWARTZENBERG ET AL., *Der Hradschin: die pragen Burg und ihre Kunstschaetze*, Herder, Freiburg 1992.

[4] Sui tesori della *Kunstkammer* di Rodolfo II si veda la descrizione offerta in rete da www.vol.cz/RUDOLFII.

ognuna delle quali venivano attribuite anche proprietà alchemiche): dal 1588 lavorò per Rodolfo il milanese Ottavio Miseroni che realizzò dozzine di *jardinières* composte da pietre preziose e cristallo incastonati su montanti dorati. Miseroni sviluppò pure la tecnica (diffusasi poi fra gli orafi locali) utilizzata per la composizione di mosaici in bassorilievo. Dal 1588 anche l'incisore di pietre preziose Caspar Lehman operò a Praga e nel 1609 l'Imperatore lo nominò ufficialmente «Incisore di vetro di Corte»; fu per questa via che i prodotti e la tecnica sviluppati nella sua officina posero le basi per la produzione di vetri decorativi che divenne poi tipica per le vetrate del barocco boemo.

Com'è noto, la *Kunstkammer* di Rodolfo II venne saccheggiata verso la fine della guerra dei Trent'anni per ordine della regina Cristina di Svezia – altro sovrano dell'epoca contagiato dalla passione per il collezionismo. I disastri causati dalle guerre di religione furono però ben più gravi: oltre all'impoverimento generale e alla distruzione del ceto nobiliare locale, l'assoggettamento politico dei cechi alla nobiltà cattolica insediata dal potere imperiale impedì nei secoli successivi la formazione di uno Stato nazionale e quindi di una cultura nazionale.

Nonostante questo deficit 'nazionale', l'evoluzione dei mestieri d'arte non si interruppe: infatti, una volta ripristinata la pace in Europa centrale, per gli artigiani non cambiò molto, a parte il committente. I più stretti legami commerciali con la corte di Vienna offrirono, infatti, condizioni favorevoli per il ripristino delle attività e la loro produzione si arricchì grazie ai contatti con tradizioni e tecniche degli artigiani viennesi. A dispetto della retorica politica del nazionalismo romantico ottocentesco, che descriveva la seconda metà del XVII secolo e il XVIII secolo come un'epoca di declino, le opere realizzate nel campo dei mestieri d'arte sono testimoni di una floridezza ininterrotta. Fu proprio grazie alle tecniche di produzione sviluppatesi durante questo periodo – come, per esempio, quelle di oggetti in vetro colorati con la tecnica denominata *Swarzlot* (nota anche come *Hausmalerei*) – che oggi possiamo parlare dei capolavori del barocco o del rococò boemo.

La linea di continuità proseguì inoltre ininterrottamente anche durante il XIX secolo, allorquando si sentì in modo particolare l'influenza del mondo germanico: l'estetica dell'epoca fu infatti pienamente inserita nella corrente del *Biedermeier*, caratteristica del nuovo *milieu* borghese che si andava sviluppando nelle città della Confederazione tedesca e in Austria. La committenza borghese ebbe in particolare la propria celebrazione nella produzione di *fin de siècle* con il trionfo di decorazioni iridescenti e di motivi floreali riconducibili all'Art Nouveau (o *Secese*, in lingua ceca) o all'intreccio di allegorie raccolte in forme voluttuose da artisti e artigiani influenzati dal simbolismo. Analogamente, gli artisti-artigiani cechi reagirono prontamente al richiamo del cubismo, come si può vedere, per esempio, nel campo dell'architettura e nell'*interior design*, o anche nelle creazioni in ceramica provenienti dalla cooperativa Artěl di Praga. Dopo il 1918, gli artigiani della giovane repubblica cecoslovacca adottarono senza indugio i colori e le abbondanti ornamentazioni dell'Art Déco. La produzione dell'epoca venne ad identificarsi con pezzi di lusso prodotti in serie limitate o in creazioni artistiche uniche realizzate da artisti come lo scultore Otto Gutfreund. In opposizione a questa corrente, dalla fine degli anni Venti i disegnatori ispirati al funzionalismo del Bauhaus promossero invece la produzione seriale di oggetti dai contorni 'puliti', non decorativi e votati all'utilità e a un'accessibilità più diffusa[5].

L'incidenza che la frattura politica verificatasi nel 1948 ebbe sui mestieri d'arte in Cechia va analizzata con particolare attenzione: andrebbe, infatti, evitata una diagnosi frettolosa ispirata alle valutazioni che generalmente vengono adottate in merito alle ricadute sociali 'diffuse' causate dall'instaurarsi del regime monopartitico comunista e del sistema economico da esso promosso. Da un lato, non ci possono essere dubbi sul fatto che la centralizzazione onnicomprensiva dei processi produttivi, l'indiscussa precedenza accordata alla grande industria e la 'fossilizzazione' generale dei rapporti economici e sociali ebbero un effetto negativo non solo sul volume, ma – fatto ancor più importante – sulla qualità della produzione artistico-artigianale. Parafrasando l'efficace metafora di Václav Havel, si può sostenere che l'intera società, e quindi anche la categoria dei mestieri d'arte, vissero

[5] Esempi di opere artistico-artigianali realizzate nei periodi qui descritti sono custodite presso il Museo delle arti decorative di Praga. Si consiglia la visione del ricchissimo sito in rete del museo: www.upm.cz.

«come oppressi dall'asma: non morirono, ma non poterono neanche respirare a pieni polmoni».

Dall'altro lato, però, non si può negare che, seppure con modalità diverse, durante i quarant'anni segnati dal «socialismo reale» diversi segmenti dei mestieri d'arte in Cecoslovacchia conquistarono una notorietà capace di oltrepassare anche la cortina di ferro. Le ragioni di questo prestigio sono indubbiamente complesse: in parte, va riconosciuto che i governanti dell'epoca avevano dimostrato interesse per la promozione di questo settore fondamentale dell'eredità culturale ceca, di modo che gli operatori del settore, pur non potendo, nella maggior parte dei casi, contare sui committenti privati, avevano potuto fare assegnamento su sovvenzioni statali. Se, da un lato, la dipendenza economica dai magri fondi pubblici imponeva dei limiti allo sviluppo della loro attività, dall'altro lato, il prodotto risultava affrancato dai dettami del mercato. Inoltre, i mestieri d'arte si erano ritagliati il loro spazio nella cosiddetta 'zona grigia', quella nicchia di intimità domestica nella quale l'individuo poteva riacquistare la libertà d'azione. Infine, diverse attività riconducibili ai mestieri d'arte avevano mantenuto carattere artigianale proprio in quanto non erano d'interesse per lo Stato: in altre parole, poiché non rientrava negli obiettivi della pianificazione economica investire capitali in certi rami di produzione, questi non furono assorbiti dalla produzione industriale (come invece era avvenuto nei Paesi non socialisti), preservando così isole di manualità 'd'altri tempi'in un mondo appiattito sulla produzione seriale.

Analogamente, anche la svolta democratica avvenuta nell'autunno del 1989 con la «rivoluzione di velluto» e il conseguente riorientamento del sistema economico verso le logiche del mercato avevano determinato dei mutamenti nel settore, alcuni per esplicita volontà dei governi di transizione, altri invece per vie accidentali. Così, non vi è dubbio che la generale apertura all'iniziativa privata aveva reso possibile l'avvio di molte nuove forme di attività in questo settore; contemporaneamente, però, essa comportò non pochi disagi alle attività preesistenti disabituate all'aspra concorrenza del libero mercato[6]. Il rischio immediato che la

---

[6] Sugli effetti della liberalizzazione economica nel campo dell'artigianato cfr. lo studio condotto per conto della Banca Mondiale: L.M. WEBSTER - D. SWANSON, *The emergence of private sector manufacturing in the former Czech and Slovak Federal Republic*, The World Bank, Washington 1993.

nuova situazione comportò era – ed è tuttora, come si vedrà a proposito di alcuni singoli mestieri – l'abbandono di modalità di produzione autoctone incapaci di competere economicamente con la produzione estera.

2. *Quadro dei mestieri d'arte*

Di fronte a una tradizione storica di tale importanza e a una sostanziale identificazione, a livello internazionale, della giovane Repubblica Ceca con il suo patrimonio artistico-artigianale, sarebbe del tutto sensato presumere che i governi post-comunisti abbiano istituito degli organi dedicati esclusivamente alla promozione di questo settore o, quantomeno, che ad esso fossero dedicate voci specifiche della programmazione economica. Un'analisi superficiale delle politiche governative degli ultimi anni condurrebbe invece alla conclusione opposta: la visibilità accordata al settore dalle istituzioni pubbliche risulta quanto mai modesta, specialmente se paragonata con l'interesse che quello stesso settore suscita all'estero (l'esempio più lampante di tale interesse è costituito dall'offerta turistica, immancabilmente legata alla tradizione artistico-artigianale locale).

A livello dell'articolazione dei dicasteri governativi non è sorta alcuna istanza direttamente dedicata al settore: non esiste un apposito ministero, né l'artigianato appare fra le tematiche trattate da altri dicasteri. Nelle panoramiche sull'economia nazionale compilate dall'ufficio centrale di statistica per conto del Ministero delle Attività Produttive non esiste una voce apposita per le attività del settore, per cui queste risultano difficilmente distinguibili nel dato generale. Infine, risulta parimenti infruttuosa la ricerca di segnali di riconoscimento esplicito del settore negli organigrammi del Ministero della Cultura o di quello dell'Istruzione.

Come già detto, l'immagine del rapporto dello Stato ceco verso i mestieri d'arte cambia non appena si approfondisce l'indagine: la mancata visibilità non dimostra, infatti, una scarsa cura per questo settore, ma, al contrario, svela un suo radicamento nel tessuto sociale sufficientemente profondo da non necessitare di ulteriori *réclames*. Ne risulta, quindi, una percezione diffusa sia nella società, sia negli ambienti governativi secondo cui i mestieri d'arte non vanno intesi come un settore più fragile dell'economia, una 'specie in via d'estinzione' bisognosa di una campana protettiva, bensì come attività economiche parificate alle altre. Di fronte a tale assunto generale è possibile riscontrare due eccezioni: due casi, cioè, nei quali lo Stato ceco ha manifestato il bisogno di intervenire direttamente.

Il primo concerne le attività ad alto tasso di tecnologia: in questo caso i resoconti statistici resi pubblici dal Ministero per le Attività Produttive dimostrano un particolare interesse nel ricostruire i mutamenti di volume di tutte quelle attività che si pregiano di utilizzare le cosiddette *future technologies.* Se ne deve dedurre che, agli occhi dei responsabili per lo sviluppo economico, è questo l'ambito in cui la Cechia odierna palesa delle deficienze e verso cui si sta tentando di orientare la formazione professionale – anche di coloro che si volgono verso i mestieri d'arte.

Il secondo caso riguarda le questioni propostesi con l'adesione della Repubblica Ceca all'Unione Europea e con la conseguente libera circolazione delle persone finalizzata alla costituzione di un unico mercato di lavoro. Con l'atto emanato dal Ministero per l'Educazione il 10 dicembre 2003 riguardante il riconoscimento delle qualifiche professionali dei cittadini degli Stati membri dell'Unione Europea, lo Stato ceco si è, infatti, premunito nei confronti di coloro che intendono avviare attività professionali sul suo territorio[7]. Con tale atto si istituiscono dei criteri minimi riguardanti 480 professioni al fine di proteggere una serie di «interessi pubblici, individuali e di enti giuridici»[8]; fra questi interessi, elencati nel punto 2 della sezione dell'atto dedicata all'esplicazione dei principi fondamentali della normativa, spicca l'interesse dello Stato a proteggere «l'eredità culturale nazionale»[9]. Il lato particolarmente interessante della nuova normativa concerne i criteri: oltre alle qualifiche formali – diplomi emanati

---

[7] Atto N° 18/2004 Coll. del 10 dicembre 2003 *On the recognition of professional qualifications and other competencies of nationals of Member States of the European Union and on the amendments of some Acts (Act on recognition of professional qualifications),* pubblicato da Ministerstvo školství, mládeše a tēlovýchovy e consultabile su www.msmt.cz.

[8] *Ibi,* p. 1.

[9] *Ibi,* p. 2.

da istituti di formazione professionale di secondo grado e altre certificazioni specifiche – per determinate categorie professionali è prevista anche la verifica delle effettive capacità e competenze. Per attestare tali requisiti, con il titolo III dell'atto sono state stabilite le procedure di verifica 'sul campo', miranti, cioè, a valutare il livello di qualità della prestazione offerta: in pratica, al candidato, formatosi professionalmente al di fuori della Repubblica Ceca, viene abbinato un 'tutor' incaricato di verificare che l'opera del primo soddisfi quel criterio di qualità inteso come eredità culturale nazionale[10].

Elencare in modo esauriente i mestieri d'arte esercitati con una certa assiduità nella Repubblica Ceca è un compito arduo visto il non consueto peso della tradizione; appare pertanto più utile tentare di raggrupparli per grandi aree:

- Lavorazione di vetro, ceramica e porcellana;
- Lavorazione di legno, cuoio, metalli e altri materiali solidi;
- Arti grafiche e fotografia;
- Lavorazione dei tessuti;
- Fabbricazione di giocattoli;
- *Design* ed elaborazioni ad alta tecnologia;
- Prodotti alimentari.

3. *Mestieri d'eccellenza*

Lavorazione della porcellana

Com'è noto, la prima porcellana europea venne realizzata nel 1707 a Meissen in Sassonia, nell'officina di Johann Friedrich Bottger; da lì, la tecnica si diffuse verso la confinante Boemia dove gradualmente si giunse al perfezionamento di una tecnica locale (la varietà di porcellana che si riuscì a ottenere in Boemia viene usualmente indicata con il termine *china*, a differenza di quella diffusasi nell'Inghilterra all'inizio dell'Ottocento e denominata *bone china*). La prima fabbrica di porcellana in Boemia venne attivata nel 1792 a Slavkov (in tedesco Schlagenwald), ma passarono più di vent'anni prima che questa fosse in grado di

---

[10] *Ibi*, pp. 6-11.

avviare una produzione commerciale vera e propria. Nel periodo del *Biedermeier* la produzione manifatturiera dell'officina di Slavkov raggiunse il proprio apice e venne affiancata da un altro produttore, di Klösterle, la cui produzione raggiunse l'eccellenza verso la metà del secolo, quando ormai, secondo i dati ufficiali, nel territorio boemo operavano 22 fabbriche. I dati per l'anno 1900 testimoniano l'esistenza di 61 fabbriche che nel 1928 (dunque, nel nuovo Stato Cecoslovacco) salirono a 77, con complessive 19.500 persone impiegate e una produzione annua di 35.000 tonnellate[11]. Poco prima della nascita della Repubblica Cecoslovacca, nel 1918, venne fondata la prima associazione dei produttori di porcellana OEPIAG (*Österreichische Porzellan Industrie AG*) che comprensibilmente dovette cambiare nome nel 1920 in EPIAG (*Erste Böhmische Porzellan Industrie AG*), pur tuttavia mantenendo la denominazione in lingua tedesca, dato, questo, che permette di comprendere l'importanza che ebbe la minoranza tedesca nello sviluppo di quest'attività.

In tutto (se si escludono dal conteggio le officine che si limitavano a ornare oggetti in porcellana prodotti da altre ditte), nel periodo antecedente alle nazionalizzazioni attuate nel 1948 si possono contare 92 diversi marchi di fabbrica; però, si deve considerare che non tutte le fabbriche erano interessate all'esportazione e, di conseguenza, non ponevano particolare attenzione al *branding* dei loro prodotti. Inoltre, le ditte avevano mediamente una vita assai breve, frequentemente cambiavano proprietari o si associavano fra loro e tutti questi cambiamenti si riflettevano sul loro marchio. Analogamente, anche i fondatori delle ditte, i loro finanziatori e i decoratori si spostavano dall'una all'altra.

Le frequenti scissioni e fusioni tra fabbriche di porcellana hanno contraddistinto anche la produzione considerata di maggior prestigio nel periodo dell'Art Nouveau in Cechia, collocabile nella regione di Turn-Teplitz (odierna Trovany). Nel 1892 i fratelli Hans e Carl Reissner, Eduard Stellmacher e Rudolf Kessel fondarono la ditta Amphora Werke Reissner, Stellmacher & Kessel, il cui prodotto ottenne notorietà internazionale grazie all'utilizzo di una tecnica manifatturiera di eccezionale complessità che spesso richiedeva fino a dieci cotture del singolo oggetto in porcella-

[11] www.collectics.com/education.html.

na, una serie ripetuta di decorazioni successive e una finitura sfavillante in ottemperanza ai dettami dell'Art Nouveau[12]. Il segreto risiedeva nella cosiddetta porcellana d'avorio realizzata nei decenni precedenti dal padre di uno dei fondatori, Alfred Stellmacher, la cui malleabilità e resistenza alle alte temperature permetteva ai disegnatori la realizzazione di complesse combinazioni, principalmente ad opera dell'artista Paul Dachsel. Già nel 1903 però, Dachsel si staccò per fondare una propria ditta; nel 1904 uscì dall'azienda anche Eduard Stellmacher e l'epoca d'oro dell'Amphora Werke e della porcellana di Turn-Teplitz volse verso un graduale declino. Nel 1945, infine, in seguito all'espulsione della minoranza tedesca, il Governo cecoslovacco nazionalizzò la fabbrica.

Negli anni precedenti alla dissoluzione dell'Impero, oggetti in porcellana caratterizzati dallo stile secessionista venivano prodotti anche nella regione di Karlovy Vary (Karlsbad) e a Praga, dove, presso la scuola di arti applicate, venne istituito un apposito studio guidato da Celda Klouček. Con la nazionalizzazione delle fabbriche appartenenti ai membri della minoranza tedesca compiutasi dopo il 1945 e con la loro statalizzazione dopo il 1948, la produzione si concentrò in poche aziende di Stato; per esempio, le varie officine e gli studi sviluppatisi nella regione di Karlovy Vary vennero riuniti in un'unica azienda: la Karlovarsky Porcelán. Nonostante questa centralizzazione avesse cancellato il dato individuale o familiare portando a un'ineluttabile anonimato della produzione, la 'nuova porcellana' ottenne comunque vari riconoscimenti internazionali (per esempio alla fiera di Bruxelles) per la sua qualità. Secondo gli estimatori odierni, benché a volte si tenti di vendere ai collezionisti della 'porcellana nuova' (prodotta, cioè, nelle aziende di Stato) facendola passare per 'vecchia', anche questa 'nuova' risulta parimenti bella e 'intrigante'; peraltro, dal crollo del sistema socialista, quest'ultima sta crescendo di valore giacché alla qualità di lavorazione si viene aggiungendo anche il fascino della cosiddetta *Ostalgie* (nostalgia

---

[12] Riguardo alla storia e all'estetica dell'Amphora Werke, cfr. B. VREELAND, *Monsters and Maidens: Amphora Pottery of the Art Nouveau Era*, Fledermaus Press, Los Angeles 2003.

manifestatasi negli anni recenti per i prodotti di consumo realizzati nei Paesi socialisti)[13].

La grande produzione nell'attuale Repubblica Ceca ha mantenuto il volume dei decenni precedenti; lo *shock* provocato dal passaggio all'economia di mercato non ha avuto, in altre parole, quegli effetti negativi che si sono verificati in altri settori. Oltre a questo, la liberalizzazione del sistema economico ha permesso la nascita di una miriade di piccole produzioni, spesso di durata breve. Questa nuova galassia di produttori, poggiante usualmente su un entusiasmo che deve fare i conti con non poche difficoltà economiche, è senza dubbio ancora in una fase di strutturazione. In ogni modo, lo spazio economico conquistato negli ultimi quindici anni da queste mini-officine (concentrate prevalentemente a Praga, dove, grazie anche al turismo, riescono con più facilità a trovare clienti) offre una possibilità di inserimento autonomo ai giovani cechi che si specializzano nell'arte della porcellana nei non pochi istituti di arti applicate esistenti nel Paese.

Marionette, cartoni animati, 'stop motion'

Il mondo delle marionette e dei disegni animati della scuola ceca è – principalmente – un mondo dedicato ai bambini; tuttavia, l'incantesimo dell'oggetto animato riporta alla mente la Praga magica dell'imperatore Rodolfo, ove la leggenda vuole che le formule cabalistiche del rabbi Loew avessero trasformato l'argilla in 'creatura', in Golem (l''informe', l''incompiuto'). Per il vero rabbi Loew (rabbi Jehuda Lova ben Becalel, vissuto probabilmente fra il 1525 e il 1609), filosofo e teologo, l'atto di creazione non apparteneva solo al mondo della natura, ma si riproduceva con altrettanta realtà attraverso gli elementi del linguaggio – le lettere dell'alfabeto – nel mondo dell'uomo[14].

A Praga la barriera fra naturale e artificiale ha subito altre violazioni: scientifiche, da parte dello strutturalista Roman Jakobson, fondatore negli anni Venti del Circolo linguistico di Praga e diret-

---

[13] Sulla valutazione estetica ed economica dei prodotti in porcellana cfr. A. MENDINI, *La fabbrica estetica*, Alessi Tendente, Novara 1992.

[14] Per una ricostruzione ricchissima del *milieu* culturale della Praga di Rodolfo II e in particolare della figura del rabbi Loew, cfr. A.M. RIPELLINO, *Praga magica*, Einaudi, Torino 1973, in particolare pp. 157-179.

to ispiratore di quella linea di ricerche che, tramite Claude Lévi-Strauss, approderà alla fondazione della scienza cibernetica; letterarie, con il dramma di Karel Čapek *Rur, Rossum's Universal Robots* del 1920 (a tale opera si deve l'invenzione del termine 'robot') e infine artistiche, grazie all'utilizzo di marionette, di ombre sprigionate dalle lanterne magiche e di illusioni ottiche della *camera obscura*.

Le marionette della scuola di Praga si animavano sui baracconi allestiti per tutta l'Europa centrale fin dal XVIII secolo costruendo la fama dei loro teatri di provenienza praghesi. Tra quelli la cui attività è rimasta ininterrotta fino ad oggi c'è *Říše Loutek*, fondato nel 1920; a questo vanno aggiunti il *Museo della Marionetta, Drak, Albatros* e *Divadlo Spejbla a Hurvínka*. Quest'ultimo deve il nome a una coppia di marionette divenute figure centrali della cultura popolare ceca, Spejbl e Hurbinek, realizzate nel 1920 dall'autore/attore Josep Skupa.

Nel 1958, l'offerta classica dei teatri di marionette venne arricchita con l'ideazione di un teatro di nuovo tipo battezzato non a caso *Laterna magika*. La suggestione di vita nel nuovo teatro diventò multimediale: l'attore 'vero' iniziò ad interagire sul palco con quelli animati con varie tecniche, inclusa la cinematografica. Benché non si rivelasse facile trovare dei testi che si prestassero a esprimere tutte le possibilità del nuovo linguaggio scenico, gli spettacoli della *Laterna magika* diedero l'opportunità di sintetizzare la tradizione teatrale con le animazioni che sorgevano dai fotogrammi cinematografici[15].

Anche la tradizione dell'animazione cinematografica ceca ha avuto i suoi prodromi nel baraccone dell'illusionista 'ombromane' (così venivano denominati i maestri nell'arte della lanterna magica) e anche qui la leggenda richiama un rabbi Loew non più pensatore e astronomo, ma cabalista e mago addottorato nelle scienze del diavolo, la cui udienza alla corte di Rodolfo avvenuta il 16 febbraio 1592 si spiegherebbe con la bramosia dell'Imperatore per il mistico e l'arcano. Nelle sale del castello il rabbi avrebbe acconsentito a evocare le ombre dei patriarchi Abramo, Isacco e Giacobbe facendole comparire dai fumi di un braciere;

---

[15] Per una panoramica sulle attività del teatro *Laterna magika* si consiglia la consultazione del sito www.laterna.cz.

oltre a proiettare le loro ombre sui muri, il rabbi «fattucchiero e stregone», come venne definito dal pittore Arcimboldo, avrebbe saputo ingannare i cortigiani anche con la *camera oscura*, una cassa girevole per studi sulla luce[16].

Con la diffusione del cinematografo (e del suo predecessore nell'Europa centrale, il bioscopio), i giochi di *silhouette* si trasferirono sulla pellicola; superata la fase pionieristica dei primi decenni del Novecento, la maggior parte degli autori del cinema animato ceco si andò formando negli studi della casa *Kratky film*, la cui attività, iniziata prima della Seconda guerra mondiale, è proseguita ininterrottamente fino ad oggi[17]. Nella Cecoslovacchia socialista, la *Kratky film* poté sviluppare una ricca produzione di cartoni animati sia per bambini, sia 'di ricerca', grazie alle generose sponsorizzazioni della televisione di Stato. Inoltre, già dal 1945 nei suoi studi gli animatori cechi visionavano i film di Walt Disney per apprenderne le tecniche; ne risultò che in piena Guerra fredda centinaia di *cartoons* proiettati negli Stati Uniti furono in realtà realizzati in Cecoslovacchia. Per tutti gli anni Sessanta, episodi delle serie di *Tom and Jerry*, *Popeye* e *Krazy Kat* furono scritti e diretti da americani, ma artisti cechi ne fornirono i disegni, la musica e gli effetti sonori. La cortina di ferro non riuscì, infatti, a nascondere la maestria dei *cartoonists* cechi, che condusse il regista americano di cinema d'animazione e premio Oscar Gene Dietch a supervisionare la produzione degli studi di animazione di Bratri v Triku gestiti da uno Stato socialista.

Eccettuata la produzione a committenza della *Kratky film*, il cinema animato ceco si presenta fortemente individuale, immediatamente identificabile, cioè, con il lavoro di singoli creatori. La forte personalizzazione delle loro opere deriva dalla tradizionale varietà di tecniche di realizzazione (spesso frutto della sperimentazione degli autori stessi), che spazia da quella dei pupazzi realizzati in diversi materiali e animati con la tecnica di *stop motion* a quella della cosiddetta *cel animation*. Inoltre, questi film animati d'autore sono di regola veicoli attraverso i quali i loro creatori raccontano le proprie convinzioni e le proprie esperienze esisten-

---

[16] Cfr. RIPELLINO, *Praga magica*, pp. 170-171.

[17] Per la storia e le attuali produzioni della casa produttrice *Kratky film*, cfr. il sito http://kratkyfilm.cz.

ziali: per diversi autori, il *cartoon* arrivò addirittura ad essere un mezzo per denunciare l'oppressione dell'individuo sotto il regime totalitario.

Uno degli autori più poliedrici (e più noti a livello internazionale) è indubbiamente Jan Švankmajer[18]; nel 1960 egli iniziò la carriera fondando un teatro di marionette presso il teatro *Semafor* di Praga, ma già due anni dopo lo lasciò per aggregarsi alla famosa *Laterna magika*, dove ottenne l'opportunità di combinare le sue diverse propensioni: per la pittura, per le marionette e per l'animazione. Il suo primo film – *Poslednì trik pana Schwarcewalldea a pana Edgara* – venne realizzato nel 1964 per la già menzionata casa *Kratky film*; nel 1967 Švankmajer rese omaggio al mondo esoterico della *Kunstkammer* dell'imperatore Rodolfo e alla pittura allegorica del suo pittore di corte, Arcimboldo, con il film *Historia Naturae*. Sia nello spettro delle forme animate (arricchito attraverso decenni di creazioni di vari *objets d'art* e di tecniche per la loro animazione), sia nei temi, si può senz'altro affermare che le opere di Švankmajer riuniscono compiutamente la vasta eredità culturale boema.

Non va tuttavia dimenticato il maestro dell'animazione in *stop motion*, Jiri Trnka, scomparso nel 1970, ma considerato tuttora come il miglior animatore di pupazzi al mondo, né si può tralasciare di menzionare Zdenek Miler, padre della talpina *Krtek*, equivalente ceco di Topolino, che per cinquant'anni ha accompagnato generazioni di bambini del mondo socialista.

Il quadro generale che si può ricostruire sulla base dei percorsi individuali fin qui accennati descrive una produzione che non conosce la scissione fra *cartoons* 'commerciali' realizzati in serie e film d'autore relegati al pubblico scelto dei festival. La *Kratky film* continua a produrre la parte preponderante dei *cartoons* per bambini trasmessi dalla televisione ceca, offrendo così una palestra per le giovani generazioni di animatori; al contempo, la produzione 'alta' continua a trovare presso questa casa produttrice l'interesse per le opere di ricerca e per le sperimentazioni di nuove tecniche.

[18] Sull'opera di Jan Švankmajer e della consorte Eva Švankmajerova cfr. G. DIERNA (a cura di), *Jan Svankmajer, Eva Svankmajerova: memoria dell'animazione animazione della memoria*, Mazzotta, Milano 2003.

4. *Contesto economico*

La Repubblica Ceca figura, nella scala valutativa adottata dalla Banca Mondiale, fra i Paesi «ad alto reddito»[19]; indubbiamente, il quadro economico di questo Paese appare come uno fra i più rosei tra quelli dei nuovi membri dell'Unione Europea. Inoltre, l'accesso all'Unione stessa ha notevolmente facilitato il compimento del processo di transizione all'economia di mercato. Nonostante tale processo abbia conosciuto anche momenti di difficoltà (dopo un inizio molto incoraggiante, ha subito un duro colpo nel 1997 a causa di un attacco speculativo alla valuta nazionale, la 'koruna'), l'odierna attività economica viene valutata come 'molto vivace'. La percentuale dei disoccupati è scesa nel 2005 al di sotto dell'8% e il prodotto interno lordo è cresciuto più del 6%; a questo 'miracolo ceco' ha indubbiamente contribuito l'altissimo livello di finanziamenti esteri, stimato nel 2005 intorno al 9% del PIL.

Oltre alla ristrutturazione e alla compiuta privatizzazione delle maggiori imprese statali, l'altro compito che si pone di fronte ai governanti cechi è il potenziamento della mobilità lavorativa e del cosiddetto *business environment*. Tali problematiche influiscono in particolare sul settore della piccola e media impresa formatasi relativamente di recente: il settore è stato disciplinato con la legge n. 229 del 1992 che distingue tra 'micro-imprese' (con meno di 10 dipendenti), piccole imprese (da 10 a 100 dipendenti) e medie imprese (da 100 a 500 dipendenti)[20].

I programmi attivati specificamente per incentivare lo sviluppo delle PMI sono: l'assistenza finanziaria fornita dal Ministero dell'Agricoltura, dalla Banca di Credito e Sviluppo per la Cechia e Moravia, dal Ministero dell'Economia e dal Fondo per lo Sviluppo ceco-americano. Inoltre, l'assistenza, sia finanziaria, sia logistica è offerta dall'Agenzia Energetica ceca (tramite i programmi EKIS A e EKIS B). Il supporto informativo e consultivo è

---

[19] Cfr. il rapporto della Banca Mondiale pubblicato sul sito internet web.worldbank.org.

[20] Il rapporto sul mondo della piccola e media impresa nella Repubblica Ceca *SME Czech Rep. - Specific Support Policies for SME Development* è pubblicato sul sito internet www.unido.org/en/doc/4849.

garantito da una serie di enti: l'Agenzia per lo Sviluppo dell'Imprenditoria (ARP), i centri regionali per l'informazione e consulenza (RPIC), l'Associazione per l'Imprenditoria Innovativa, la Camera del Commercio e le associazioni imprenditoriali di categoria. Per la formazione professionale sono invece responsabili il Ministero del Lavoro e gli Affari Sociali, diverse associazioni di categoria (come, per esempio, l'Associazione per l'Imprenditoria Femminile) e varie università (in particolar modo, il Centro di Supporto del Politecnico di Brno).

5. *Profilo istituzionale-normativo*

Come già accennato, l'ingresso nel mondo dei mestieri d'arte è stato oggetto di una normativa recente da parte del Ministero per l'Educazione della Repubblica Ceca con la quale si è voluto introdurre un duplice criterio di qualifiche, sia formali, sia effettive (intese come una 'prova della qualità'). Se ne deve appunto dedurre che, agli occhi dei responsabili per il patrimonio culturale nazionale, le attività di questo settore hanno un valore 'aggiunto' rispetto ad altre attività produttive, giacché la selezione dei suoi operatori non è stata delegata solo alla 'mano invisibile' del mercato (la sfida ulteriore in questo senso, rappresentata dall'inserimento della Repubblica Ceca nel mercato unificato europeo, è stata anche oggetto di discussione della settima Conferenza europea sull'eredità culturale tenutasi a Praga nell'aprile del 2006).

Organo di rappresentanza degli operatori del settore è l'Associazione delle Piccole e Medie Imprese e dell'Artigianato della Repubblica Ceca (AMSP CR)[21]. Conta 30.000 membri, numero sufficientemente alto in un Paese dalle dimensioni piccole e dove la liberalizzazione dell'attività imprenditoriale è ancora recente. Secondo i responsabili dell'associazione, la politica sociale del Paese è tuttora incentrata esclusivamente sul modello dei rapporti di lavoro tipici della grande industria. Il loro scopo consiste, pertanto, nella promozione di norme legislative di supporto all'attività delle piccole e medie imprese e degli artigiani.

[21] L'associazione è presentata sul sito internet www.expats.cz/prague/czech/professional-chambers.

Associazione delle Piccole e Medie Imprese
e dell'Artigianato della Repubblica Ceca
Anglicka, 1
12000 Praga 2
Tel.: 00420 222 246 404

6. *Formazione*

Il sistema di educazione tecnica della Repubblica Ceca offre una vasta scelta di scuole vocazionali di secondo grado: la preparazione varia, a seconda dell'istituto prescelto, da un livello sufficientemente alto per poter proseguire la formazione in un'università politecnica, fino a quello più modesto rivolto, per esempio, ai futuri muratori. Tale sistema, ereditato dall'epoca socialista, è oggi valutato complessivamente positivo; il punto debole, tuttavia, era costituito dal profondo divario che separava la preparazione tecnica dei laureati da quella dei diplomati nelle scuole secondarie. Mancava, detto altrimenti, la possibilità di approfondire le conoscenze della scuola secondaria in un istituto superiore i cui corsi durassero meno dei cinque anni e mezzo richiesti dai politecnici[22].

Nel 1998, il Ministero per l'Educazione ha promosso la Legge sull'Educazione superiore proprio con l'intento di istituire dei centri di formazione che possano fungere da ponte fra l'educazione secondaria e quella universitaria. Un ente di recentissima fondazione che offre corsi sia di livello universitario, sia intermedio, è la Facoltà di arte e design di Usti nad Labem istituita il 1° dicembre del 2000. L'intenzione esplicita dei fondatori della nuova facoltà è di conferire a questa il carattere di una scuola di mestieri d'arte che coopera con imprese industriali e manifatturiere e con istituzioni e agenzie culturali e commerciali. Tramite tali attività, essa tende a contribuire a un innalzamento continuo del livello estetico della cultura materiale e anche a una rinascita delle linee industriali tradizionali[23].

---

[22] Sull'argomento si veda il saggio di R. HEALEY, *Czech Tech: Technical education and industrial development*, pubblicato sul sito internet www.ce-review.org.

[23] Sulle finalità della Facoltà di arte e design, cfr. il sito www.fuud.ujep.cz.

Sviluppatasi dall'istituto per la lavorazione del vetro avviato nel 1992, la facoltà è andata arricchendosi di corsi di studio che corrispondono ai mestieri d'arte più rappresentativi della tradizione nazionale. Oggi la scelta dei corsi comprende lo studio per ceramica e porcellana, per materiali naturali, per fotografia, per *design* grafico e tessile, per grafica applicata e per studi generali di disegno, pittura e *spatial creation*. Infine, nel 2002 è stato avviato il programma accademico di *digital media* all'interno dello studio di fotografia e dal 2005 si sono aggiunti tre nuovi studi: *interior design*, *product design* e *visual design*, mentre è in programma l'avvio dello studio di fotografia pubblicitaria. Oltre alla formazione accademica, la facoltà promuove anche la preparazione pratica tramite l'avvio di diversi *workshops*, sia a livello nazionale per la scultura, ceramica e porcellana, sia a livello di collaborazioni internazionali nel campo del *design* grafico e dei *new media*.

All'attività di istituzioni di formazione generale come la Facoltà di arte e design va sommata anche quella svolta da istituti specializzati di notevole fama come la Scuola di arti cinematografiche di Praga (FAMU) e altre, operanti a livello regionale (di regola connesse a specifiche tradizioni territoriali). Va riconosciuto, infine, l'importante ruolo di promozione dell'eredità culturale svolto dagli istituti di natura museale – ma non solo – come il Museo di arti decorative, il Museo ceco dell'arte (ambedue con sede a Praga), o il Museo della moda di Jemniště. In particolare, il Museo di arti decorative merita attenzione per le attività promosse con l'obiettivo sia di preservare, sia di educare «all'armonia tra la funzionalità, la qualità e la bellezza»[24]. Fondato nel 1885 dalla Camera dell'Industria e del Commercio di Praga, il museo era stato nazionalizzato nel 1949 per essere ristrutturato nel 1995 con lo scopo preciso di porlo quale istituto di promozione di attività artistico-artigianali. A tal fine, nel 1996 è stata fondata anche la «Società degli amici del museo» dai fini specificamente formativi: a tutti gli interessati alle arti decorative e arti applicate antiche e contemporanee, i progetti della Società permettono l'accesso ai laboratori del museo, corsi di lezioni e consultazioni specialistiche.

---

[24] Per la presentazione delle attività del Museo di arti decorative di Praga, cfr. www.upm.cz.

Museo di arti decorative di Praga
17. listopadu, 2
110 00 Praga 1
Tel.: 00420 251 093 111
Fax: 00420 251 093 296
info@upm.cz

Museo ceco dell'arte
Husova, 19-21
110 01 Praga 1
Tel.: 00420 222 220 218
Fax: 00420 222 221 190
muzeum@cmvu.cz

Kratky film Praha A.S.
Jindrisská, 34
11207 Praga 1
Tel.: 00420 224 212 409
Fax: 00420 224 212 053

Laterna magika
Liliova, 9
110 00 Praga 1
Tel.: 00420 222 222 041
Fax: 00420 222 222 039
info@laterna.cz

Facoltà di arte e design
Univerzita J.E. Purkyně v Ústí nad Labem
Velká Hradební, 13
400 01 Ústí nad Labem
Tel.: 00420 475 285 111
Fax: 00420 475 285 127

Filmová a televiznì fakulta akademie
múzických umění v Praze (Facoltà di cinema di Praga)
Smetanovo nábřeži, 2
116 65 Praga 1
Tel.: 00420 221 197 211
Fax: 00420 221 197 222
famu@famu.cz

Romania

1. *Premessa storico-ambientale*

La Romania è rimasta un Paese quasi interamente rurale fino ai primi anni del Novecento, quando ancora l'80% della popolazione viveva nei villaggi di campagna e le tradizioni agresti erano pazientemente trasmesse insieme ai valori della religione ortodossa. È stato in questo contesto – che ha dovuto attendere l'arrivo del comunismo per subire una prima industrializzazione forzata – che si sono sviluppati i mestieri d'arte. Non stupisce perciò che l'estro artigianale sia stato da sempre e quasi esclusivamente legato all'abilità del contadino, del pastore artista e di una «classe di artefici di campagna, che hanno lavorato per i boiari, per i mercanti e per le chiese»: i «rustici maestri, i *meşteri*»[1].

L'anima contadina romena sembra aver conservato un nucleo intangibile e una continuità: gli artisti popolari operano con le stesse tecniche e riproducono gli stessi modelli da tempo immemorabile. Le prove più note di questa linearità sono la colonna traiana e il monumento *Trophaeum Traiani* che raffigurano gli antichi daci, progenitori dei romeni, vestiti con gli stessi abiti che i contadini ancor'oggi confezionano e indossano nei giorni di festa[2]. Ciò non toglie che l'importanza culturale attribuita ai mestieri d'arte abbia dovuto attendere la seconda metà dell'Ottocento per essere riscoperta. È stato allora che gli intellettuali romantici e nazionalisti hanno cominciato a magnificare la mitologia del villaggio contadino e della 'romenità' e hanno

---

[1] N. Iorga, *L'arte popolare in Romania*, Pubblicazioni dell'Istituto per l'Europa Orientale, Roma 1930, p. 82.

[2] A. Alberti (a cura di), *La Romania*, Edizioni del Calendario (in collaborazione con l'Istituto di studi storici, politici e sociali di Bucarest), Milano 1976, p. 226.

iniziato a collezionare oggetti dell'arte popolare[3]. Sono state fondate anche le prime associazioni per la difesa del patrimonio culturale romeno, come ASTRA, che nel 1905 ha creato il Museo etnografico di Sibiu, ispirato all'idea che la caratterizzazione di un popolo fosse racchiusa negli strumenti del suo lavoro e nei prodotti della sua intelligenza creativa[4]. Nel 1927, sempre sull'onda di questa ricerca sulla civilizzazione autoctona, è stato fondato a Cluj il Museo etnografico della Transilvania[5], mentre nel 1936 il sociologo Dimitrie Gusti ha inaugurato a Bucarest il Museo del villaggio[6].

È stato viceversa ambiguo il rapporto del regime comunista con il mondo contadino e quindi con l'artigianato artistico. La Romania, rinunciando a diventare uno dei granai dell'Europa sovietica, ha scelto la via della diversificazione economica e dell'industrializzazione, puntando tutto sull'industria pesante (estrattiva, energetica, metallurgica, chimica) e sulla riduzione degli spazi agricoli. Lo sviluppo dei mezzi di produzione, l'impiego efficiente della forza lavoro e la modernizzazione accelerata hanno finito per diventare una sorta di ossessione per il Governo socialista. La stessa fisionomia dei villaggi doveva essere trasformata e il progetto di «sistematizzazione del territorio», che prevedeva tra l' '86 e il '90 la demolizione di 443 mila case contadine e l'urbanizzazione dei centri contadini, ne è stata l'espressione più sconvolgente[7]. In queste condizioni, il mestiere d'arte rappresentava un arcaismo inaccettabile, di nessuna utilità per lo sviluppo della società socialista.

D'altra parte, il comunismo romeno, soprattutto a partire dalla fine degli anni Sessanta, ha cominciato a riscoprire, insieme all'idea di nazione, anche le antiche tradizioni e la civilizzazione con-

---

[3] P.H. STAHL, *Romanian Folklore and Folk Art*, Meridiane Publishing House, Bucarest 1969, p. 5.

[4] ASTRA (Associazione per la letteratura romena e per la cultura del popolo romeno) venne fondata nel 1861 a Sibiu. Cfr. www.muzeulastra.ro.

[5] I dati sull'offerta museale e sulle attività sono reperibili sul sito www.muzeul-etnografic.ro.

[6] Tale interesse per la cultura e la civilizzazione popolare venne alimentato anche dalla Scuola sociologica di Bucarest di cui proprio Dimitrie Gusti era un esponente. Si veda, anche in questo caso, www.muzeulastra.ro.

[7] M. ALMOND, *Decline without Fall: Romania under Ceausescu*, Institute for European Defence & Strategic Studies, London 1988, p. 375.

tadina, promuovendo (più sulla carta che concretamente) tutte le attività, artigianato compreso, che potessero dar lustro alla 'romenità'. In particolare, si segnala la ricostruzione, iniziata nel 1963, del Museo ASTRA della civilizzazione popolare tradizionale, che era stato chiuso per «ragioni ideologiche» nel '50. Il complesso museale è rinato grazie a un progetto per la costruzione di un Museo della tecnica popolare che doveva comprendere anche un'enorme esposizione *open-air* di 146 edifici. A Sighet è stato invece allestito il Museo etnografico del Maramureş, mentre nelle città della Transilvania sono state promosse le prime esposizioni di prodotti dell'artigianato contadino[8]. L'arte popolare – come si legge sul catalogo del Museo Brukenthal di Sibiu (1964) – diventava «un mezzo per istruire le masse, per perfezionare la loro educazione patriottica ed estetica, perché esprime il talento, l'amore del bello e le aspirazioni del popolo»[9]. Così, i mestieri d'arte hanno potuto sopravvivere, seppur inseriti nella grande organizzazione cooperativistica dello Stato (legge del 15 maggio 1968 sull'organizzazione e il funzionamento della cooperazione artigianale)[10].

Dopo il crollo del regime socialista, in coincidenza con il collasso dell'economia romena e con il conseguente ritorno alla campagna, l'artigianato artistico è tornato ad accompagnare la vita contadina, dimostrando che aveva ragione Constantin Brancuşi quando scriveva che «il contadino rumeno non piange mai. Sorride ed edifica»[11].

2. *Quadro dei mestieri d'arte*

La realtà dei villaggi, malgrado i traumi della collettivizzazione, ha saputo quindi conservare la propria natura arcaica e bucolica, e le tradizioni popolari perdurano con discreta vivacità. L'artigianato rurale non fa eccezione, dando luogo a un'abbondante produzio-

---

[8] Cfr. www.muzeulastra.ro.

[9] C. Irimie, *L'art populaire au Musée Brukenthal de Sibiu*, Éditions Meridiane, Bucarest 1964, p. 5.

[10] Si veda la documentazione presente nel sito dell'Organizzazione Internazionale del Lavoro (ILO): www.ilo.org/dyn/natlex/natlex_browse.details?p_lang=fr&p_isn=20866.

[11] C. Brancuşi, *Aforismi*, Abscondita, Milano 2001, p. 31.

ne che per molte famiglie è ancora un'importante fonte di sostentamento. Alla clientela tradizionale si è però sostituita quella dei turisti stranieri che, sempre più numerosi, visitano i villaggi romeni. Ciò ha fatto lievitare la domanda di artigianato sotto forma di *souvenir*, provocando una serie di effetti collaterali assai pericolosi dal punto di vista dell'originalità, dell'estetica e della fedeltà ai modelli tramandati: nei centri di attrazione turistica sta, infatti, prosperando un vasto commercio di oggetti che sono solo apparentemente frutto della sapienza artigiana ma che in realtà sono prodotti in serie a livello industriale, anche a centinaia di chilometri dalle zone d'orgine.

Tuttavia, tipici della tradizione erano – e rimangono – la tessitura e il ricamo dei tappeti di lana e dei costumi contadini, la decorazione delle uova (legata alla celebrazione della Pasqua ortodossa), la lavorazione della ceramica, l'intaglio e la decorazione del legno, la creazione di maschere rituali per le feste popolari, la decorazione delle icone su vetro o legno.

3. *Mestieri d'eccellenza*

L'artigianato tessile: i tappeti di lana e i costumi tradizionali

Tra i mestieri d'arte, quello della lavorazione tessile è sicuramente il più diffuso nel Paese e, come tale, riflette una molteplicità di varianti che sono riconducibili non solo alle diverse regioni ma anche ai singoli villaggi e addirittura alle famiglie. Questa caratteristica è particolarmente evidente nel caso dei tappeti (*scorze*). Quelli dell'Oltenia tendenzialmente riproducono motivi floreali e naturalistici, quelli della Moldavia raffigurano in genere l'albero della vita, quelli del Maramureş presentano motivi più geometrici e hanno sfondi turchini, rossi e gialli, simili a quelli turchi e del Caucaso[12]. In generale, i tappeti romeni sono accomunati dalla stilizzazione delle figure e dalla geometrizzazione delle forme. È appunto il Maramureş, regione settentrionale coperta da vasti pascoli, una delle aree più importanti per la produzione

[12] Cfr. la sezione dedicata all'artigianato artistico sul sito ufficiale dell'Ufficio per il turismo romeno: www.romaniatourism.com/crafts.

di questi manufatti. L'allevamento delle pecore, da sempre assai diffuso, assicura la materia prima per la creazione dei tessuti e quindi ha favorito lo sviluppo dell'arte dei tappeti: un tempo destinati quasi esclusivamente all'uso familiare, venivano preparati durante il periodo autunnale e invernale, soprattutto dalle donne. Solo dopo la Prima guerra mondiale la loro lavorazione si è legata al commercio e alla produzione industriale, con alcune ricadute sulla tecnica, come l'utilizzo sempre più raro dei colori naturali, sostituiti da quelli chimici. Successivamente, durante l'epoca socialista, lo sviluppo forzato delle attività agricole, mutando le abitudini della vita contadina, ne ha ridotto notevolmente la produzione[13].

La dimensione dei tappeti è tradizionalmente di 2 metri per 1,5 e se ne producono essenzialmente due tipi: il *ţol* che è il tappeto propriamente detto e il *cergă* che è invece destinato a coprire il letto o a ornare gli interni delle case contadine (tappeto da *ruda*). Tra l'altro, il numero e la bellezza dei tappeti da *ruda* un tempo segnalavano l'agiatezza delle famiglie.

Similmente ai tappeti, anche i costumi popolari (*port popular*) sono strettamente legati alla regione di provenienza: gli artigiani di Sibiu privilegiano motivi grafici in bianco e nero, retaggio della Sassonia; in Moldavia si usa l'arancione; quelli delle regioni del Sud preferiscono invece il rosso, il marrone, il giallo, i fili d'oro e d'argento, rispecchiando le influenze ottomane[14]. Tuttavia, si registra una sorta di estetica condivisa che impone l'utilizzo di tessuti bianchi di lana, canapa o lino; una certa uniformità vi è anche nei tagli semplici a linee rette e nei ricami fortemente stilizzati. Anche la composizione del vestiario tende a ripetersi[15]: l'elemento fondamentale è la camicia (*cămaşă* o *cămeşă*) in lino o

---

[13] Si veda B. ZDERCIUC, *Les tapis du Maramureş*, Éditions Meridiane, Bucarest 1963, p. 8.

[14] Come scrive Nicolae Iorga, il filo d'oro cominciò a estendersi in tutto il tessuto «ovunque vi fu un pascià, un bei, una guarnigione turca in Paese occupato». Cfr. IORGA, *L'arte popolare in Romania*, p. 28.

[15] Il costume tradizionale femminile è composto da un fazzoletto ricamato da porre sul capo, da una camicetta ricamata, una gonna, cinture e lacci, corpetti di stoffa e farsetti e, per l'inverno, pastrano o pelliccia. Quello maschile comprende un berretto di pelliccia o un cappello di feltro, la camicia, la cintura di cuoio, i calzoni, il farsetto, il pastrano lungo o la pelliccia. I capi in pelliccia vengono ricamati con lana o seta o intrecci di pelliccia colorata. Cfr. ALBERTI (a cura di), *La Romania*, p. 226.

canapa che cambia la sua forma a seconda del sesso di chi la indossa e delle regioni di provenienza e che l'estro degli artigiani decora con minuzia. Tipici sono anche i mantelli in lana o in cuoio lavorato. Il *port popular* completo, fino all'inizio del Novecento indossato normalmente dai contadini, è utilizzato oggi come abito da cerimonia per matrimoni e funerali.

La decorazione delle uova di Pasqua

Diffusa praticamente in tutti i Paesi di religione ortodossa, la pratica della decorazione delle uova ha dato origine in Romania a uno dei settori più fiorenti dell'artigianato artistico. La genesi di questo mestiere risale addirittura all'epoca pre-cristiana quando le uova dipinte, simbolo di equilibrio, creazione e fecondità, venivano regalate e utilizzate nelle cerimonie pagane. L'usanza è stata adottata dal Cristianesimo e in alcuni Paesi – come appunto la Romania – è stata tramandata fino ad oggi. Le uova venivano anticamente pitturate con acido nitrico ma la tecnica consolidata prevede l'utilizzo del *chisită*, speciale utensile che consente di tracciare gli ornamenti con la cera fusa indirizzandone il deflusso. L'uovo viene quindi colorato e le parti coperte dalla cera rimangono bianche. Tale operazione può essere ripetuta più volte e si conclude con la decorazione finale, eseguita con l'aiuto di piume d'oca e pennelli. Il colore maggiormente utilizzato è il rosso, tanto che in romeno si parla abitualmente di *ouă roşii*, ma sono frequenti anche il turchese, il violetto e il giallo. Tradizionalmente sono le donne a svolgere questo mestiere, che può richiedere anche quattro ore per l'esecuzione di un pezzo. L'importanza dell'uovo nell'immaginario collettivo romeno è tanto grande che perfino l'opera scultorea di Constantin Brancuşi e la poetica di Ion Barbu sono state profondamente influenzate da quest'oggetto, considerato forma perfetta e sublime essenzialità[16].

La ceramica

«Forme capricciose, con numerosi colli, architetture complicate, creazioni bizzarre con aperture laterali come quelle dei candela-

[16] Cfr. la sezione *The Easter and the Easter Eggs* sul sito internet del CIMEC (Istituto romeno per la memoria culturale): www.cimec.ro/etnografie.

bri e chiuse da un pipistrello pronto a volar via, il che probabilmente richiama gli usi rituali di antichissime religioni scomparse»[17]. Così Nicolae Iorga descriveva le ceramiche sapientemente lavorate dai vasai romeni, i quali, fino ai primi decenni del Novecento, addirittura monopolizzavano con le loro attività interi villaggi della pianura valacca. Ancora oggi gli *olari*, discendenti di quegli artisti che preparavano oggetti di ceramica per i palazzi dei principi e dei boiardi, continuano questa tradizione in almeno trenta centri, ciascuno dei quali reca il marchio della propria regione. I più importanti sono Horezu in Oltenia, Corund in Transilvania, Rădăuţi e Marginea in Bucovina[18]. Quest'ultima località, in particolare, è rinomata per la ceramica nera, ottenuta grazie a un'ossidazione parziale del ferro contenuto nell'argilla, procurata con una cottura incompleta e con il deposito dei fumi di carbone. Le decorazioni sono eseguite prima della cottura con l'aiuto di una pietra dura. Ancora all'inizio del Novecento un centinaio di famiglie praticava questo mestiere, mentre oggi è rimasto un unico *atelier* dove lavorano una quindicina di maestri artigiani[19].

Lavorazione del legno

Il legno rappresenta da sempre la materia prima preferita dal pastore romeno che, quando si ritira in montagna, si dedica a quel «lungo lavoro, ostinato, minuziosissimo»[20] che consiste nella costruzione e decorazione di oggetti, arnesi ed elementi delle abitazioni. L'estro dell'artigiano si ritrova essenzialmente nelle croci scolpite (*cruci* o *troiţe*), nelle colonne e nei capitelli delle case e delle chiese, nei portoni, nelle staccionate, nelle stoviglie (cucchiai, stampi per il pane e per il burro) – in questo caso il fabbricante di stoviglie che lavorava nei boschi si chiamava non a caso *blidar*, da *blid* che significa 'stoviglia' – nelle rocche e nei vincastri, ma anche nei flauti, negli astucci e persino nei remi delle barche. Tali decorazioni sono in genere scolpite nel legno di quercia,

---

[17] Iorga, *L'arte popolare in Romania*, pp. 83-84.

[18] Si veda la sezione *Crafts of Romania* del sito www.romaniatourism.ro.

[19] Cfr. www.bucovine.com.

[20] Iorga, *L'arte popolare in Romania*, p. 77.

abete, noce o tiglio. I motivi e gli stilemi più ricorrenti sono il sole, la luna, gli alberi della vita o i fiori ma anche soggetti più bizzarri come i denti di lupo, cui sono associate superstizioni e antichi riti apotropaici. Il Maramureş è l'area dove questo mestiere è più radicato tanto che, storicamente, lo *status* delle famiglie era segnalato dall'imponenza e dall'eleganza del portone ligneo[21]. Ma ciò che è più impressionante è l'abilità con cui gli abitanti di questa zona hanno saputo costruire le tradizionali chiese di legno (*biserici de lemn*), nate dalla proibizione di innalzare edifici di culto in mattoni e pietra, imposta ai romeni ortodossi dagli ungheresi cattolici nel XIII secolo. Le chiese del Maramureş – otto delle quali sono oggi tutelate dall'UNESCO come Patrimonio dell'umanità – sono perciò gli archetipi di uno stile architettonico, vagamente neogotico, reso unico dai doppi tetti a scandole con intarsi, da inedite piante poligonali, dall'utilizzo di logge e portici, ma soprattutto dalle decorazioni intagliate e cesellate[22].

Sempre in questa regione al confine con l'Ucraina si trova il *Cimitirul Vesel*, il Cimitero allegro del villaggio di Săpânţa, una sorta di Spoon River contadina, nata dall'eclettismo di Stan Ion Pătraş (1909-1977). Questo artigiano romeno cominciò nel 1935 a scolpire e dipingere le lapidi per il cimitero del suo villaggio, inaugurando uno stile inconfondibile, fatto di figure tipizzate, colori cangianti e accostamenti cromatici gioiosi. Queste lapidi a croce raccontano la vita del defunto e recano tutte un epitaffio scritto dall'artista con umorismo pungente e beffardo. Pătraş ha trasmesso il proprio sapere ad alcuni allievi di cui oggi è rimasto Dumitru Pop che, con alcuni apprendisti, tiene in vita questa peculiare tradizione votata a rendere meno triste la morte[23].

Le icone su vetro

In queste regioni la reperibilità del legno – da bruciare per far bollire il potassio – non rappresenta un problema e gli artigiani romeni hanno cominciato a rimpiazzare le grandi e costose icone

---

[21] Cfr. www.romaniatourism.ro.

[22] Cfr. M. Jevolella, *Biserici de lemn*, «Meridiani», 19 (2006), 147, pp. 102-109.

[23] Sull'argomento è interessante il *reportage* di E. Martino, *Allegro ma non troppo*, «Meridiani», 19 (2006), 147, pp. 60-66.

in legno con le più piccole e meno costose icone di vetro. A fare da propulsore a questa tecnica artistica furono alcuni centri religiosi frequentati da importanti flussi di pellegrini. L'esempio più interessante ed esplicativo è fornito dal villaggio di Nicula in Transilvania, sede di pellegrinaggi dall'inizio del Settecento, quando i fedeli iniziarono a venerare un'icona della Vergine che si diceva miracolosa[24]. Così gli artigiani locali – pastori e contadini convertiti alla pittura – hanno avviato la produzione di icone su vetro e, in breve, hanno fatto di Nicula il più importante centro della Romania per questo mestiere, tanto che 'icona su vetro' e 'Nicula' sono stati a lungo utilizzati come sinonimi. Per due secoli questa scuola ha sfornato lavori eccellenti, accomunati da un'estrema semplificazione delle forme, da una medesima codificazione delle immagini, da colori puri senza gradazioni e da bordi segnati in contrasto. A ciò si aggiunga che le opere erano perlopiù anonime, dal momento che questi artisti inconsapevoli non le firmavano, considerandosi umili artigiani[25].

La scuola di Nicula ha vissuto il suo massimo splendore tra il XVII e il XIX secolo, prima che i mestieri del vetro abbandonassero le campagne per trasferirsi nei centri urbani dove hanno smarrito parte delle tecniche tradizionali, compreso l'uso dei sali minerali preparati a mano, soppiantati dai pigmenti industriali. Nel frattempo, però, gli artigiani del vetro si erano moltiplicati e avevano creato altri nuclei sui Monti Apuseni e a Şcheii Braşovului, diffondendo le icone su vetro anche in Moldavia e Valacchia[26]. Oggi i maestri vetrai continuano la propria opera applicando la manualità e la creatività anche ad altri oggetti, come vasi e brocche. Da segnalare, a questo proposito, sono un

[24] Il miracolo di Nicula sarebbe avvenuto nel 1694, quando un gruppo di soldati della cavalleria Hohenzollern, di stanza a Gherla, trovarono nella chiesa ortodossa di Nicula un'icona della Vergine che piangeva. Da allora centinaia di migliaia di pellegrini affollarono il piccolo villaggio transilvano. Cfr. J. DANCU - D. DANCU, *Folk Glass-painting in Romania*, Meridiane Publishing House, Bucarest 1982, p. 52.

[25] Si noti, tra l'altro, che molte delle icone presentano sequenze di lettere dell'alfabeto prive di senso, che sono la prova più concreta dell'impreparazione culturale di questi artigiani e di come l'iconografia religiosa venisse reinterpretata con semplicità e 'leggerezza'. Cfr. *ibi*, pp. 40, 55-56.

[26] Si veda il sito internet per la promozione del patrimonio popolare romeno: www.folkromania.com/cms/articles/traditional_handicrafts/icons.

centro artigiano per il vetro nei pressi di Botoşani e la presenza di maestri specializzati nelle fabbriche di Avrig, Turda e Buzău[27].

4. *Contesto economico*

Il contesto economico in cui si inserisce il comparto dell'artigianato artistico è il prodotto complicato della transizione da un sistema socialista tra i più accentratori dell'Europa comunista a un'economia di mercato, avvenuta a passi incerti e conclusasi solo recentemente dopo aver determinato profondi disagi sociali. Non a caso sono stati necessari quasi quindici anni dal crollo del regime di Ceausescu (dicembre 1989) perché la Romania ricevesse lo statuto di «Paese a economia di mercato», accordato dagli Stati Uniti nel marzo del 2003 e dall'Unione Europea nell'ottobre del 2004[28]. Tale riconoscimento – insieme alle condizioni favorevoli dal punto di vista della fiscalità, del costo del lavoro, delle opportunità offerte dalle massicce privatizzazioni[29] – ha generato fiducia negli investitori stranieri che, con flussi importanti di capitali e consistenti de-localizzazioni, hanno fatto ripartire l'economia del Paese. Dopo una recessione durata un triennio (tra il '97 e il '99), negli ultimi anni la Romania sembra aver trovato un equilibrio stabile tra crescita economica, processo di contenimento dell'inflazione e alleggerimento del *deficit*. Oggi, complice l'ottimismo per il futuro europeo, l'evoluzione dei principali indicatori macro-economici offre un'immagine dinamica dell'economia romena[30]. Nel 2006 la crescita reale del GDP è stata calcolata attorno al 7,7%, accompagnata da un tasso di inflazione del 6,6%, da un aumento ragguardevole dei consumi interni e da una netta

---

[27] Cfr. www.romaniatourism.ro.

[28] Si veda la sezione *Guida economica* del sito dell'Ambasciata romena in Italia: http://roma.mae.ro/index.php?lang=it&id=148.

[29] Fino al 2002, il 35% dell'economia del Paese era controllata dallo Stato. In seguito questa percentuale è andata progressivamente riducendosi. Cfr. il sito del *Consiliul Naţional Mici si Mijlocii al Întreprinderilor Private din România*: www.cnipmmr.ro.

[30] Le principali società di *rating* hanno, infatti, rivisto in positivo i loro giudizi sull'economia del Paese. Si veda, a titolo d'esempio, Standard & Poor's che il 5 settembre 2006 ha rettificato il proprio *outlook* sulla Repubblica di Romania da 'positivo' a 'stabile'. Si veda al proposito il sito www.standardandpoors.com.

diminuzione delle importazioni[31]. La struttura del GDP riflette la presenza di forti investimenti stranieri nel settore dei servizi e dell'industria, rispettivamente 56% e 34,9% del prodotto interno lordo. L'industria, in particolar modo, è in costante crescita, così come la produttività del lavoro. L'agricoltura e la silvicoltura hanno ancora un peso rilevante, contribuendo per il 9,1% alla formazione del GDP, sebbene il settore stia attraversando una crisi (ormai più che decennale) a causa dell'obsolescenza delle attrezzature e delle tecniche impiegate[32]. La vivacità economica romena è resa, inoltre, evidente dalla crescita degli investimenti diretti esteri che, dal 2003 al 2004, sono saliti del 115% sull'onda delle privatizzazioni che hanno interessato la compagnia petrolifera nazionale (Petrom) e le aziende di distribuzione del gas e dell'elettricità[33]. In modo analogo, l'apertura ai mercati si riflette nell'aumento delle esportazioni, che nel 2005 sono cresciute del 17,5% rispetto all'anno precedente[34].

5. *Profilo istituzionale-normativo*

Del valore di questo patrimonio immateriale, fatto di tecnica artigianale e di canoni estetici antichissimi, sembra che le istituzioni abbiano preso consapevolezza tardivamente, e solo negli anni più recenti hanno cominciato a occuparsi della tutela e della promozione dei mestieri d'arte.

Anzitutto, le cooperative d'artigianato sono state riorganizzate con un decreto legge del Consiglio del Fronte di Salvezza Nazionale (n. 66 del 9 febbraio 1990) che ha emendato il quadro

---

[31] Si tenga presente che ancora nel 2002 il tasso d'inflazione sui beni di consumo era del 22,5%. Cfr. per questi e altri dati sull'economia romena il *country profile* a cura di «The Economist»: www.economist.com/countries/Romania.

[32] Cfr. *ibidem*. Si veda anche il *Rapporto congiunto ICE-MAE* del primo semestre 2006 (a cura dell'Istituto nazionale per il Commercio Estero dell'Italia e del Ministero degli Affari Esteri), disponibile sul sito www.ice.gov.it/estero2/bucarest.

[33] Sono interessanti al proposito i dati forniti dalla *Business Guide to Romania* (edizione 2005) e dalla *Guide to doing business and investing in Romania* (edizione 2007) redatte da PricewaterhouseCoopers e reperibili sul sito internet: www.pwc.com/ro/eng.

[34] Per le statistiche sul commercio romeno cfr. lo spazio web dell'Associazione nazionale degli esportatori e importatori romeni: www.aneir-cpce.ro.

normativo del '68 e che cita esplicitamente «la costruzione di oggetti d'arte popolare e d'artigianato» tra le attività da promuovere[35]. La struttura, tuttavia, non è stata modificata ed è rimasta legata al vecchio sistema che ruota sull'asse dell'*Asociația Națională a Cooperație Meșteșugărești* che, a propria volta, è inserita nell'*Uniunea Centrală a Cooperativelor Meșteșugărești* (UCECOM), la quale riunisce tutte le cooperative artigianali del Paese[36]. Il 23 gennaio del 2006, la Romania ha ratificato la convenzione dell'UNESCO per la salvaguardia del patrimonio culturale immateriale, che annovera testualmente i «savoir-faire liés à l'artisanat traditionnel»[37] come elementi da preservare di fronte ai modi di vita contemporanei e al processo di mondializzazione.

Iniziative di tutto rispetto sono in corso grazie all'attività del Complesso museale nazionale ASTRA di Sibiu che da sempre si occupa della conservazione, della rivitalizzazione e della trasmissione dell'«eredità culturale intangibile», considerata come «fonte essenziale dell'identità etno-culturale». In particolare, già nel 1992 è stata costituita l'Associazione dei creatori popolari romeni finalizzata a incoraggiare «l'arte tradizionale e la creazione artigianale», alla sua trasmissione alle nuove generazioni, alla protezione della creazione autentica e alla lotta contro il *kitsch*[38], alla promozione di una rete commerciale e turistica attorno a queste creazioni, all'organizzazione di incontri tra i rappresentanti dei vari settori, alla protezione morale ed economica dei creatori. Ad oggi l'Associazione conta 200 artisti popolari che rappresentano tutti i mestieri d'eccellenza. ASTRA sta anche com-

---

[35] Cfr. per il testo completo www.cdep.ro/pls/legis/legis_pck.htp_act_text?idt=7478. Si veda anche www.ilo.org/dyn/natlex/natlex_browse.details?p_lang=fr&p_isn=20866.

[36] L'UCECOM è stata costituita nell'ottobre del 1951 in occasione del Congresso delle Cooperative dei mestieri per riunire sotto un unico organismo istituzionale tutto il settore dell'artigianato. Cfr. il sito ufficiale dell'Unione (www.ucecom.ro) e quello dell'Associazione nazionale (http://tpb.traderom.ro/expozitii/domenii/UCECOM/rom_eng/index1.htm).

[37] Art. 2 paragrafo 2 della «Convention pour la sauvegarde du patrimoine culturel immatériel» del 17 ottobre 2003, il cui testo completo è reperibile sul sito internet dell'UNESCO: http://unesdoc.unesco.org/images/0013/001325/132540f.pdf.

[38] Oggi in Romania il fenomeno del *kitsch* sta assumendo dimensioni preoccupanti specialmente nell'ambito degli oggetti d'artigianato popolare, i quali – come detto – subiscono una vera e propria trasformazione dei loro elementi caratteristici, sull'onda dell'enorme domanda di 'oggetti ricordo' proveniente dal turismo.

pilando un *database* nazionale di tutti i creatori popolari che contiene già circa 1.000 nomi. Il Museo, dal canto proprio, fa sia da catalizzatore delle attività attraverso la galleria, sia da vetrina per gli acquirenti e per le esportazioni[39]. Sempre ASTRA, dal 1983, organizza a Sibiu la Fiera degli artigiani popolari della Romania che vede il 15 agosto di ogni anno 250 artigiani esporre e vendere i propri manufatti[40].

Analoghe iniziative, benché all'interno di un progetto meno configurato, vengono dal Museo etnografico della Transilvania (*Muzeului Etnografic al Transilvaniei*), che nel mese di maggio organizza annualmente una Fiera dei creatori popolari[41]. Importanti sono anche le attività del Museo del Villaggio (*Muzeul Naţional al Satului «Dimitrie Gusti»*) e del Museo del contadino romeno (*Muzeul Ţăranului Român*), entrambi a Bucarest, che programmano fiere, esposizioni, concorsi e *workshops* dedicati ai mestieri d'arte[42]. Ma anche dalle organizzazioni non governative provengono iniziative di valore, come quella della Fondazione dei mestieri d'arte (*Fundaţia Pentru Meşteşuguri - Crafts Foundation Romania*), creata nel 1997 per promuovere le piccole e medie attività artigianali in Romania. La Fondazione offre, tra gli altri, servizi di consulenza, formazione, informazione e assistenza legale[43]. Di un certo rilievo è anche l'attività del *Crafts Center* di *CHF International*[44] che nel 2005 ha avviato un progetto di commercio equo e di sviluppo sostenibile attraverso l'artigianato: in particolare, sono stati organizzati dei programmi di insegnamento destinati agli artigiani del

[39] Cfr. la sezione *The Association of the Romanian Folk Creators* nel sito internet del Museo: www.muzeulastra.ro/tezaure.

[40] Nel 2007 la Fiera è inserita nel programma delle manifestazioni di *Sibiu capitale europea della cultura*. Cfr. www.sibiu2007.ro.

[41] Cfr. www.muzeul-etnografic.ro.

[42] Si vedano rispettivamente www.muzeul-satului.ro e www.muzeultaranuluiroman.ro.

[43] Dal luglio 2001 la Fondazione dei mestieri d'arte romena è membro del *World Crafts Council International* e del *World Crafts Council Europe*; da tempo collabora con l'UNESCO. Una descrizione delle sue attività è presente sul sito di OIC Poland (che si occupa di formazione) di cui la Fondazione romena è partner: http://oic.lublin.pl/blended/en/partners.php.

[44] *CHF International*, nata nel 1952 negli Stati Uniti, è un'organizzazione *non-profit* che opera in campo umanitario. *CHF* ha scelto come missione lo sviluppo sostenibile dei Paesi con difficoltà economiche, attraverso il miglioramento delle condizioni sociali, economiche e ambientali. Cfr. www.chfhq.org.

Maramureş, incentrati sulle modalità di vendita e sulle soluzioni di *marketing*, oltre che sulla competitività turistica.

6. *Formazione*

Sebbene non esista una rete istituzionalizzata per la formazione ai mestieri d'arte, periodicamente i Musei etnografici di cui si è parlato propongono *ateliers* a scopo educativo. Anche sotto questo profilo la realtà più attiva è quella del Museo ASTRA che dal 1996 organizza ogni dodici mesi, per bambini e ragazzi dai sei ai sedici anni, le Olimpiadi nazionali dei mestieri d'arte della tradizione. In quell'occasione i giovani partecipanti, rigorosamente abbigliati con i costumi della loro regione d'origine, si sfidano creando oggetti dell'artigianato tradizionale[45]. L'iniziazione ai mestieri suscita notevole interesse anche all'estero, tanto che l'Ambasciata di Romania in Italia organizza da 13 anni Corsi di lingua, cultura e civiltà romena che mettono a disposizione specifici laboratori per insegnare la decorazione, la pittura su vetro e l'arte della ceramica[46]. Ma questo rinnovato entusiasmo per l'artigianato d'eccellenza è riscontrabile anche nelle proposte dei *tour operators* che, sempre più spesso, offrono 'vacanze rurali' con *stages* di scultura su legno, di ceramica o di pittura di icone[47].

Museo ASTRA
Piaţa Mica, 11 Sibiu, Sibiu County
Tel.: +40-269-218195
Fax: +40-269-218060
www.muzeulastra.ro
office@muzeulastra.ro

[45] L'edizione del 2007, in agenda dal 22 al 30 agosto, è inserita nel programma di *Sibiu capitale europea della cultura*. Ulteriori informazioni sono reperibili sul sito internet www.muzeulastra.ro/tezaure/en_olimpiada2007.php.

[46] I corsi si svolgono a Baia Mare nella regione del Maramureş. Si veda al riguardo il sito internet dell'Ambasciata romena in Italia: www.roma.mae.ro.

[47] Cfr., per esempio, il sito www.vacance-roumanie.com, specializzato in 'eco-turismo' nella regione della Muntenia. Si veda anche la proposta dell'agenzia Pantravel che organizza il programma *Become a Horezu Potter*: www.pantravel.ro.

Museo del contadino romeno
Şoseaua Kiseleff, 3, Sector 1, Bucarest
Tel. e Fax: +40-021-3179660
www.muzeultaranuluiroman.ro
info@muzeultaranuluiroman.ro

Museo del villaggio
Şoseaua Kiseleff, 28-30, Sector 1, Bucarest
Tel.: +40-021-3179110
Fax: +40-021-3179068
www.muzeul-satului.ro
contact@muzeul-satului.ro

Fundaţia Pentru Meşteşuguri
Str. Rosia Montana, 3, bl. M20, sc.2, et. 5
ap. 57, sector 2, Bucarest
Tel.: +40-21-4304280
Fax: +40-21-4303440
http://crafts.ong.ro
office@crafts.ro

Uniunea Centrală a Cooperativelor
Meşteşugăreşti - UCECOM
Calea Plevnei, 46-48, Sector 1, Bucarest
Tel.: +40-21-3151810
Fax: +40-21-3104597/+40-21-3157047
www.ucecom.ro
ucecom@ucecom.ro

Slovacchia

1. *Premessa storico-ambientale*

Per comprendere il carattere peculiare dei mestieri d'arte slovacchi occorre riflettere sulle difficoltà incontrate dalla Slovacchia intesa come 'nazione culturale' lungo il suo percorso storico[1]. La sua cultura materiale, sviluppatasi nell'ambiente rurale, non poteva fornire quei requisiti che venivano richiesti dai movimenti nazional-liberali dell'Ottocento come presupposti per la fondazione di una nazione politica. Sulla scala dei valori della borghesia urbana che andava gradualmente scardinando il ceto feudale dal ruolo dirigente entro l'Impero degli Asburgo, la cultura prodotta nelle campagne slovacche veniva relegata nella categoria di folklore per essere suggellata come orpello del passato, privo di potenziale nel mondo nuovo e, pertanto, privo di valore.

All'aggressione politica, e quindi culturale nota come 'ungarizzazione' che si avviò con la spartizione dell'Impero nel 1867 (il territorio slovacco venne assegnato alla metà ungherese, la cosiddetta Transleitania), va aggiunta anche l'influenza esercitata dalla cultura ceca, la cui affinità con quella slovacca rischiava di oscurare i caratteri peculiari di quest'ultima. Per reazione, il ceto intellettuale slovacco si mobilitò in un'urgente opera di costruzione della 'nuova' cultura: dalla metà dell'Ottocento, tale preoccupazione si mantenne come suo *Leitmotiv* complessivo: sia nella produzione artistica in senso stretto, sia nella produzione culturale generale, i nuovi stimoli provenienti dai centri della cultura europea vennero adottati in chiave di un aggiornamento dell''arretra-

[1] Per la storia culturale della Slovacchia cfr. M.S. Durica, *La Slovacchia: un breve profilo storico-culturale*, Istituto per l'enciclopedia del Friuli-Venezia Giulia, Udine 1994.

ta' cultura slovacca al *diktat* esterno. Ne risultarono i 'realisti slovacchi', i 'simbolisti slovacchi' ecc.

L'istituzione della Repubblica Cecoslovacca nel 1918 pose in parte fine all'urgenza nazionale: d'ora in poi si sarebbe trattato prevalentemente di un confronto interno fra la cultura ceca, più dinamica e spiccatamente urbana, e quella slovacca, orientata ai temi a lei più consoni – il legame con la terra – e caratterizzata, per quanto concerne la cultura materiale, dall'istintiva predilezione per i materiali naturali. I temi e le tecniche tradizionali riacquistarono 'valore' proprio quali strumenti di contrapposizione in questa gara di riconoscibilità che la comunità slovacca intraprese nei confronti di quella ceca (questo repentino ritorno alla tradizione rende evidente, inoltre, come gli effetti del movimento modernizzatore di fine Ottocento non ebbero la capacità di attecchire nella cultura diffusa e rimasero confinati ad uso rappresentativo da parte della ristretta cerchia dell'*élite* urbana).

Nel 1945, la ricostituita federazione cecoslovacca istituì il Centro per la produzione dell'arte folkloristica (ÚL'UV)[2], un'organizzazione dedita alla preservazione dell'artigianato artistico popolare e strutturata secondo la 'chiave' federale, con una sede per le terre ceche e una per quelle slovacche. Mentre nella società ceca l'impatto dell'ÚL'UV si dimostrò del tutto marginale, poiché l'artigianato artistico locale era già pienamente immerso nella vita economica del Paese, in quella slovacca l'attività di preservazione si rivelò provvidenziale. Non sorprende, quindi, che nel 1989, dopo il crollo del regime comunista, il nuovo governo ceco decidesse di chiudere la propria sezione dell'ÚL'UV per delegare all'iniziativa degli artisti-artigiani la preservazione del patrimonio nazionale, mentre la sezione slovacca, al contrario, si avviò verso un potenziamento del proprio ruolo. La sfida per l'affermazione dell'indipendenza culturale stimolò processi di aggregazione tra gli artisti-artigiani, di istituzione di associazioni di settore e di attivazione di seminari e *workshops* che proprio nell'ÚL'UV trovarono un punto di coordinamento. Per di più, quando le ristrettezze economiche sopravvenute verso la fine degli anni Novanta con la transizione verso l'economia di mercato minacciarono seriamente la ripresa del

---

[2] www.uluv.sk/en_index.html.

settore, una volta ancora, il sostegno del Centro si mostrò imprescindibile nel riavviare le attività e nel ristabilire i contatti con partner internazionali[3].

2. *Quadro dei mestieri d'arte*

Vista la fragilità dell'odierna economia slovacca, in ripresa ma necessariamente costretta ad adattarsi a un tenore cauto, non sorprende che il risveglio del settore dei mestieri d'arte dipenda solo in misura residuale dalle richieste di mercato. Anziché frutto dell'iniziativa individuale, tale risveglio appare piuttosto come il risultato dello sforzo congiunto offerto agli interessati da una rete di enti sovvenzionati dallo Stato costituita da istituzioni come l'ÚL'UV, l'Accademia di arte e design o la Galleria nazionale slovacca. Anche sotto quest'aspetto, l'incessante raffronto con la vicina Repubblica Ceca rivela una significativa divergenza. In quest'ultima, infatti, il tentativo operato dai governi comunisti di interrompere una tradizione fortemente individualista unificando gli operatori del settore in grandi associazioni territoriali aveva compromesso la nomea dei prodotti ed è stato rigettato immediatamente dopo la «rivoluzione di velluto». In Slovacchia, al contrario, gli operatori appaiono tutt'oggi convinti non solo che fosse necessario, ma che fosse anche del tutto giustificato presentarsi come partecipi di un percorso comunitario e proporre, quindi, il proprio operato come contributo alla nazione slovacca nel suo cammino verso l'autoaffermazione.

Come prova, basti l'esame di alcune iniziative recenti in quest'ambito. In occasione del Festival della cultura centroeuropea tenutosi a Londra nel 1998, al pubblico inglese fu presentata la recente produzione slovacca di cinema e video d'avanguardia[4]. Nonostante gli organizzatori si fossero impegnati a evitare che la rassegna assumesse i toni di un raffronto con la cinematografia

---

[3] L'imprescindibile ruolo svolto da quest'agenzia per la rivitalizzazione del settore dell'artigianato artistico negli anni della transizione è descritto in Z. HABŞUDOVÁ, *Jewellery from heaven*, «The Slovak Spectator», 3 gennaio 2004. L'articolo è pubblicato anche su www.slovakspectator.sk.

[4] www.ce-review.org/kinoeye/kinoeye3old.html.

ceca, i lavori presentati dai cineasti slovacchi svelavano, a giudizio dei critici cinematografici inglesi, un incessante bisogno di rimarcare la propria identità, di provare l'esistenza di una matrice culturale costruita proprio sul contrasto con quella ceca. Se nei lavori cechi si celebrava il dinamismo dell'individuo urbano e delle sue potenzialità anche attraverso una febbrile esplorazione e sperimentazione di forme e di modalità di espressione visiva, i lavori dei cineasti slovacchi apparivano come un'ode corale all'animo rurale della loro terra; le loro forme di espressione sembravano non abbisognare di innovazioni, tendendo piuttosto, con la loro essenzialità, a sottolineare il lirismo degli elementi quali la terra o l'acqua e i ritmi della natura.

Un altro esempio illuminante è rappresentato dall'iniziativa *Design Match 2006, CZE: SVK*, svoltasi dal 20 aprile al 21 maggio 2006 per l'iniziativa delle società di *design* dei due Paesi e della Galleria Nazionale di Praga[5]. Già il titolo svela, però, che questa volta si era di fronte a una presa d'atto dell'ineluttabilità del confronto tra *designers* cechi e slovacchi. Ai visitatori della mostra venivano presentate, una accanto all'altra, le opere degli studenti di *design* e dei *designers* professionisti di entrambi i Paesi; a integrare il raffronto, su suggerimento del responsabile dell'Accademia di belle arti di Bratislava, Ferdinand Chrenka, alla mostra era stata aggiunta un'esposizione di opere eseguite con tecniche e materiali tradizionali, dando così modo di ricondurre la ricerca nel campo del *design* al tema più generale dell'identità culturale.

Il nome di Ferdinand Chrenka riappare anche come *trait d'union* fra il mondo della tradizione e quello della ricerca, ossia fra l'ÚL'UV e il dipartimento del *design* industriale dell'Accademia di Bratislava. Da questo incontro nacque, nel 2001, l'*ÚL'UV Design Studio* di Bratislava, centro di specializzazione per giovani talenti in cui si cerca di pervenire alla realizzazione di prodotti contemporanei utilizzando le tecniche dell'artigianato tradizionale. Secondo L'ubica Fábri, la direttrice del Centro per il design slovacco (SCD), «è difficile parlare di elementi nazionali nel design, poiché negli anni recenti questo si è molto internazionalizzato.

[5] www.designmatch.cz/eng-ita.html.

Tuttavia, alcune cose possono essere considerate caratteristiche: per esempio, oggetti che sono una combinazione di design moderno e manifattura tradizionale»[6].

Tra le attività di maggiore tradizione, la decorazione di ceramica nei colori tipici – bianco e azzurro – si distingue dalle altre in quanto non necessita di particolari promozioni. Si tratta, infatti, di un'attività che può pregiarsi di una reputazione in virtù della quale vengono oltrepassati gli orizzonti dell'artigianato folkloristico nei quali, almeno originariamente, si collocava l'attività dell'ÚL'UV. La decorazione della ceramica e, più precisamente, della maiolica di Modra, soddisfa infatti tutti i presupposti per essere definita come il mestiere d'arte d'eccellenza nell'odierna Slovacchia.

3. *Mestieri d'eccellenza*

Lavorazione della maiolica

Sui fianchi dei Carpazi, a 25 chilometri dalla capitale Bratislava, è situata la città di Modra, culla della produzione di oggetti in maiolica[7]. Le officine nelle quali si realizzavano oggetti in ceramica esistevano in questa regione sin dal XIV secolo; tuttavia, l'apporto decisivo che innalzò la qualità dei prodotti e, in particolare, spinse verso la specializzazione in maiolica giunse nel XVI secolo con l'arrivo della comunità di anabattisti in fuga dalle persecuzioni religiose. Lontano dai centri del potere degli Asburgo, i membri della comunità, denominati dagli abitanti autoctoni 'habani', poterono fondare le basi per la produzione di oggetti in ceramica che si differenziava da quella preesistente per la superiore qualità delle tecniche di cottura, ma anche per l'elegante semplicità delle decorazioni nella quale si riflettevano i loro precetti religiosi. La persecuzione nei loro confronti non terminò: gli 'habani' furono costretti infine a convertirsi o a emigrare nel Nuovo Mondo; la loro tecnica, tuttavia, venne assimilata dalle officine locali e venne presto considerata come un'espressione dell'arte popolare locale.

Il repertorio delle decorazioni fu gradualmente esteso: l'auste-

---

[6] Per l'intervista con L'ubica Fábri, cfr. l'articolo di S. PETRÁŞOVÁ, *Modern craftmanship*, «The Slovak Spectator», 12 febbraio 2002, consultabile anche su www.slovakspectator.sk.

[7] www.majolika.sk/o_nas_aj.htm.

rità anabattista venne man mano abbandonata in favore di motivi naturali, ai quali col tempo si aggiunsero sempre più elaborate immagini di vita rurale. Nel 1883, il governo cittadino istituì la scuola per l'apprendimento della tecnica ceramica, la quale assunse su di sé i compiti delle disciolte gilde, come l'organizzazione dell'apprendistato e della produzione. Attualmente, le aziende di maiolica operanti a Modra offrono ai propri visitatori anche la possibilità di ammirare sia la produzione dei secoli passati, sia gli odierni maestri artigiani all'opera; tra queste si distingue:

Slovenská Ľudová maiolica
Dolná 138, 900 01 Modra

4. *Contesto economico*

Dal periodo successivo alla transizione post-socialista e all'indipendenza (prima della quale il suo sistema economico era sostanzialmente poco dissimile da quello dei territori cechi), la Slovacchia ha avviato un processo di privatizzazione incontrando notevoli difficoltà[8]. La crescita economica del Paese ne ha risentito pesantemente e alla vigilia del suo ingresso in Europa la Slovacchia aveva un tasso di sviluppo ben più basso della Repubblica Ceca. Le linee di politica economica avviate dagli esecutivi degli ultimi anni hanno tentato di correggere gli errori compiuti nel corso degli anni Novanta attenendosi a un programma incentrato sulla privatizzazione dei maggiori enti statali, sulla ristrutturazione del settore energetico, sulla lotta alla disoccupazione e, negli anni più recenti, sull'adozione di riforme utili a trarre pieno vantaggio dall'adesione all'Unione Europea[9].

All'interno di un simile quadro economico, l'incidenza dell'artigianato artistico è alquanto debole: esso si è andato strutturando in piccole e micro-imprese, le quali confidano soprattutto nel potenziamento del settore turistico.

---

[8] Sulla ristrutturazione economica negli anni successivi al crollo del sistema socialista cfr. F. Frittoli (a cura di), *Repubblica ceca e Slovacchia. Guida pratica alla nuova primavera economica: economia, fisco, legislazione, obblighi valutari*, Franco Angeli, Milano 1999.

[9] www.economy.gov.sk/index/go.php?lang=en&id=30&idm=0.

Il Governo slovacco si è sforzato, tuttavia, di elaborare forme di regolamentazione che favoriscano le scelte di investimento nell'innovazione delle piccole e medie imprese. Gli interventi in questa direzione – elaborati in coerenza con i principi e le indicazioni contenute nella *European Charter for Small Enterprises* –, riguardano l'introduzione di un quadro legale e procedurale semplificato per le attività produttive, il miglioramento dell'ambiente monetario e finanziario, la promozione delle iniziative di internazionalizzazione, il sostegno all'accesso alla ricerca, all'innovazione tecnologica e alla formazione specializzata.

Secondo l'analisi pubblicata dall'OECD per l'anno 2005[10], tali propositi sembrano in parte mantenuti: le procedure burocratiche appaiono snellite, benché i tempi necessari per il loro disbrigo non si siano abbreviati nella misura prevista. La nota dolente rimane però l'accesso ai crediti e la protezione degli investitori: appare tuttora difficile per i piccoli imprenditori incontrare enti pubblici o privati disposti a offrire loro i capitali necessari per l'innovazione e, d'altro lato, gli investitori denunciano poca trasparenza nelle transazioni finanziarie. Per ovviare a tali difficoltà, il Ministero dell'Economia è stato parzialmente riorganizzato nel 2002 con l'istituzione di dipartimenti per l'ambiente imprenditoriale e per i programmi di supporto. Quest'ultimo ha istituito nel corso dello stesso anno sei programmi di finanziamento per le piccole e medie imprese; ciascuno di essi include dei sottoprogrammi tramite i quali le imprese dovrebbero poter accedere a finanziamenti di supporto e micro-crediti. La ristrutturazione è stata attuata anche nelle agenzie statali attive nel settore delle piccole e medie imprese, NADSME (Agenzia nazionale per lo sviluppo delle piccole e medie imprese) e SARIO (Agenzia slovacca per lo sviluppo degli investimenti e del commercio). A parere della Commissione Europea, tali ristrutturazioni dovrebbero portare alle necessarie rettifiche del quadro istituzionale, in particolare grazie al potenziamento del ruolo svolto dalle agenzie specializzate come il NADSME; in generale, il suggerimento della Commissione è quello di incoraggiare le associazioni imprendito-

[10] stats.oecd.org/WBOS/ViewHTML.aspx?QueryName=197&QueryType=View&Lang=en.

riali a subentrare nella cura del settore al posto dell'amministrazione pubblica[11].

5. *Profilo istituzionale-normativo*

Contrariamente a quanto lascia intendere il suo nome, il contributo dell'ÚL'UV non è limitato al folklore: la 'cultura digitale' (ossia, l'insieme delle applicazioni del digitale alla produzione dei beni) è sostenuta a sua volta; in questo campo, infatti, la Slovacchia è il Paese meno progredito dell'Unione Europea. Secondo i dati della Commissione Europea per l'anno 2004[12], il 16% della popolazione non sapeva cosa fosse internet, mentre arrivavano al 19% i cosiddetti illetterati del computer; del 38% dei cittadini in possesso del computer, solo il 13% avevano l'accesso a internet a causa dell'elevato costo della connessione. Già l'anno successivo, però, il numero delle connessioni in banda larga è cresciuto di un vertiginoso 527% (realizzando il più alto tasso di crescita fra i Paesi dell'Unione), ma a livello complessivo resta pur sempre molto al di sotto della media europea, con l'1% rispetto al 8,6% europeo. Si può pertanto facilmente comprendere l'importanza delle iniziative promosse dall'ÚL'UV, come gli incontri dedicati al ruolo che la cultura digitale potrebbe svolgere nello sviluppo dell'artigianato tradizionale. Secondo gli organizzatori, alla tecnologia digitale andrebbe demandata non solo la promozione della tradizione, specialmente fra i giovani, ma anche la registrazione e l'archiviazione delle tecniche di lavorazione dei maestri artigiani. Inoltre, questi incontri dovrebbero servire per l'individuazione di metodi per l'inserimento della tecnologia digitale all'interno del processo lavorativo artigianale, per la vendita del prodotto e per la costruzione di reti di cooperazione internazionale. Se si considera la difficoltà per la popolazione slovacca di accedere alla tecnologia digitale, diventa del tutto comprensibile l'importanza di enti pubblici impegnati nel traghettamento del settore dei mestieri d'arte verso l'era delle cosiddette *future technologies*.

---

[11] Il parere della Commissione Europea è reperibile sul sito www.fifoost.org/slowakei/EU_SLovakia_2002/node51.php.

[12] www.internetworldstats.com/eu/sk.htm.

6. *Formazione*

Riassumendo, l'ÚL'UV si cura della produzione artigianale, sia cooperando con i singoli artigiani, sia nei propri *workshops*; promuove le attività di ricerca per quanto riguarda le tecniche di lavorazione e il *design*; assiste gli artigiani nella vendita dei prodotti e nel reperimento dei mezzi di lavoro e dei materiali. Infine, dal 1999, un'apposita sezione denominata «le corti delle arti» si dedica alle attività formative organizzando corsi e mostre e pubblicando opere di letteratura specialistica.

Quanto all'apprendimento delle tecniche artigianali promosso dal centro, esse possono essere suddivise in cinque settori:

– lavorazione del legno, della creta, del metallo, del cuoio, delle fibre naturali ecc.;
– lavorazione e pittura su vetro;
– produzione e decorazione dei biscotti di miele;
– ricamo e decorazione di tessuti, merlettatura;
– stampa su tessuti e superfici in ceramica[13].

ÚL'UV Design Studio di Bratislava
Dobrovičova 13,
811 09 Bratislava
Tel.: 00421 (2) 5296-4153
craft@uluv.sk

ÚL'UV – sede centrale
Obchodná 64
816 11 Bratislava
Tel.: 00421(2) 5273 1344(5)
craft@uluv.sk

Slovenské centrum dizajnu
(Centro del design slovacco)
Jakubovo nám. 12
Bratislava
Tel.: 00421(2) 5293 1523

---

[13] www.uluv.sk/en_index.html.

Mestské múzeum, Stará radnica
(Museo cittadino per il design e l'artigianato)
Primaciálne nám. 3
Bratislava
Tel.: 00421(2) 5443 4742

Slovenia

1. *Premessa storico-ambientale*

L'espressione *domače in umetnostne obrti*, adottata dall'Associazione degli artigiani sloveni per indicare le attività riconducibili ai mestieri d'arte, suggerisce già dei rimandi a una peculiare evoluzione storica. Infatti, la formula *umetnostne obrti*, la quale si presta a un'immediata identificazione con l'espressione italiana 'mestieri d'arte' o con quella inglese *arts and crafts*, adempie bene la funzione descrittiva, ma rimane relativamente distante dalla lingua viva, evocando, piuttosto, la precisione impersonale del linguaggio amministrativo. La caratterizzazione territoriale emerge, invece, nel lemma *domače*, traducibile come 'nostrano' o 'casalingo', strettamente correlato a un altro vocabolo che regolarmente appare sulle insegne degli artigiani sloveni: *rokodelstvo*, ossia 'manifattura'.

L'attività manifatturiera nei territori dell'odierna Slovenia si è costituita prevalentemente come un artigianato indirizzato al gusto e alle necessità delle comunità rurali, lontane dall'influenza della produzione artistica 'alta'. Quest'ultima, infatti, era incentrata nelle principali città dei territori asburgici, dominate dalla cultura e dal gusto tedesco e inesorabilmente aliene rispetto al mondo contadino sloveno. L'aggettivo 'nostrano' caratterizzante la produzione degli artigiani sloveni va, pertanto, interpretato come un derivato delle contrapposizioni che avevano caratterizzato tutta l'epoca moderna e contemporanea slovena, fino alla dissoluzione dello Stato plurinazionale asburgico. Il 'nostrano' (*domače*) si oppone al tedesco, il prodotto casalingo del villaggio a quello della città, il manifatturiero (*rokodelstvo*), infine, alla concorrenza industriale.

Storicamente, la prima attività artigianale regolata è la falegnameria, della quale tratta la patente emanata dall'imperatore Federico III nel 1492. Oltre ai manufatti in legno, le espressioni estetiche contadine adornano il vasellame, gli abiti, le candele, ma anche i prodotti alimentari, come testimoniano le decorazioni applicate sul pane o sui biscotti al miele (*medenjaki*).

Per quanto i primi tentativi di una regolamentazione sistematica delle categorie artigianali da parte dello Stato risalgano ancora alla seconda metà del XVIII secolo, un'adeguata legislazione sarà prodotta solo a cavallo fra il XIX e il XX secolo, per essere poi recepita dal nuovo regno S-H-S (regno dei serbi, croati, sloveni) fondato alla fine della Grande Guerra. Epoca d'oro dell'artigianato artistico locale viene considerato il periodo fra le due guerre: l'industrializzazione, per quanto tardiva rispetto ai Paesi dell'Europa occidentale, contribuisce a soddisfare il bisogno di prodotti di largo consumo a un livello sufficiente affinché al prodotto manufatto locale venga definitivamente attribuito un carattere principalmente decorativo. Parallelamente, i mutamenti politici modificano i parametri valutativi della popolazione locale; l'artefatto *domače* acquista un valore aggiuntivo: oltre alla dimensione estetica, esso incarna quei valori nazionali saliti alla ribalta con la fine del dominio asburgico e dei tentativi di germanizzazione.

La nuova legislazione introdotta dopo la Seconda guerra mondiale dal regime socialista risulta meno favorevole nei confronti dell'artigianato artistico. Nel 1946, a Ljubljana, viene fondato l'istituto statale per la vendita dell'artigianato nostrano (*Državni prodajni zavod za domačo obrt*): un ente centralizzato, dunque, il cui scopo avrebbe dovuto essere la mediazione fra i produttori dell'artigianato artistico e gli acquirenti. Per quanto questo tentativo maldestro di sostituire il mercato dei prodotti artistici con un ente statale venga presto abbandonato, il patrocinio della burocrazia su un settore particolarmente inadatto alle statalizzazioni, come quello dei mestieri d'arte, farà sentire il proprio peso colpendo in primo luogo l'eredità costituita da competenze tradizionali e il trasferimento del sapere alle nuove generazioni. Fedele al dogma secondo cui la preminenza andava assegnata all'industria a scapito della produzione artigianale, la Iugoslavia socialista adotterà anche nei riguardi dell'artigianato artistico un atteggiamento di sostanziale disinteresse, mascherato dietro occasionali rassegne di produzioni tradizionali, in verità non più che delle 'vetrine' da esibire di fronte a visitatori esteri. In linea con la 'chiave' federale adottata per esprimere la pluralità nazionale dello Stato iugoslavo, tali mostre si svolgevano in ciascuna delle repubbliche: per la Slovenia, nella città di Slovenj Gradec (le mostre annuali di Slovenj Gradec sono poi sopravvissute allo scioglimento della federazione iugoslava: venuta meno la cornice propagandistica, l'iniziativa si è altresì rivelata un utile incentivo per il rinvigorisi della categoria)[1].

Assieme al regime socialista, nel 1990 cadono, infine, i precetti della produzione massificata; gli orizzonti sottesi al termine *umetnostne obrti* si liberano dalla funzione 'rappresentativa' che li voleva meri custodi della tradizione. Nelle città maggiori come Ljubljana, numerosi nuovi spazi espositivi testimoniano dell'interesse sia per l'arte legata alla tradizione locale, sia per l'innovazione[2].

2. *Quadro dei mestieri d'arte*

Già questo rapido riepilogo delle vicissitudini storico-politiche della Slovenia e dei condizionamenti che esse proiettavano nell'ambito dei mestieri d'arte, permette di comprendere l'odierno atteggiamento di cautela riscontrabile nelle manifestazioni della categoria. Non deve pertanto meravigliare o suscitare perplessità se, stando ai temi che hanno monopolizzato i più recenti appuntamenti pubblici dedicati ai mestieri d'arte, nell'ambiente ci si interroghi sotto quale luce debba essere giudicata l'adesione di questo giovane Stato all'Unione Europea[3].

---

[1] Come esempio dell'influenza benefica perpetrata dalla mostra sulla vita artistica della città di Slovenj Gradec, basti menzionare la fondazione della Galleria per le arti visive della Koroşka (*Koroşka galerija likovnih umetnosti*).

[2] Sulle modalità della transizione del sistema economico sloveno da socialista a improntato al libero mercato e sulle politiche economiche messe in atto a tale fine dal Governo sloveno, cfr. E. VRSAJ, *La repubblica della Slovenia tra l'Europa e i balcani*, Franco Angeli, Milano 1993; CENTRE FOR CO-OPERATION WITH THE ECONOMIES IN TRANSITION, *Labour market policies in Slovenia*, OECD, Paris 1997.

[3] Per un'analisi delle problematiche di identità culturale legate all'inserimento dello Stato sloveno nell'Unione Europea, cfr. C. CARMICHAEL, *Slovenia and the slovenes: a small state and the new Europe*, Hurst, London 2000.

È piuttosto esemplificativo, in questo senso, il testo di presentazione della XV mostra biennale dei mestieri d'arte in Slovenia, tenutasi a Slovenj Gradec dal 16 aprile al 2 maggio 2004. «Il dibattito riguardante il concetto dell'identità, della "slovenicità", dell'interesse nazionale [...] ritorna d'attualità con l'approssimarsi dell'integrazione nell'Unione Europea», esordisce il manifesto, per tracciare una linea diretta fra l'identità nazionale e i mestieri d'arte intesi come sua manifestazione più diffusa, più 'tangibile' nella quotidianità. «Tutto ciò che nasce fondandosi sulla nostra ricca eredità e con l'aiuto di una manualità elevata e del senso espressivo» viene pertanto mobilitato in difesa della 'slovenicità'; viceversa, fino al 1990, la mostra dei mestieri nostrani e d'arte (*razstava domače in umetnostne obrti*) non poteva ambire a un ruolo di custode dell'identità nazionale (com'è stato già accennato, l'istituzione della mostra risale in verità all'epoca iugoslava, per la precisione al 1977). A sentire gli odierni curatori, alle edizioni della mostra tenutesi prima che fosse raggiunta l'indipendenza nazionale mancava una dimensione qualitativa: «fino all'anno 1990 dominava il criterio della quantità degli oggetti esposti. Da quell'anno in poi, la mostra ha assunto un nuovo orientamento con l'ausilio dell'Associazione degli artigiani sloveni e dell'operato del suo giurì d'esperti incaricato di valutare i prodotti»[4].

L'impostazione adottata dai curatori della mostra appare del tutto comprensibile, in quanto mossa dal desiderio di riscattare i mestieri d'arte confinati dalla burocrazia iugoslava in quella collocazione meramente rappresentativa descritta in precedenza. Ciò nondimeno, quest'intento di riconquistare la qualità assegnando a un ente centrale la funzione di giudice valoriale e, ancor più, l'assunto di base che alimenta tale ambizione (che, cioè, questo riscatto qualitativo dovrebbe rispecchiare il riscatto ottenuto dall'identità nazionale slovena con la proclamazione dell'indipendenza) non convince del tutto. Prova ne è l'articolo fortemente polemico apparso il 25 giugno 2001 sull'autorevole settimanale «Mladina», incentrato sulle controversie emerse attorno allo «Stato sloveno e il *transfert* della sua immagine»[5].

---

[4] Per il testo di presentazione della mostra dei mestieri d'arte di Slovenj Gradec, cfr. www.rokodelstvo.si/index.aspx.

[5] U. CETINSKI, *Identifikacija države s kulturo ne obstaja. Festivalska ponudba v Sloveniji je tako kot po vsej Vshodni Evropi vse bolj dinamična in pestra*, «Mladina», 2001, 25.

L'autrice Uršula Cetinski muove dal presupposto che la dinamicità e la pluralità, sviluppatesi nel campo dell'arte e della cultura, sono delle novità positive sviluppatesi «dal basso», che esprimono i diversi volti dell'odierna società slovena. Sarebbe una pessima idea, avvisa l'autrice, tentare di ricondurre la creatività individuale sotto il patronato di «una specie di "grande fratello"». Nel suo complesso, l'articolo si può interpretare come un'esortazione affinché sia permesso all'immagine del nuovo Stato di emergere spontaneamente «tra la popolazione», piuttosto che tentare di costruirla con un'azione «dall'alto», affidata alle associazioni di categoria che piloterebbero le attività in base a un'unica interpretazione del concetto di «identità nazionale».

L'associazione degli artigiani sloveni ha ufficializzato l'attribuzione di uno *status* speciale ai mestieri d'arte istituendo per esso un ramo distinto rispetto alle restanti attività artigianali. Il fatto che la normativa in questione non abbia precisato alcun criterio in base al quale è stata compiuta la distinzione fra l'artigianato in senso stretto e l'artigianato artistico induce alla conclusione che la peculiarità di quest'ultimo venga percepita dai dirigenti dell'associazione come un fatto ovvio che non richiede – e anzi, mal sopporta – tentativi di codificazione[6]. Fra le 46 categorie riconosciute come artigianato artistico, meritano di essere menzionate almeno quelle particolarmente 'vivaci' in termini di visibilità, di singolarità, o infine di rilevanza economica, lavori in ceramica (includendo tutte le tecniche, dalla terracotta alla porcellana), produzione di pupazzi da teatro, *medičarstvo*, cioè produzione dei decorativi biscotti al miele, produzione di candele e di oggetti in cera, produzione di selle, produzione di zoccoli, produzione di oggetti in paglia, merlettatura, produzione di pipe e colorazione di tessuti.

3. *Mestieri d'eccellenza*

Merlettatura

La merlettatura, intesa come produzione di tessuti ornamentali, risale in Slovenia al XV secolo. Per quanto l'arte del merletto sia

[6] L'indice completo dei mestieri d'arte rappresentati dall'Associazione degli artigiani sloveni si può trovare sul sito dell'associazione: www.ozs.si.

indubbiamente molto più antica, solo con l'epoca moderna si sviluppa un mercato di merletti intesi come prodotto decorativo a sé, distinto dai capi d'abbigliamento. Considerato un oggetto di lusso, il merletto adorna inizialmente i tessuti destinati alle chiese e ai monasteri; con la nascita di un ceto borghese abbiente, nelle case cittadine il merletto acquista il valore di uno *status symbol*. Oltre a importare i merletti da Venezia e dall'Olanda, la crescente richiesta incentiva anche la nascita dei primi laboratori locali, concentrati a Ljubljana e a Idrija.

Nell'Archivio della Camera di corte di Vienna si conserva il documento più antico noto sino ad oggi, datato 1696 e testimoniante la presenza dell'arte del merletto in Slovenia, che narra proprio del merletto a tombolo di Idrija. I segreti del mestiere erano stati acquisiti presumibilmente dalle mogli dei minatori boemi impiegati nelle miniere di Idrija, dove si sviluppò infatti la produzione di maggior pregio. I giorni gloriosi del merletto di Idrija erano legati agli ultimi decenni dell'Impero asburgico: grazie all'istituzione di scuole di merletto (dopo il 1876), le rivendite organizzate superarono gli schemi angusti dell'artigianato casalingo e l'attività raggiunse il livello di vera e propria creazione artistica. L'arte del merletto a tombolo si diffuse in tutto il circondario e Idrija assurse al ruolo di uno dei centri della produzione di pizzi e merletti a tombolo più noti in Europa. Gli artefatti, confezionati con filo di lino, adornavano gli ambienti residenziali e quelli da lavoro, le tovaglie, i tovaglioli, i tendaggi, la biancheria da letto, vari capi d'abbigliamento femminili e infantili, gli arredi sacri e altro ancora. Dopo la dissoluzione dell'Impero asburgico, i legami commerciali con i ricchi acquirenti di Vienna vennero recisi e il merletto seguì il destino degli altri prodotti dell'artigianato artistico locale, immobilizzati in una funzione rappresentativa dell'identità nazionale. Con il risveglio della piccola imprenditoria seguito alla svolta democratica del 1990, la merlettatura ha riacquistato i connotati di un'attività creativa; i merletti esposti nelle numerose piccole gallerie e botteghe sorte negli ultimi anni segnalano infatti, oltre all'attenzione per la tradizione, anche l'apertura verso forme estetiche innovative.

Riassumendo, dunque, si tratta di un'attività recepita in Slovenia in un passato sufficientemente remoto perché la si possa considerare a pieno titolo 'tradizionale'. Il fatto che essa sia stata in origine 'ricevuta' da un'altra comunità, quella boema, non ne diminuisce il carattere tradizionale, giacché la comunità ricevente ha saputo imprimerle un contrassegno locale; infatti, benché il merletto a tombolo sia conosciuto anche in altre località (per esempio a Venezia), si può a ragione parlare del 'merletto di Idrija' come di una tecnica autoctona.

La produzione di merletti ha dovuto affrontare dei momenti di crisi a causa delle trasformazioni socio-economiche intervenute con l'industrializzazione e la conseguente urbanizzazione. I produttori odierni non sono più persone legate esclusivamente all'ambiente rurale e al suo sistema economico; essi vanno piuttosto intesi come degli 'ammiratori' della merlettatura tradizionale che riscoprono le sue tecniche e contemporaneamente arricchiscono il prodotto aggiungendo un contenuto estetico che deriva dalla sensibilità odierna. Ne risulta un prodotto capace di catturare l'interesse dell'acquirente non come un mero 'cimelio', ma come un ornamento 'tipico' (*domače*) confacente alle esigenze estetiche attuali.

Lavori in terracotta

La lavorazione della terracotta è indubbiamente uno dei più antichi mestieri esercitati continuativamente sul territorio sloveno e si andò sviluppando attorno ad alcuni centri di produzione del vasellame: Ljubno (nella regione di Gorenjsko), Komenda, la valle di Ribniška, nei pressi della città di Celje... Tuttavia, la rilevanza economica dell'attività non va oltre la fine del XIX secolo: il vasellame apparteneva, infatti, a un quadro bucolico incentrato sul focolare domestico. Con la diffusione di fornelli chiusi e di stoviglie di metallo di produzione industriale, la brocca di terracotta si riduce a un mero *souvenir*, un orpello conservato nelle case come simbolico omaggio alla società contadina alla quale si stanno voltando le spalle. Oggi questo prodotto stenta a innalzarsi dal livello di 'curiosità etnografica'; rimane, in altre parole, ostaggio della sua funzione e quindi anche della sua estetica originaria.

Un diverso scenario si sta, tuttavia, proponendo: nell'odierna Ljubljana è facile scoprire *ateliers* che espongono manufatti in terracotta, riconducibili all'antica tradizione per quanto riguarda la tecnica di lavorazione, ma contemporaneamente del tutto decontestualizzati nei confronti dell'eredità culturale dalla quale derivano. Il rischio che emerge da un'evoluzione simile è che la produzione di oggetti in terracotta scivoli verso un'estetica 'globalizzata': un'estetica che occhieggia alla tradizione locale, ma che intende corrispondere a un presunto gusto universale e che, pertanto, non di rado merita l'appellativo di *etno-kitsch*. La riscoperta delle tecniche di produzione degli antichi *lončarji* (produttori di vasellame) rimane di per sé un fatto positivo, ma il mero possesso della tecnica non fa, tuttavia, di essa un mestiere d'arte compiuto. Va aggiunta la 'sfida' di elaborare un'espressività nuova, che non sia né asservita alla riproduzione delle forme tradizionali, né una 'versione in terracotta' degli oggetti creati dalla società industriale.

Costruzione di pupazzi da teatro

Per poter parlare della produzione di burattini e di marionette è necessario preliminarmente descrivere sommariamente il quadro evolutivo del teatro dei pupazzi in Slovenia. Per una questione di precisione lessicale, va premesso che la lingua slovena non indugia particolarmente nella distinzione fra burattini, marionette, marotte o pupi, ma riduce tutti al solo termine di *lutke* - 'pupazzi' (contrariamente, per esempio, all'italiano, ove un simile utilizzo indifferenziato dei termini apparirebbe lesivo nei confronti di diverse tradizioni che custodiscono con orgoglio le proprie specificità).

Già da questa minima elaborazione linguistica si può intuire che, per continuare il paragone con le scuole teatrali italiane, quella slovena non può vantare un passato né particolarmente ricco, né variegato. Quest'ultimo, infatti, si riduce a una forma di spettacolo popolare che veniva allestito in occasione delle fiere di paese e di cui si è salvata la memoria principalmente grazie alle ricerche svolte dall'etnologo Boris Orel.

In ogni modo, il fatto rilevante è che questa tradizione paesana non ha in alcun modo influenzato l'evoluzione del teatro dei pupazzi che possiamo ammirare oggi. Quest'ultimo si è sviluppato, a detta dei suoi stessi protagonisti, 'dal niente': ignorando del tutto, cioè, l'esistenza del suo antecedente popolare e cercando le indicazioni stilistiche nelle scuole straniere, principalmente in quella boema, ma anche in quella italiana o in quella tedesca.

I primi tentativi del genere si registrano negli anni a ridosso della Prima guerra mondiale (nelle stagioni teatrali fra il 1910 e il 1913). Benché i risultati siano criticati come delle mediocri imitazioni della scuola di Praga, essi fungeranno da stimolo per un percorso autoctono intrapreso nel 1919 dal pittore Milan Klemenčič, il quale realizzerà i pupazzi per il primo teatro sloveno delle marionette «Na Gašperčkovo». Nei due decenni successivi, grazie all'attività di Klemenčič e dei suoi collaboratori, del pittore Rihard Jakopič e dell'architetto Jože Plečnik, il teatro «Na Gašperčkovo» pose le basi del teatro dei pupazzi sloveno, il quale può da allora essere considerato definitivamente affrancato da quello boemo.

Se fino al 1968 in Slovenia operava un solo teatro stabile di questo tipo, per cui la produzione di pupazzi risultava comprensibilmente limitata, da quell'anno si può registrare il dilagare di compagnie amatoriali, alcune delle quali, come «Lutkovno gledališče Dravlje» (oggi denominato «Lutkovno gledališče Jože Pengov»), riusciranno a consolidarsi e ad affermarsi come culle di una nuova espressività. Il più recente in ordine di apparizione è il «Mini teater», fondato a Ljubljana nel 1999 dal regista, attore e creatore di pupazzi Robert Waltl. Nella presentazione del teatro redatta da quest'ultimo si può scorgere un indizio rivelatore di una tendenza piuttosto sentita nel settore: «Il nostro desiderio è di collaborare, al "Mini teater", con registi, scenografi, artisti visivi e scrittori provenienti da Paesi diversi, i quali arricchirebbero il teatro sloveno costruendo dei contatti con gli artisti sloveni».

Il dislivello fra il vivo interesse con il quale in Slovenia vengono accolte le tendenze allogene e le difficoltà che accompagnano i tentativi di esportare la propria produzione culturale incide però sull'attività dei creatori dei pupazzi che, a differenza dei loro colleghi di Praga, non possono vantare una ricca tradizione; in altre parole, non hanno a disposizione una nomea, un 'marchio di fabbrica' spendibile ai fini della promozione. Per poter uscire dai ristretti confini nazionali ed evitare il rischio di una marginalizzazione, il teatro di pupazzi sloveno dovrà guadagnarsi l'attenzione del pubblico internazionale solo in base ai suoi meriti odierni. La via scelta dal «Mini teater» appare quindi promettente, ma solo nella misura in cui l'attività dei suoi membri sarà capace di stimolare gli artisti stranieri, di motivarli, cioè, a trasferire la propria attività in un Paese poco illuminato sulla scena globale.

4. *Contesto economico*

Secondo il rapporto della Banca Mondiale per l'anno 2006, la Slovenia fa parte dei cosiddetti «Paesi ad alto reddito»[7]: nel 2005, il tasso del PIL era cresciuto del 3,9%, in particolare sotto la spinta della domanda estera; l'inflazione era del 2,5% mentre dal 1997 la disoccupazione a lungo termine si mantiene al 6,9%. Di conseguenza, la Slovenia viene considerata come il più sviluppato fra i nuovi membri dell'Unione Europea e come l'esempio più soddisfacente per quanto concerne la transizione dall'economia pianificata a quella di mercato, ragion per cui dal 1° gennaio 2007 è entrata a far parte della «zona euro».

La relativa prosperità del Paese è attribuita, da un lato, a fattori preesistenti alle riforme economico-sociali realizzate nel 1990, come, in primo luogo, l'alto tasso di preparazione della manodopera. Dall'altro lato, l'approccio alla privatizzazione dell'economia prescelto dai governi è stato sostanzialmente diverso da quelli degli altri Paesi in transizione, orientato com'era alla gradualità e alla ricerca del consenso da parte dei dipendenti delle aziende. Le modalità della privatizzazione hanno comportato anche un afflusso di investimenti esteri molto minore rispetto agli altri Paesi ex-socialisti: nel 2005 i cosiddetti «investimenti esteri diretti» (FDI) costituivano solo lo 0,2% del PIL. Benché tale politica abbia permesso al sistema economico sloveno di concludere il processo di privatizzazione e di apertura al mercato mondiale evitando gli squilibri che avevano segnato le economie degli altri Paesi in transizione, così facendo essa ha, secondo alcuni studi, limitato la crescita del settore della piccola e media impresa.

Questo settore è stato ordinato secondo la «Legge sulla promozione della piccola impresa» n. 18/1991 dell'11 ottobre 1991 e la «Legge sulle compagnie commerciali» n. 30/1993 del 10 giugno 1993. La normativa include sotto la qualifica «piccole imprese»

---

[7] Cfr. il rapporto della Banca Mondiale pubblicato sul sito www.worldbank.org.

quelle con un massimo di 50 dipendenti, mentre non fa menzione delle «medie imprese». Uno studio condotto nel 2001 e basato sull'analisi econometrica di diverse piccole imprese ha tentato di identificare quali fossero i principali problemi del settore[8]. Secondo gli autori, benché tali imprese operino senza particolari difficoltà, sono «condannate a rimanere piccole», ossia, «la loro crescita è legata negativamente alla loro dimensione» e, come già accennato, le principali barriere al loro cammino sono rappresentate dalle difficoltà finanziarie, in particolare dall'alto costo del capitale.

5. *Profilo istituzionale-normativo*

Il settore delle piccole imprese è gestito dal Ministero per la Piccola Impresa e il Turismo; per quanto riguarda i servizi necessari agli operatori del settore – come enti di consulenza e di informazione – vanno menzionati il Centro per lo Sviluppo della Piccola Impresa e l'Euro Info Centro, ma anche centri regionali situati nei capoluoghi di ogni provincia[9].

Oltre agli enti interessati primariamente alle questioni economiche del settore, si segnalano anche quelli orientati alla diffusione e alla cura del bagaglio culturale. Benché una distinzione fra le istituzioni volte alla tradizione e quelle più attente all'innovazione possa risultare fuorviante, in quanto suggerirebbe l'esistenza di un rapporto conflittuale fra le due tendenze, appare opportuno suddividere secondo questa logica le principali istituzioni di riferimento (secondo il criterio di prevalenza) al fine di facilitarne la mappatura.

Sul versante tradizionale, sono attive le seguenti istituzioni:

– Museo etnografico sloveno (SEM): fondato nel 1923 come parte delle iniziative atte a preservare l'identità culturale slovena dopo un lungo periodo di egemonia culturale austro-tedesca, nei primi decenni dell'attività incentra l'interesse sui «tesori dell'eredità

---

[8] W. Bartlett - V. Bukvič, *Barriers to SME Growth in Slovenia*, «MOCT-MOST: Economic Policy in Transitional Economies», 11 (2001), 2, pp. 177-195.

[9] Cfr. il sito www.unece.org/indust/sme/slovenia.htm.

popolare». Successivamente, i criteri di reperimento saranno riequilibrati; attualmente, il museo offre una panoramica della produzione culturale estesa sia all'arte, sia alla quotidianità.

Slovenski etnografski muzej
Metelkova 2, 1000 Ljubljana
Tel.: (00386) 1 300 87 00
etnomuz@etno-muzej.si

– Centro di informazione turistica di Idrija («Turističko informativni center»): offre informazioni riguardanti la merlettatura nella zona di Idrija, nell'intento di coniugare la tradizione artigianale con la promozione turistica della zona.

Turističko informativni center
Lapajnetova ulica 7, 5280 Idrija
Tel.: (00386) 5 377 38 98
Fax: (00386) 5 372 22 39
obctz@s5.net

– Museo locale di Idrija («Mestni muzej Idrija»): fornisce il quadro storico sullo sviluppo della zona, inclusa la produzione di merletti.

Mestni muzej Idrija
Prelovceva 9, 5280 Idrija
Tel.: (00386) 5 372 66 00, 372 66 23
Fax: (00386) 5 377 35 80
tajnistvo@muzej-idrija-cerkno.si
www.muzej-idrija-cerkno.si

Sul fronte dell'innovazione, si segnalano:

– SAE Institute Ljubljana: fra gli istituti formativi per i mestieri d'arte va sottolineata l'importanza della sede slovena dell'International SAE Institute, la più grande rete mondiale di centri per la formazione di operatori nel settore multimediale. L'istituto offre corsi di specializzazione nei campi dell'*audio* e *video ingeneering*; di particolare interesse, inoltre, è il corso di *elec-*

tronic music producing (ossia l'utilizzo di strumenti musicali elettronici e di computer per la composizione e la manipolazione della musica).

SAE institute Ljubljana
Cesta dveh cesarjev 403, 1000 Ljubljana
Tel.: (00386) 1 256 12 99, 256 12 87
Fax: (00386) 1 256 12 62
sae@siol.net

– La galleria per le arti visive della Koroška («Koroška galerija likovnih umetnosti»): la galleria nasce grazie al clima propizio creatosi attorno alla mostra annuale e presenta la creazione corrente dell'artigianato artistico sloveno.

Kozoška galerija likovnih umetnosti
Glavni trg 24, 2380 Slovenj Gradec
Tel.: (00386) 2 882 21 31, 884 12 83
Fax: (00386) 2 882 21 30
galerija@glu-sg.si

6. *Formazione*

L'esperienza acquisita nell'ultimo quindicennio, da quando cioè il settore ha ritrovato vigore ed espressività grazie a un contatto immediato con il mercato, permette di formulare alcune prime considerazioni riguardo alle esigenze formative.

Da un lato, queste vengono ampiamente soddisfatte da una diffusa offerta 'dal basso': gli stessi artigiani appaiono motivati a offrire al mercato non solo i propri prodotti, ma anche la trasmissione delle proprie competenze. Infatti, i cosiddetti *workshops*, oltre a permettere agli interessati l'apprendimento delle tecniche di lavoro, rappresentano un'occasione di guadagno per gli artigiani. Questo canale di trasmissione appare particolarmente indicato per la diffusione capillare di forme di artigianato che non abbisognano di mezzi e strumenti di lavoro particolarmente complessi o costosi e che permettono l'avvio di una produzione autonoma già sulla base di un periodo di apprendistato relativamente breve. Laddove i *workshops* o altre rapide forme di apprendistato presso i singoli artigiani non si dimostrano sufficienti per un'adeguata preparazione, l'offerta 'dal basso' necessita di un apporto dalle strutture scolastiche o direttamente dallo Stato. Questa tutela 'dall'alto' chiama però in causa il delicato rapporto fra i mestieri d'arte e l'amministrazione pubblica: rapporto che, agli occhi di molti nell'odierna Slovenia, appare piuttosto problematico. Lo Stato, per tramite della già menzionata Associazione degli artigiani sloveni, ha reintrodotto nel 2000 un esame pubblico per il conferimento del titolo di «maestro artigiano» (*mojster*); con particolare cautela, il testo informativo divulgato dall'associazione tenta di spiegare le ragioni che hanno condotto alla reintroduzione di questo esame abolito negli anni successivi alla Seconda guerra mondiale. Il testo invita infatti gli artigiani a «non chiedersi perché per fare l'artigiano dovrebbero conseguire il titolo di maestro», bensì di comprendere che ogni artigiano dovrebbe «voler diventare un maestro»[10].

Si può ben intuire dalla prudenza con la quale l'associazione ha accompagnato la reintroduzione dell'esame fino a che punto la riproposizione di un controllo della formazione degli artigiani da parte dello Stato comporti il rischio di urtare la suscettibilità degli interessati. Tra l'altro, è stato promosso un sondaggio tra gli artigiani che avevano già sostenuto l'esame per rilevare se, a cinque anni dalla sua introduzione, il conferimento del titolo abbia confermato agli occhi dei nuovi *mojster* la propria opportunità. Le domande del questionario miravano a chiarire quale fosse l'opinione dei «maestri» riguardo al ruolo svolto dall'associazione e più in generale dallo Stato nella formazione degli artigiani. Un'implicita risposta a proposito dell'importanza che i nuovi «maestri» assegnano alle attività della loro associazione e all'istituzione di un canale di comunicazione con l'amministrazione pubblica si può desumere già dal basso interessamento per il sondaggio stesso: infatti, dei 1.500 artigiani interpellati, solo 490, cioè il 33%, ha risposto alle domande[11]. Oltre a lamentarsi dell'onere

[10] Il testo di Nataşa Štirn, intitolato *Ali obrt potrebuje mojstre?* (*L'artigianato ha bisogno di maestri?*) è pubblicato sul sito dell'associazione www.ozs.si con la data del 7 novembre 2005.

[11] I risultati del sondaggio sono presentati sul sito dell'Associazione degli artigiani sloveni nell'articolo di Nataşa Štirn, *Kaj menijo mojstri o mojstrskih izpitih* (*Cosa pensano i maestri dell'esame di maestro?*) del 5 ottobre 2005.

finanziario richiesto ai candidati che intendono seguire i seminari organizzati per la preparazione all'esame, il 20% degli interrogati ha rimarcato che i membri della commissione d'esame ponevano in eccessivo risalto il versante teorico a scapito della preparazione pratica dei candidati.

Quest'ultima questione sollevata dai «maestri artigiani» riassume appieno la difficoltà degli organi amministrativi nel regolare l'accesso a una categoria come i mestieri d'arte: benché un attestato statale possa indubbiamente essere d'aiuto nella promozione di un artigiano e possa contribuire al riconoscimento della professionalità acquisita, ciò nonostante i membri di questa categoria rivendicano il rispetto per quella componente del loro percorso formativo costituita da conoscenze individuali non misurabili con dei criteri prefissati.

Spagna

1. *Premessa storico-ambientale*

Per approfondire e analizzare i mestieri d'arte spagnoli (*oficio y arte*)[1] è necessario risalire, sia pur brevemente, alle origini della popolazione iberica, evidenziando i momenti-chiave di una storia segnata principalmente da un'altalena di invasioni. La terra degli Iberi ospitò fiorenti colonie fenicie e greche lungo le coste del Mar Mediterraneo, fin quando fu conquistata dai Romani ed entrò nella civiltà latina con il nome di Hispania. In seguito al crollo dell'Impero romano fu invasa dai Vandali, che fondarono un breve regno in Andalusia (Vandalusia), e dai Visigoti, che la divisero in numerosi regni indipendenti; nell'VIII secolo fu la volta degli Arabi che vi lasciarono splendide testimonianze della loro civiltà. Con l'unificazione del Paese e la cacciata dei 'Mori', la Spagna si lanciò alla conquista di un immenso impero: enormi ricchezze presero ad affluire dalle Fiandre, dalla Lombardia, dall'Italia meridionale e insulare e dalle colonie d'America[2].

Questa lunga storia di dominazioni, di conquiste e di *conquista-*

---

[1] La formula *oficio y arte* indica i mestieri d'arte nella percezione comune e nelle rappresentazioni sociali spagnole; *oficio y arte,* non a caso, è l'espressione con cui si identifica anche l'organizzazione degli artigiani in Spagna: www.oficioyarte.org.

[2] Per un inquadramento generale della realtà spagnola, fra le innumerevoli pubblicazioni disponibili, si rinvia alla lettura di V. PÈREZ-DÍAZ, *La lezione spagnola. Società civile, politica e legalità,* Il Mulino, Bologna 2003 e ID., *Spain and the Crossroads. Civil Society, Politics and the Rule of Law,* Harvard University Press, Cambridge (Mass.) 1999. Per un'analisi sotto il profilo storico si segnalano i lavori di R.L. BLANCO VALDÈS, *Nacionalidades históricas y Regiones sin historia,* Alianza Editorial, Madrid 2005; F. GRACÍA DE CORTÁZAR - G. VESGA, *Breve Historia de España,* Alianza Editorial, Madrid 1993, (trad. it. *Storia della Spagna. Dalle origini alla democrazia,* Bompiani, Milano 2001); J.V. VIVES, *Aproximación a la Historia de España,* Editorial Vicens Vives, Barcelona 1960 (trad. it. *Profilo della storia di Spagna,* Einaudi, Torino 2003).

dores sottolinea il destino di un popolo che assorbì una miriade di aspetti culturali, creando un'esplosione di identità ancora oggi evidenti e tra le quali primeggiano i Catalani, i Castigliani, gli Andalusi, i Baschi, i Valenciani. Queste stesse 'espressioni culturali' rispecchiano l'organizzazione territoriale del Paese, suddivisa in Comunità autonome, per cui la Costituzione tutela, in generale, le 'differenze' fra Comunità e fra le diverse lingue autoctone come parte integrante dell'identità spagnola[3].

È tuttavia opinione generalmente condivisa che la popolarità delle tradizioni spagnole si debba in particolare alle arti andaluse: è infatti approfondendo lo studio delle tradizioni di questa regione che emergono i più affascinanti casi di *oficios y artes.*

2. *Quadro dei mestieri d'arte*

Una tradizione radicata nella penisola iberica è indubbiamente legata alla costruzione degli strumenti musicali, che ha come massimo risultato la *guitarra flamenca* prodotta principalmente in Andalusia. Strumento di origine orientale introdotto in Spagna da parte dei Romani, fu da subito utilizzato per accompagnare le danze locali, anche se solo nel XVIII secolo si definirono le sue attuali caratteristiche e iniziò ad essere relazionato con la *Baja Andalucía* e con canti e balli tipici dei gitani. La sua qualità e sonorità si proporziona sulla base di un'accurata costruzione artigianale: ciò impedisce la crescita dimensionale delle unità produttive, le quali nella maggior parte dei casi si configurano come 'micro-imprese', ovvero piccole botteghe di artigiani. Nella quasi totalità delle province andaluse si registra la presenza di liutai, con la maggior concentrazione in Granada, Cordoba e Siviglia[4].

Oltre alla costruzione di chitarre, in Spagna si trovano numerosi laboratori artigianali impegnati nella creazione di altri strumenti musicali: *instrumentos de cuerda, instrumentos de percusíon, instrumentos de viento*[5]. Cordoba in particolare è conosciuta per

[3] R. Scarciglia - D. Del Ben, *Spagna,* Il Mulino, Bologna 2005, p. 9.

[4] E. Balesteros, *La artesanía española.* Ed. Rayuela, Valencia 1994, pp. 47-48.

[5] Cfr. J.M. Casado Raigón, *Las rutas de la artesanía en Andalucía,* Fundacion Lara, Siviglia 2005, pp. 66-67.

la costruzione di *tambores* (tamburi), utilizzati specialmente nella Settimana Santa di Baena, in occasione della quale più di duemila suonatori di *tambores* si riuniscono ogni anno per le strade e le piazze della città. Secondo i risultati di un'indagine recente, a Cordoba esistono oggi una trentina di imprese artigiane, in larga misura specializzate nella produzione di strumenti a percussione[6].

In questo settore, un altro prodotto che viene considerato come una vera e propria opera d'arte sono le *castañuelas* (nacchere)[7]. Le nacchere sono piccole conchiglie costruite in legno o in avorio e hanno origini fenicie. Se nel caso della chitarra la fase di commercializzazione fu contrassegnata da una rete di relazioni spesso dirette tra produttore e acquirente[8], per le nacchere la situazione è diversa: l'immagine delle nacchere ha conquistato il mondo del turismo, che ha a propria volta trasformato l'oggetto in un elemento a forte valenza commerciale.

La presenza di miniere di oro e argento in quasi tutta la Spagna[9] ha agevolato sin dall'antichità la nascita di artigiani specializzati nell'oreficeria: *cinceladores, filigranistras, orfebres, plateros, joyeros, engastadores, entalladores, fundidores, batihojas, bruñidores, grabadores, tallistas*[10]. In Andalusia esiste una ricca tradizione in questi campi con i massimi esponenti nella *platería* di Cordoba e nella *orfebreria* di Siviglia[11]. In particolare la prima si è specializzata nella produzione di oggetti preziosi per un pubblico 'civile' molto raffinato, mentre la seconda ha risposto alla necessità ornamentale della forte tradizione religiosa spagnola[12]. Appartiene alla tradi-

---

[6] www.org.lavanguardia.es/premium/pdf/PdfShow?p_action=showpdf&p_id=39048488 &p_data=20050328.html.

[7] Nel già citato libro *Las rutas de la artesania*, Raigon descrive non a caso le nacchere come opere d'arte (p. 43).

[8] La chitarra viene considerata come una vera propria opera d'arte e l'artigiano punta a conservare una precisa competenza sui materiali, le colle e le vernici utilizzate, oltre che su alcune relazioni commerciali. Cfr. C. Laorden, *La artesanía en la sociedad actual*, Salvat, Barcelona 1982, p. 26.

[9] Scarciglia - Del Ben, *Spagna*, pp. 16-17.

[10] Suddivisione riportata in Casado Raigon, *Las rutas*.

[11] www.guiaweb.org; www.esp.andalucia.com.

[12] La *orfebrería sivigliana* attuale si caratterizza non solo per la sua applicazione a oggetti prettamente religiosi, ma anche per lavori realizzati per il recupero del Patrimonio Nazionale. Cfr. C. Maltese, *Las tècnicas artísticas*, Colecćon Manuales Arte Cátedra. Fundacion Española Fomento Artesanía, Madrid 1987.

zione di Siviglia la figura dell'incisore d'arte: i pochi incisori attivi lavorano nelle loro piccole botteghe coltivando le tradizioni artistiche della filigrana in argento, con la quale realizzano soprattutto rosari pendenti e altri oggetti di valore religioso. Queste attività conservano ancora oggi prevalentemente tecniche di lavorazione manuale, ad alto livello tecnico-professionale, anche se di recente sono state introdotte apparecchiature innovative e tecnologicamente più avanzate.

Da una forte tradizione contadina nasce in Spagna l'attività della cesteria che ha dato vita a oggetti necessari per la vita domestica e lavorativa: recipienti per trasportare il grano, coperchi per pentole, cappelli, ventagli, contenitori per le uova e per alimenti, sedie. Secondo lo studio di Casado Raigón, le diverse attività che nascono intorno alla lavorazione della fibra vegetale possono essere suddivise in: *muebles de mimbre, muebles de caña y bambú, silleria de enea, productos de esparto, cesteria y objecto de mimbre, cesterias y objecto de castaño, cesterias y objecto de paja, cesterias y objecto de palma, cesterias y objecto de junco*[13].

L'attitudine a intrecciare la paglia e le fibre vegetali si limitava in genere alla preparazione dei materiali e alla confezione della paglia, che veniva poi venduta ai commercianti o sui mercati limitrofi[14]. Nel tempo, nella terra Rioja, si è mantenuta ancora viva questa 'tradizione familiare' con la tipica lavorazione delle *cillas* e dei *cañizos*[15]. L'artigianato della cesteria spagnola ha vissuto recentemente un forte declino: le abbondanti importazioni dai Paesi asiatici di mobili e complementi d'arredo elaborati con bambù, giunco e altre fibre hanno causato la chiusura di molte botteghe artigianali specialmente nel sud della Spagna[16].

In Spagna si trovano tracce della presenza di botteghe di maestri vetrai fin dall'invasione dei Mori, soprattutto in Andalusia,

---

[13] CASADO RAIGÓN, *Las rutas de la artesanía*, p. 89.

[14] Cfr. G. GONZÁLEZ-HONTORIA, *Las Artesanías de España - zona central norte*, Ediciones del Serbal, Barcelona 2004. p. 115; questa posizione contrasta con quella di Casado.

[15] Le *cillas* sono cesti rotondi, da tre a otto centimetri di altezza, realizzati in vimini o in *zaragatillo* di tessuto delicato; si usano come stampi nella preparazione dei formaggi e permettono che questi rimangano più compatti. I *cañizos* sono dei tessuti di canna uniti con corde, di forma rettangolare e vengono utilizzati per far seccare le ciliegie.

[16] D. THROSBY, *Economía y cultura*, Cambridge University Press, Madrid 2001, p. 72.

dove la fabbricazione artigianale del vetro è rimasta pressoché inalterata per secoli secondo la tecnica della soffiatura a lunga gittata nelle forme circolari e cilindriche. Con la tecnica del *soplado* (soffiato) si realizzano in alcune località nei pressi di Granada pezzi di alta qualità con disegni pregiati dove predominano i toni del verde, del giallo e dell'azzurro. Il più importante centro di creazione del vetro *soplado a boca y tallado* si trova in Andalusia nell'*atelier La Trinidad* a Siviglia[17].

I maestri vetrai spagnoli lavorano nei loro *ateliers* secondo tradizioni varie, alcune molto antiche, che permettono la realizzazione di diverse tecniche: *vidrio soplado, vidrio tallado, vidrio decorado, vidriera artistica, vidrio estirado*[18].

Un aspetto innovativo che ha contribuito a mantenere vivo l'interesse per questo mestiere d'arte è individuabile nella pittura su vetro, che seppure vanti lontane origini (nel XIII secolo), ha recentemente sviluppato nuove abilità e sensibilità grazie all'utilizzo di una vasta scelta di tinte. Granada è un centro dove ancora oggi si ritrova la tradizione artistica e artigianale di realizzare vetri da applicare a porte e finestre e dove si lavora con smalto e vetro per realizzare pregiate lampade; tonalità verdi e azzurre ricercate e una speciale lucentezza sono gli elementi peculiari di questa tradizione.

È importante sottolineare che il settore del vetro sta attualmente investendo in tecniche innovatrici e si sta avvicinando all'uso della fibra del vetro per realizzare elementi ornamentali. In particolare la tecnica cosiddetta della *vitrofusion*, ovvero la fusione di differenti tipi di vetro, sta conquistando le regioni andaluse, specialmente nelle vicinanze di Malaga ad Andújar, Úbeda e Jaèn[19].

In punti ben distinti del territorio iberico come Gerena, Siviglia, la Valle de los Pedroches nei pressi di Cordoba e la provincia de Almeria è radicato il mestiere del tagliatore di pietra e del marmista. Le prime botteghe artigiane legate alla lavorazione

---

[17] Si veda il sito dell'*Asociación de empresarias artesanas de Sevillia*, AES; www.aesevilla.org.

[18] Anche in questo caso il rinvio è allo studio presentato da CASADO RAIGÓN, *Las rutas de la artesanía*, p. 55.

[19] G. CANCLINI, *Las culturas populares en España*, Casa de las Americas, La Habana 2002, p. 132.

del marmo e della pietra si trovano, però, anche in questo caso in Andalusia e risalgono all'epoca musulmana; tuttavia, il periodo di massimo splendore artistico si raggiunge nel Rinascimento, epoca nella quale è forte l'influenza italiana. Esistono differenti realizzazioni che dipendono per lo più dal tipo di materiale impiegato nel laboratorio artigianale, che viene comunemente chiamato *canteria*: *talla de marmol, talla de piedra, alabastro, escayola*[20]. La minor resistenza e difficoltà nella manipolazione del marmo, rispetto alla pietra granitica, ha permesso lo sviluppo di pezzi decorativi di ogni tipo e dimensione. Normalmente i committenti commissionano ai tagliatori di pietra la realizzazione di vari lavori utili nel contesto di costruzione e restauro di edifici civili e religiosi, monumenti storici, case antiche. In tutti questi casi, infatti, l'artigiano opera nella propria bottega utilizzando strumenti tradizionali (come *macetas, cinceles, martillos, mazos, bujardas*) e moderni (come il laser, le smerigliatrici e le levigatrici elettriche) che gli permettono ovviamente di velocizzare il lavoro.

Oggi la produzione industriale è penetrata con forza anche nella *canteria*; tuttavia, si cerca di tutelare l'opera artigianale altamente qualificata[21]. Un esempio in questa direzione sono le botteghe artigianali nella provincia di Huelva dove, nonostante l'influenza delle tecniche industriali, le istruzioni che riceve il tagliatore non gli impediscono generalmente di dare sfoggio di creatività[22].

L'arte di lavorare il cuoio proviene come tante altre tradizioni spagnole dalla cultura islamica, e in alcune zone del sud della Spagna ci si riferisce non a caso a questo mestiere con le espressioni di *marroquinería* o *guadamecí*. All'interno della lavorazione della pelle e del cuoio trovano un posto di rilievo la produzione artigianale delle scarpe e tra queste la massima realizzazione possono essere considerate le *botas caperos de Valverde del Camino*, stivali tipici della zona di Huelva.

---

[20] CASADO RAIGÓN, *Las rutas de la artesanía*, p. 62.

[21] L'articolo 13, comma 19 dell'*Estatuto de Autonomía de la Comunidad Autónoma de Andalucía* attribuisce alla comunità autonoma competenza esclusiva rispetto alla funzione legislativa in materia di artigianato all'interno del suo ambito territoriale. Cfr. www. noticias.juridicas.com.

[22] C. BAROJA, *Artesanía de España. Una defensa de las artes y oficios*, Lungwerg Editores S.A., Barcelona 2000, p. 65.

L'importanza del mondo equestre nella provincia di Siviglia ha poi da sempre incentivato lo sviluppo dell'artigianato del cuoio e della pelle per la produzione di tutti gli accessori di riferimento: selle, stivali, frustini, morsi ecc. Ancora oggi un ruolo di primaria importanza è riconosciuto alla *Escuela de Arte Ecuestre de Jerez*[23] che da qualche anno, oltre a promuovere accessori in pelle e cuoio di grande qualità, ha investito notevoli risorse nel recupero dell'arte e della tecnica della costruzione di *carruajes* e *carreterías* (carri) sia antichi sia nuovi.

Un'altra città è spesso associata all'artigianato della pelle e del cuoio: Cordoba, famosa per il *cordoban*, cappello in cuoio lavorato con preziose decorazioni.

3. *Mestieri d'eccellenza*

Lavorazione della ceramica

La cultura dei ceramisti caratterizza in particolar modo quel lembo di terra abitato dalla comunità valenciana che è storicamente conosciuto come Regno di Valencia e il cui cuore storico risale al Quattrocento, quand'era il più grande centro dell'Europa cristiana. Anche in questo caso fu l'occupazione araba, iniziata nel 714, a lasciare un'impronta di rilievo sulla tradizione artistica[24]. Vi si produceva in particolare una ceramica dipinta di viola e verde e più tardi di blu cobalto; dopo la riconquista cristiana i soggetti delle decorazioni incominciarono ad allontanarsi dai modelli arabi, conservandone però le conoscenze tecniche e i metodi di lavorazione. Tra le tecniche più significative ci sono il lustro o riflesso metallico e la *cuerda seca*.

Il lustro nacque a Malaga e ancora oggi è ottenuto preparando speciali vernici trasparenti con sali di metallo: tali vernici vengono passate sulla superficie dipinta dell'oggetto che poi viene messa a cuocere in muffola, in modo da isolare gli oggetti dal materiale combustibile. Variando il tipo e la quantità dei metalli

---

[23] www.realescuela.org; www.jerezcadiz.com.

[24] A. Carrettero, *Ceramica popular de Andalucía. Artes del tiempo y espacio*, Editoria Nacional, Madrid 1984, pp. 98-99.

nella composizione delle miscele si ottengono effetti diversi: giallo-oro, giallo-ottone, rosso-rame, rosso-rubino[25].

Con la tecnica del lustro ispano-moresco si forgiavano a Valencia soprattutto oggetti di uso decorativo che nel tardo Medioevo si diffusero nelle case nobili dell'Europa. Solo più tardi tutta la ceramica e la terracotta smaltata saranno chiamate maiolica: per un lungo periodo iniziale, infatti, il termine fu usato per designare i lustri spagnoli con specifico riferimento, sembra, a quelli che arrivavano in Italia da Valencia importati da navi di Maiorca (da cui il termine maiolica). Ma altri studiosi pensano che il termine maiolica significhi 'terra di Melicha', e venisse usato dagli spagnoli per indicare le ceramiche di Valencia alla maniera di Malaga. La maiolica nacque dal tentativo dei ceramisti di creare un fondo bianco sul quale dipingere una decorazione che avesse dei colori molto luminosi. Lo smalto stannifero costituì per i ceramisti spagnoli la soluzione al problema, poiché forniva una copertura bianca e impermeabile. Ancora oggi nelle botteghe andaluse si seguono le tradizioni antiche: l'oggetto viene immerso in bagni da cui si ottiene una copertura bianca che nasconde completamente il colore dell'argilla sottostante. Dopo una prima essiccazione, si passa alla decorazione e quindi alla cottura che avviene a una temperatura di 850/950°, in forni in cui i pezzi sono posti all'interno di cassette, al riparo dal diretto contatto con la fiamma.

La tecnica della *cuerda seca,* utilizzata ancora oggi dagli artigiani del settore, è invece impiegata soprattutto per la produzione di piastrelle da rivestimento e consiste nel tracciare un disegno sulla superficie da decorare servendosi di una corda colorata da una mistura di zolfo e manganese con l'aggiunta di grasso (che si volatilizza durante la cottura), dopo di che si inseriscono negli spazi così delineati smalti di colori diversi: blu, verde giallo, bianco e bruno. La particolarità di questa tecnica permette ai colori di non mescolarsi tra loro.

Nel XVII secolo iniziò l'età dell'oro della ceramica di Talavera, per la quantità, qualità e varietà della sua produzione. Tale attività subì un declino con l'invasione napoleonica, ma a metà del

[25] Già nel XV secolo questa tecnica trovò applicazione anche in Italia soprattutto presso le botteghe di Deruta e di Gubbio; cfr. *ibi,* p. 109.

XIX secolo risorse per merito di un illustre ceramista, Juan Ruiz de Luna[26], maestro che studiò e riportò in auge la lavorazione della ceramica secondo la tecnica originale del 1600. Il momento d'oro della ceramica di Talavera fu interrotto nel 1936 dalla guerra civile. Tre anni più tardi, ristabilita la pace, i settori ancora in funzione erano soprattutto quelli destinati alla produzione di sanitari di buona qualità a prezzi contenuti. Con la democrazia e le elezioni locali, nel 1979, il governo provinciale e i produttori di ceramica si adoperano per rimediare alle carenze nelle infrastrutture cittadine e migliorare l'organizzazione imprenditoriale. Ma, paradossalmente, il momento in cui si danno più servizi d'appoggio è anche quello in cui più si avvertono l'eccessiva specializzazione del settore e la concorrenza internazionale: una crisi, per alcuni studiosi, ancora oggi difficile da superare.

Lavorazione del tessile

Nel settore tessile, i laboratori artigianali sono stati tra i più numerosi e hanno da sempre costituito un'arte popolare veramente fuori dal comune. I prodotti principali sono, tra gli altri, *bordados y calados, encajes, reposteria* y *pasamaneria, traje regionales, cortinas, alfombras y mantas*[27].

La lavorazione del lino e della lana vantano le tradizioni più antiche; oggi si utilizzano altre materie prime, come la seta e il cotone. I *bordados*, ricami in oro e seta, sono tipici della tradizione andalusa, mentre nelle province di Cadice e Siviglia viene realizzato un ricamo in tulle che successivamente viene applicato alle *mantillas* (accessorio tipico per la moda tradizionale spagnola). Sempre in queste zone, specialmente a Jerez de la Frontera, il ricamo religioso è molto importante e si realizza con filo di oro e argento, raso, velluto e seta, utilizzando unicamente l'ago e il *bastidor*. Questo *bordato* viene chiamato *culto* o *erudito* per differenziarlo da quello popolare. Accanto al ricamo religioso, il *manton de Manila* (lo scialle), e il *traje de flamenca* (il vestito da ballerina di flamenco), rappresentano ancora oggi la massima tradizione tessile tipica dell'Andalusia. Oltre al *traje de flamenca* è bene sottoli-

---

[26] www.ceramicarosi.com.

[27] CASADO RAIGÓN, *Las rutas de la artesanía*, p. 57.

neare la peculiarità della tradizione tessile spagnola nella confezione del *traje de luz*. Si chiama così l'abito che veste il torero. È composto da un cappello (*montera*), una giacca ricamata con oro, argento e seta, una camicia bianca, pantaloni strettissimi e scarpe basse nere (*zapatillas*).

Nella tradizione tessile popolare giocano un ruolo importante le *espadrillas*: scarpe povere che, nella seconda metà del Novecento, le donne, copiando i pescatori mediterranei, indossavano nella loro quotidianità; sono costituite da una suola in corda intrecciata cucita a una tela abbastanza resistente, e sono ancora oggi molto apprezzate dalla moda giovanile.

L'arte del tessile oggi occupa un ruolo importante all'interno della struttura industriale. Nel 2005 la produzione ha raggiunto i 13.000 milioni di euro (il 5% della produzione industriale) con esportazioni pari a circa 6.600 milioni di euro (pari al 5% delle esportazioni spagnole). La Spagna è il quinto produttore comunitario, dopo Italia, Germania, Regno Unito e Francia, con l'8,5% della produzione e il 10% dell'occupazione dell'Unione Europea. L'industria si concentra in Catalogna e nella Comunità Valenzana, quest'ultima specializzata in tessuti per la casa. In queste due Comunità è ancora insediato il 50% delle imprese, anche se negli ultimi anni il settore della confezione ha diversificato la propria distribuzione geografica, con una maggiore presenza soprattutto in Galizia, Castiglia La Mancha e Andalusia[28].

Il settore è costituito da oltre 7.000 imprese nelle quali sono inclusi anche laboratori artigianali che danno lavoro diretto a 245.000 persone, circa il 10% dell'occupazione industriale. Si tratta principalmente di PMI, generalmente di natura familiare e a capitale spagnolo; il 75% delle imprese ha meno di 5 addetti e questo dato rimanda a una forte tradizione artigianale. Tuttavia, l'artigianato tessile spagnolo sta progressivamente vivendo una fase di industrializzazione delle botteghe, tanto che la vitalità del settore ha consacrato la nascita del *Consejo Intertextil Español* (CIE). Certo, la dimensione artigianale all'interno di questo settore è ormai decisamente marginale: tuttavia, il CIE conta fra i suoi mem-

---

[28] SCARCIGLIA - DEL BEN, *Spagna*, p. 16; cfr. anche www.Arte_y_cultura/Artes_aplicadas/Diseno/Textil; www.canamo-espana.com/textil.htm.

bri anche piccole realtà produttive, che – pur senza impiegare le arcaiche procedure di tessitura e tintura a mano – si possono senz'altro ritenere eredi della secolare attività tessile spagnola.

Oggi il settore tessile in Spagna sta cercando di specializzarsi: i cosiddetti *tessuti intelligenti*, *tessuti tecnici* e TTA (*Tessuti Tecnici del settore Automobilistico*) sono considerati un'ottima via per diversificare la produzione. Il settore automobilistico spagnolo ne acquista ogni anno 45.000 tonnellate per rivestire gli interni delle automobili. Questa specializzazione necessita di una forte componente di manodopera di artigiani specializzati[29]. Le tradizionali professioni che operano nel tessile si sono arricchite di nuove figure legate all'evoluzione tecnologica, che emergono da un percorso formativo differente e che hanno l'obbiettivo di difendere la tradizione ma al tempo stesso di restare al passo con l'innovazione.

Oltre ai mestieri d'arte citati, numerosi e vari sono gli *oficios y artes* che Josè Maria Casado mette in luce nei suoi studi[30]: cominciando dall'arte della cucina, per continuare con la produzione artigianale di giochi di legno e bambole di stoffa, con il restauro di orologi antichi e con la creazione di *peinetas* e *abanicos* (pregiate mollette per capelli e ventagli), campo nel quale primeggia la *Escuela de Abaniqueria* di Cadice (dove si utilizzavano come materie prime legno e tela decorata a mano). E ancora, di origine araba è l'arte degli oggetti damascati di Eibar e soprattutto di Toledo: si tratta di oggetti di ogni forma dove, nel ferro, vengono applicate pietre preziose attraverso intarsi. Le armi bianche dei *bandoleros* sono dorate e decorate con fili d'oro, opera dell'artigianato

---

[29] Una menzione speciale spetta al Centro di Innovazione Tecnologica *Cetex*, situato nella provincia di Barcellona (Mataró). Nel 2005 sono stati avviati 8 progetti in ricerca e sviluppo, e altri 20 in innovazione. Cetex sta sviluppando *tessuti intelligenti*, con componenti elettroniche, o *tessuti microincapsulati*, in grado di rilasciare un gradevole aroma. Per quanto riguarda il processo di fabbricazione, Cetex lavora parallelamente alle 'etichette intelligenti' che contengono informazioni dettagliate sulle diverse fasi produttive. Pur non trattandosi propriamente di un centro tecnologico, l'Istituto per la ricerca tessile e la cooperazione industriale di Terrasa (*Intexter*) è uno dei centri spagnoli più attivi in ricerca e sviluppo; è l'unico istituto universitario (presso l'Università Politecnica della Catalogna) di ricerca tessile. Collabora con oltre 600 imprese e attualmente sta sviluppando 12 progetti, alcuni dei quali finanziati dall'UE. Altre linee d'azione del centro sono il miglioramento delle tinte per tessuti, il riutilizzo dell'acqua dei processi produttivi o lo sviluppo di nuove applicazioni di fibre naturali come la canapa o la iuta.

[30] CASADO RAIGÓN, *Las rutas de la artesanía*, p. 93.

Toledano. A Maiorca si è sviluppata la produzione di perle artificiali che con i riflessi del sole sembrano identiche a quelle vere. Il gusto dei merletti sui vestiti deriva dai Paesi Bassi, al tempo del dominio spagnolo. E infine, una menzione meritano sicuramente anche la produzione artigianale di tappeti e di vesti ecclesiastiche.

4. *Contesto economico*

Le informazioni statistiche permettono di quantificare il numero delle piccole e medie imprese (PYME); tuttavia, a riguardo delle imprese artigiane e degli *oficios y artes*, la situazione è di difficile inquadramento in quanto in Spagna si registra l'assenza di una precisa definizione di artigianato. Ancor meno – come è facile comprendere – si è precisata l'idea di 'mestiere d'arte'. La Spagna considera esclusivamente il settore artistico quale attività artigiana (compreso il settore che in Italia è proprio dei servizi); questa limitata concezione spiega la minima incidenza statistica del settore sul totale delle imprese nel Paese. Le imprese artigiane ufficiali in Spagna sono circa 15.000: un dato inferiore rispetto alla realtà o al quadro che si otterrebbe se si adottassero le definizioni di artigianato o i criteri utilizzati in altre realtà comunitarie. In sostanza, un'impresa spagnola è considerata 'artigiana' se svolge un'attività artistica che possa rientrare in uno dei seguenti quattro gruppi: artigianato popolare, artigianato artistico, produzione di beni alimentari, servizi. La situazione spagnola conferma in tal senso la tesi dell'Istituto Tagliacarne, che ha cercato di formalizzare un metodo generale per la quantificazione del numero di imprese artigiane. Secondo l'Istituto, se si procede a una ricognizione sulla disponibilità di informazioni economiche disaggregate sull'artigianato, si ottengono risultati quasi sempre sconfortanti[31].

In sostanza, a causa delle peculiarità dovute all'assenza di una definizione legale di impresa artigiana, la Spagna presenta inevitabilmente, in tale settore, valori sottodimensionati. Tuttavia, è opinione generalmente condivisa che l'artigianato appartenga a una di quelle regioni economiche dell'universo delle PYME che

---

[31] www.tagliacarne.it.

contribuiscono a rendere l'economia spagnola una delle più dinamiche in Europa. L'industria e l'artigianato spagnolo hanno subito un recente processo di modernizzazione, soprattutto dopo l'ingresso nella Comunità Europea, avvenuto nel 1986, attraendo molti investitori esteri anche grazie alla diversificazione dei settori produttivi. Come in gran parte d'Europa, la dimensione della piccola e media impresa è la più diffusa[32].

La Catalogna rappresenta una regione di riferimento nello sviluppo industriale del Paese iberico e può essere considerata alla stregua di motore della Spagna a livello sia di rendimenti su capitale, sia di immobilizzazioni nette: al registro delle imprese della provincia catalana sono iscritte circa 490.000 imprese, di cui 374.000 solo nel mandamento di Barcellona, il PIL è il 20% di quello spagnolo e dalla Catalogna parte il 28% dell'esportazione spagnola. La dimensione della piccola e media impresa è quella più facilmente rintracciabile nel tessuto economico anche catalano: solo 1.000 imprese hanno più di 250 dipendenti, 29.000 imprese hanno da 10 a 50 dipendenti, 4.000 imprese hanno da 50 a 250 dipendenti. Le restanti 457.000 imprese hanno meno di 9 dipendenti. Tra le piccole imprese si registrano in totale 12.000 aziende artigiane, di cui 5.000 iscritte al *Centre Catalá de Artesania*[33] in quanto operanti nel settore artistico e dei servizi; le altre 7.000 sono iscritte al Dipartimento di Agricoltura in quanto proprie del settore agroalimentare[34].

5. *Profilo istituzionale-normativo*

Parlando di *oficio y arte* con artigiani e artisti in Spagna ci si trova inevitabilmente ad avere a che fare con la definizione di *sector pro-*

---

[32] www.ine.es.

[33] Ente pubblico, agenzia della *Generalitat de Catalunya* (ente del Governo di Catalogna) per la promozione del comparto artigiano. Specializzato sull'internalizzazione alle piccole imprese, promuove le imprese nel Paese e all'estero e sensibilizza il pubblico verso l'artigianato. Accredita soci tramite una tessera o un bollino di qualità del prodotto. Realizza mostre permanenti dei prodotti artigiani, attraverso un «centro di esposizione e di promozione» dove gli artigiani possono esporre i loro prodotti a rotazione.

[34] www.ine.es/inebase/cgi/um?L=0. Sito dell'Istituto spagnolo di statistica (INE).

ductivo industrial. Ma a questo proposito nascono non pochi problemi determinati dal rifiuto di considerare l'artigianato come un 'settore economico' in quanto quest'ultimo, a differenza dei 'settori produttivi industriali', si caratterizza per la standardizzazione. Tuttavia, è la Costituzione spagnola a stabilire effettivamente che l'artigianato (e di conseguenza il mestiere d'arte) è un 'settore economico'. L'art. 130.1 recita infatti: «*los poderes públicos atenderán a la modernización y desarrollo de todos los sectores económicos, y en particular, de la agricultura, de la ganadería, de la pesca y de la artesanía a fin de equiparar el nivel de vida de todos los españoles*»[35].

Nonostante tale impostazione costituzionale, considerare l'artigianato e la piccola e media impresa (PYME) come una massa omogenea di soggetti, le cui necessità sono simili e richiedono soluzioni uniche, si è dimostrato agli occhi degli artigiani un atteggiamento erroneo. L'artigianato è una di quelle regioni dell'universo delle PYME con problemi singolari che necessitano soluzioni specifiche e su misura. Per assecondare queste necessità, dall'inizio degli anni Ottanta la competenza in materia di artigianato si è trasferita alle Comunità autonome e sono queste che da allora regolano il settore artigianale e implementano mezzi e metodi di sviluppo e promozione. Ogni comunità dispone, infatti, di regolamenti, leggi e decreti che definiscono i requisiti delle attività suscettibili di essere considerate artigianali e il rispettivo repertorio di mestieri d'arte nel proprio ambito territoriale. Dopo aver avviato la regolarizzazione del settore, la maggior parte dei responsabili della promozione dell'artigianato nelle Comunità autonome ha concordato sulla necessità di disporre di meccanismi di coordinamento e sviluppo di azioni a livello *supra-autonómico* e a tal fine si è creato il *Pleno de Responsable de Artesanía*, oggi trasformato in *Observatorio Nacional de la Artesanía.* Come conseguenza della legislazione sulle organizzazioni professionali del 1977, si cominciarono a formare associazioni professionali di artigiani che in alcuni casi parteciparono allo sviluppo di regolamenti autonomi. Presto queste associazioni prendono anch'esse coscienza della necessità di stabilire una politica di protezione

[35] www.oficioyarte.org; www.agapea.com/Arte-y-oficio-de-la-Simulacion-n42510i.htm; www.portaldearte.cl/agenda/expo_anteriores/escultura/2003/sacro_oficio.htm.

degli interessi del settore a livello statale e costituiscono nel 1992 *Oficio y Arte, Organisacíon de los Artesanos de España* (OAE)[36].

La diversità dei settori artigianali in Spagna, ovvero la coesistenza di molti modi di concepire ed esercitare l'*artesanía*, unita ad altri fattori di carattere strutturale che favoriscono l'opacità dei dati (micro-imprese familiari, attività a tempo parziale o complementari ad altre occupazioni ecc.), hanno reso sempre difficile l'elaborazione di studi che in altri settori industriali sono maggiormente sviluppati precisamente per la standardizzazione del loro oggetto. Il *Consejo Economico Y Social Europeo* ha segnalato che i soggetti componenti l'artigianato e le piccole e medie imprese ufficialmente registrati sono circa quindicimila, ma si tratta di una cifra sicuramente inferiore alla realtà.

6. *Formazione*

Il sistema educativo spagnolo ha subito profonde trasformazioni nel biennio 2001-2002 con l'introduzione di due importanti leggi organiche, una di riforma del sistema universitario e l'altra sulla qualità dell'educazione non universitaria[37]. In questa seconda legge si disciplina anche l'insegnamento nel campo dell'artigianato artistico. Alcuni studi concordano su una tendenza diffusa tra i giovani a una scarsa considerazione del lavoro manuale, peggiorata dalle modeste prospettive economiche dell'attività artigiana che spinge a preferire imprese di grandi dimensioni. Si possono aggiungere altre criticità legate in generale al carente e difficoltoso rapporto tra formazione e impresa. Per risolvere queste problematiche, le Comunità autonome hanno sviluppato mec-

---

[36] Attualmente, nell'ambito statale, è l'unica organizzazione di artigiani attiva in Spagna. Vive con propri finanziamenti che arrivano da prestazioni di servizi, pubblicità e quote associative (conta circa duemila soci) e integra 41 associazioni autonome, locali, provinciali o settoriali. Dispone di una pagina web che propone informazioni, organizza corsi e pubblica bimestralmente dal 1992 la rivista «Oficioyarte».

[37] *Ley de Universidades*, n. 6/2001; *Ley de la Calidad de la Educación*, n. 10/2002; cfr. www.pntic.mec.es, sito del Ministero dell'Educazione e Scienza; www.mecd.es, sito del Ministero dell'Educazione, Cultura e Sport dove sono pubblicate le statistiche universitarie.

canismi di selezione degli studenti per avviarli, a seconda delle loro capacità, verso percorsi differenziati di apprendimento. Per favorire anche la diminuzione del tasso di abbandono è stata così creata una netta separazione fra coloro che entrano nel mondo del lavoro e chi conseguirà il *Bachillerato,* che consente l'accesso agli studi universitari. Il panorama scolastico spagnolo, attraverso una scelta di scuole specialistiche, ha promosso di recente un progetto di rilancio delle botteghe-scuola; l'obiettivo principale è l'avvicinamento dei giovani ad antichi mestieri con poca visibilità ma elevato contenuto di professionalità e di qualità[38].

In Spagna, sui temi della formazione professionale, sono da anni impegnate in modo congiunto istituzioni pubbliche dello Stato e delle Comunità Autonome (*Comunidades Autonomas,* CC.AA.), organizzazioni di impresa e organizzazioni sindacali. Preceduta da vari accordi tra questi attori sociali, già nel 1986 è stata varata una legge per la nascita del *Consejo General de la Formación Profesional* (*Ley 1/1986 de 7 de enero*), al quale è spettato il compito di stendere il *Primer Programa Nacional de Formación Profesional* (1993-1996). Nel tempo sono state varate altre leggi, e attualmente è in corso di realizzazione un nuovo, corposo e articolato, *Programa Nacional de Formación Profesional* (1997-2002). Grazie a quest'attività legislativa è stato redatto un *Catalogo de Títulos Profesionales,* predisposto dall'Amministrazione Generale ma realizzato da ogni singola Comunità Autonoma. All'interno delle professioni individuate e disegnate nel *Catalogo de Títulos Profesionales* viene operata una distinzione tra quelle di grado medio e quelle di grado superiore ed è tra queste ultime che è possibile individuare alcune tipologie di *knowledge worker.* Ciò che però sembra evidenziarsi è la concentrazione delle iniziative istituzionali a un livello pre-universitario, anche se non mancano programmi di formazione continua. La riforma del sistema educativo e della formazione professionale si è completata in Spagna nel giro di tre anni: nel 1990 è stata varata la *LOGSE - Ley de Ordenación General del Sistema Educativo*[39], mentre nel 1993 è stato redatto il *Primer Programa Nacional de Formación Profesional* (*Real*

---

[38] Per un elenco delle scuole pubbliche e private cfr. www.oficioyarte.org/directorio/escuelas/oficiales.

[39] www.mec.es.

Decreto 631/1993, de 3 de mayo)[40]. Nella legislazione spagnola, la *formación profesional* è distinta in una tipologia composta da tre subsistemi integrati:

1. Formación Profesional reglada/inicial[41];
2. Formación Ocupacional[42];
3. Formación Continua[43].

All'interno del *Ministerio de Educación y Cultura* opera il *Centro Nacional de Recursos de Orientación Profesional* che partecipa a una rete europea di centri per l'orientamento professionale, sostenendo servizi per l'internazionalizzazione dell'educazione, come il *Programma Leonardo da Vinci* che ha come obiettivo la promozione della mobilità educativa e professionale in Europa. La realizzazione della formazione professionale è interamente assegnata alle CC.AA., che la impartiscono secondo le indicazioni fornite a livello generale (titoli, famiglia, modularità dei corsi, durata, contenuto formativo, metodologie, prove di accesso e di convalida, selezione finale ecc.). È opportuno, infine, segnalare che nel nuovo programma nazionale è stato disegnato il *Sistema Nacional*

---

[40] www.mtas.es.

[41] La *Formación Profesional reglada/inicial* è regolata dalla *LOGSE* ed è di competenza dell'amministrazione per l'educazione (generale o della Comunità Autonoma). Comprende la *formación profesional de base*, integrata nella *formación general* (*Educación Secundaria Obligatoria* e *Bachillerato*), la *formación profesional específica* (strettamente professionale, distinta in *formación profesional de grado medio* e *formación profesional de grado superiore*), i programmi di *garantia social* per le categorie svantaggiate e per coloro che non riescono a terminare l'*educación secundaria obligatoria*.

[42] La *Formación Ocupacional* è di competenza delle amministrazioni per il lavoro a livello generale, mentre l'esecuzione dei programmi annuali spetta sia all'amministrazione generale, sia a quella autonoma, secondo le modalità di trasferimento regolate per legge. Come politica attiva dell'impiego, è suo obiettivo potenziare l'inserimento o reinserimento lavorativo di coloro che sono in cerca di occupazione, attraverso la qualificazione o riqualificazione professionale. L'offerta di questo tipo di formazione è integrata nel sistema di orientamento e informazione dei Servizi pubblici per l'impiego dell'*Instituto Nacional de Empleo* (INEM).

[43] La *Formación Continua* è attribuita alle autorità lavorative competenti sulla base di accordi. È l'insieme delle attività formative dirette a migliorare le competenze e la qualificazione professionale, come la riqualificazione dei lavoratori occupati, per permettere una maggiore competitività alle imprese attraverso la promozione sociale, professionale e personale dei lavoratori: IRSO 75 *sezione A.doc – settembre 2000*. Lo schema presente nel sito del *Pais Vasco* (www.euskadi.net/lanbidez/fp/organigrama_c.htm), descrive i cinque livelli del sistema educativo spagnolo regolati dai 67 articoli della *LOGSE*, ed evidenzia la stretta relazione esistente tra formazione scolastica e formazione professionale.

de Cualificaciones Profesionales, con il quale si intende realizzare un sistema integrato capace di conseguire il trattamento coordinato dei problemi della qualificazione professionale. La missione principale del sistema consiste nel dare una risposta alla necessità di stabilire i livelli, l'estensione e le caratteristiche della competenza professionale per i diversi campi dell'attività produttiva. Strumento operativo del *Sistema Nacional de Cualificaciones Profesionales* è l'*Instituto Nacional de Cualificaciones*, che agisce in diretta dipendenza del *Consejo General de la Formación Profesional*.

Fundación Española
para la Innovación de la Artesanía
Mayor, 6 - 28013 Madrid
Tel.: (+34) 91 532 51 03 - 532 72 79
Fax: (+34) 91 532 98 12

Oficio y arte
(Organización de los Artesanos de España)
Montes, 13 - entreplanta D local 3
15009 A Coruña
Tel.: +(34) 981 288 104
Fax: +(34) 981 282 796
correo@oficioyarte.org

Svezia

1. *Premessa storico-ambientale*

La nascita e lo sviluppo dei mestieri d'arte in Svezia sono strettamente connessi con la grande abbondanza di legno su tutto il territorio, e con il sostegno che lo Stato ha cercato di garantire all'artigianato d'eccellenza.

Gli abitanti della penisola svedese sin dall'antichità hanno sviluppato attività legate all'intenso sfruttamento del legname. Già i vichinghi si dedicarono alla sistematica lavorazione del legno non solo per costruire i famigerati *knorr*, le loro caratteristiche navi da guerra dalla forma allungata e sottile, ma anche per tutti quegli oggetti propri della vita quotidiana (come le stoviglie). A partire dal XVIII secolo la disponibilità di legname contribuì poi alla nascita di nuove attività manifatturiere: il legno venne usato come combustibile, permettendo la realizzazione di oggetti in porcellana e in vetro. Vennero fondate le manifatture *Rörstrand*, ancora oggi la più importante produttrice svedese di ceramiche e porcellane, e la vetreria *Kosta*, ed entrambe poterono sin dai loro inizi contare sul forte sostegno economico da parte di uno Stato che vedeva in queste due realtà un fondamentale strumento di sviluppo.

Grazie soprattutto alla qualità dei loro prodotti, *Rörstrand* e *Kosta* divennero così anche per le più piccole botteghe di artigianato artistico dei modelli da seguire e imitare, specialmente per le innovative forme degli oggetti. Fu così che sin dalla metà dell'Ottocento le aziende, successivamente sostenute in questa operazione dallo Stato, iniziarono a investire e concentrarsi con particolare attenzione su quell'aspetto delle loro creazioni che viene oggi definito *design*. Già da allora, infatti, ai vertici delle grandi realtà produttive (ma anche ai semplici artigiani più all'avanguardia) cominciò ad essere evidente la necessità di rendere ogni oggetto prodotto una piccola opera d'arte, unica nel suo genere, così particolare da renderla quasi irriproducibile se non dall'artista che l'aveva ideata e realizzata.

Un secondo elemento che indusse le aziende e gli artigiani a iniziare a considerare il *design* un valore aggiunto della propria produzione fu il costante miglioramento delle condizioni di vita di larghe fasce della popolazione che portò a una crescente domanda per quegli oggetti propri dell'artigianato d'arte svedese prima di allora accessibili solo all'*élite*. Questa nuova domanda rappresentava, però, una vera e propria sfida per gli artisti dell'epoca poiché veniva loro richiesto, da un lato, di ridurre i prezzi delle loro creazioni, ma, dall'altro, di continuare a produrre degli oggetti di ottima qualità. Tale sfida venne raccolta e brillantemente vinta e il percorso creativo compiuto dalle aziende e dai maestri d'arte svedesi valse loro importanti riconoscimenti anche a livello internazionale. Nel 1921, non a caso, la rivista britannica «The Studio» dedicò un articolo alla grande originalità e qualità dei prodotti della vetreria di *Orrefors*, uno dei più importanti marchi del vetro e del cristallo svedese. Il padiglione organizzato in occasione dell'Esposizione Internazionale di Parigi del 1925 (che tra l'altro espose, oltre ad alcune porcellane realizzate da Wilhelm Kåge, che lavorava per la fabbrica *Gustavsberg*, anche alcune delle migliori creazioni dei maestri vetrai Simon Gate ed Edward Hald della vetreria *Orrefors*) ottenne unanimi consensi iniziando così a far conoscere anche all'estero il livello d'eccellenza raggiunto dai mestieri d'arte svedesi. Due anni più tardi la Svezia divenne la prima nazione europea ad allestire una mostra sul proprio artigianato d'arte (incentrata in particolare sugli oggetti d'arte in vetro e porcellana) al Metropolitan Museum di New York[1].

Alla fine degli anni Venti l'influenza della corrente Bauhaus giunse anche nel Paese scandinavo, dove tra le molte novità tecniche e teoriche elaborate dalla scuola tedesca attecchì soprattutto l'aspetto legato a un ripensamento della produzione ispirato al funzionalismo. Gli oggetti prodotti dagli artisti-artigiani avrebbero dovuto, da quel momento in poi, 'spogliarsi' da tutti quegli orna-

---

[1] AA.VV., *Design in Sweden*, The Swedish Institute, Stockholm 1972, p. 11.

menti che ostacolavano la loro funzionalità, la quale veniva sentita come rispondente alle esigenze della nuova società industriale[2].

I più importanti artigiani svedesi hanno operato, negli ultimi decenni, in un contesto per certi aspetti privilegiato, quasi protetto, poiché strettamente legati a marchi di successo e di antica tradizione come, per esempio, quelli di *Kosta Boda* e *Rörstrand*, divenuti sinonimo di artigianato d'eccellenza. Negli ultimi anni, però, gli storici marchi del vetro, della porcellana e della ceramica svedese – viste le grandi difficoltà incontrate nell'affrontare le nuove sfide imposte dal mercato globale – hanno subito una sorta di inevitabile processo di omogeneizzazione a livello scandinavo (venendo rilevati da grandi gruppi danesi e finlandesi).

2. *Quadro dei mestieri d'arte*

Le diverse tipologie di artigianato artistico presenti in Svezia sono ancora oggi concentrate in quelli che possono essere considerati dei veri e propri distretti produttivi, definibili a seconda del tipo di materiale lavorato e degli oggetti realizzati. Così, nel sud della Svezia, e più precisamente nella provincia chiamata Småland, sono nate alcune tra le più importanti realtà nella lavorazione e nella produzione artistica di oggetti in vetro di tutto il Nord Europa. Invece, in un piccolo villaggio che sorge sulle sponde del lago Siljan chiamato Nusnäs ogni anno vengono intagliati centinaia di migliaia di diversi esemplari di *Dalahästar* (Cavalli *Dala*). I *Dalahästar*, cavalli di legno realizzati interamente a mano, devono il loro nome alla regione in cui da sempre vengono prodotti, Dalarna, e sono considerati dagli svedesi uno dei simboli principali della Svezia, al punto che l'ex Primo Ministro svedese Göran Persson ne regalò uno all'allora Presidente degli Stati Uniti Bill Clinton in occasione di un loro incontro.

La regione più a nord del Paese chiamata Norrland è quella che per motivi di carattere prevalentemente storico-sociale ha svi-

---

[2] «..."Ciò che non è pratico non può essere bello" era già il motto di Otto Wagner nel 1895, ma una vera e propria ideologia della forma come carattere dipendente dalla funzione [...] viene articolata da maestri attivi fra gli anni Dieci e Trenta...»: M. CORGNATI - F. POLI, *Dizionario dell'arte del Novecento. Movimenti, artisti, opere, tecniche e luoghi*, Mondadori, Milano 2001, pp. 244-245.

luppato delle forme di artigianato d'arte completamente prive di punti di contatto con gli altri mestieri d'arte presenti nel resto della penisola. È nel Norrland che vivono infatti i circa 20.000 sami svedesi, i quali, in questo particolare contesto, oltre a un profondo senso di appartenenza alla loro terra, hanno anche sviluppato delle tipiche forme d'artigianato, chiamate *sámi duodji*. Esse variano dai vestiti agli strumenti per la caccia, tutti rigorosamente prodotti con materiali presenti in natura.

I temi legati all'ambiente e alla natura nelle loro forme più diverse, come, per esempio, gli animali e gli alberi, rappresentano oggi una sorta di nuova frontiera per l'artigianato artistico svedese. La tradizionale attenzione della popolazione per questi argomenti, unita a una nuova e più recente sensibilità ambientalista, ha spinto alcuni *designers* a iniziare a studiare e rappresentare questo genere di soggetti. Alcuni esempi in tal senso sono dati da Mats Jonasson della vetreria di *Målerås*, nella quale all'inizio degli anni Ottanta si riunirono alcuni artigiani fuoriusciti dal colosso del vetro *Kosta*, e che produce prevalentemente piccoli animali in cristallo. Simile è il caso di Ulrica Hydman-Vallien, nota per i volti stilizzati raffigurati sui vasi e sulle uova di vetro da lei create.

3. *Mestieri d'eccellenza*

Lavorazione del vetro, della ceramica e della porcellana

Orrefors e, soprattutto, *Kosta Boda* sono ancora oggi considerate la massima espressione dell'arte vetraria svedese[3]. Se *Orrefors* è di recente costituzione, *Kosta Boda* fa a tutti gli effetti parte della storia svedese essendo la più antica vetreria ancora in attività, fondata nel 1742 dai governatori delle province di Kronoberg e Kalmar. Nei suoi primi 150 anni di attività, *Kosta*, oltre a vetro per uso comune, può vantare di aver prodotto anche le finestre del Palazzo Reale di Tessin e le brocche e i bicchieri del servizio della casa reale. Fu però solo con l'arrivo dei primi maestri vetrai pro-

[3] La storia dei grandi marchi del vetro svedese è ricostruita in A.-M. Ericsson et al., *The brilliance of Swedish glass, 1918-1939: an alliance of art and industry*, Yale University Press, New Haven 1996.

venienti dalla Boemia che la lavorazione del vetro assunse i contorni di una vera e propria arte.

Le critiche ricevute in occasione della Mostra di Stoccolma del 1897 circa l'eccessiva uniformità dei prodotti che uscivano dallo stabilimento di *Kosta* convinsero i vertici dell'azienda a ricercare una nuova figura professionale: dei vetrai che alle classiche competenze tecniche sapessero unire un senso del *design* così spiccato da far sì che ogni creazione costituisse una sorta di opera artistica. Da allora, numerosi *designers* hanno lavorato per quello che è ritenuto in assoluto il più importante marchio svedese nel settore del vetro, ma il momento migliore dal punto di vista della produzione artistica è forse collocabile nella seconda metà del XX secolo soprattutto grazie al lavoro svolto da Erik Höglund, ripreso successivamente e ancora oggi portato avanti da alcuni dei principali *designers* di *Kosta Boda,* come Kjell Engman e Monica Backström.

Seppur di più recente costituzione (fu infatti fondata nel 1898), *Orrefors* ha saputo in poco più di un secolo di vita divenire una delle più importanti realtà nel mondo del vetro e del cristallo. Alla vera svolta si giunse tra il 1916 e il 1917, quando furono assunti i maestri vetrai Simon Gate ed Edward Hald, i quali nel giro di pochi anni fecero dell'azienda svedese un marchio conosciuto e apprezzato a livello internazionale. Le creazioni dei due artisti svedesi furono esposte alla Mostra di Göteborg del 1923 e all'Esposizione Internazionale che si tenne a Parigi due anni più tardi. Venne notata una fine lavorazione e una minuziosa cura dei particolari dal punto di vista stilistico e decorativo: il tutto eccezionalmente riprodotto però su speciale vetro colorato che, sfruttando le fonti di luce, esaltava le proprietà cromatiche dell'oggetto: questa tecnica innovativa venne chiamata *graal*[4].

La Mostra di Stoccolma del 1930, che per certi aspetti rappresentò il manifesto del Funzionalismo, inevitabilmente condizionò anche i maestri vetrai di *Orrefors.* Le nuove creazioni, infatti, erano ora di un vetro molto spesso (e la base su cui poggiava l'oggetto divenne nera) ma, soprattutto, erano molto meno decorate poiché era desiderio degli artisti far risaltare la bellezza del vetro in tutta la sua naturalezza.

---

[4] AA.VV., *Design in Sweden*, p. 10.

Nel 1944 Sven Palmqvist ottenne un grande successo con opere sulle quali era raffigurata una rete che rivestiva l'intera superficie dell'oggetto e per questo vennero chiamate *kraka*[5].

Nonostante gli anni Sessanta rappresentarono un periodo di crisi per il vetro svedese a causa della massiccia importazione dall'estero di vetro a basso costo[6], *Orrefors* (grazie al grande valore artistico delle sue creazioni) non solo non ne risentì, ma nel 1966 arrivò addirittura ad aprire un nuovo stabilimento così da poter permettere l'inserimento di nuovi e giovani artisti. Il 10 aprile 1987 il marchio svedese decise di cessare la produzione e la vendita delle creazioni di tutti quegli artisti che non erano più alle sue dipendenze, destinando nuove risorse agli studi aventi per oggetto il *design* artistico e le nuove tecniche di produzione e lavorazione del vetro. Nel 1990 *Orrefors* rilevò *Kosta Boda*, ma quest'unione ebbe vita breve, poiché solo sette anni più tardi la *Royal Copenhagen* – la principale azienda danese specializzata nella produzione di oggetti in porcellana – acquistò *Orrefors/Kosta Boda* costituendo così uno dei più importanti gruppi nel settore del vetro, della porcellana e dell'argento di tutto il Nord Europa: la *Royal Scandinavia.*

4. *Contesto economico*

Coerentemente con le dinamiche di sviluppo 'post-industriale', il sistema economico svedese risulta attualmente dominato dal settore terziario: esso impiega ben il 73,4% della forza lavoro, mentre il secondario impegna il 23,4% e il primario solo il 3,2%. Le attività definibili come mestieri d'arte sono annoverate per la maggior parte nel settore secondario (per quanto concerne le aziende di artigianato) e nel terziario (nella misura in cui la produzione artigianale dei beni è collegata anche con la prestazione di determinati servizi). In virtù della crescente sensibilità ambientalista, tuttavia, anche nel campo dell'agricoltura si stanno affacciando delle nuove professioni riconducibili al concetto di

[5] Il nome è legato a una saga nordica: la protagonista doveva raggiungere il suo amato né vestita né svestita, motivo per cui indossò una rete da pesca.

[6] AA.VV., *Design in Sweden*, pp. 14-15.

mestiere d'arte, quali, per esempio, il giardinaggio biodinamico (inteso non solo come cura delle piante ornamentali, ma anche come coltivazione di frutta e verdura).

Il 61,5% della complessiva forza lavoro è impiegata presso le piccole e medie imprese; queste sono suddivise, secondo il legislatore svedese, in micro-imprese con meno di dieci impiegati, piccole imprese con meno di cinquanta impiegati e medie imprese che contano meno di duecento impiegati[7]. Nel numero complessivo delle piccole e medie imprese è però possibile distinguere solo quelle legate al mondo dei mestieri d'arte che rientrano nelle categorie di artigianato riconosciute dal decreto regio n. 596 del 26 giugno 1973. Con tale decreto sono state fissate le modalità di conseguimento dei diplomi che certificano lo *status* giuridico degli artigiani e, di conseguenza, l'avvio professionale di un'attività artigianale. Però, ciò significa anche che le professioni che includono la componente creativa, ma che non sono disciplinate dal decreto, non sono valutate nel calcolo complessivo delle aziende del settore.

Il Governo svedese sostiene le piccole e medie imprese in vari modi. Il supporto più concreto è offerto tramite misure di cofinanziamento: per esempio, le imprese che assumono persone precedentemente disoccupate possono richiedere il finanziamento pari al 50% dei costi salariali per un periodo massimo di sei mesi. Inoltre, imprese collocate in alcune aree del nord del Paese (dove le condizioni di vita sono comprensibilmente più dure) godono di una riduzione dei costi sociali dal 5 al 10%. Le piccole imprese con meno di 50 impiegati possono, infine, richiedere dallo Stato il sussidio per il 15% della somma investita in mobilio, macchinari, insegnamento, ricerca e sviluppo.

5. *Profilo istituzionale-normativo*

Dal 1845 è attiva in Svezia, prima con il nome di *Svenska Slöjdföreningen*, poi di *Svensk Form*, la Società Svedese di Arti e

---

[7] I dati riguardanti il ruolo economico delle piccole e medie imprese in Svezia sono tratti dalla pagina internet www.cordis.europa.eu/itt/itt-en/05-1/policy03.htm.

Design[8]. Scopo principale di questa organizzazione senza fini di lucro è quello di promuovere e far conoscere i prodotti d'eccellenza dell'artigianato d'arte e del *design* svedese in patria e all'estero. A tale scopo organizza convegni e mostre patrocinate dal Governo che, per mezzo del Ministero dell'Educazione, della Ricerca e della Cultura, ogni anno, finanzia in larga misura (con finanziamenti di 8 milioni di corone) i progetti della Società stessa.

Svensk Form
Holmamiralens väg 2 (Skeppsholmen)
SE-111 49 Stockholm
info@svenskform.se
Tel.: +46 (0)8-463 31 30

Nel 1989, *Svensk Form* ha fondato – insieme all'allora *SIND* oggi *NUTEK* (Comitato per lo Sviluppo Industriale e Tecnico) e all'*IVA* (Accademia di Scienze Ingenieristiche) – lo *SVID* (Fondazione Svedese di Design Industriale). Finanziata principalmente dal Ministero dell'Industria e del Commercio, questa fondazione si cura di sviluppare e diffondere l'importanza del concetto di *design* non solo nelle scuole ma anche nelle varie aziende.

Il 1° ottobre 2002 il Governo svedese ha stabilito che l'anno 2005 sarebbe stato «L'anno del Design» e ha affidato l'organizzazione degli eventi connessi alla Società Svedese di Arti e Design. Questa iniziativa si poneva come obiettivo quello di evidenziare il grande contributo che la forma e il *design* hanno nella vita quotidiana. Il Governo svedese aveva stanziato 14 milioni di corone per la sola fase preparatoria; a questi si sono aggiunti altri 51 milioni destinati dal Ministero dell'Industria e del Commercio alla realizzazione del progetto denominato *Design som utvecklingskraft* («Design come fattore di sviluppo») coordinato dallo *SVID*. Al fine di permettere un'analisi organica e completa del *design*, ma soprattutto per individuare gli strumenti necessari per l'ideazione e la messa in campo di una politica di sviluppo e di sostegno di lungo periodo, sono state individuate sette aree tematiche: Vita lavorativa e design; Design come espressione culturale; Design

[8] Il ruolo e le attività della società sono presentati sul sito internet www.svenskform.se.

come fattore di crescita; Sostegno pubblico; Design per tutti; Sostenibilità del design nel lungo periodo; Formazione e ricerca.

Oltre allo *Svensk Form*, quale associazione di categoria è attiva anche l'Associazione svedese degli artigiani e dei disegnatori industriali *KIF*. Nel 1990 l'associazione ha fondato il centro per il *design* e i manufatti artistici *Konsthantverkscentrum* allo scopo di promuovere il lavoro dei propri membri e di permettere una migliore vendita dei prodotti. *Konsthantverkscentrum* è strutturato come un'organizzazione *non-profit* sostenuta dallo Stato.

Konsthantverkscentrum Stockholm
Packhuset Johannesgränd 1 - 111 30 Stockholm
Tel.: 08-545 222 90; Fax: 08-545 222 91
info@konsthantverkscentrum.se

Konsthantverkscentrum Göteborg
Kastellgatan 21 - 413 07 Göteborg
Tel.: 031-13 12 42; Fax: 031-13 12 42
bibbi@konsthantverkscentrum.se
www.konsthantverk.org

Gli interessi degli artigiani svedesi sono, infine, curati dall'Unione Svedese dell'Artigianato.

Svenska Hemslöjdföreningarns Riksförbund
Riddarg 8 - 114 35 Stockholm
Tel.: +46 08-679 74 60

6. *Formazione*

Caratteristica principale del sistema scolastico svedese è l'elevato numero di scuole e istituti superiori caratterizzati da una forte specializzazione e cui i ragazzi hanno la possibilità di accedere già al termine del primo ciclo di studi, che dura dai 6 ai 14 anni. Alle scuole superiori (la cui durata è di tre anni) ai programmi per così dire più 'tradizionali' se ne affiancano, infatti, altri dai contenuti tecnico-specialistici, dove gli studenti acquisiscono le competenze necessarie per poter, una volta terminato il triennio di studi, iniziare subito a esercitare la professione.

Il programma educativo previsto per i futuri artigiani include anche un periodo di apprendistato che si conclude con l'ottenimento del certificato di «maestro artigiano» assegnato da parte del «Consiglio degli Artigiani Svedesi» in collaborazione con la «Fondazione per la promozione dell'artigianato» e la «Federazione degli imprenditori privati». Dal 1941, anno della sua istituzione, il certificato è stato conferito a 20.000 artigiani specializzatisi in circa cento professioni diverse. Dal 2002 l'educazione vocazionale avanzata è gestita dall'apposita agenzia governativa:

Swedish Agency for Advanced
Vocational Education
PO address: Norra Stationsgatan 2B
281 48 Hässleholm, Sweden
Tel.: + 46 451 454 80
Fax: +46 451 454 99
ky@ky.se

La *Svenska Glasskolan* (Scuola Svedese del Vetro) di Växjö è l'istituto preposto alla trasmissione della gloriosa arte vetraria. Oltre a insegnamenti obbligatori già presenti nel sistema scolastico (matematica e inglese), sono previsti anche una serie di corsi legati all'insegnamento delle diverse tecniche di soffiatura e lavorazione del vetro e dei corsi di *design* specialistico per la produzione di oggetti in vetro tenuti dai docenti della *Växjö Design & Konstskola* (Scuola d'Arte e di Design di Växjö), istituto che con la *Svenska Glasskolan* condivide anche i locali scolastici. Va altresì sottolineato che la *Svenska Glasskolan,* come tutte le altre scuole statali, è totalmente gratuita poiché il modello di *welfare* svedese prevede che le spese di iscrizione e di acquisto di tutto il materiale didattico siano a carico del comune di provenienza dello studente.

La *Konstfack*[9] (Accademia di Arti, Mestieri e Design), con sede a Stoccolma, fu fondata nel 1844 da Nils Månsson Mandelgren con il nome di *Söndags-Rit-skola för Handtverkare* (Scuola Domenicale di Disegno per Artigiani). La scuola fu voluta dal suo

---

[9] Le informazioni riguardanti l'Accademia sono reperibili sul sito internet www.konstfack.se.

fondatore per timore che l'abbandono, previsto per il 1846, del sistema allora in vigore regolante le corporazioni d'arti e mestieri, avrebbe progressivamente determinato la scomparsa dell'artigianato d'eccellenza in Svezia. L'anno seguente la scuola passò sotto la gestione della neonata *Svenska Slöjdföreningen*, oggi *Svensk Form*, la Società Svedese di Arti e Design. I corsi legati ai mestieri d'arte come la lavorazione e la produzione di oggetti in ceramica, vetro e leghe metalliche restano ancora, per la loro lunga tradizione, tra gli insegnamenti di maggior successo organizzati dalla scuola. Accanto ad essi sono stati successivamente attivati dei corsi legati al design e alla sue applicazioni in campo industriale.

Konstfack University College of Arts,
Crafts, Design and Art Education
LM Ericsson Väg 14
P.O. Box 3601
S-12627 Hägersten, Sweden
Tel.: +46 (8) 4504100
www.konstfack.se

Di più recente fondazione, ma di indubbio interesse, è la scuola di artigianato e design di Capellagården, fondata nel 1960 dal professore Carl Malmsten sull'isola di Öland al largo della costa orientale del Mar Baltico. Quest'istituto privato, gestito oggi dalla «Fondazione Capellagården», è finanziato in parte anche dalle vendite dei prodotti degli studenti – mobili, oggetti in ceramica, tessuti, ma anche piante, fiori e frutta coltivati secondo i criteri di giardinaggio biodinamico. Infatti, ai corsi usuali per una scuola di artigianato e *design*, come i corsi di disegno, realizzazione manuale di mobili, creazione di oggetti in ceramica e fabbricazione di tessuti, la scuola di Capellagården ha aggiunto anche il corso di giardinaggio biodinamico inteso come una nuova categoria dei mestieri d'arte.

Capellagården
School of Craft and Design
Tel.: +46 (0) 485-361 32
Fax: +46 (0) 485-361 71
capellagarden@hik.se
www.capellagarden.se

Infine, presso l'Università di Göteborg è attiva la scuola di artigianato e design HDK, la quale – assieme all'Accademia di musica e teatro, alla scuola di fotografia, alla scuola di regia cinematografica, di composizione letteraria, poesia e prosa e alla scuola Valand di belle arti – ne costituisce la Facoltà di belle arti e di arti applicate.

HDK
School of Design and Crafts,
Göteborg University
Kristinelundsgatan 6-8, Box 131
SE-405 30 Göteborg
Tel.: +46 (0)31-7861000
Fax: +46 (0)31-7864888
www.hdk.gu.se

Ungheria

1. *Premessa storico-ambientale*

Parlare di mestieri d'arte in Ungheria significa essenzialmente fare riferimento alla sua arte popolare, nella quale i principali mestieri affondano le proprie radici[1]. Gli oggetti erano creati dagli stessi abitanti della campagna (contadini, pastori, mugnai) per rispondere prima di tutto a esigenze quotidiane di praticità. La tipologia degli oggetti dell'arte popolare varia così dai semplici utensili per la vita quotidiana ai bastoni intarsiati dei pastori, dalle stoviglie in ceramica agli oggetti di decorazione per la casa come mobili lavorati, attaccapanni da muro, lenzuola ricamate e tovaglie. Gli oggetti decorativi e quelli utilizzati in occasione delle feste avevano poi anche un forte valore simbolico, mentre quelli usati durante le cerimonie erano investiti di un significato rituale[2]. Per tale ragione, a differenza di quelli per uso quotidiano, questi oggetti non erano realizzati direttamente dai contadini ma dalle mani esperte di artigiani specializzati[3].

È importante sottolineare che fino all'avvento dell'era industriale è stato difficile distinguere in maniera chiara tra gli artigiani di professione e i contadini-artigiani. Da un lato perché i contadini erano anch'essi dediti nel tempo libero alla lavorazione di oggetti artigianali, dall'altro perché era ancora forte l'idea che il benessere derivasse dal possesso della terra, per cui gli artigiani tendenzialmente svolgevano due lavori allo stesso tempo: artigiani professionisti e contadini. Gli artigiani specializzati erano riu-

---

[1] E. Fél - T. Hoffer - K.K. Csillery, *Hungarian Peasant Art*, Corvina, Budapest 1958, p. 26.

[2] E. Fél - T. Hoffer, *Hungarian Folk Art*, Oxford University Press, Oxford 1979, p. 13.

[3] *Ibi*, p. 22.

niti in corporazioni. Solo per citarne una ricordiamo la corporazione di falegnami di Györ, famosi per le decorazioni dei pannelli per soffitto e dei mobili delle chiese rurali nel XVII e XVIII secolo. Esistono documenti riferibili a questa corporazione che testimoniano come in quel periodo operai a giornata venissero perfino da altri Paesi e da altre parti d'Europa per poter lavorare nelle officine di questi artigiani-artisti[4]. Un'altra corporazione rinomata era quella dei sarti di Debrecen che producevano i cappotti di bigello (panno grossolano a pelo lungo color grigio) ricamati, i famosi *szür.*

Tra il XVIII e il XIX secolo si assistette a una diversificazione nella domanda di oggetti d'arte popolare da parte dei contadini, della piccola nobiltà rurale e degli abitanti delle città. All'interno della stessa corporazione artigianale, alcuni membri lavoravano per rispondere alle richieste dei contadini, altri per far fronte a quelle della piccola nobiltà e della borghesia. Con il tempo questa divisione informale interna alle corporazioni si risolse in vere e proprie scissioni. La corporazione dei falegnami di Miskolc, per esempio, si divise in due nel 1791: da una parte gli artigiani che producevano oggetti ispirati al gusto urbano e borghese, i cosiddetti 'falegnami tedeschi', dall'altra i falegnami che seguivano la vecchia tradizione ispirandosi maggiormente ai gusti e agli ornamenti tipici della campagna, i 'falegnami ungheresi'. Lo stesso avvenne per i sarti: i 'sarti ungheresi' confezionavano vestiti che riprendevano il gusto tradizionale amato dai contadini, mentre i 'sarti tedeschi' cucivano pantaloni, giacche e cappotti per rispondere al gusto più moderno degli abitanti della città.

Con l'avanzamento dell'era industriale, nelle città le antiche corporazioni cominciarono a decadere. Al contrario, nei villaggi e nelle piccole cittadine di campagna, nuove corporazioni furono create ancora a metà dell'Ottocento. Il miglioramento delle condizioni economiche dei contadini intercorso in quel secolo permise di arricchire le loro case con un sempre maggior numero di oggetti e fece la fortuna di molti artigiani trasferitisi dalle città, dove il lavoro artigianale era in declino. È il caso dei ceramisti che decisero di lavorare esclusivamente per la clientela delle campa-

---

[4] *Ibi,* p. 27.

gne, nel tentativo di mantenere viva la tradizione, tanto da fare della lavorazione della ceramica un 'mestiere della campagna'.

A partire dagli anni Cinquanta del Novecento, durante il regime comunista, «il commercio privato e l'artigianato furono praticamente liquidati»[5]. I mestieri artigianali vennero in pratica messi al bando e anche la formazione dei giovani venne finalizzata al lavoro in fabbrica per la produzione industriale di massa. È in questo periodo che, per citare un esempio, la fabbrica Zsolnay venne nazionalizzata e convertita in un impianto per la produzione di isolanti in ceramica. Alla fine degli anni Sessanta l'apertura parziale dell'economia consentì agli artigiani, che negli anni precedenti erano stati costretti al lavoro in cooperative, di tornare a lavorare in maniera più indipendente[6]. Una nuova attenzione venne concentrata sui mestieri e lo Stato concesse il permesso per l'organizzazione di corsi professionali finalizzati alla pratica di tali mestieri per cui era (ed è tuttora) previsto un riconoscimento statale. In ogni modo, la grande ripresa dei mestieri d'arte avvenne tra gli anni Ottanta e Novanta del Novecento.

2. *Quadro dei mestieri d'arte*

I mestieri d'arte in Ungheria sono principalmente tre: l'intaglio (che si pratica su diversi materiali come legno, osso, corno), il ricamo e la sartoria, la lavorazione della ceramica. Questi tre mestieri, declinati secondo stili e gusti differenti, si ritrovano in quasi tutte le regioni del Paese. In ciascuna regione, però, un mestiere ha assunto una rilevanza maggiore rispetto agli altri due.

L'intaglio era un'attività tipica della zona degli altipiani ungheresi. I più rinomati intagliatori erano pastori, i quali, quando conducevano gli animali al pascolo, avevano molto tempo a disposizione e potevano dedicarsi alla lavorazione artigianale. La maggior parte degli oggetti prodotti era realizzata con il legno, anche se potevano essere utilizzati altri materiali quali l'osso e il corno. La produzione degli oggetti era molto variegata, spaziando dai mobili (bauli per il corredo delle spose, cassettoni, attacca-

---

[5] P. HANÁK (a cura di), *Storia dell'Ungheria*, Franco Angeli, Milano 1996, p. 262.

[6] *Ibi*, p. 267.

panni, sedie e cassapanche), ai portaspecchi, fino ai rinomati bastoni dei pastori. Questi erano talmente apprezzati per la loro bellezza che un regolamento del 1725 prescriveva che durante l'importante processione del *Corpus Christi* i pastori marciassero con il loro bastone in una mano e una candela nell'altra[7].

Alcuni pastori svilupparono una tecnica specifica di decorazione degli oggetti intagliati: l'utilizzo della ceralacca colorata per riempire gli intarsi. Questa tecnica fece la sua comparsa per la prima volta intorno al 1830 e il maestro che la introdusse fu Zsiga Király[8]. I colori della ceralacca utilizzati cambiarono nel corso del tempo: negli oggetti più antichi il colore dominante era il rosso; poi al rosso venne associato il nero, e successivamente la varietà dei colori della ceralacca iniziò a spaziare fino a comprendere il blu, il verde e il giallo. L'utilizzo della ceralacca era particolarmente diffuso nella regione del Transdanubio. I motivi decorativi variarono con il tempo: si passò da iniziali forme geometriche a fiori (divenuti in breve il disegno ornamentale più frequente), a pavoni, fino a ritratti, scene bibliche o pastorali.

Oggi l'intaglio non è più un mestiere praticato dai pastori come in passato. Ci sono, però, molti piccoli artigiani che lavorano in contesti locali e che producono, generalmente su ordinazione, oggetti intagliati. I prodotti più richiesti sono mobili d'arredo per la casa.

Ricamo, tessitura e sartoria erano, invece, mestieri sia maschili, sia femminili. Ogni donna della comunità conosceva e praticava il ricamo e la tessitura nel contesto familiare. Infatti, uno dei compiti della madre, nel caso nella famiglia ci fossero figlie, era la preparazione della dote che consisteva nel ricamo di lenzuola, tovaglie, coperte *patchwork* e di ogni altro tessuto necessario. Soprattutto in quelle regioni dove il ricamo e la tessitura erano molto sviluppati, per esempio nel Kalotaszeg, la madre (spesso con l'aiuto della nonna) iniziava a preparare la dote già alla nascita della figlia. In tale preparazione veniva coinvolta anche la bambina, che a sua volta imparava a ricamare e a tessere. In alcuni villaggi le donne lavoravano ai ricami in gran segreto, a porte chiuse, per far in modo che nel giorno del

---

[7] Fél - Hoffer - Csillery, *Hungarian Peasant Art*, p. 65.

[8] Fél - Hoffer, *Hungarian Folk Art*, p. 22.

matrimonio la dote fosse una sorpresa per tutti. Uno dei motivi più frequenti nel ricamo era una coppia di uccelli posti tra stelle e cuori.

Per i pezzi più importanti del corredo le donne chiedevano aiuto a delle tessitrici e ricamatrici di professione che con la loro spiccata manualità erano in grado di realizzare ricchi e complicati ricami. Le tessitrici di Sárköz nella regione del Transdanubio erano e sono considerate le migliori di tutta l'Ungheria[9]. Lo stile era caratterizzato da ornamenti floreali ricamati con fili di seta e fili argentati di metallo, con l'aggiunta di perle. Alcuni motivi, così come per le ceramiche, erano ispirati dallo stile di ricamo turco, retaggio del periodo della dominazione, ma anche dal gusto dell'Europa occidentale dell'epoca.

Nell'ambito della sartoria i maestri indiscussi erano i sarti del *cifraszür*. Quest'oggetto della tradizione fece la sua comparsa all'inizio dell'Ottocento e la sua origine si rintraccia non a caso sempre nella regione del Transdanubio. Per la decorazione di questi cappotti inizialmente si utilizzavano delle *appliques* di pelle colorata; successivamente si passò al ricamo. Questo cappotto raggiunse il picco di popolarità nella seconda metà dell'Ottocento assumendo delle caratteristiche decorative tipiche dell'arte popolare di quel periodo: forti e contrastanti colori con la tendenza a una composizione molto fitta.

A Debrecen il *cifraszür* ricamato era talmente diffuso che sarti da altre città vi si recavano per apprendere le nuove tecniche di decorazione. Furono fondate anche delle scuole locali per trasmettere la conoscenza dell'arte del ricamo e della composizione del disegno. Alla fine dell'Ottocento i maestri sarti impiegavano tra i dodici e i sedici assistenti per far fronte all'elevata domanda di cappotti[10]. Oggi, il *cifraszür*, pur rimanendo un prodotto tipico della tradizione ungherese, viene prodotto solo su ordinazione. Il ricamo e la tessitura sono mestieri che continuano ad essere praticati dalle donne a livello locale nelle piccole contee, dove poi i prodotti vengono anche venduti.

---

[9] T. Akiyama - J. Turner, *The Dictionary of Art*, Grove London Macmillan, New York 1996, p. 12.

[10] Fél - Hoffer, *Hungarian Folk Art*, p. 36.

Gli esempi più antichi di ceramica ungherese risalgono al Quattrocento e sono essenzialmente decorazioni per costruzioni e piastrelle. Durante il periodo della dominazione turca, tra la metà del Cinquecento e la fine del Settecento, i territori occupati (centro e sud Ungheria) adottarono le tecniche e lo stile della ceramica turca. Si trattava di oggetti di pratica fruizione e spaziavano da vasi, piatti da parete e stoviglie agli oggetti decorativi per la casa. Nel 1743 fu aperta la prima fabbrica ungherese di ceramiche ad Holic (oggi territorio slovacco) che produceva pezzi da fornire all'aristocrazia, cui seguì la costruzione delle fabbriche di Tata e Buda.

Nell'Ottocento furono fondate le due fabbriche diventate poi famose nel mondo e che continuano tuttora la loro attività: la prima è quella di Herend, fondata nel 1826, la seconda è la fabbrica Zsolnay, fondata nel 1851[11]. I centri più grandi di lavorazione della ceramica si trovavano nella Grande Pianura. Tra i più attivi c'era Hódmezövásárhely, dove si distinsero tre diversi tipi di ceramisti: i 'ceramisti bianchi' o 'ceramisti blu' (che laccavano gli oggetti di ceramica di bianco ornandoli poi di blu), i 'ceramisti verdi' (che rimasero fedeli ai colori tradizionali: verde, giallo e marrone) e, infine, i ceramisti che producevano una ceramica non smaltata colorata di nero. Tale tradizione era rintracciabile anche in altre due città della Grande Pianura: a Nádudvar, dove per disegnare si usava la tecnica del logoramento con ciottoli, e a Szantes, dove la superficie dei vasi veniva levigata fino a brillare, attribuendole un aspetto metallico[12]. Un altro famoso centro di lavorazione della ceramica della Grande Pianura è Debrecen. A Debrecen la peculiarità della lavorazione consiste nel metodo di colorazione, marrone su bianco, e nei motivi decorativi che riprendono fiori e uccelli. A Mezöcsát, villaggio a nord dell'Ungheria, la ceramica ha raggiunto alti livelli di artisticità. Di questa città si ricordano maestri come Mihály Rajczy (con i suoi disegni di uccelli) e Sándor Horváth (con i suoi animali)[13].

Esiste una tradizione della ceramica anche nella regione del Transdanubio. La decorazione della ceramica in questa zona

---

[11] AKIYAMA - TURNER, *The Dictionary of Art*, p. 2.

[12] FÉL - HOFFER - CSILLERY, *Hungarian Peasant Art*, p. 55.

[13] *Ibi*, p. 56.

dell'Ungheria variava da semplici gocce di colore applicate con la punta delle dita, a figure ornamentali bianche su ceramica non smaltata. Del Transdanubio sono famose le brocche smaltate di Mezötúr con il loro colore ocra e decorate con disegni floreali marroni, verdi, gialli e i piatti di Tiszafüred decorati con fiori, uccelli, o stelle utilizzati per ornare le pareti delle case.

Nonostante la fase di rallentamento che il settore artigianale della produzione della ceramica e della porcellana si trova ad affrontare a causa delle difficoltà nel competere sul mercato globale, è ipotizzabile che puntando sulla sperimentazione tale mestiere possa vivere una nuova giovinezza. Inoltre la formazione di nuovi artigiani-artisti attraverso l'Università di Arte e Design di Moholy-Nagy sembra poter contribuire al suo rinnovamento.

3. *Mestieri d'eccellenza*

Lavorazione della porcellana

La lavorazione della porcellana verte su tre manifatture principali: Herend, Zsolnay, Hollóházi. Le prime due sono conosciute a livello internazionale e hanno fatto della sperimentazione su materiali e smalti il loro punto di forza.

La fabbrica di Herend fu fondata nel 1826 da Vince Stingl. Inizialmente le porcellane prodotte erano riproduzioni di pezzi classici con forme e decori ispirati sia allo stile europeo (austriaco, francese, italiano), sia all'antica tradizione cinese. Già in questa prima fase della produzione le porcellane di Herend si distinsero per l'eccellenza dei manufatti[14]. La grande visibilità e i primi riconoscimenti a livello internazionale arrivarono con la partecipazione alle esposizioni mondiali (Vienna, Londra, New York, Parigi) che ebbero luogo nella seconda metà dell'Ottocento. All'Esposizione mondiale di Londra nel 1851 fu presentato per la prima volta il disegno di una farfalla dipinta con colori vivaci che da allora diventò il marchio della fabbrica. La regina Vittoria ordinò un servizio da tavola per il castello di Windsor e il motivo con farfalle e fiori porta ora il suo nome. All'Esposizione mondia-

---

[14] www.herend.com.

le di Parigi le porcellane di Herend furono insignite con la medaglia d'oro.

La fabbrica di Herend è una S.p.A. al 25% di proprietà dello Stato. Poiché impiega oltre 1.500 persone, è la più grande manifattura di porcellane in Ungheria e la seconda in Europa. Circa i due terzi della produzione sono destinati all'esportazione, principalmente negli Stati Uniti, in Italia e in Giappone. Nell'ultimo decennio, nonostante la raffinatezza e la riconosciuta qualità della produzione, la fabbrica sta attraversando un periodo di recessione dovuto alla difficoltà di competere con i mercati asiatici. Nel 2001 i profitti annuali dell'azienda si aggiravano intorno a 8 miliardi di fiorini ungheresi (circa 28,5 milioni di euro); già nel 2003 questa cifra era scesa a 6,2 miliardi.

La fabbrica di Zsonaly fu fondata a Pécs nel 1853 da Miklós Zsolnay, ma fu sotto la gestione del suo secondogenito, Vilmos Zsonaly, che raggiunse un'elevata visibilità con la partecipazione alle Esposizioni mondiali. Nel 1878, con l'Esposizione mondiale di Parigi, le porcellane Zsolnay raggiunsero il successo ricevendo anche importanti premi[15]. I prodotti si caratterizzano per la colorazione metallica cangiante dovuta al particolare tipo di colorante organico usato, la eosina. Anche i prodotti della fabbrica Zsolnay sono conosciuti e acquistati da una clientela internazionale, ma il volume delle esportazioni è ridotto rispetto a quello della fabbrica di Herend.

La terza manifattura di porcellana in Ungheria è la fabbrica di Hollóházi che ha festeggiato i 225 anni di attività nel 2002[16]. I periodi d'oro della fabbrica sono stati tre: dagli anni Sessanta e Settanta dell'Ottocento fino alla Prima guerra mondiale, gli anni precedenti la Seconda guerra mondiale e gli anni Ottanta e Novanta del Novecento, che si sono caratterizzati per i disegni di donne in stile Art Nouveau dell'artista Szász Endre.

4. *Contesto economico*

L'economia ungherese, che ha subito una trasformazione notevole nell'ultimo decennio, si basa essenzialmente sui servizi, che conta-

---

[15] www.zsolnay.hu/Eng/2hirek.htm.

[16] www.apvrt.hu/pages/p_1761.html.

no per il 60% e sull'industria, che conta per il 35%. Alcuni settori dell'industria tradizionale – soprattutto il tessile per la lavorazione del cotone e della lana e l'industria per la produzione della porcellana – stanno però attraversando una fase di rallentamento.

A parte il settore della porcellana, che ha trovato una sua collocazione nell'industria ungherese, gli altri settori artigianali hanno difficoltà a inserirsi sul mercato. Gli ostacoli maggiori si sono manifestati nell'ultimo decennio, quando l'apertura dei mercati ha reso ancora più ardua la competizione. Il problema principale consiste nel fatto che i mestieri d'arte vengono praticati a livello locale da micro-imprese o anche da singoli artigiani che, con una limitata produzione, non riescono a diventare una forza realmente competitiva. Inoltre, non esistono canali di vendita istituzionalizzati: quindi gli artigiani, per ridurre al minimo i rischi, producono spesso su ordinazione o vendono in contesti fieristici e nei mercati locali, così come avveniva in passato.

Il punto di riferimento locale per gli artigiani sono i circoli tecnici: si tratta di associazioni locali, sorta di cooperative che funzionano con una certa efficacia, in cui gli artigiani si ritrovano. Al loro interno, oltre ad attività di formazione finalizzate a tramandare il mestiere ai più giovani, si svolgono mostre e attività varie inerenti i mestieri artigianali.

5. *Profilo istituzionale-normativo*

I mestieri d'arte sono inquadrati nel registro nazionale delle qualifiche (*Országos Képzési Jegyzék*) introdotto nel 1994 con l'Atto LXXVI del 1993 sull'educazione professionale. Prima dell'introduzione di questa legge esistevano 17 registri professionali divisi per settori e livelli; con la legge del 1993 si è voluto, invece, creare un registro unico in cui includere tutte le professioni (che sono oltre 900)[17].

In questi anni il registro ha subito diverse modifiche. Con i cambiamenti apportati nel 2001, è stato organizzato in 21 gruppi professionali distribuiti in 4 grandi settori: umano, tecnico, affari e servizi, agricoltura. I mestieri artigianali sono compresi nel primo settore, quello umano.

---

17 www.nive.hu/english/okj/insteuction.doc.

L'obiettivo dell'introduzione del registro nazionale delle qualifiche, oltre a quello già menzionato di garantire uniformità al sistema di classificazione, era anche quello di promuovere un cambiamento nella struttura delle scuole e rispondere ai requisiti richiesti dall'Unione Europea.

Con la legge del 1993 si è, infatti, regolato anche il settore dell'insegnamento delle professioni. Le professioni sono state divise in quattro categorie (A, B, C, D) che si differenziano per livello di insegnamento, durata del percorso di studio e accesso alle posizioni lavorative. L'insegnamento delle professioni, a seconda della categoria, avviene sia nella cornice del sistema scolastico, sia in contesti differenti riconosciuti e regolati per legge. Al termine dei differenti percorsi di studio previsti lo Stato rilascia un riconoscimento che abilita all'esercizio della professione.

6. *Formazione*

L'educazione artistica in Ungheria si è fatta strada a partire dal regno di Maria Teresa d'Austria. Nella seconda metà del Settecento gli Asburgo avviarono una riforma del sistema educativo del regno e ciò favorì l'apertura di scuole di disegno sul modello di quelle tedesche. Alla fine del XVIII secolo quasi ogni città in Ungheria aveva la propria scuola di disegno[18].

Oggi a Budapest esiste un'università che si occupa della formazione di artigiani-artisti tradizionali ma anche di architetti e *designers*, l'Università di Arte e Design di Moholy-Nagy (*Moholy-Nagy Müvészeti Egyetem*). Questa università è erede della storica Scuola regia nazionale ungherese di arti e mestieri, scuola tecnico-professionale fondata nel 1880. Nell'approccio all'insegnamento viene abbandonata la tradizionale divisione tra arti applicate e arti superiori nell'intento di accrescere l'interconnessione tra le varie materie di studio[19]. La scuola comprende attualmente corsi di disegno su ceramica e porcellana, di specializzazione su tessitura, maglia e stampa su tela. Attraverso attività pratiche unite a

---

[18] AKIYAMA - TURNER, *The Dictionary of Art*, p. 17.

[19] mie.hu/index.php?set_lang=en.

conoscenze teoriche e inerenti la tradizione, mira alla formazione di professionisti in grado di lavorare sia come artigiani autonomi, sia in contesti industriali.

L'Associazione degli artisti popolari ungheresi (NESZ - *Nemzeti Kulturális Örökség Minisztériuma*), fondata nel 1982 a Budapest, riunisce dal 1994 tutte le principali organizzazioni regionali e locali di artisti popolari. Il suo scopo è preservare i valori dei mestieri popolari tradizionali ma anche fornire ai membri la possibilità di ampliare e migliorare la propria attività attraverso contatti internazionali. Oltre a promuovere eventi, esibizioni e conferenze, il NESZ fornisce anche formazione professionale attraverso una Accademia popolare fondata nel 1999 che organizza lezioni sulla produzione artigianale tradizionale tenute da professionisti di ogni settore.

Dal 1987 l'Associazione degli artisti popolari ungheresi organizza annualmente nel mese di agosto il Festival dell'arte popolare ungherese che si tiene al castello di Buda; è il più grande evento di questo tipo che esista in Ungheria. Dal 1994 in questa occasione vengono assegnati i premi «Maestro dell'anno» e «Maestro giovane dell'anno». L'evento è di notevole rilevanza sia per i settori professionali interessati, sia per il turismo. Durante il festival gli artigiani-artisti mostrano i segreti del loro mestiere mentre lavorano nelle officine allestite, permettendo al pubblico di partecipare[20].

[20] www.mesterporta.hu/mp022100.html.

APPENDICE

...ci si poneva l'obiettivo di analizzare i ventisette attuali Paesi membri dell'Unione Europea, ai quali si è ritenuto indispensabile aggiungere la Confederazione Elvetica, parte del cuore storico dell'Europa e protagonista indiscutibile della vicenda esistenziale di alcuni settori-chiave del mondo dei mestieri d'arte.

(Paolo Colombo, *Introduzione*)

Confederazione Elvetica

1. *Premessa storico-ambientale*

L'eterogeneità etnica e linguistica che contraddistingue la realtà della Confederazione Elvetica ha largamente influito anche nel delineare il tessuto di una tradizione artistico-artigianale nazionale che, infatti, risulta costituito da un variopinto intreccio di influenze italiane, francesi e tedesche. Inoltre, in quella regione è mancata per lungo tempo una committenza d'eccellenza (mecenati, sovrani o ricchi mercanti), ciò che avrebbe contribuito al configurarsi progressivo di una tradizione veramente nazionale. Tuttavia, a monte della diffusione e dell'influsso dei modelli stranieri (sia sul piano stilistico, sia in riferimento agli artigiani giunti in Svizzera) si trovano anche vistose tracce di una cultura ornamentale indigena propria di quelle valli. Così possiamo affermare che le peculiarità dell'arte svizzera (come delle arti decorative e dell'artigianato artistico in generale che inevitabilmente si accompagnano alla prima) riflettono sia la cultura di un'arte ancestrale, popolare e più tardi borghese, sia la produzione di scuole straniere (francese, italiana e tedesca) che già diversi secoli prima della Svizzera avevano saputo definire caratteri specifici.

2. *Quadro dei mestieri d'arte*

Tra la fine del Medioevo e l'inizio dell'Età moderna vengono a delinearsi i connotati di un quadro artistico-artigianale che in Svizzera presenta le tonalità di un variopinto intreccio di peculiarità autoctone e influenze straniere. Fra i mestieri d'arte legati ad antiche tradizioni locali si assiste allo sviluppo di alcune lavorazioni peculiari come l'intaglio di oggetti in legno (in particolare le maschere in legno del Lötschental), la tessitura e i lavori di ricamo nei Grigioni, i ritagli di motivi figurati dell'Oberland bernese, la ceramica di Heimberg, i pizzi a tombolo di Lauterbrunnen, il vasellame in rame e gli oggetti in paglia e vimini del Ticino, la tessitura di Hasli, gli intagli di Brienz e la produzione di carillon.

Invece, sul versante delle attività che risentono di influssi stranieri, degna di attenzione è l'arte delle decorazioni a stucco di facciate e ambienti interni. In questo campo l'influenza del Rinascimento italiano è visibile nel Canton Ticino (collegiata di Bellinzona, 1518; San Lorenzo a Locarno, 1528-1538) e nella Svizzera centrale. Nella Svizzera occidentale invece prevalgono ancora forme francesi goticheggianti (municipio di Ginevra, 1556; Maison des Halles a Neuchâtel, 1569-1575; prefettura di Friburgo, 1581-1583). I gusti e gli stili stranieri non solo venivano importati in Svizzera grazie all'opera dei maestri dei Paesi limitrofi cui venivano commissionati gli oggetti (che esercitavano a loro volta un influsso sulle botteghe locali), ma spesso venivano veicolati anche dai mercenari in servizio all'estero. È il caso, per esempio, dei mobili alla moda come i *secrétaire*, i *guéridon* e le mensole provenienti da Parigi che ispirarono largamente gli artigiani locali (i quali adottarono anch'essi il linguaggio stilistico proprio agli ambienti di corte) o del cassettone di gusto lombardo introdotto all'inizio del Settecento. Ulteriori esempi sono rappresentati dalla comparsa, alla fine del XVIII secolo, delle fabbriche di porcellane pregiate di Zurigo (Schooren) e di Nyon, che non avevano nulla da invidiare alle grandi manifatture di ceramica europee, dalla produzione di argenteria, di oggetti in ferro battuto e in vetro. Un'altra espressione ammirevole di 'maestria' svizzera quasi sicuramente importata dall'estero (Venezia e Fiandre), è costituita dall'arte del ricamo del pizzo (oppure 'merletto' o 'trina'), cioè quel tessuto leggero e dalla trama delicata ottenuto con l'intreccio di tanti fili. Nella sua accezione 'artistica' la lavorazione del pizzo consiste nel creare a mano una base trasparente con piccoli fori, sulla quale si compongono disegni ornamentali di diverso tipo; il manufatto viene quindi utilizzato per guarnire biancheria intima e abiti[1].

---

[1] Il centro 'storico' della manifattura di pizzi e merletti è San Gallo (cittadina il cui

Nel corso del XVII secolo comincia a svilupparsi in Svizzera anche una fiorente industria dell'orologio favorita dalla revoca dell'editto di Nantes (1685) che aveva determinato massicce emigrazioni dei cosiddetti *ugonotti* dalla Francia e fatto nascere nuovi centri di produzione come Ginevra e Londra, città aperte a quanti fuggivano dalla Francia a causa delle persecuzioni religiose. Tuttavia, mentre l'orologeria inglese conservò un ruolo di primo piano solo fino alla fine del Settecento, la Svizzera seppe coltivare un *savoir-faire* d'eccezione nella costruzione di movimenti riuniti, incisi e decorati manualmente secondo tecniche che attentamente coltivate da generazioni di orologiai ancora oggi le conferiscono, in questo campo, una *leadership* indiscussa a livello mondiale.

Tra la fine del XIX e l'inizio del XX secolo, in reazione all'affermarsi di una cultura industriale, viene a delinearsi con maggior definizione il concetto di 'arti decorative' (o applicate). Si assiste inoltre all'affermarsi di nuovi indirizzi provenienti dalle maggiori capitali europee come l'Art Nouveau francese, la Secessione viennese e il movimento *Arts and Crafts* inglese. Tali movimenti, che tendono a superare la linea di demarcazione fra arti decorative, arte popolare e belle arti, vengono accolti positivamente in Confederazione Elvetica.

Un'interpretazione concreta di questa sensibilità si riscontra nel *design* (mestiere legato alla nascita della produzione industriale e conseguente alla scissione fra progettazione e fabbricazione) e nell'architettura, due forme espressive che contraddistinguono in modo significativo l'attualità del *savoir-faire* svizzero. In questi due campi la Svizzera ha saputo sviluppare, nel corso del XX secolo, sia una modernità d'avanguardia, sia caratteristiche proprie regionali, dando vita a importanti correnti quali lo *Schweizerischer Werkbund*[2] e l'*Heimatstil* (Stile nazionale svizzero) e ispirando in campo architettonico l'opera di maestri di rilevanza internazionale come Le Corbusier, Hans Schmidt,

---

nome nel mondo è oggi sinonimo di pizzo), dove sorgeva un antico monastero omonimo (VII secolo). La lavorazione del pizzo, infatti, ha origini monastiche ed in seguito si è diffusa anche fra le nobili dame e damigelle che, soprattutto in età rinascimentale, hanno potuto esprimere attraverso questo fine lavoro ad ago tutta la delicatezza del carattere, la sensibilità artistica e la loro intuizione creativa.

[2] Scuola di *design* finalizzata alla promozione di una nuova 'morale progettuale' tesa a rendere più qualitativo e concorrenziale il livello industriale svizzero.

Hannes Meyer. I *designers*, veri e propri 'architetti d'oggetti', per la loro capacità di coniugare immaginazione e creatività artistica applicata a diversi settori, possono essere considerati a tutti gli effetti una nuova dimensione del 'saper fare' che allarga, anche in territorio elvetico, i confini del mestiere d'arte. L'attività progettuale del *design* spazia dal campo industriale[3] all'architettura d'interni, dalla moda fino alle nuove frontiere come la comunicazione visiva o la *soundscape architecture*, cioè la progettazione di 'ambienti sonori'. In questa ultima direzione si segnala l'opera del *sound designer* Andres Bosshard, autore di diverse installazioni come 'giardini sonori' e, soprattutto, la *Klangturm* (Torre del suono) di Biel, un'architettura di suoni che rende più rarefatta e vicina all'elemento naturale anche una architettura pesante come quella delle torri del lago di Bienne.

3. *Mestieri d'eccellenza*

Orologeria

La costruzione di un orologio costituisce un mirabile esempio di incrocio fra i saperi dove interagiscono diverse 'capacità della mano', tutte ai confini con l'arte: gioielleria, incisione, decorazione e oreficeria.

Questo fiore all'occhiello dell'artigianato artistico elvetico è una manifattura dalle radici rurali e regionali. Infatti, gli orologi venivano un tempo prodotti nel periodo invernale, quando il lavoro nelle fattorie concedeva agli abitanti di quelle valli momenti di stasi. Ora, quei piccoli borghi si sono trasformati in sofisticatissimi centri dove la produzione di orologi di prestigio sa raggiungere livelli di qualità e di affidabilità molto elevati. Ed è curioso pensare che manufatti ad 'alta complicazione', spesso molto lussuosi e costruiti secondo tecniche all'avanguardia, vengano prodotti in aree rurali come la Vallée de Joux o sulle pendici del Giura (nel Cantone di Vaud) dove hanno sede quasi tutte

[3] La Svizzera vede tra i pionieri del *design* industriale figure come Hans Hilfiker, autore del celebre orologio tuttora in uso nelle stazioni ferroviarie, e Hans Bellmann, noto per i suoi progetti per lavandini e miscelatori.

le grandi Case dell'alta orologeria: La Chaux-de-Fonds (situata a 1.000 metri d'altitudine), Le Locle nel Canton Neuchâtel, Bienne nel Canton Berna e Grenchen nel Canton Soletta.

L'evoluzione tecnologica ed estetica dell'orologeria svizzera conobbe un forte impulso dal XVIII secolo, quando i mastri orologiai iniziarono a fondare le prime società manifatturiere a dimensione 'domestica' (*cottage industry*) e a firmare creazioni particolarmente interessanti. Nacquero così realtà destinate a svilupparsi e a durare nel tempo anche grazie alla lungimiranza di quei capostipiti che seppero investire sulla trasmissione del loro *know-how* alle generazioni successive e osservare intelligenti politiche in tema di apprendistato[4].

Nel corso del XIX secolo si moltiplicarono[5] le manifatture specializzate in 'alta orologeria' e alcune di esse cominciarono ad applicarsi anche alla ricerca e allo sviluppo di un concetto di orologio da polso (o 'a bracciale'), visto che per tutto l'Ottocento l'orologio comunemente usato tra gli uomini era ancora l'orologio da tasca[6]. L'idea prese corpo in modo più vigoroso con la Grande Guerra, quando quasi tutti gli eserciti decisero di dotare i loro ufficiali di orologi da polso più pratici, affidabili e soprattutto più economici (in quanto realizzati su commessa in scala industriale) degli orologi da tasca, molto scomodi da estrarre durante le ope-

---

[4] Sorsero, fra le prime, la *maison Blancpain*, fondata nel 1735 da Jean Jacques Blancpain al primo piano della sua casa nel villaggio di Villeret e la *Vacheron Constantin*, nata nel 1755 a Ginevra dall'iniziativa di Jean-Marc Vacheron (Françoise Constantin unirà il suo nome all'azienda nel 1819). Queste piccole aziende, oltre che costruire begli oggetti, si adoperavano anche in termini di ricerca. Degni di nota in questo senso sono il meccanismo *tourbillon* (o gabbia rotante), ideato dal mastro orologiaio svizzero – ma residente a Parigi dal 1747 al 1823 – Abraham-Louis Breguet (considerato il più grande orologiaio di tutti i tempi) e il modello ultrapiatto realizzato nel 1791 da J.F. Bautte, il capostipite di quella che diventerà nel 1856 la manifattura *Girard-Perregaux*.

[5] *Baume & Mercier* aprì i battenti a Ginevra nel 1830, *Jager-LeCoultre* nel 1833 a Le Sentier, la *Patek Philippe* venne fondata nel 1839 sempre a Ginevra, Charles-Félicien Tissot e suo figlio Charles-Émile, i quali inizialmente si occupavano solo della distribuzione dei prodotti dei mastri orologiai locali, avviarono il 1° luglio 1853 a La Locle (cittadina del cantone di Neuchâtel) la *Chs Tissot & Fils*; la *IWC* venne fondata nel 1868 a Sciaffusa, la famiglia *Piaget* iniziò l'attività nel 1874 a La Cote-aux-Fèes (nel cantone svizzero Giura), solo per citare alcune fra le più importanti aziende ancora oggi attive nel settore.

[6] Importante in questo senso il contributo di illustri produttori come *Patek Philippe*, Costant Girard (della *Girard-Perregaux*) e dei mastri orologiai della *Chs Tissot & Fils*.

razioni militari. Solo nel 1930 le vendite degli orologi da polso supereranno per la prima volta quelle degli orologi da tasca.

Nel corso del XX secolo l'evoluzione di quest'affascinante e raffinata arte non conobbe stasi soprattutto per quanto riguarda il campo della ricerca di nuove soluzioni tecnologiche e brevetti innovativi. Dalla *maison Rolex*[7], altro prestigioso marchio nella storia e nella cultura orologiera, uscirono la celeberrima chiusura del fondello tipo *Oyster* (ostrica) e il brevetto di un particolare 'bottone di carica' che permise nel 1929 alla nuotatrice inglese Mercedes Gleitze di attraversare lo stretto della Manica conservando intatto il suo prezioso orologio.

Successivamente, ricerca e tecnologie d'avanguardia impressero all'evoluzione dell'orologeria profonde e spesso sorprendenti innovazioni che progressivamente mutarono i procedimenti di base nella costruzione dei misuratori del tempo.

Nonostante questi rivoluzionari sviluppi ispirati a criteri di praticità ed economicità, la tradizione della produzione di orologi artigianali pregiati in Svizzera non ha conosciuto flessioni né rallentamenti. Anzi, al fianco di una produzione orientata a un allargamento massiccio del mercato, la fusione tra tradizione orologiera e tecnologie d'avanguardia nei laboratori delle prestigiose Case elvetiche ha saputo concretizzarsi dando vita a manufatti unici i cui meccanismi comunque sono sottoposti a severi controlli di qualità. Così, non solo gli orologi meccanici non sono completamente scomparsi, ma in alcuni casi sono addirittura divenuti *status symbol*. Inoltre, da un'inchiesta sullo stato dell'alta orologeria elvetica (dalla grande *maison* al piccolo artigiano), risulta in modo evidente che quasi tutte le realtà impegnate in un'orologeria di tipo artigianale recano, come anno di fondazione, una data recentissima (per esempio *De Bethune*, 2002; *Roger Dubuis*, 1995; *Parmigiani Fleurier*, 1996; *De Witt* 2002; *Daniel Roth* 1989 ecc.)[8]. Ben lungi dal pensare che l'artigianato artistico legato alla produzione di orologi sia una scoperta recente del 'saper fare' svizzero, non resta che trarre una conclusione: certi maestri dalle 'mani d'oro' che grazie al talento, alla fantasia, alla cura e

---

[7] La Casa fu fondata a Ginevra nel 1905 da Hans Wildsorf il quale creò il nome *Rolex* come acronimo di 'Orologerie Extreme'.

[8] L'inchiesta compare in un approfondito dossier di Augusto Veroni sull'orologeria, pubblicato dal quotidiano milanese «Corriere della Sera», il 25 novembre 2005, p. 7.

alle loro capacità – oggi – interpretano nel modo più puro la tradizione orologiera elvetica realizzando capolavori unici, quasi sicuramente sono destinati a diventare le grandi Marche di domani. Ciò sembra perpetuare l'identico disegno che ha visto i primi orologiai di Sette e Ottocento trasformarsi in capi d'azienda. Così nuovi 'mastri orologiai' come Michel Parmigiani, Roger Dubuis, De Bethune, Erwin Sattler, De Witt, François-Paul Journe, Greubel-Forsay, Richard Mille, pur conservando criteri di produzione manuali che prevedono la costruzione di orologi *ad personam*, stanno superando le tipiche dimensioni dell'azienda artigianale con il progetto di aumentare la produzione. Spesso la chiave di volta in questo passaggio viene dai finanziamenti offerti da facoltosi mecenati motivati da una forte passione per l'alta orologeria o attratti dalla possibilità di ricavare utili vertiginosi in questo campo.

Va detto comunque che, a livelli di produzione qualitativa così alti per finezza di meccanismi e stile, la linea di demarcazione che separa la grande Casa e la *maîtrise* artigianale non è poi così netta. Infatti è frequentissimo il caso di tecnici eccezionali, con una maestria consolidata da almeno 20 anni di esperienza, i quali vengono 'affittati' dalla *maison* affermata per progettare o mettere a punto movimenti a 'grande complicazione' che i *designers* e gli artigiani non saprebbero realizzare nonostante la loro acribia e competenza. Si tratta di maestri orologiai che si tramandano di padre in figlio, in modo 'silenzioso', le sofisticatissime competenze relative alla tecnica dei movimenti. Dominique Fléchon, un affermato storico della misura del tempo che collabora annualmente con il Salone dell'Alta Orologeria di Ginevra (*Salon international de la Haute Horlogerie)* organizzando in quell'ambito le annuali esposizioni di orologeria d'epoca, ha ricostruito una sorta di 'biotipo' degli abilissimi orologiai svizzeri della Vallée de Joux: «Orologiai di padre in figlio, questi maestri d'arte vivono tutti in famiglia, in una intimità indispensabile al loro lavoro e alla trasmissione delle loro conoscenze. Sono orgogliosi di creare dei pezzi unici, anche se recano una firma che non è la loro. Uomini liberi e autentici artisti [...] sono personaggi dalla mente aperta, sempre all'erta, ricercatori instancabili, ingegnosi e inventivi, e non esitano, durante discussioni interminabili con i colleghi, ad aiutarsi reciprocamente per trovare la soluzione migliore. Il motto che guida alcuni di loro, "Pazienza e fermezza", la dice lunga sul loro carattere»[9].

4. *Contesto economico*

Secondo i dati più recenti, risulta che un'altissima quota del fatturato del mercato orologiero è occupata dall'*haute horlogerie.* Le marche 'specializzate' (quasi tutte d'alta orologeria) mostrano un notevole stato di salute con un aumento del fatturato del 23% rispetto all'anno precedente. In generale, mentre fra gennaio e settembre 2005 la produzione svizzera di orologi è diminuita del 3,9%, il fatturato è aumentato dell'11,7%[10]. Cioè si producono e si vendono meno orologi ma più costosi, una tendenza in corso da qualche anno. Il notevole stato di salute dell'alta orologeria e la sua elevata incidenza nel fatturato complessivo del mercato sono determinati anche da un *trend* che è andato consolidandosi negli ultimi anni. Molte marche di alta orologeria, prima indipendenti, hanno aderito a solidi gruppi finanziari che garantiscono loro le massicce risorse economiche necessarie a campagne pubblicitarie efficaci e alla produzione di orologi concorrenziali. Fra queste realtà economico-finanziarie spicca il Gruppo *Richemont*, che raduna molti tra i più prestigiosi nomi dell'orologeria, della gioielleria e del lusso (Cartier, Van Cleef & Arpels, Piaget, Jaeger-LeCoultre, IWC, Vacheron Constantin, A. Lange & Söhne, Officine Panerai, Baume & Mercier, Dunhill, Lancel, Montblanc, Montegrappa, Purdey, Chloé, Shanghai Tang).

5. *Profilo istituzionale-normativo*

In tema di tutela e promozione dei mestieri d'arte, si può riscontrare già più di centoventi anni fa la decisa volontà della Confederazione di concorrere all'incoraggiamento e all'incremento dell'arte applicata (arte decorativa e industriale). Tale

[9] D. FLÉCHON, *L'orologiaio mestiere d'arte*, Il Saggiatore, Milano 2001, p. 95.

[10] *Fonte*: Federazione dell'industria orologiera svizzera (*Fédération de l'industrie horlogère suisse*), associazione professionale che raggruppa circa il 90% dei produttori svizzeri di orologi. I dati sono riferiti al periodo gennaio-settembre 2005.

volontà veniva espressa dalla Risoluzione federale del 22 dicembre 1887 «per il promovimento e l'incoraggiamento delle arti nella Svizzera» e, più tardi, dal Decreto federale del 18 dicembre 1917 «sull'incoraggiamento e l'incremento dell'arte applicata, arte decorativa e industriale». In seguito, l'Ordinanza del 18 settembre 1933 «concernente l'incoraggiamento e l'incremento dell'arte applicata» rivelava una particolare sensibilità sia nei confronti delle associazioni di categoria, sia a favore dei singoli operatori. Infatti, la suddetta ordinanza disponeva: «la Confederazione concede dei sussidi annuali alle grandi associazioni che hanno per iscopo l'incremento dell'arte applicata».

Negli anni Trenta, in un momento di grave crisi economica furono anche 'fondazioni' private come la *Schweizer Heimatschutz* a contribuire, prefiggendosi il compito di far rivivere l'attività artigianale e il lavoro a domicilio consentendo così il rilancio di attività quali la filatura e la tintura della lana, la lavorazione della paglia e la ripresa del ricamo in varie località della Svizzera, in particolar modo nelle regioni di montagna.

La lunga tradizione di attenzione della Confederazione nei confronti dell'artigianato artistico veniva consolidata con il Decreto federale del 24 settembre 1948 che costituiva un «Fondo a favore delle istituzioni ausiliarie dell'artigianato e del commercio» e dal Decreto federale del 22 giugno 1949 «inteso a promuovere le cooperative di fideiussione delle arti e mestieri».

Sempre in tema di sostegno economico, il già citato decreto del 24 settembre 1948 veniva ripreso e integrato in tempi più recenti dall'Ordinanza d'esecuzione del 22 dicembre 1967 «del decreto federale che costituisce un fondo a favore delle istituzioni ausiliarie dell'artigianato e del commercio» (entrata in vigore il 1° gennaio 1968) il quale deliberava il «versamento di sussidi annuali, all'Unione svizzera delle arti e mestieri, per l'utilizzazione, ai fini statistici, dei risultati contabili delle aziende d'arti e mestieri».

Dato che il mestiere d'arte non può essere circoscritto esclusivamente alla dimensione della manipolazione diretta e non mediata della materia, ma «si differenzia da altre occupazioni, sia artigiane sia industriali, (proprio) per il ruolo che in essa gioca il momento o il processo di ideazione dell'oggetto o della *performance*»[11] è opportuno dare conto – in questa sede – anche di quel

---

[11] P. COLOMBO, *Definire il mestiere d'arte. Risultati di una ricerca*, in ID. (a cura di), *Genio*

repertorio legislativo che negli ultimi anni ha rivolto la sua attenzione alla tutela e alla protezione di *design*, marchi, indicazioni di provenienza, denominazioni, e così via, elementi che spesso risultano costitutivi di un manufatto artigianale. In questo senso vanno citate senz'altro la Legge federale del 5 ottobre 2001 «sulla protezione del design», la Legge federale del 28 agosto 1992 «sulla protezione dei marchi e delle indicazioni di provenienza», nonché la precedente e più specifica Ordinanza del 23 dicembre 1971 «concernente l'utilizzazione della designazione "Svizzera" per gli orologi».

Al presente, nella tutela e promozione del mestiere d'arte a livello federale, va senz'altro menzionata l'azione dell'Unione Svizzera delle Arti e Mestieri (USAM). Si tratta di un'organizzazione-mantello che raggruppa numerose piccole e medie imprese artigianali e svolge un preziosissimo lavoro di pianificazione e coordinamento in relazione alle nuove sfide che l'artigianato svizzero è chiamato a fronteggiare (mutate condizioni economiche dovute alla globalizzazione, evoluzione tecnica e accordi bilaterali tra la Svizzera e l'Unione Europea).

Per quanto riguarda l'orologeria di lusso, oggi, tra le diverse realtà impegnate nella salvaguardia e nello sviluppo del livello globale di eccellenza appropriato alle tradizioni nobili di questa manifattura, un ruolo di primo piano è svolto dalla *Fondation de la Haute Horlogerie* (Fondazione dell'Alta Orologeria). La FHH è una nuova organizzazione che ha preso vita nel novembre 2005 sulle ceneri della disciolta *Association Interprofessionelle de la Haute Horlogerie* (Associazione interprofessionale dell'alta orologeria), un'associazione-mantello cui hanno fatto riferimento fino al 2005 circa 200 commercianti al dettaglio 'autorizzati' di oltre 20 Paesi e 8 marche prestigiose: *Audemars Piguet, Baume & Mercier, Breguet, Cartier, Ebel, Girard Perregaux, Piaget* e *Vacheron Constantin*. La *Fondation de la Haute Horlogerie* si prefigge l'obiettivo primario di dare un apporto incisivo alla diffusione mondiale del patrimonio tecnico e dei valori dell'Alta Orologeria e intende giocare un ruolo di primo piano nella salvaguardia e nel potenziamento dell'eccezionale retaggio costituito dalla competenza svizzera nella

---

e materia. Contributi per una definizione del mestiere d'arte, Vita e Pensiero, Milano 2000, pp. 143-182. Per un ulteriore approfondimento si rimanda alle riflessioni contenute nel saggio citato.

costruzione di misuratori del tempo. A questo proposito la fondazione opera su due livelli, diversi ma in interazione fra loro. Il primo è costituito dall'attività del *Centre culturel de la Haute Horlogerie* (Centro culturale dell'Alta Orologeria), cui fanno capo le attività istituzionali, culturali, di studio e ricerca e dell'organizzazione di eventi promozionali. Il secondo polo di attività della fondazione si esplica nella diretta organizzazione di esposizioni e grandi manifestazioni come nel caso della preparazione dell'ultima edizione del *Salon International de la Haute Horlogerie* (Salone Internazionale dell'Alta Orologeria) svoltosi a Ginevra dal 3 al 9 aprile 2006.

Fondation de la Haute Horlogerie
22 Avenue du Mail
CH-1205 Genève
Tel.: 0041- 22 307 0990
Fax: 0041- 22 307 0995
www.hautehorlogerie.org

Importantissima in questo settore è anche l'azione della *Fédération de l'industrie horlogère suisse* (Federazione dell'industria orologiera svizzera), un'associazione professionale privata *non-profit* istituita il 19 novembre 1982. Dal gennaio dell'anno successivo, quando ha iniziato la sua attività ad oggi, questo raggruppamento è cresciuto fino a rappresentare circa il 90% dei produttori svizzeri di orologi contando più di 500 membri, tutte manifatture molto attive nella realizzazione di prodotti finiti, movimenti e componenti meccaniche. L'associazione, oggi presieduta dal signor Jean-Daniel Pasche, affonda le sue radici in due storiche realtà preesistenti e cioè la *Camera Svizzera degli Orologiai* (la cui origine risale al 1876) e la *Federazione Orologiai Svizzeri* fondata nel 1924. Dal quartier generale di Bienne gli operatori della *Federazione dell'industria orologiera svizzera* cercano di dotare l'industria orologiera del più alto grado possibile di unità d'azione migliorando le sinergie che in parte già esistevano tra le due organizzazioni precedenti. Tra gli svariati compiti che questa influente associazione si ripropone, i principali consistono nel contribuire allo sviluppo dell'industria dell'orologio, stabilire un collegamento costante tra i vari membri dell'associazione, rappresentare l'industria svizzera negli affari con il Paese, con le autorità straniere e le organizzazioni economiche internazionali e in generale proteggere gli interessi dei propri membri.

Fédération de l'industrie horlogère suisse
Rue d'Argent 6
CH-2502 Bienne
Tel.: +41 (0)32 328 08 28
Fax: +41 (0)32 328 08 80
www.fhs.ch

6. *Formazione*

Il tema dell'istruzione e della formazione, in quanto aspetto che riveste un ruolo centrale nella determinazione e nella salvaguardia dell'artigianato artistico, è un argomento opportunamente recepito dalla Costituzione federale della Confederazione Svizzera. Le direttive della Confederazione per quanto concerne la formazione professionale tradizionale sono state recentemente ridefinite dalla nuova Legge federale del 13 dicembre 2002 «sulla formazione professionale» entrata in vigore il 1° gennaio 2004 (e successivo regolamento d'applicazione del 19 novembre 2003) che affida alla competenza federale, oltre alle formazioni commerciali, artigianali e industriali, anche quelle artistiche (che prima godevano di una certa autonomia cantonale)[12] e quelle sanitarie (in precedenza delegate alla Croce Rossa). La normativa, nei suoi criteri di fondo, stabilisce il concorso tra diverse agenzie per la formazione professionale – parti sociali, associazioni professionali, altre organizzazioni e operatori competenti – e la loro collaborazione nel garantire un'offerta adeguata (art. 1); fissa l'oggetto e il campo d'applicazione della legge definendolo valido «per tutti i settori della formazione professionale, escluse le scuole universitarie» (art. 2); promuove e sviluppa, tra gli altri obiettivi, lo sviluppo personale e professionale

[12] Per esempio, la formazione di certe professioni come 'pittore su vetro' prima della suddetta legge poteva essere prerogativa di un singolo cantone.

dell'individuo, la competitività delle aziende e le pari opportunità di formazione sul piano sociale e regionale (art. 3).

École d'arts appliqués de Vevey
Av. Nestlé 1
1800 Vevey
Tel.: 0041 (0) 21 923 14 00
www.cepv.ch/eaa

École des arts décoratifs (EAD)
Ecole d'arts appliqués (EAA)
Rue Necker 2
1201 Genève
Tel.: 0041 (0) 22 732 04 39
www.geneve.ch/eaa

Haute école d'arts appliqués (HEAA - HES)
École des arts décoratifs (EAD)
Bd James-Fazy 15
1201 Genève
Tel.: 0041 (0) 22 731 37 57
www.hesge.ch/heaa

Nel campo specifico della costruzione di orologi, 11 importanti scuole furono aperte sul territorio elvetico fra il 1824 e il 1940 fra le quali quella di Ginevra (1824), La Chaux-de-Fonds (1865), Saint-Imier (1866), Le Locle (1868), Bienne (1872), Le Sentier (1908) e Tramelan (1940). Oggi i percorsi formativi relativi a questa professione si dividono in quattro differenti rami: «orologiaio a indirizzo professionale industriale», «orologiaio a indirizzo professionale riparazione», «orologiaio pratico» e la specializzazione denominata «tecnico in restauro di orologeria antica».

I percorsi formativi prevedono un tirocinio che dura 4 anni per «orologiaio a indirizzo professionale industriale» o «riparazione» e 3 anni per «orologiaio pratico». Al termine del tirocinio si ottiene l'Attestato Federale di Capacità (AFC) e, con l'eventuale Maturità professionale, è possibile proseguire la formazione a livelli più specifici fino alle qualifiche di «Maestro orologiaio» (esame professionale superiore) o «Tecnico in microtecnica, restauro di orologeria antica» oppure ancora «Ingegnere in elettronica, microtecnica o informatica».

L'*iter* per i futuri orologiai, oltre al tirocinio da svolgersi in un'azienda, in un laboratorio o in un negozio, deve prevedere la frequenza dei corsi formativi che in Svizzera sono proposti nelle seguenti scuole:

Centre de formation professionnelle (CFP)
Lycée technique
Rue de Boujean 31
Case postale 4264
2500 Biel/Bienne 4
Tel.: 0041 (0) 32 344 38 11
www.cfp-bienne.ch

Centre d'enseignement professionnel technique
et artisanal (CEPTA)
École d'horlogerie, d'électronique et d'informatique
Rte du Pont-Butin 43
1213 Petit-Lancy
Tel.: 0041 (0) 22 388 87 01
www.geneve.ch/cepta

École d'horlogerie et de microtechnique
de Porrentruy (EHMP)
Rue de la Maltière 33
2900 Porrentruy
Tel.: 0041 (0) 32 420 35 50
www.cpp.ch

École technique de la Vallée de Joux (ETVJ)
École de métiers et d'arts appliqués
Rue G.-H.-Piguet 41
1347 Le Sentier
Tel.: 0041 (0) 21 845 22 00
www.etvj.vd.ch

Convention patronale de l'industrie horlogère
Service de la formation professionnelle
Av. Léopold-Robert 65
Case postale 939
2031 La Chaux-de-Fonds
Tel.: 0041 (0) 32 914 51 61
www.cpih.ch

Scuola professionale artigianale industriale (SPAI)
di Lugano-Trevano
6952 Trevano Canobbio
Tel.: 0041 (0) 918151011
Fax: 0041 (0) 918151019
email: dic-spai.trevano@ti.ch
www.cpt-ti.ch/spai

Per quanto riguarda, invece, la formazione del «tecnico in restauro di orologeria antica», questa si svolge a tempo pieno ed è prevista la frequenza obbligatoria alla Scuola specializzata superiore di tecnica di Le Locle:

Centre interrégional de formation
des Montagnes neuchâteloises (CIFOM)
École technique (ET)
Rue Klaus 1
2400 Le Locle
Tel.: 0041 (0) 32 930 32 32
www.cifom.ch/et

Bibliografia

AA.VV., *Actes du colloque sur l'artisanat*, Institut d'Études Comtoises et Jurassiennes de l'Université de Besançon, Besançon 1961.

AA.VV., *Design in Sweden*, The Swedish Institute, Stockholm 1972.

AA.VV., *Le icone*, Mondadori, Milano 1981.

AA.VV., *Storia dell'artigianato europeo*, Etas libri, Milano 1983.

AA.VV., *Gli anni della selettività: Galleria mobili d'arte*, Amministrazione Provinciale di Como, 1995.

AA.VV., *Artisanat et matériaux. La place de matériaux dans l'histoire des techniques*, Publications de l'Université de Provence, Aix-en-Provence 1998.

AA.VV., *Finnisches Design der Moderne 1930-1999*, Taideteollisuusmuseo, Helsinki 1999.

AA.VV., *Como, città di mestiere: la seta e i suoi opifici dal 1860 al 1950*, Museo Didattico della Seta, Como 2000.

M. AAV - N. STRITZLER-LEVINE, *Finnish modern design: utopian ideals and everyday realities, 1930-1997*, Levine, New Haven-London 1998.

T. AKIYAMA - J. TURNER, *The dictionary of Art*, Grove London Macmillan, New York 1996.

A. ALBERTI (a cura di), *La Romania*, Edizioni del Calendario (in collaborazione con l'Istituto di studi storici, politici e sociali di Bucarest), Milano 1976.

G.C. ALLEN, *British industries and their organisation*, Longman, London 1970.

ARPES, *Studio conoscitivo sul settore della concia, pelletteria e calzature commissionato dalla Regione Toscana*, Marsilio, Venezia 1982.

B. BAILEY, *Luddite rebellion*, New York University Press, New York 1998.

E. BALESTEROS, *La artesanía española*, Ed. Rayuela, Valencia 1994.

C. BAROJA, *Artesanía de España. Una defensa de las artes y oficios,* Lungwerg Editores, Barcelona 2000.

R. BAROVIER MENTASTI ET AL., *Murrine e millefiori nel vetro di Murano dal 1830 al 1930,* Galleria Rossella Junck, Venezia 1998.

W. BARTLETT - V. BUKVI, *Barriers to SME Growth in Slovenia,* «MOCT-MOST: Economic Policy in Transitional Economies», 2 (2001), 11, pp. 177-195.

R. BASTIDE, *Art et société,* Payot, Paris 1977.

P. BAYER - M. WELLER, *The art of René Lalique,* Wellfleet Press, Edison (NJ), 1988; trad. it. *L'arte di René Lalique,* De Agostini, Novara 1988.

C. BENPORAT, *Il cuoco mestiere d'arte,* Il Saggiatore, Milano 1999.

R.L. BLANCO VALDÈS, *Nacionalidades históricas y Regiones sin historia,* Alianza Editorial, Madrid 2005.

A. BOLOGNA, *The Silver of Malta,* Mag Publications, Valletta 1995.

F. BOLOGNA, *Dalle arti minori all'industrial design,* Feltrinelli, Milano 1972.

C. BRANCUŞI, *Aforismi,* Abscondita, Milano 2001.

A. BRUCE - P. FILMER, *Working in Crafts: an independent socio-economic study of craftsmen and women in England and Wales,* Craft Council, London 1983.

L. BURKHARDT (a cura di), *Werkbund. Germania, Austria, Svizzera,* La Biennale di Venezia, Venezia 1977.

H. BURNS - M. COLLARETA - D. GASPAROTTO (a cura di), *Valerio Belli Vicentino (1468 c.-1546),* Neri Pozza, Vicenza 2000.

C. BUSS (a cura di), *Seta: il Novecento a Como,* Silvana Editoriale, Cinisello Balsamo 2001.

G. BUTAZZI, *La mode: art, histoire et société,* Hachette, Paris 1983.

G. CACLINI, *Las culturas populares en España,* Casa de las Americas, La Habana 2002.

J. CAMPBELL, *The German Werkbund. The Politics of Reform in the Applied Arts,* Princeton University Press, Princeton 1978; trad. it. *Il Werkbund tedesco. Una politica di riforma nelle arti applicate e nell'architettura,* Marsilio, Venezia 1987.

T.O. CANAINN, *Traditional Music in Ireland,* Ossian, Cork 1993.

C. CARMICHAEL, *Slovenia and the Slovenes: a small state and the new Europe,* Hurst, London 2000.

A. Carola-Perrotti (a cura di), *Le porcellane dei Borbone di Napoli: Capodimonte e la Real Fabbrica ferdinandea 1743-1806*, Guida, Napoli 1986.

A. Carrettero, *Ceramica popular de Andalucía. Artes del tiempo y espacio*, Editoria Nacional, Madrid 1984.

C. Castellacci - P. Sanvitale, *Il tipografo mestiere d'arte*, Il Saggiatore, Milano 2004.

Centre for Co-operation with the Economies in Transition, *Labour market policies in Slovenia*, OECD, Paris 1997.

U. Cetinski, *Identifikacija države s kulturo ne obstaja. Festivalska ponudba v Sloveniji je tako kot po vsej Vshodni Evropi vse bolj dinamična in pestra*, «Mladina», 25 (2001).

A. Champeney, *Reclaimed-Contemporary British Craft and Design*, British Council, London 1999.

P. Chardron-Picault - M. Pernot (éds.), *Un quartier antique d'artisanat métallurgique à Autun (Saone et Loire), Le site du Lycée militaire*, Éditions de la Maison des Sciences de l'Homme, Paris 1999.

V. Chesi, *Struktur und Funktionen der Handwerksorganisation in Deutschland seit 1933*, Duncker & Humblot, Berlin 1966.

C. Ciavolino, *La scuola del corallo a Torre del Greco*, Marimar, Napoli 1988.

G. Clark, *The potter's art*, Phaidon, London 1995.

A. Cole - L.M. Ballard, *Renaissance of the Irish Art of Lace-making*, Ulster Folk and Transport Museum, Belfast 1988.

P. Colombo (a cura di), *Genio e materia. Contributi per una definizione del mestiere d'arte*, Vita e Pensiero, Milano 2000.

P. Colombo (a cura di), *A regola d'arte. Attualità e prospettive dei mestieri d'arte in Lombardia e Canton Ticino*, Vita e Pensiero, Milano 2005.

M. Corgnati - F. Poli, *Dizionario dell'arte del Novecento. Movimenti, artisti, opere, tecniche e luoghi*, Mondadori, Milano 2001.

Crafts Council of Ireland, *Annual Report 2003*, Crafts Council of Ireland, Kilkenny 2003.

E. Crispolti (a cura di), *Immaginazione aurea: artisti-orafi e orafi-artisti in Italia nel secondo Novecento*, Silvana Editoriale, Cinisello Balsamo 2001.

E. Cumming - W. Kaplan, *The Arts and Crafts Movement*, Thames and Hudson, London 1991.

J. DANCU - D. DANCU, *Folk Glass-painting in Romania*, Meridiane Publishing House, Bucureşti 1982.

DANISH TECHNOLOGICAL INSTITUTE, *The impact on vocational training of studies analysing and forecasting trends in occupations: case studies in Germany, the Netherlands and Denmark*, CEDEFOP Luxembourg: Office for official publications of the European Communities, Thessaloniki 1998.

P. DEANE - W.A. COLE, *British Economic Growth*, Cambridge University Press, Cambridge 1969.

P. DEHAYE, *Rapport à M. le Président de la République sur les difficultés des métiers d'art*, La Documentation française, Paris 1975.

D. DE MASI (a cura di), *L'emozione e la regola. I gruppi creativi in Europa dal 1850 al 1950*, Laterza, Roma-Bari 1989.

N. DE PIRO, *The Quality of Malta. Fashion and Taste in Private Collections*, AVC Publishers, Valletta 2003.

N. DE PIRO - V. A. CREMONA (eds.), *Costume in Malta. A History of Fabric Form and Fashion*, Patrimonju publishing Ltd, Valletta 1998.

G. DIERNA (a cura di), *Jan Svankmajer, Eva Svankmajerova: memoria dell'animazione animazione della memoria*, Mazzotta, Milano 2003.

P.U. DINI, *L'anello baltico. Profilo delle nazioni baltiche*, Marietti, Genova 1991.

G. DORFLES, *Introduzione al disegno industriale. Linguaggio e storia della produzione in serie*, Einaudi, Torino 1972.

A. DORIGATO, *L'arte del vetro a Murano*, Arsenale Editrice, San Giovanni Lupatoto 2002.

M. DUNLEAVY, *Waterford Crystal: the History*, Waterford Crystal Centre, Waterford 1990.

M.S. DURICA, *La Slovacchia: un breve profilo storico-culturale*, Istituto per l'enciclopedia del Friuli-Venezia Giulia, Udine 1994.

ECONOMIST INTELLIGENCE UNIT, *Country Profile: Malta*, Economist Ltd, London 2003.

A.-M. ERICSSON ET AL., *The brilliance of Swedish glass, 1918-1939: an alliance of art and industry*, Yale University Press, New Haven 1996.

J. FARR, *Artisans in Europe, 1300-1914. New approaches to European history*, Cambridge University Press, Cambridge 2000.

J. FARRUGIA, *Antique Maltese Domestic Silver*, Said, Valletta 1992.

E. FÈL - T. HOFFER, *Hungarian folk art*, Oxford University Press, Oxford 1979.

E. FÈL - T. HOFFER - K.K. CSILLERY, *Hungarian Peasant Art*, Corvina, Budapest 1958.

R. FERRACCIU, *La r. scuola di incisione sul corallo e di arti decorative affini di Torre del Greco*, Le Monnier, Firenze 1941.

C. FIOCCO (a cura di), *Storia dell'arte ceramica*, Zanichelli, Bologna 2001.

D. FLÉCHON, *L'orologiaio mestiere d'arte*, Il Saggiatore, Milano 2001.

H.-M. FORMAGIU, *Portul popular din România*, Muzeul de Artă populară al Republicii Socialiste România, Bucureşti 1974.

S. FRANCES, *Où va l'artisanat français? Enquête sur le mode de vie et l'idéologie des artisans ébénistes de la Seine*, Centre national de la recherche scientifique, Paris 1961.

F. FRITTOLI (a cura di), *Repubblica Ceca e Slovacchia. Guida pratica alla nuova primavera economica: economia, fisco, legislazione, obblighi valutari*, Franco Angeli, Milano 1999.

W. GARVIN, *The Irish Bagpipes: Their Construction and Maintenance*, Blackstaff, Belfast 1978.

A. GASPARETTO, *Il vetro di Murano dalle origini ad oggi*, Neri Pozza, Vicenza 1958.

G. GHERARDI, *La ceramica europea nei secoli XVII e XVIII*, in C. FIOCCO (a cura di), *Storia dell'arte ceramica*, Zanichelli, Bologna 2001.

S. GLYNN - A. BOOTH, *Modern Britain. An economic and social history*, Routledge, London 1996.

B. GÖKAY, *Eastern Europe since 1970*, Longmann, Harlow, 2001; trad. it. *L'Europa orientale dal 1970 ad oggi*, Il Mulino, Bologna 2005.

G. GONZÁLEZ-HONTORIA, *Las Artesanías de España - zona central norte*, Ediciones del Serbal, Barcelona 2004.

G. GORSELAK, *The regional dimension of transformation in Central Europe*, J. Kingsley, London 1996.

P. GREENHALGH (éd.), *Art Nouveau en Europe 1890-1914*, La reinassance du livre, Paris 2002.

I. GREHAN, *Waterford: an Irish Art*, Portfolio Press, Huntington-New York 1982.

Z. Habşudová, *Jewellery from heaven*, «The Slovak Spectator», 3 gennaio 2004.

T. Hamerow, *The German Artisan Movement. 1848-49*, «Journal of Central European Affairs», 21 (1961), pp. 135-152.

P. Hanák (a cura di), *Storia dell'Ungheria*, Franco Angeli, Milano 1996.

S. Hannigan, *The Bodhràn Book: History, Technique, Music*, Ossian, Cork 1991.

T. Harrod, *The crafts in Britain in the Twentieth Century*, Yale University Press, New Haven-London 1999.

G.F. Hartlaub, *Das ewige Handwerk im Kunstgewerbe der Gegenwart: Beispiele mornedern kunsthandwerklichen Gestaltens*, Berlin 1931.

C. Harvey - J. Press, *William Morris: Design and Enterprise in Victorian England*, Manchester University Press, Manchester 1991.

J. Hoad, *This is Donegal Tweed: Traditional Techniques and History*, Shoestring Publications, Inver 1987.

J. Hogan, *Basket-making in Ireland*, Wordwell, Dublin 2001.

N. Iorga, *L'arte popolare in Romania*, Pubblicazioni dell'Istituto per l'Europa Orientale, Roma 1930.

C. Irimie, *L'art populaire au Musée Brukenthal de Sibiu*, Meridiane, Bucureşti 1964.

L. Izzo, *Il corallo e Torre del Greco: arte ed economia*, Etas libri, Milano 1979.

I. Jazykova, *Io faccio nuova ogni cosa. L'icona nel XX secolo*, Edizioni La Casa di Matriona, Milano 2002.

M.J. Jecklyn - K.V. Rea, *Buy the Best of Ireland. A Learning Guide to Irish Goods and Crafts*, Taylor Trade Publishing, Lanham-New York-Toronto-Oxford 2004.

M. Jevolella, *Biserici de lemn*, «Meridiani», 19 (2006), 147, pp. 102-109.

F. Kämpfer - F.W. Beyer, *Kunsthandwerk in Wandel*, Verlag der Nation, Berlin 1984.

J. Keating, *Foreword*, in D. Shaw-Smith (ed.), *Ireland's Traditional Crafts*, Thames and Hudson, London 2003.

B. Keller, *Da Handwerk im faschistischen Deutschland*, Pahl-Rugenstein Verlag, Köln 1980.

S. KINDT - E. MESSERSCHMIDT, *The Danish wave*, The Danish Centre for Architecture, Copenhagen 1998.

R. KLAVS, *The Viking age in Denmark: the formation of a state*, Duckworth, London 1980.

C.A. KNOTT, *Crafts in the 1990s: An Independent Socio-Economic Study of Crafts People in England, Scotland and Wales*, Crafts Council, London 1994.

C. LAORDEN, *La artesanía en la sociedad actual*, Salvat, Barcelona 1982.

P. LARMOUR, *The Arts and Crafts Movement in Ireland*, Friar's Bush Press, Belfast 1992.

H. VAN LEMMEN, *Delftware Tiles*, Laurence King, London 1997.

H. LEY, *L'artisanat entité corporative*, Dunod, Paris 1938.

E. LUCIE-SMITH, *The Story of Craft. Craftsman's Role in Society*, Phaidon Press, London 1981; trad. it. *Storia dell'artigianato*, Laterza, Roma-Bari 1984.

B. MAHON, *Rich and Rare: the Story of Dress in Ireland*, Mercier Press, Cork 2000.

C. MALTESE, *Las tècnicas artísticas*, Fundacion Española Fomento Artesanía, Madrid 1980.

J. MANDUCA (ed.), *Antique Furniture in Malta*, Patrimonju Publishing Ltd, Valletta 2002.

J. MANNERS, *Irish Crafts and Craftsmen*, The Appletree Press, Belfast 1982.

E. MARTINO, *Allegro ma non troppo*, «Meridiani», 19 (2006), 147, pp. 60-66.

R. MARTUCCI, *L'incisore di monete mestiere d'arte*, Il Saggiatore, Milano 2000.

P. MASSOBRIO - A. SINIGAGLIA, *Il vignaiolo mestiere d'arte*, Il Saggiatore, Milano 2006.

A. MCAULEY - I. FILLIS, *Crafts Business in Scotland. A study for the Scottish Arts Council, Scottish Enterprise and Scottish Enterprise Glasgow*, Scottish Arts Council, Edinburgh 2002.

A. MCAULEY - I. FILLIS, *Making it in the Twentieth Century. A socio-economic survey of crafts activity in England and Wales, 2002-2003*, Crafts Council, London 2004.

M.H. MCINTYRE, *Taste Buds. How to cultivate the art market*, Arts Council England, London 2004.

M.H. MCINTYRE, *Making it to market. Developing the market for contemporary craft*, Arts Council England, London 2006.

F. McKitrik, *Modernizzazione e identità sociale: artigiani tedeschi e capitalismo a metà del Novecento,* «Passato e Presente», 18 (2000), 47, pp. 37-69.

A. Mendini, *La fabbrica estetica,* Alessi Tendente, Novara 1992.

S. Menkes, *Eco-Friendly: why green is the new black,* «International Herald Tribune», 31 maggio 2006.

A. Michelsons (a cura di), *L'artigianato in Europa e in Italia,* Osservatorio Artigianato, Regione Piemonte 2003.

J.P. Mitchell, *Ambivalent Europeans. Ritual, Memory and the Public Sphere in Malta,* Routledge, London-New York 2002.

M.G. Morganti, *La ceramica europea nell'età dello Storicismo (1800-1880 ca),* in C. Fiocco et al., *Storia dell'arte ceramica,* Zanichelli, Bologna 2001.

S. Muthesius, *Handwerk/Kunsthandwerk,* «Journal of Design History», 11 (1998), 1, pp. 85-95.

P. Nannestad, *Danish design or British disease? Danish economic crisis policy 1974-1979 in comparative perspective,* Aarhus University Press, Aarhus 1991.

G. Nicolini, *Quarant'anni di storia della Scuola internazionale di liuteria di Cremona,* Stradivari, Cremona 1982.

N. Oda, *Danish chairs,* Chronicle Books, San Francisco 1999.

T. O'Neill, *Life and Tradition in Rural Ireland,* Dent, London 1977.

G. Oprescu, *Peasant Art in Romania,* The Studio, London 1929.

A. Pansera (a cura di) *Design finlandese: collezione Mangano,* Silvana Editoriale, Cinisello Balsamo 2006.

V. Pèrez-Díaz, *Spain and the Crossroads. Civil Society, Politics and the rule of Law,* Harvard University Press, Cambridge (Mass.), 1999.

V. Pèrez-Díaz, *La lezione spagnola. Società civile, politica e legalità,* Il Mulino, Bologna 2003.

D. Perner, *Die «Reorganisation» der Handwerkskammern in der britischen Besatzungzone nach 1945,* in D. Petzina - W. Euchner (hrsg.), *Wirtschaftspolitik im britischen Besatzungsgebiet 1945-1949,* Scwann, Düsseldorf 1984.

E. Pirella, *Il copywriter mestiere d'arte,* Il Saggiatore, Milano 2001.

O. Popova - E. Smirnova - P. Cortesi, *Icone,* Mondadori, Milano 1995.

T. Quinn, *Last of the line. Traditional British Craftsmen,* David & Charles, Newton Abbott 1999.

C. RAIGÓN, *Las rutas de la artesanía en Andalucía*, Fundacion Lara, Sevilla 2005.

J. RIMMER, *The Irish Harp*, Mercier Press, Cork 1977.

A.M. RIPELLINO, *Praga magica*, Einaudi, Torino 1973.

E. ROMANO, *La porcellana di Capodimonte: storia della manifattura borbonica*, L'arte tipografica, Napoli 1959.

I. RONZONI, *Como, città della seta*, Pifferi, Como 2001.

J. RUSKIN, *The stones of Venice*, Penguin, London 2001; trad. it. *Le pietre di Venezia*, Rizzoli, Milano 1987.

P. SANVITALE, *Il cioccolataio mestiere d'arte*, Il Saggiatore, Milano 2005.

R. SCARCIGLIA - D. DEL BEN, *Spagna*, Il Mulino, Bologna 2005.

L.J. SCERRI (ed.), *The Grand Masters of Malta from the Origins to Modern Times*, Midsea Books, Valletta 2000.

L.L. SCHLEGEL, *Aran: a Saga in Wool*, Harlo, Detroit 1980.

K. FÜRST VON SCHWARTZENBERG ET AL., *Der Hradschin: die pragen Burg und ihre Kunstschaetze*, Herder, Freiburg 1992.

W.J. SCHWEIGER, *Die Wiener Werkstätte. Kunst und Handwerk. 1903-1932*, Brandstätter, Wien-München 1982.

G. SCIMÉ, *Il fotografo mestiere d'arte*, Il Saggiatore, Milano 2003.

S. SILVESTRELLI, *Lo sviluppo industriale delle imprese produttrici di mobili in Italia*, Franco Angeli, Milano 1987.

H. STAHL PAUL, *Romanian Folklore and Folk Art*, Meridiane, Bucureşti 1969.

M. STÜRMER, *Herbst des Alten Handwerkers. Zur Sozialgeschichte des 18. Jahrhunderts*, Ulrich, München 1979.

J.B. TANKARD, *Gardens of the Arts and Crafts Movement. Reality and Imagination*, Harry N. Abrams, New York 2004.

D. THOROSBY, *Economía y cultura*, Cambridge University Press, Madrid 2001.

M. TODOROVA, *Imagining the Balkans*, Oxford, New York 1997; trad. it. *Immaginando i Balcani*, Argo, Lecce 2002.

R. TURNER, *Contemporary Jewelry: A Critical Assessment 1945-1975*, Studio Vista, London 1976.

F. Vallely (ed.), *The Companion to Irish Traditional Music*, Cork University Press, Cork 1999.

B. Vreeland, *Monsters and Maidens: Amphora Pottery of the Art Nouveau Era*, Fledermaus Press, Los Angeles 2003.

E. Vrsaj, *La repubblica della Slovenia tra l'Europa e i Balcani*, Franco Angeli, Milano 1993.

L.M. Webster - D. Swanson, *The emergence of private sector manufacturing in the former Czech and Slovak Federal Republic*, The World Bank, Washington 1993.

N. Williams - D. Hermann - C. Kemp, *Estonia, Lettonia, Lituania*, Edizioni Edt, Torino 2003.

J.L. Zanden, *The rise and decline of Holland's economy: merchant capitalism and the labour market*, Manchester University Press, Manchester 1993.

B. Zderciuc, *Les tapis du Maramureş*, Meridiane, Bucureşti 1963.

L. Zecchin, *Vetro e vetrai di Murano*, Arsenale Editrice, Venezia 1987.

Sitografia

Austria

www.bmwa.gv.at
www.creativsalzburg.at
www.messe-graz.at
www.reedexpo.at

Belgio

www.actuabd.com
www.artifact.be
www.artisanart.be
www.ateliercirkel.be
www.binche.com
www.centredelagravure.be
www.centre-tapisserie.org
www.csipme.fgov.be
www.cobelpa.be
www.diamondland.be
www.fundp.ac.be
www.hrd.be
www.iata.be
www.imal.org
www.metiers.be
www.mineco.fgov.be
www.ucm.be
www.unizo.be
http://statistiques.wallonie.be

Bulgaria

www.aristofashion.com
www.art.bg/cont.htm
www.sme.government.bg

Cipro

http://cyprus.angloinfo.com
www.ccci.org.cy
www.hrdauth.org.cy
www.mcit.gov.cy
www.visitcyprus.org.cy

Danimarca

www.danishcrafts.org
www.denmark.dk
www.danskekunsthaandvaerkere.dk
www.um.dk

Estonia

www.ametikool.ee
www.eestipank.info
www.esis.ee
www.folkart.ee
www.khk.tartu.ee
http://kopliamk.haridus.ee
www.kultuur.edu.ee
www.legaltext.ee
www.vm.ee

Finlandia

www.craftmuseum.fi
www.craftnet.fi
www.designforum.fi
www.designmuseum.fi
www.grafia.fi
www.ktm.fi
www.ornamo.fi
www.taitogroup.fi
www.uiah.fi
http://virtual.finland.fi

Francia

www.amagalerie.com
www.artisansdart-franchecomte.com
www.artisanat.fr
www.artisanat.info
www.ateliersdart.com

www.capeb.fr
www.chevalier-conservation.com
www.citedesmetiers.fr
www.comitecolbert.com
www.culture.gouv.fr
www.institut-de-france.fr
www.ism.asso.fr
www.metiersdart-artisanat.com
www.patrimoineculturel.com
www.pme.gouv.fr
www.serrure.fr
www.tapisseriedefrance.fr

Germania

www.denkmal-leipzig.de
www.leipziger-messe.de
www.messe-dresden.de
www.messe-sinsheim.de
www.tendence-lifestyle.messefrankfurt.com

Grecia

www.abc2004.gr
www.academyofathens.gr
www.acci.gr
www.around-athens.com
www.ceramic.gr
www.delta-iek.gr
www.elke.gr/
www.eommex.gr
www.epcon.gr
www.gsevee.gr
www.iekdomi.edu.gr
www.iek-akmi.gr
www.kep.unipi.gr
www.labor-ministry.gr
www.mnec.gr
www.vea.gr
www.ypan.gr

Irlanda

www.ccoi.ie
www.craftireland.com

www.enterpriseboards.ie
www.ilsu.ie

Italia

www.aaster.it
www.abatezanetti.it
www.accademialascala.it
www.apamilano.it
www.artificialia.com
www.beniculturali.it
www.cameramoda.it
www.camcom.it
www.cna.it
www.fabbricadeltalento.it
www.fondazionecologni.it
www.fondazioneratti.it
www.isaurbino.it
www.muranoglass.com
www.museicivicivenezianì.it
www.museosetacomo.com
www.parlamento.it
www.pubblica.istruzione.it
www.siam1838.it
www.scuolartemestieri.org
www.scuoladiliuteria.com
www.ssiseta.it
www.symbola.net
www.unicatt.it
www.unioncamere.it
www.unioneartigiani.it
www.vjcentral.it

Lettonia

www.etnostils.lv
www.gallery.lv/textileart
www.jrrmk.lv
www.lak.lv
www.lma.lv
www.pudnikuskula.viss.lv
www.rav.lv
www.rdmv.lv
www.vmv.lv

Lituania

www.artistsassociation.lt
www.sodziausmeistrai.lt
www.tdm.kaunas.lm.lt
www.vda.lt

Lussemburgo

www.chambre-des-metiers.lu
www.federation-des-artisans.lu
www.mcm.public.lu

Malta

www.artsmalta.org
http://mcmp.gov.mt
www.gozo.gov.mt

Paesi Bassi

www.amsterdamdiamondcenter.com
www.colo.nl
www.costerdiamonds.com
www.gassandiamonds.com
www.hba.nl
www.kvk.nl
www.lokk.nl
www.minez.nl
www.moppersdiamonds.com
www.mnuurwerk.nl
www.ngzkm.nl
www.pijpenkabinet.nl
www.textielcommissie.nl
www.timeforclocks.nl
www.v2.nl
www.woodenshoes.com

Polonia

www.amber.pl
www.amberif.pl
www.ambermart.pl
www.dapolonia.com
www.decoglass.pl
www.iw.lodz.

www.parp.gov.pl
www.zrp.pl

Portogallo

www.artesanato.fil.pt
www.artesanatorede.com
www.criticalceramics.org
www.iapmei.pt
www.instituto-camoes.pt
www.mnazulejo-ipmuseus.pt

Regno Unito

www.camberwell.arts.ac.uk
www.city-and-guilds.co.uk
www.cpaceramics.com
www.craftni.org
www.craftscouncil.org.uk
www.csm.arts.ac.uk
www.kindersleyworkshop.co.uk
www.rca.ac.uk
www.scottisharts.org.uk
www.scottishbasketmakerscircle.org
www.texi.org
www.thegoldsmiths.co.uk
www.whitechapelbellfoundry.co.uk

Repubblica Ceca

www.expats.cz
www.fuud.ujep.cz/index.php
www.kratkyfilm.cz
www.msmt.cz
www.upm.cz
www.vol.cz

Romania

www.aidtoartisans.org
www.bucovine.com
www.cdep.ro
www.chfhq.org
www.cimec.ro
www.cnipmmr.ro

http://crafts.ong.ro
www.folkromania.com
www.muzeulastra.ro
www.muzeul-etnografic.ro
www.ucecom.ro

Slovacchia

www.designmatch.cz
www.economy.gov.sk
www.majolika.sk
www.uluv.sk

Slovenia

www.muzej-idrija-cerkno.si
www.ozs.si
www.rokodelstvo.si

Confederazione Elvetica

www.cepv.ch/eaa
www.cfp-bienne.ch
www.cifom.ch/et
www.cpih.ch
www.cpp.ch
www.cpt-ti.ch
www.etvj.vd.ch
www.geneve.ch
www.hesge.ch

Finito di stampare
nel mese di ottobre 2007
dalla Litografia Solari
Peschiera Borromeo (Milano)